中国近代

军阀的最后结局

杨帆 著

团结出版社
UNITY PRESS

图书在版编目（ＣＩＰ）数据

中国近代军阀的最后结局 / 杨帆著. —北京：团
结出版社，2022.9
ISBN 978-7-5126-5553-9

Ⅰ.① 中⋯ Ⅱ.① 杨⋯ Ⅲ.① 军阀－史料－中国－近
代 Ⅳ.① K261.506

中国版本图书馆 CIP 数据核字（2022）第 087724 号

出　版：团结出版社
　　　　（北京市东城区东皇城根南街 84 号　邮编：100006）
电　话：（010）65228880　65244790（出版社）
　　　　（010）65238766　85113874　65133603（发行部）
　　　　（010）65133603（邮购）
网　址：http://www.tjpress.com
E-mail：zb65244790@vip.163.com
　　　　tjcbsfxb@163.com（发行部邮购）
经　销：全国新华书店
印　装：三河市东方印刷有限公司

开　本：170mm×240mm　16 开
印　张：27.75
字　数：421 千字
版　次：2022 年 9 月　第 1 版
印　次：2022 年 9 月　第 1 次印刷

书　号：978-7-5126-5553-9
定　价：78.00 元

引　子

1916 年 6 月 6 日上午，在中南海居仁堂大总统的卧房里，57 岁的袁世凯躺在卧榻上，面部浮肿，双目紧闭，奄奄一息。这个曾经不可一世的中华民国大总统、中华帝国皇帝，已经走到生命的尽头。

床头一侧，侍立着他的大公子，一心想继位当皇帝的袁克定。

床前，站着他的老朋友、把兄弟、北洋元老徐世昌；"北洋之龙"王士珍；辅佐他多年的左膀右臂、"北洋之虎"段祺瑞；另一位是他的表弟张镇芳。这四人，是袁世凯亲自选定的"托孤寄命"之人。

此时袁世凯已陷入半昏迷状态，久久才微微睁开双眼，望着站在床前的各位，嘴唇翕动半晌，终于说出两个字："约法"。

这是袁世凯留在人世间的最后一句话：约法。既没说明是新约法，也没说明是旧约法，这正是袁世凯的高明之处。民国时期有两部约法，旧约法为民国元年所订立的《中华民国临时约法》，新约法为袁世凯制定的《中华民国约法》。按照旧约法，副总统为总统的法定继承人；按照新约法，总统继承人由现任总统提名三人，写在"嘉禾金简"上，藏之金匮石屋中，俟总统死后取出，在三位候选人中选一人继任总统。

当天上午袁世凯去世后，众人打开"金匮石屋"，取出"嘉禾金简"，只见上面三个名字依次为：黎元洪、徐世昌、段祺瑞。

据说原来袁克定的名字也位列其中，但袁世凯考虑到自己已落入众叛亲离、四面楚歌的境地，有谁还会拥立他的儿子呢？与其遗人笑柄，不如顺应时势，于是以段祺瑞取而代之。

按旧约法应由副总统黎元洪继位，按新约法黎元洪位居候选人之首。于是，袁世凯去世当天下午，国务院就发表公报，宣告黎元洪继任总统。

也就是从这一天开始，掌握中央政权的国务总理段祺瑞与大总统黎元洪，拉开了府院之争的序幕，民国史上的军阀混战也由此进入更为激烈的新阶段……

由于袁世凯就任大总统后，驱逐国民党、解散国会，废除《临时约法》，实行专制独裁统治，给民国历史留下一个不幸的开端，使不少建立民主国家必需的举措，如军队国家化、民选议会、以法治国等，都失去了健康发展的契机，而明目张胆的军队干政、政权之争、地盘之争、革命与反革命的抗争则连年不断。

袁世凯死后，北洋派群龙无首，很快分裂为以段祺瑞为首的皖系和以冯国璋为首的直系，两系为控制中央政权大打出手，而随着皖系的失败、直系的裂变，在北洋嫡系新军阀辈出的同时，非嫡系的奉系军阀问鼎中原，北洋军阀混战再度升级；而北伐战争的开始，将几乎从未间断的南北战争推向高潮。北伐战争结束后，蒋、阎、冯、桂四大军阀就势崛起，使军阀混战方兴未艾。

直皖大战、直奉大战、江浙战争、北伐战争、蒋桂战争、蒋冯战争、中原大战，以及各地方军阀连绵不断的征战，围绕着控制中央政权与攻城略地而展开。于是乎，北洋政府总统、总理、内阁，走马灯一般轮换，乱哄哄你方唱罢我登场。而此后，南方国民政府宁汉对峙，亦动干戈。

继袁世凯"命丧二陈汤"之后，北洋政府元首的位子上，又有了黎元洪受惊吓而逃，冯国璋被逼下野，徐世昌被赶下台，曹锟被囚，段祺瑞被逐，张作霖被迫下野出关被炸，以及蒋介石三次被逼宫下野……

而每一任元首的上、下台，几乎都伴随着一场军阀混战。这些大大小小的军阀，演绎了民国时期大混战、大动荡的历史。就其军阀本质而言，他们都是拥兵自重，大者掌控中央政权，次者分疆裂土，小者坐拥一隅，彼此为权力与地盘争相厮杀。但就单个军阀而言，他们的政治追求、品行操守、个人作风等，又存在很大差异，其结局也往往大相径庭。而同一军阀在不同时期，也有着不同的表现。

然而，由于政治的、历史的原因，许多军阀的个性被模糊甚至被抹杀，取而代之的是军阀的共性：穷兵黩武，嗜杀成性。甚至出现舆论一边倒的现象，即对有进步倾向的军阀进行美化，对口碑差的军阀全盘否定，大加挞伐，以致以讹传讹，面目全非。如家学甚好的韩复榘变成了大老粗；从未占山为王或落草为寇的张宗昌变成了土匪；杀害张宗昌的郑继成由郑金声的侄子变成了儿子，随之变成了抗日英雄……

　　本书精选民国时期掌控或左右中央政权，或在某些重大历史事件中产生过重大影响、具有鲜明特色与争议的军阀十人，参考 20 世纪原始资料，以及相关人物口述，通过客观事实讲述他们在特定历史时期的发迹、崛起，以及最后结局，力求客观、公允，以还原历史的本来面目。

目录
Contents

北洋鼻祖袁世凯："乱世枭雄"魂断帝王梦

他出身世家，却自幼屡失靠山；他科举失利，却在战场上踏入仕途；他出卖维新志士，却倡导维新变法；他倡导西方文明，却又不断纳妾；他创建了北洋军阀，却又被北洋将领所推翻。他极力想摆脱家族中"长禄不长寿"的"魔咒"，却最终未能躲过命中一劫……

皖系军阀段祺瑞："北洋之虎""三造共和"

"北洋三杰"之"段虎"，本为袁氏江山之功臣，却反对帝制初衷不改；"三造共和"有功，却实行军事独裁一系专制；一心要做北洋派老大，却小看了直系"吴小鬼"；过分宠信徐树铮，却成也萧何败也萧何。一生清正耿介，为官清廉，晚年甘守清贫不"落水"，颇具人格魅力。

直系军阀冯国璋："虎狗之争"和平统一梦难圆

"北洋三杰"之"冯狗"，曾为袁世凯之左膀右臂，既忠诚于袁世凯，又取悦于清政府；既反对袁氏称帝，又能在一定程度上妥协，且向南方示好；而袁氏陷入困境时，则操纵北洋将领公开对抗，以坐收渔翁之利；与段祺瑞争当北洋老大，政治手腕却略逊一筹；其敛财手腕出众，以致餐馆竞卖"总统鱼"。

北洋军阀张勋："辫子大帅"的复辟闹剧

他因护驾有功，得宠于慈禧太后；因效忠清政府，至民国后长发不剪；复辟七日，一生基业毁于一旦，却至死初衷不改，千万遗产捐献清室做复辟之资。他妻妾六人，所有子女皆于58岁以后所生。他生性耿介，慷慨，知恩图报，为家乡、故旧所做好事颇多。

直系军阀曹锟："贿选总统"大器晚成

在小站宿将中，曹锟可谓大器晚成。他生就一副憨厚相，却"傻人有傻福"，得一属下吴佩孚，一将擎天；曹氏虽军事平平，却御人有术，吴氏也曾"小鬼闹翻天"，"保洛分家"，却终不如曹氏"道行"厉害；他为政风格温和，重视使用人才；晚年在日本人威胁利诱面前，正气凛然。唯贿选为世人诟病。

奉系军阀张作霖：大元帅殒命皇姑屯

他出身绿林，却巧妙利用招安华丽转身；他辛亥保皇遭袁世凯猜忌，却灵活应对，终登将军之位；他统一东北后又问鼎中原，在直皖战争中坐收渔利，又联冯倒直，联直攻冯，终做了军政府大元帅；他对日本人觊觎东北软顶硬抗，最终招致杀身之祸。

直系军阀吴佩孚：秀才将军"大意失荆州"

作为直系军阀的后起之秀，论带兵打仗进退攻守，民国时期无出吴佩孚之右者。从对南作战到直皖战争、第一次直奉战争，其军事才能尽显无遗；然而他生不逢时，南军北伐十几年，终在这一年势不可当。而他视冯玉祥为"眼中钉"，却小觑了北伐军的实力，终致霸业难成。他一生清廉，拒绝与日本人合作，为世人称道。

东南军阀孙传芳：五省联帅放下屠刀难成佛

他以寄人篱下一师长转战闽浙，乘势而起，大有赶走奉系之势。却在大败张宗昌后一时狂傲杀掉被俘高级将领施从滨，为自己埋下生命隐患；也因过于狂傲睥睨北伐军，拒绝与蒋介石合作，结果败逃关外。他坐镇地方公开财政，减裁捐税，颇为民称道。

直鲁军阀张宗昌："三不知"将军的是与非

他以"三不知"将军而著称，尤其不知妻妾多少，传为笑柄；他忠诚于上司，唯因命部下行刺陈其美懊悔终生，而追随奉张初衷不改，却为此失去投蒋时机；他对部下宽容、宽厚、一掷千金，所带之兵勇猛善战，却军纪败坏；他为人豪爽，却因此轻信他人遇刺身亡。

山东军阀韩复榘："草莽英雄"被诱杀谁之过

他是冯玉祥一手带起来的将领，却两度背叛冯玉祥；又投蒋而后叛蒋，盘踞山东联日抗蒋；他虽拒绝做汉奸，却采取不抵抗政策，将大半个山东让给日本人；值此抗战时刻又蓄意制造内战，被蒋介石诱杀当属罪有应得。

北洋鼻祖袁世凯：

『乱世枭雄』魂断帝王梦

他出身世家，却自幼屡失靠山；他科举失利，却在战场上踏入仕途；他出卖维新志士，却倡导维新变法；他倡导西方文明，却又不断纳妾；他创建了北洋军阀，却又被北洋将领所推翻。他极力想摆脱家族中『长禄不长寿』的『魔咒』，却最终未能躲过命中一劫……

豪门魔咒，袁寨人亡家散

1878 年 6 月，一个噩耗传到项城袁寨：官居二品的朝廷大员袁保恒，在河南赈灾治所病逝。四世同堂的袁寨里霎时哭声震天。

——这是袁氏家族近年来相继死亡的第三个男丁。

1873 年，袁世凯的生父袁保中病逝，享年 51 岁；

1874 年，袁世凯的嗣父袁保庆病逝，享年 48 岁；

四年后的 1878 年，袁世凯的堂叔、51 岁的袁保恒又一命归西。

而追溯到上代，使袁氏家族跻身名门望族的袁世凯的叔祖父袁甲三，也只活到了 57 岁；而袁世凯的曾祖父袁耀东，不到 40 岁便驾鹤西去了。

办完袁保恒的后事，袁家人开始满腹狐疑、惴惴不安，为什么袁家男人在未满花甲之年，便纷纷赶赴黄泉？袁家人觉得这其中是有些神秘的力量在作祟，赶忙请来风水先生到袁寨看风水，相阴宅。一番查看之后，风水先生铁口直断"豪门魔咒"："袁家宅地长禄不长寿。"

"那该如何是好？"袁家人焦急万分。

"办法倒是有一个，那便是分宅而居。"风水先生不紧不慢地说。

分宅而居，等于偌大的袁寨从此分崩离析，四世同堂的项城袁家从此解体，这是袁氏家族所有人都不愿看到的。

袁寨地处项城东北 40 里处，是袁家为抵御捻军进攻，于 1858 年建造的。其地势险要，易守难攻。寨子占地数十亩，规模宏大。四周墙垣高筑，墙外壕沟环绕，寨门前架设吊桥，寨门上及四角修筑炮楼，由乡勇严防把守。寨子中的东部、中部、西部并列三座三重四合院，楼堂瓦舍极尽奢华。若说袁寨风水不好，袁家哪个长辈都不愿相信。若说分宅而居，又有哪个子侄儿孙愿意搬出袁寨呢？但是风水先生的话是不容置疑的。

这一年，袁世凯 19 岁。也就在这一年，袁世凯的生活发生了根本转变。

袁世凯排行第四，非嫡出，七岁过继给叔叔袁保庆，跟随嗣父、嗣母先后到济南和南京生活。少年时的袁世凯贪玩，学业一直没有起色。但对为官之道十分上心。袁保庆将数十年官场经验、带兵心得整理出来，题名为《自名琐言》，有空便念给袁世凯听。袁世凯每次都听得十分认真，并默记在心，后来袁世凯在官场措置裕如，应该说与此间所受影响不无关系。

然而好景不长，1874年嗣父去世，袁世凯扶柩还乡，而此前他的生父也已去世，15岁的袁世凯失去人生依靠。好在堂叔袁保恒回乡，见他可堪造就，便将其带到北京，一边督促学习，一边让他多接触官场，开阔眼界。在其为刑部侍郎期间，为了锻炼袁世凯的办事能力，特意指派他处理一些杂务，而袁世凯的办事能力令他十分满意。于是，袁保恒赴河南赈灾时，便将袁世凯带在身边。

而如今，堂叔也已离世，袁氏家族也分家了，19岁的袁世凯仿佛成了离群的孤雁，不得不离开先后生活了12年的繁华都市，也不得不离开几乎与他同龄的袁氏大宅——袁寨。他在嗣父袁保庆名下，得到一笔丰厚的家产，然后移家陈州，开始了一段文人诗酒的生活。此间，他出房出资，组织了两个文社。由于他善于交际，又见过大世面，很快吸引了四邻八乡的文人雅士，居然成为一个小小的名士。当时尚未发达的徐世昌在淮宁县属处馆做塾师，专程前来拜访袁世凯，参加文社。

徐世昌比袁世凯年长四岁，由于两人对时局有颇多相同看法，尤其对腐朽的科举制度深恶痛绝，因此相谈甚欢，很快结为异姓兄弟。当袁世凯了解徐世昌准备进京赶考却苦于没有川资时，便大方资助。后来徐世昌先中举人再中进士，成为袁世凯30年宦海生涯中的盟友。

但袁世凯的科举之路却不顺利，由于年幼时贪玩荒废了学业，懂事后所读大多是韬略、兵书之类，于1876年、1879年两次参加乡试均名落孙山。袁世凯一怒之下将过去所作诗词、文章全部付之一炬，大有壮士断臂之气概。

"大丈夫应当效命疆场，安内攘外，岂能郁郁久困在笔砚之间，蹉跎了岁月？"袁世凯发誓不再与笔墨纠缠，从此另辟蹊径。也正因为恨透了科举制度，后来袁世凯在直隶总督任上联合其他官员，奏请废除科举，推广学校，从此中国延续1000多年的科举制度被取消。这无疑成为袁世凯的一大功绩。

由于清末捐官风气大盛，几乎与两榜出身一样名正言顺。袁世凯放弃科考，自然就想到了捐官。但由于他诗酒风流，花钱如流水，如今盘点自家资产，才发现经济状况已经十分紧张。他的生母、嗣母把私房钱都拿出来，也不够他进京谋个出身的。于是，他开始四处借钱，第一个借钱对象便是他的妻弟。

袁世凯17岁回乡参加乡试落榜后，生母与嗣母为他娶了原配夫人于氏。于氏是河南沈丘人，其父于鳌的土地超过2000顷。袁世凯觉得他家这么有钱，妻弟定会解囊相助。岂料，妻弟非但不借，反而讥讽他说："我看你去北京也是白跑一趟，还是在家里待着好些。"倒是一位远房亲戚，借给袁世凯100两银子，令袁世凯十分感动。

后来袁世凯官至直隶总督，妻弟竟然跑到天津，希望袁世凯能给他谋个一官半职，袁世凯断然回话说："外边无事可做，还是在家里待着好些。"再后来袁世凯做了大总统，这位妻弟又到北京，再次找袁世凯谋官，袁世凯与他见了一面，给了些路费了事。而对借给他100两银子的远房亲戚，袁世凯还了他5000块大洋。

但此次袁世凯北京捐官却是无果，因他最后一位为官的堂叔袁保龄调到旅顺口办理海防，自然是投靠无门。袁世凯又南下广东遄赴上海，以为在繁华的上海滩谋事机会多些，岂料钻营了一段时日，仍然一无所获。由于一个人待在旅馆里憋闷不已，他便去平康青楼一解愁绪，不料竟在这卖笑之地遇到一位红粉知己，就是苏州籍名妓沈氏。

沈氏虽为青楼女子，却颇有识人慧眼，她见袁世凯谈吐不凡，并非等闲之辈，便劝他早日离开世事险恶的上海滩，她对袁世凯说："你在这里无亲无故，长此以往，不仅谋不到一官半职，甚至会将你自己拖进烟花柳巷烟馆赌场不能自拔，还是早点离开另谋出路为好。"

袁世凯见沈氏如此深明大义，很是感动。反复斟酌一番，最后决定投靠嗣父的结拜兄弟、庆军统领吴长庆。主意一定，沈氏拿出银两为袁世凯资助盘缠，并摆酒为袁世凯饯行。席间，沈氏含泪告诉袁世凯：

"你走之后，我便为自己赎身，搬出这里，希望你将来出息后，能不忘旧情，偶尔回来看望我一下便好。"

面对如此侠义心肠的女子，袁世凯一把搂住沈氏，指天发誓："有朝一日发迹，袁某绝不辜负沈小姐，定会早日将沈小姐娶进家门。"

袁世凯说到做到，后来赴朝鲜后升迁，果然将沈氏接到朝鲜任所，做了他的大姨太太。由于他的结发之妻于氏留在河南老家，所以沈氏在朝鲜成了实际的正房夫人。终其一生，袁世凯对沈氏宠爱有加。从这点上来看，袁世凯并非拈花惹草的浮浪公子。

袁世凯之所以对沈氏如此痴情，还因为他与原配于氏早已结怨。那是在新婚不久，于氏已经怀有身孕。有天袁世凯从外面回来，发现怀孕后的于氏愈发丰润成熟，便从背后悄悄抱住于氏。于氏吓了一跳，略带怒气地将袁世凯推开，说："你也不看看时候。"

袁世凯放开手，忽然发现于氏腰间系了一条红色绣花缎子的裤带，便开玩笑说："瞧你打扮的，怎么像个马班子。"

马班子是串乡走镇的杂耍班子，卖艺兼卖身，暗指妓女。这本是小夫妻开玩笑的话，不解风情的于氏却觉得受了莫大侮辱，立刻反唇相讥："我才不是马班子，我是有姥姥家的！"

这句话，让袁世凯的脸色一下子变得铁青，他怒视着于氏。于氏旋即明白过来，意识到自己说错了话，但想到袁世凯侮辱自己在先，便理直气壮地瞪着袁世凯，没有丝毫道歉的意思。

原来，于氏的这句"我有姥姥家"，就是有娘家的意思。当时只有明媒正娶的大太太，其娘家才可以与婆家走动，而姨太太的娘家不算亲戚，所以姨太太没有娘家。而袁世凯的生母就是姨太太，因此袁世凯最忌讳别人说这样的话。当时两人相对怒视良久，袁世凯见于氏说了错话非但不认错，反而理直气壮，越发怒火中烧，一气之下拂袖而去，终其一生再没有踏进过于氏的卧房。

第二年，于氏生下儿子袁克定之后，便再没有生育，从此被当成主妇"牌位"，冷冷地摆在正房夫人的位子上，过着有其名无其实的惨淡生活。后来袁世凯接沈氏去朝鲜，把儿子袁克定一起接走，让沈氏去抚养，于氏的生活更加痛苦不堪。

袁世凯告别沈氏之后，不曾回乡省亲，便前往山东登州投奔庆军统领吴长庆。

国王赐婚，朝鲜走红发迹

正所谓运气来了挡不住，袁世凯于1881年投奔吴长庆后，再无早前屡次失去靠山、屡试不第的坎坷，竟然接连晋升，名正言顺进入了仕途，而且有了一个一生仕途腾升的良好开端。

当时吴长庆已是实授浙江提督的二品大员，督办山东海防，兼办全省军务。见好兄弟的嗣子前来投奔，出于对子侄的考虑，让他拜其幕僚张謇为师，与自己的儿子吴保初一起从之受业。但袁世凯对读书一事毫无兴趣，倒是对军队上的事情兴趣极大，每每做起来得心应手，他自己也暗下决心，要沿着这条途径走下去，作为自己的晋升之阶。因此处处留心，做事不辞劳苦，加上他懂得谦恭自下，毫无世家子弟的架子，很快博得营中上下好感，同时因办事干练被吴长庆提拔为营务处帮办。

第一步旗开得胜，紧接着又遇上一次崭露头角的好机会。1882年7月23日，朝鲜发生壬午政变，大清帝国作为朝鲜的宗主国，为防止日本找借口觊觎朝鲜，派吴长庆率兵六营（一营约500人）前往朝鲜平定内乱。8月20日，23岁的袁世凯随同吴长庆出兵朝鲜。

船队抵达仁川后，吴长庆命令某营为先锋部队，立即登陆，抄小路奔袭汉城。也是该着袁世凯走运，当吴长庆做战斗部署时，负责登陆的该营营官以士兵晕船尚未恢复为由，请求第二天拂晓登陆。吴长庆大怒，当即将该军官撤职查办，命令袁世凯代理其职。机不可失，失不再来，袁世凯知道这是大显身手的好时机，当即领命，信誓旦旦地表示："遵大帅令，两小时内乘小船登陆，如有违误，甘受军法！"

袁世凯做事果然干练，他紧急集合全营，部署登陆事宜，旋即带队出发，在天亮前登陆成功，并自任先锋，为后面大军打开一条通道。袁世凯登陆时，光着脚在沙石滩上走了一里多路，两脚都磨破出血。

在平乱间，由于清兵纪律涣散，扰民之事不断发生，令朝鲜百姓大为不满，这对平叛暴乱极为不利，吴长庆对此十分担忧。袁世凯看在眼里，自告奋勇担起整顿军纪的任务。吴长庆见袁世凯看问题敏锐，有胆有识，立刻授予全权。袁世凯领命后，旋即查明七名欺压朝鲜百姓的士兵，就地正法，使整个军队为之震惊。吴长庆见他做事雷厉风行，连连称赞："好孩子，不愧为将门之子！"

袁世凯杀鸡儆猴的举措，不仅得到吴长庆的赏识，更树立了自己在军中的威信。紧接着，在诱捕大院君的行动中，袁世凯又立一功。为了使朝鲜国王及闵妃集团重掌政权，吴长庆决定抓捕发动士兵叛乱的大院君——国王的父亲李罡应。8月25日，吴长庆专程拜访大院君，取得大院君的信任。第二天大院君按礼节回访吴长庆，在汉城南门外清军驻地，袁世凯扮演了鸿门宴中项庄的角色。他施巧计拦住大院君的卫兵，使大院君一人进入帐内与吴长庆喝茶聊天。吴长庆等人便趁机将大院君劫持到车内，由丁汝昌率队押往清军兵舰，解往天津。

俗话说擒贼先擒王，大院君被抓捕后，其叛乱士兵便成了无头苍蝇，袁世凯在围剿叛乱士兵的战斗中身先士卒，再立战功。

不到一周时间，吴长庆便率部扫平暴乱，使日本插手朝鲜的阴谋破产，其间，袁世凯功不可没。9月中旬，朝鲜国王设宴酬谢清军统帅，袁世凯不仅在邀请之列，而且在整个宴会中备受瞩目。10月，清政府论功行赏，袁世凯得到"以同知分发省份，前先补用，并赏戴花翎"的奖赏。这是入朝之前袁世凯做梦都不曾想到的事。

如果说袁世凯的脱颖而出，吴长庆有伯乐之功，那么袁世凯的发迹与崛起，则是得益于直隶总督李鸿章的赏识与提携。李鸿章对袁世凯的赏识，既有对人才的重视，也有对世家子弟的偏爱，尤其袁世凯的堂叔袁保龄在旅顺口办理海防功绩卓著，也使李鸿章对袁世凯更加高看一眼。中法战争爆发后，李鸿章调吴长庆率三个营回国，驻防奉天。余三营继续留驻朝鲜，奏荐袁世凯"总理营务处、会办朝鲜防务"。袁世凯一跃而成为驻朝清军要员，开始独当一面。此间，平叛甲申政变，是袁世凯入朝12年中另一大功绩。

1884 年 12 月 4 日，朝鲜又爆发了以亲日派金玉均等人为代表的甲申政变。政变者囚禁国王，组织亲日政府，宣布同清朝断绝关系，并准备除掉在朝鲜的清军将领。政变发生前后，袁世凯一直密切注视着事态的发展，随时向李鸿章报告情况。李鸿章授意他在紧急情况下相机行事。于是，当6 日闵妃集团请求援助时，袁世凯亲自率领 1000 名清军赶到王宫，与驻守在王宫的日军发生了冲突。

日军枪炮齐发，袁世凯的两名卫兵被当场炸飞，他本人也被地雷爆炸的冲力推倒在地，受了轻伤。他当机立断，下令清军开枪开炮，自己更是冲锋在前，根本不曾顾及生死乃转瞬之间。而清军统领吴兆有吓得惊慌失措，手下士兵也纷纷逃走。另一清军将领张光前和他的士兵，则吓得躲在墙后不敢前进一步。

由于袁世凯身先士卒，清军士气大震。在清军的猛烈进攻下，日军伤亡惨重。日本公使见形势不利，立刻率军逃走，并自焚驻朝使馆后撤回日本。国王被解救后，重新执掌政权。在袁世凯的帮助下，亲日派或被杀，或被投入监狱。

对于袁世凯在壬午政变与甲申政变中表现出的胆识过人，权奇应变，不畏血与火，敢于在战场上冲锋陷阵，李鸿章给予了高度评价，称其"胆略兼优，能持大体"。并说："韩人闻大将军至，欢声雷动，谁敢抗拒。"1885 年，清政府任命袁世凯为"驻扎朝鲜总理交涉通商事宜"的全权代表，并以知府分发，尽先即补，俟补缺后以道员升用，加三品衔。

袁世凯在朝鲜更是红透半边天，得到国王的格外倚重。为了感谢袁世凯的倾力相助，也为了通过袁世凯讨好清政府，国王特地将一个王妃的表妹金氏嫁给袁世凯做夫人。

金氏当时 16 岁，皮肤雪白，身材窈窕，是朝鲜百里挑一的美女。朝鲜国王以为将这样的美女嫁给袁世凯，袁世凯一定十分满意。岂料，袁世凯在意的并不是她的容貌，而是身份。他以为朝鲜国王要给他娶的夫人，起码是个朝鲜公主，最差也应该是个格格，就是没想到是一个王妃的表亲，那不等于娶了个民间女子吗？所以，当袁世凯弄清金氏的真实身份后，心里十分不快。

　　婚礼是按照中国方式举行的，自然也不是娶正房夫人的仪式。莫说是个王妃的表妹，就是公主，袁世凯也不会因她坏了规矩，也要按着顺序往下排。尽管他与于氏已无夫妻之实，但于氏正房夫人的位子是不能动摇的。他已在到朝鲜不久将沈氏从上海接来，纳为大姨太，那么金氏就是二姨太了。岂料入洞房后，姨太太的数量和顺序陡然发生了变化，这是他自己始料不及的，也令金氏与她的陪嫁丫头大出意外。

　　原来，带着对朝鲜国王的强烈不满，新婚之夜入洞房后，袁世凯把16岁的金氏折腾了个通宵。第二天晚上，金氏迟迟不敢上床，袁世凯一看她那副受惊吓的样子，不禁哈哈大笑。但想想朝鲜国王的不仗义，觉得对他的这个妻妹折磨得还不够，猛然想起拜堂的时候，金氏身边有两个陪嫁丫头，姿色都不错，倘若拉过来一起做妾，看那个朝鲜国王是不是还觉得他这个妻妹够金贵！

　　袁世凯招呼一声"来人"，金氏的一个陪嫁丫头李氏进来了。袁世凯二话不说，便将金氏推出门外，将李氏抱上了婚床。金氏虽然被折磨得十分痛苦，但袁世凯此举却把她惊得目瞪口呆。第二天晚上，袁世凯又喊来了金氏的另一个陪嫁丫头吴氏。随后，袁世凯决定将金氏的两个陪嫁丫头同时纳为姨太太。他给自己布置了一间卧室，给四个姨太太排好顺序，几个人轮流到卧室侍寝，形成了后来袁氏内室轮流值班制度的雏形。

　　没有规矩不成方圆，袁世凯管理内宅也是有板有眼。他按年龄顺序给三个朝鲜女人排了"座次"。当时李氏17岁，金氏与吴氏都是16岁，金氏比吴氏生日大，因此李氏为二姨太，金氏为三姨太，吴氏为四姨太。沈氏虽然也是姨太，但正房夫人远在河南项城，沈氏便成了实际上的正房夫人。袁世凯指派沈氏管教另外三个姨太太，首先要教给她们中国的礼节，特别是走路，袁世凯喜欢小脚女人，三位朝鲜姨太太早已过了缠足的年龄，也只好让她们学京剧里旦角"踩寸子"的样子，走起路来摇摇摆摆，这样看起来就像缠了足似的。

　　沈氏成了内宅中的老大，对另外三位姨太太的管教极为苛刻，甚至非打即骂。而袁世凯既已放权，便要帮着沈氏树立威信，因此对沈氏借机欺负其他姨太太的事睁一眼闭一眼，以致金氏左腿被打成残疾都不曾过问。

而金氏贵为王妃的表妹，原以为嫁过来是要做正房夫人的，最低也要享受正房夫人的待遇，哪曾想，非但正房夫人做不成，两个下人也都成了与自己平起平坐的姨太太，甚至李氏还排在了她的前面，令她饱受侮辱。还有一个青楼出身的沈氏骑在头上作威作福，而沈氏似乎特别与她过不去，总是无端找茬。她虽非公主、格格，却也贵为王妃的表妹，是四个姨太太中出身最高的，怎受得了如此侮辱。但在这样陌生的环境里，又得不到袁世凯的宠爱，金氏只能逆来顺受，整日抑郁寡欢，经常暗地哭泣，渐渐养成一副古怪脾气，平日里表情僵硬、神情木然，对儿女也毫无热情，因此更加不讨袁世凯的喜爱。好在她为袁世凯生了次子袁克文，并奉命将袁克文过继给不曾生育的沈氏，沈氏对她的待遇才算稍稍有所改善。

金氏的母亲得知女儿的遭遇后，心痛不已，经常以泪洗面。后来金氏随同袁世凯回到中国，她更加担忧牵挂，整日里精神恍惚，有天在井中仿佛看到女儿的身影，便猜想女儿一定客死异乡了，痛不欲生中一头扎进井中，结束了自己的生命。金氏的父亲在痛心女儿遭遇的同时，又遭遇丧妻之痛，竟也吐血而亡。

1894 年，朝鲜发生东学党起义，朝鲜政府又一次向清政府请兵。袁世凯没有想到，他出使朝鲜 12 年，竟在这一年栽了个跟头。当时中国出兵后，日本军队却不请自到。原来日本政府在军事、外交方面已完成战争准备，蓄意向中国挑衅。因此东学党起义失败后，中国军队撤走，日本非但不撤军，反而大举增兵。袁世凯多次电请李鸿章发兵，以制止日本发动战争，李鸿章一直未予答复。

清政府的软弱必将助长日本人的嚣张气焰，袁世凯料到战争在所难免，对于毫无准备的中国，失败势在必然。而此时，朝鲜东林党人借助日本人的势力，四处捉拿袁世凯。为了保住性命，袁世凯等不及"奉旨调回"，便将职务交给唐绍仪代理，自己请假后乔装逃回国内。

小站练兵，奠定一生基业

果然不出所料，袁世凯逃回国内没几天，即 1894 年 7 月 23 日，日军进攻朝鲜王宫，挑起甲午战争。清政府以李鸿章为主帅，结果可想而知。日军占领朝鲜之后，又占领了辽东半岛。甲午战败，李鸿章成为众矢之的。

失去李鸿章这个靠山，袁世凯的处境更加艰难。正如他给兄长袁世勋的信中所言："弟自韩归国，除二三挚友外，余都白眼相加。"不久，袁世凯被外放浙江温处道，就在他打算回河南省亲然后南下走马上任的时候，一个令人振奋的消息传来：清政府准备整军经武，编练新军。

清朝的军队，原有"旗兵""绿营""乡勇"三种建制，旗人入关，"旗兵"开始腐化堕落，失去战斗力，以汉人为主的"绿营"兵也在太平天国战争中败下阵来，代之而起的"乡勇"，即曾国藩的湘军与李鸿章的淮军，曾一度为清政府效力，但由于烧杀掠夺无恶不作，令老百姓深恶痛绝，尤其在甲午战争中一败涂地，令清政府下决心编练新军，并成立了督办军务处，以兵部尚书兼步军统领荣禄为主要负责人。

袁世凯看准时机，将所撰兵书 12 卷连同编练新军的构想，率先交给正在物色练兵人才的荣禄，从而得到荣禄的赏识与重视。据传，马关议和时，日本代表伊藤博文曾向李鸿章打探袁世凯近况，于是有人说："日本人如此重视袁世凯，可见此人必有非常之才。"于是，翁同龢、李鸿章也都对袁世凯刮目相看，认为他"通晓戎机，才堪大用"。

自清朝入关后，一直重文轻武。袁世凯虽非行伍出身，但从 22 岁投靠吴长庆后，便立志走带兵入仕之路，从此一边学习研究军事书籍，一边留心观察，注意实践，加上他有这方面的天赋，逐步成为清末不可多得的军事人才。而且早在入朝不久，袁世凯便受吴长庆委派，奉清政府之命为朝鲜编练新军。因此凭着编练新军的经验，袁世凯也应成为荣禄等人瞩目的重要人选。于是，由李鸿章提议，荣禄复议，军机处诸人保举，袁世凯成为清末编练新军第一人。

袁世凯完全没有想到，世事变化竟然如此之快。如果说他发迹于朝鲜，是得益于淮军将领吴长庆与朝廷重臣李鸿章的赏识与提携，那么今次得以赴小站督练新兵，则得益于荣禄独具慧眼。

1895 年 12 月，袁世凯被委任为"新建陆军"督办，到天津小站接管定武军十营，另加招募 2500 人，改练新军。袁世凯深明编练新军的重大意义，曾国藩因为有了湘军，李鸿章因为有了淮军，他们才能位极人臣。而袁世凯的叔祖父袁甲三也正因为有一支武装在手，才得以建立功勋，被委以钦差大臣。他早就盼望拥有一支队伍，作为自己建功立业的资本，如今机会终于来了，袁世凯踌躇满志，走马上任。

为了避免朝廷中满族亲贵们猜忌，袁世凯请曾任北洋武备学堂总办的旗籍陆军大臣荫昌推荐新军骨干。荫昌为他介绍了武备学堂毕业生王士珍、段祺瑞、冯国璋、梁华殿四人。这四人除梁华殿在一次夜操中失足跌落河中溺死外，其余三人全部成为袁世凯在军事方面的得力干将，即后来的"北洋三杰"，号称"王龙""段虎""冯狗"。

袁世凯的主要班底，一是来自北洋武备学堂的毕业生，其中除"北洋三杰"外，还有曹锟、段芝贵、张怀芝、卢永祥、王占元、陆建章等。此外，他还在李鸿章的淮军中选拔了一批老兵老将，如张勋、姜桂题、倪嗣冲等。

为了牢牢掌握和控制这支队伍，袁世凯特地请徐世昌担任总参谋，请唐绍仪担任总文案。而对手下人才的管理，袁世凯自有一套恩威并重的手段，尤其以笼络为主，收买人心，培植亲信。

袁世凯有一位亲信幕僚阮忠枢，出身淮军将领家庭，由李鸿章推荐入新建陆军，管理军制饷章文牍机务。早年袁世凯从上海到山东投靠吴长庆时，曾得到阮忠枢倾囊相助。阮忠枢本来有恩于袁世凯，但有一次，袁世凯"得罪"了这位恩人。

事情起因于一位青楼女子。阮忠枢好女色，在青楼结识了妓女小玉，被小玉的窈窕身材、白皙的皮肤与顾盼生辉的双目所倾倒，以致日日魂牵梦绕，便想纳小玉为妾。但新建陆军纪律严明，阮忠枢不敢贸然行事，便同袁世凯商量。原以为袁世凯会看在过去的情分上，对他网开一面。孰料，袁世凯听后虎着脸沉思良久，最后说：

"这个例不能开，请斗瞻兄谅解。"说完转身离去。

阮忠枢望着袁世凯的背影呆愣半晌，随后对身边人大发牢骚："当初不是我的相助，他哪里会有今天！"

埋怨完袁世凯忘恩负义，阮忠枢也只好放弃纳妾的想法。而袁世凯如此不讲情面，是为了严明军纪，做样子给大家看的。他驳回阮忠枢的要求后，马上派人购置了一套豪华房舍，并布置一新，接着为小玉赎身，接进华屋。一切准备好后，袁世凯找到阮忠枢，约他一道外出公干，带着他来到这栋豪华房舍里。

当时天近黄昏，华屋里红烛高照，大红喜字高挂，屋里、院落里人来人往，好像在办喜事。阮忠枢心里不免埋怨，既然是来参加人家的婚礼，袁世凯就该事先给他打个招呼，起码备下一份礼金。如今两手空空而来，岂不尴尬？正嘀咕着，便有人搀出了蒙着红盖头的新娘。或许是心有灵犀，阮忠枢忽然想到，这要是小玉就好了。接下来所发生的，仿佛如同梦幻一般，那女子太像小玉，而他本人也被推到新娘身边，站在大红喜字下，拜堂仪式就这样开始了。

阮忠枢喜从天降，百感交集，从此对袁世凯死心塌地，鞍前马后，不曾有半点不忠。他本人也因此成为袁世凯最重要的谋臣之一，成为北洋时期炙手可热的人物。袁世凯曾对外说："袁就是阮，阮就是袁。"可见两人关系之深。

而对"北洋三杰"的笼络与提拔，袁世凯费了更多的心思。袁世凯刚到天津小站督练新军时，全体军官前往迎接，唯独少了一个人，这个人就是段祺瑞。袁世凯问身旁的唐绍仪：

"段芝泉为什么没来？"

"他不知道您今天来，回家结婚去了。"唐绍仪说。

"哦……"连个招呼都不打就跑回家去结婚，袁世凯心里十分生气，但他马上面带微笑，对唐绍仪说："好，好，值得恭喜！告诉芝泉，婚姻大事耽误不得，小站之事可延迟几日。"随后由唐绍仪转送一张银票，作为贺礼。

段祺瑞办完婚事回到小站，这才知道犯了大错，不知道要受到什么处罚。不料一下车，竟看到袁世凯亲率一批将官前来迎接，顿时感到受宠若惊。

下车后，袁世凯拉着段祺瑞的手问长问短，关心备至，并在营中设宴，特地为段祺瑞接风。

为了感谢袁世凯及诸位同僚，段祺瑞几天后回请袁世凯及小站同僚。席间，袁世凯与大家聊得高兴，不住地点菜叫酒，让段祺瑞心里暗暗叫苦，生怕自己兜里的银子不够用，到时可就丢人了。然而，聚餐结束后段祺瑞打算结账时，饭店老板却说："袁大人已经吩咐了，所有花销全记在他名下。"段祺瑞大吃一惊，心中对袁世凯更是万分感激。

1902年袁世凯做了直隶总督，将所练军队改称北洋新军，并相继成立了三个协（旅），在选任协统（旅长）时，为了表示他任人唯贤，特地宣布以考试的方法提拔军官。北洋新军成立第一协时，王士珍考了第一名，当了第一协协统；成立第二协时，冯国璋考了第一名，当上第二协协统。从德国深造回国的段祺瑞，自认为学识不凡，却没想到连续两次名落孙山，生怕第三次考试再度落榜，位居人下不说，重要的是丢不起这个面子，因此心里惶惶不安。

在考前一天晚上，正当段祺瑞紧张地备考时，忽然传令官来报，说袁世凯有请。段祺瑞本不愿这个时候耽误备考，却又不敢不去。可到了那里袁世凯却没有什么事情要说，只是东拉西扯地扯闲篇，段祺瑞心里着急，只好心不在焉地敷衍。终于等到袁世凯说完了，段祺瑞急着往外走，袁世凯亲自送出门来，分手时将一张纸条塞到段祺瑞手里，但什么都没说便与段祺瑞告别了。段祺瑞不知道袁世凯塞给自己什么东西，又不敢当面拆开。等回到家中一看，顿时如释重负，原来纸上写的是第二天考试的题目。

段祺瑞连夜做出试题，考试轻松过关，果然高中榜首，顺利当了第三协的协统。段祺瑞深深感谢袁世凯的提携之恩，决心终生相报。其实，王士珍和冯国璋在考试前，也都受到袁世凯的这种"提携"。通过这些手段，袁世凯使其部下对他忠贞不二、尽心效命。

袁世凯练的是新军，采取的是近代德国陆军制度，组建步、马、炮、工、辎等兵种，全部采用外国新式武器装备，并制定新的营规营制、饷章、操典。为提高士兵素质，在新建陆军成军后，于1898年创办了德文、步队、马队、炮队、工兵队五个随军武备学堂，统称行营武备学堂。在军事装备训练方面，袁世凯极力采用资本主义国家的先进技术。

然而，袁世凯编练新军的指导思想，却是沿袭湘淮军阀的旧习，以"兵为将有"，专门培植依属于自己的势力。新军的官兵都在营房里供着袁世凯的长生牌位，以袁世凯为衣食父母，并在上下操队伍集合时，由队官问士兵："咱们吃的谁的饭？""给谁去卖力？"回答都是"袁宫保"。由于清政府曾赐袁世凯太子少保衔，因此人们曾称他为"袁宫保"，以致一些小站士兵"只知袁宫保，不知清王朝"。

其实，袁世凯的小站练兵规模并不大，"定武军"原有 4750 人，扩编后也只增加到 7250 人，而这 7000 多人，构成了后来中国军事力量的核心。由于新建陆军归北洋大臣节制，因而称为"北洋派"。1905 年"新建陆军"扩编为"北洋六镇"，其中所有军事骨干皆出自小站。随着北洋派军事力量的扩张，以小站军人为核心的北洋军阀集团，成为袁世凯登上中国政治舞台巅峰的资本。民国期间，大总统、副总统、执政、国务总理、各部总长、巡按使、各省督军、省长乃至师长、旅长等，大多从小站而来，北洋军阀集团也因此成为长期把持中央政权，割据地方的庞大政治势力，掌控中国命运达 17 年之久。

出卖维新，是非谁予评说

事实上，袁世凯的小站练兵并非一帆风顺，由于一些满族权贵对他并不放心，他本人生性跋扈，在练兵不久后便忌者如云，更有御史胡景桂提出参奏，说他诛戮无辜克扣军饷等。清政府派兵部尚书荣禄去小站查办。荣禄一到小站，见袁世凯训练的新军兵强马壮，士气盎然，与一派颓败面貌的绿营、乡勇大不相同，不由得从心里暗暗佩服。此时的荣禄哪里还顾得上查办袁世凯，恨不得马上把这支新军变成自己手里的王牌势力，当然也要把袁世凯牢牢抓到手中。于是，荣禄在慈禧面前极力替袁世凯说好话，对新军大加赞扬。

如此一来，袁世凯非但没有获罪，反而得到朝廷慰勉，于 1897 年擢直隶按察使，仍专管练兵事宜。1898 年，"新建陆军"与甘肃提督董福祥的"甘军"、聂士成的"武毅军"划归直隶总督兼北洋大臣荣禄统一节制，统称为"北洋三军"，袁世凯的新军成为荣禄手中的一张王牌。

岂料，戊戌变法开始后，帝、后两党分歧越来越大，已形同水火，势不两立。1898 年 9 月 14 日，光绪帝的处境已十分危急，"帝位且不能保"，于是，他给康有为等人写密诏，要他们尽快拿出应对计策。但这些维新派人士手里无一兵一卒，要对付慈禧的保守派绝非易事。于是，他们想到了袁世凯。

袁世凯早在朝鲜时，便与欧美使节多有来往，对西方事务多有接触，并于 1895 年曾上书变法，是个锐意维新的人物。因此之故，他与康有为等人来往密切，共同语言颇多，也曾参加康有为创办的强学会。康有为将袁世凯推荐给光绪帝，想以其手中的新建陆军为奥援。

1898 年 9 月 16 日、17 日，光绪帝两次召见袁世凯，破格提拔他为候补侍郎，并赞扬他说："人人都说你练的兵好，办的学堂好，以后可与荣禄各办各的事。"意思是说，以后袁世凯可以不受荣禄节制。袁世凯受此恩宠，表现得感恩戴德，连磕响头，但此时他心里却是忐忑不安。他虽支持维新，却不想卷入帝、后之争，他深知光绪帝的势力无法与慈禧太后的势力相抗衡，没有把握的事他是不愿去做的。但他不敢拒绝皇上，只好佯装答应，准备回去后再从长计议。

岂料，18 日晚，谭嗣同突然来到袁世凯在京郊法华寺的住所。由于事情紧急，谭嗣同开门见山，将守旧派大臣怂恿太后发动政变，废黜皇帝的阴谋告诉袁世凯，然后说："现在皇上大难临头，不能再等了，我们已经决定先杀荣禄，再包围颐和园，逼太后交权，以促使变法成功"。

袁世凯大吃一惊，事情来得太突然了，袁世凯毫无思想准备。凭荣禄对他的提携，断不会做出杀荣禄的事情。即使他不念及荣禄的知遇之恩，也不会冒失去这座靠山的风险。见袁世凯不说话，谭嗣同又鼓励说：

"你办好这件大事，对国家对个人都有好处，事成之后，直隶总督非你莫属。"

袁世凯自然能掂出此事的风险有多大，他不会为了一个直隶总督冒此风险。就眼下情形而言，京畿一带的"北洋三军"都由荣禄节制，仅董、聂两军便各有数万人，荣禄还掌有重兵几十营，京城内尚有旗兵，而他的新建陆军仅有 7000 余人，力量如此悬殊，就算杀掉荣禄，也毫无胜算。

"我看时机尚未成熟。"袁世凯搪塞说，"不如等皇上到天津阅兵时再动手，那样或许有些把握。"

谭嗣同无奈，只好答应。但袁世凯不过是托词，他根本不会为皇上和这几个赤手空拳的书生去冒险。至于是否告密，一时颇费踌躇，他打算再看看风向。据说他当天夜里即赶到庆王府，求见庆亲王奕劻，想从庆亲王那里摸摸底细。

9 月 20 日，袁世凯返回天津，第二天便去总督衙门拜谒荣禄。不料，却得到一个万分震惊的消息：慈禧已于 20 日成功发动戊戌政变。

原来，当时正逢日本前首相伊藤博文访问中国，康有为向光绪帝大力推荐伊藤博文，而朝廷很多官员奏请光绪帝留伊藤博文在北京为顾问官，以便请其赞助新政。慈禧不担心维新派上书言事，却担心他们掌握武装，与外国势力联合。9 月 19 日，慈禧得知光绪帝将于第二天会见伊藤博文，顿时怒不可遏，立刻传下懿旨，以皇帝生病不能处理朝政为由临朝训政，将光绪帝囚禁于中南海瀛台涵元殿，并于 21 日以光绪帝之名发布"训政"诏书。

事态发展之快，让袁世凯措手不及。想到谭嗣同夜访法华寺，袁世凯不寒而栗。倘若此事被康有为等人供出，自己岂不遭塌天大祸。为了保住个人身家性命，袁世凯当机立断，将慈禧、荣禄尚不知道的维新派"杀禄围园"、劫持太后的兵变密谋和盘托出，并申明自己的忠心和立场。

此前，荣禄听说袁世凯被光绪帝召见并提拔，对袁世凯起了猜疑，可听到袁世凯的告密，相信他并非自愿参与其中，也并无兵变的打算，因此对袁世凯依然信任如初。

当天，荣禄连夜进京，面秉西太后。当时慈禧等人尚不知道维新派的密谋，所以只是下令捉拿康有为兄弟。听完荣禄禀报，立刻下令扩大范围，大肆抓捕维新人士。康有为、梁启超已经出逃，谭嗣同、杨锐等戊戌六君子被抓，于 28 日斩首于菜市口。

尽管戊戌变法的失败不能归咎于袁世凯的告密，但袁世凯的告密无疑起到催化与加剧的作用。无论如何，人们看到的结果是，光绪帝被幽禁于瀛台，谭嗣同等六君子命断菜市口，袁世凯却因进一步取得慈禧与荣禄的信赖而一路高升。1899 年，袁世凯升任工部右侍郎。12 月，署理山东巡抚，率领全部新军（时称"武卫右军"）前往济南。

正因为袁世凯并非反对变法，因此他一旦掌握大权，便率先实行起变法来。袁世凯自任山东巡抚及随后的直隶总督开始，便着手兴办现代教育，其间最显著的政绩是创办了山东大学堂（今山东大学的前身）这一中国首创的现代化大学，又于 1905 年废除科举制度；同时兴办实业，发展工矿业、交通业、农副业等，一反中国士大夫重农轻商的观念，采取农商并重方针，创办商务总会，设立银圆局等；整饬吏治，设立官吏考验处、调查处等，还创建了中国警察制度。对于清政府 1901 年以后推行的各项"新政"，袁世凯更是事事率先倡办，曾有人评价袁世凯说："清廷革创之政，几乎均出其手。"

袁世凯就任山东巡抚后，对山东境内义和团的镇压，受到李鸿章和洋人的赏识。1900 年八国联军攻占北京，慈禧与光绪西逃。袁世凯与李鸿章联合刘坤一、张之洞等人，采取东南互保的政策，使得东南、中南一带免于涂炭。山东居于南北要冲，其地理位置对稳定大局尤其重要，袁世凯能够顶住当时朝廷主流派的乱命，立足山东，保境安民，不失为明智之举。

庚子之变后，荣禄节制的武卫军，有三支全军覆没，包括聂士成的武卫前军，董福祥的武卫后军，只剩了袁世凯的武卫右军（新建陆军）毫发无损。袁世凯坐守山东，不曾盲从当时朝廷主流派，追随两宫西狩一路勤王，或许心中有愧担心慈禧怪罪，在两宫西狩期间，不断地孝敬银两以及各种生活物品。

由于慈禧西逃匆忙，生活用品所带无几，尽管贵为太后，一旦离开紫禁城，便有了数不清的困窘与磨难。好在袁世凯懂得雪中送炭，各种贡品包括银子、贡缎、食物等，源源不断地送来，帮了慈禧太后的大忙。到慈禧一行回京，袁世凯光银子就送了 40 多万两。而且袁世凯还十分体恤随行大臣和太监，也分别给他们送去不同数量的银子。收到银子最多的荣禄和太监李莲英，不断在慈禧耳边为袁世凯说好话，使慈禧对袁世凯更加信赖与重视。

1901年9月《辛丑条约》签订后，慈禧太后如释重负，负责签订此条约的李鸿章则备受国人指责。李鸿章签字回去后大口吐血，两个月后不治身亡；慈禧则于10月自西安起驾，取道河南、直隶回京。

慈禧一行到河南时，袁世凯派张勋率护卫部队赶到直豫边界磁州迎接銮驾。慈禧一行抵达直隶省界时，袁世凯亲自赶到直隶顺德府迎接两宫銮驾。当慈禧太后的御辇远远驶来时，袁世凯跪在路左边，匍匐在地，放声大哭，令所有在场官员大为震惊。

因为按清朝规矩，只有皇帝、皇后大丧时，臣仆才可以跪哭，袁世凯此举无疑犯了杀头之罪。如果说袁世凯有意别出心裁邀宠，那么未免太冒险了。当时所有人都在心里嘀咕：这下袁世凯该倒霉了。

不曾想，太后此时心情大好，虽然不免吃了一惊，但还是心平气和地问他为什么哭。袁世凯说："臣见老佛爷清瘦，痛彻于心，不觉失礼，请老佛爷恕罪。"

"总算菩萨保佑。"袁世凯的话说得慈禧心里一阵阵酸楚，她非但没有降罪于袁世凯，反而当着众大臣的面称赞袁世凯说，"你们瞧，这才是大清国的忠臣！"

1901年11月李鸿章去世前，遗奏保荐袁世凯继任直隶总督，云："环顾宇内人才，无出袁世凯之右者。"慈禧太后深以为然，于11月擢袁世凯署理直隶总督兼北洋大臣，1902年得以实授，兼任政务处参预政务大臣和练兵大臣，在保定编练北洋常备军（简称北洋军）。此后，袁世凯又陆续兼任钦差大臣、商务大臣、政务大臣、练兵大臣、学务大臣、电政大臣、铁路大臣等13个职务，并赏加太子少保的荣誉衔，因此人称"袁宫保"。

此时袁世凯的势力已从军事方面扩展到政治、经济、教育等多个领域，尤其1905年北洋六镇建成，全军兵力达7万，形成了庞大的北洋军阀集团，袁世凯的权势已远远超过当年的李鸿章。

拥兵自重，位及"共和"总统

常言说，物极必反，袁世凯完全没有想到，当他仕途通达如日中天的时候，局势会顷刻间从天上掉到地下。

1908 年 11 月 14 日、15 日，光绪帝和慈禧太后先后驾崩，年仅三岁的溥仪继位，由其父醇亲王载沣摄政，而载沣正是光绪的弟弟。

关于光绪帝的死因，历来众说纷纭。而光绪死前曾服下大量砒霜，是经过现代科学手段所证实的。是谁毒死了光绪？一说是慈禧，一说是袁世凯。当时袁世凯身为军机大臣，主掌北洋军，是完全有这个条件谋害皇帝的。据溥仪的回忆录《我的前半生》中记载，说慈禧太后临终前一天，本来"上午还好好的光绪皇帝，吃了一剂药便突然坏了事，后来才知道，那一剂药是袁世凯送进来的"。

有人说光绪留下一道遗诏，写了一个"斩"字，后面的"袁"字只写了一半；有人说光绪死前告诉皇后隆裕："杀我的是袁世凯"；并说光绪在临终前，嘱咐载沣诛杀袁世凯，为自己报仇。这些虽未被证实，但光绪对袁世凯的恨之入骨是不容置疑的。正因为此，当载沣晋封为摄政王之后，袁世凯便觉察到形势对他十分不利，不由得惊恐万分，其党羽也都因此惴惴不安。

载沣的确想替哥哥报仇，而他要除掉袁世凯更重要的原因，是袁世凯的势力已经到了不可控制的程度。载沣政治上并不糊涂，只是优柔寡断，无统御之才，因此问计于奕劻、张之洞等朝廷重臣，遭到两人的反对。奕劻与张之洞认为，袁世凯手握重兵，朝廷内外各方面奥援颇多，又值太后刚刚去世，南方革命党活动频繁之际，万一引发兵变局势难以控制。

正犹豫间，段祺瑞已借故北京南苑"兵变"，带着洋枪、洋炮从保定跑到北京城脚下，"名正言顺"地开炮弹压了。轰隆隆的炮声震得满族亲贵们心惊胆战，朝廷里顿时乱作一团，都说段祺瑞醉翁之意不在酒，怕是专程为袁世凯而来。载沣急忙做出让步，以袁世凯患"足疾"为由，解除其本兼各职，一纸诏书将其开缺回籍。

1909 年 1 月 2 日，袁世凯接到摄政王载沣以宣统帝名义所下诏书后，一刻也不敢停留，赶紧携家小离开北京锡拉胡同的寓所，返回河南，开始了长达三年的隐居生活。

到河南后，袁世凯没有回老家项城，而是先在辉县住了一段日子，后又到河南彰德"隐居"。他早年当政时曾在洹河北岸购买原天津盐商何炳莹的一幢别墅，经过扩建修缮，成为占地 13.3 公顷的洹上村巨型豪宅。巨宅四周筑起高大围墙，四角建有炮台。宅中正厅为养寿堂，西侧为住宅，夫人、姨太太们各居一院。东侧是花园，名为养寿园，园内奇花异草，溪水长流，山林峻石，亭台水榭，美不胜收。

离洹上村不远，是著名的风景区百泉和苏门山，袁世凯自称"洹上老人"，时常头戴斗笠，手执钓竿，往返于青山碧水之间，过着游山玩水的生活。他还特地将自己头戴斗笠、泛舟湖上的照片，拿到上海杂志上发表。

在外间人看来，袁世凯寄情山水，不问政事，已是闲云野鹤与世无争。但事实上，这只是袁世凯的韬光养晦之术。他从回到洹上村开始，政治活动一刻都没有停止过。他在家中设置了秘密电台，来自北京以及全国各地的信息源源不断地送进洹上村，北洋将领、安插在各政要部门的属下，以及各地官绅也都纷纷前来拜访，向他报告外间一切变化。袁世凯足不出户，便尽览天下事，他在等待东山再起的时机。

等得无可奈何之际，袁世凯请来一个在彰德小有名气的算命先生，让他算算什么时候可以东山再起。算命先生是个瞎子，他告诉袁世凯：到辛亥八月节，官星就动了。袁世凯听后大喜过望。

不知算命先生所言是后人附会，还是此瞎子果然灵验，巧合的是，到了辛亥年农历八月，即 1911 年 10 月，武昌起义爆发，武汉三镇失守，湖广总督瑞澄、第八镇统制张彪弃城逃跑，10 月 12 日，清政府派出陆军大臣荫昌率部分北洋军队前去镇压……

消息传到袁世凯耳中，袁世凯悄悄乐了，他知道荫昌根本指挥不动他的北洋军。当天，袁世凯的老部下被任命为第一军军统的冯国璋，背着荫昌来到洹上村，向袁世凯请示机宜。袁世凯赐给他六字秘诀："慢慢走，等等看。"冯国璋心领神会，得计而去。

荫昌也是有自知之明之人，论关系他与袁世凯也是交情不浅的老朋友，所以冯国璋前脚走，荫昌后脚便来到洹上村。但对袁世凯来说，交情归交情，关系个人利益尤其是政治生命，那是不得半点马虎，所以当下人一报上荫昌的名讳，袁世凯就"病倒"了。荫昌在养寿堂恭候良久，袁世凯才被下人搀扶着颤颤巍巍地走来。谈起军国大计，袁世凯唏嘘良久，说：

"离开京城三年之久，对外间事知之甚少，这带兵打仗的事自然也不敢多加评判了……"

荫昌不得要领而去，到了前线，果然指挥不动袁世凯一手培植起来的北洋军队。

此时的清政府已乱作一团，对于摄政王载沣来说，不到万不得已是不肯起用袁世凯的。但袁世凯在清朝亲贵中不乏奥援。早在1903年荣禄去世前，袁世凯便与新任军机领班奕劻建立了良好关系。凡这位庆亲王的年节、寿日以及庆王府的婚丧嫁娶等，全部由袁世凯事先布置，一切开销由袁世凯支付。袁世凯并与奕劻之子载振结拜为异姓兄弟，与奕劻的关系便远远超过了荣禄。

果然，奕劻率先提出敦请袁世凯出山，在帝国主义的敦促下，载沣只好采纳，任命袁世凯为湖广总督。但蛰伏三年等来的这个任命，并没有让袁世凯喜出望外。隐忍三年的代价，仅仅是一个小小的湖广总督，他觉得太可笑，太滑稽！他当即回复清政府：

"'足疾'未愈，不能上任。"

奕劻心有灵犀，立即派徐世昌去河南彰德，私下问明袁世凯出山的条件。袁世凯对徐世昌自然有什么说什么，他提出了六个条件：

一、明年即开国会；

二、组织责任内阁；

三、宽容参与此事件诸人；

四、解除党禁；

五、须委袁世凯以指挥水陆各军及关于军队编制的全权；

六、须与袁世凯以十分充足的军费。

毫无疑问，这六个条件对载沣来说太过苛刻，但袁世凯胸有成竹，稳坐家中待价而沽。后来起义的省份不断增多，战事越来越紧急，英、法、德、美等国为保护在华利益不断地对清政府施加压力，清政府不得不一条一条地满足了袁世凯的要求。10 月 27 日，清政府连发四道上谕，授予袁世凯钦差大臣，交给他前线的全权指挥权。

袁世凯接受了这个任命，即指挥全线反攻。同日，冯国璋进攻汉口，11 月 2 日占领汉口。与此同时，袁世凯还指挥北洋军镇压石家庄、太原、滦州等地的革命军，不仅向清政府展示了自己的能力，也让革命军看到了北洋军的威力。清政府无可奈何，只得于 11 月 2 日任命袁世凯为内阁总理大臣。11 月 16 日，袁世凯在北京正式组成责任内阁。

而此时，冯国璋经过八昼夜激战，已于 27 日攻占汉阳，紧接着炮击武昌，准备拿下革命军的最后阵地。袁世凯在北京连发七次电报，命令他停战。但冯国璋仿佛不得要领，袁世凯只好将他从前线撤下，调回北京，将第二军军统段祺瑞调到前线，兼任第一军军统。因为袁世凯要通过养敌自重，利用革命军胁迫清政府谈条件，又借立宪之名架空皇室，如此一来，他既可成就再造国家的抱负，又不需背负背叛清室的骂名。而接下来，他就要利用清政府向革命军"讨价还价"了。

袁世凯首先要探明革命党对自己的态度，他曾致书被革命党人强迫推举为湖北都督的黎元洪，提出以实行君主立宪和平解决战事的要求。而黎元洪在回复中拒绝了君主立宪，称如果袁世凯赞同共和，他一定推举袁世凯为第一任共和总统。同盟会第二号人物、战时总司令黄兴也致信袁世凯，做出同黎元洪一样的许诺。12 月 2 日，各省都督代表在汉口开会，正式决议"如袁反正，将拥其为总统"。

12 月 7 日，袁世凯以唐绍仪为全权代表，派他前往武昌与革命军商谈大局，史称"南北议和"。就在双方反复磋商时，孙中山自海外归来，让南方革命党人为之一振，反对议和的呼声随之高涨，1912 年 1 月 1 日，孙中山在南京就任中华民国临时大总统。

为顾全黎元洪等人与袁世凯早先达成的默契，孙中山就职后，立即通电袁世凯，表示"虚位以待"，即清帝退位后，大总统位置一定让给袁世凯。

可袁世凯此时还不敢明确向清政府提出退位要求，因为一些朝廷亲贵为了维护清朝政权，组织了一个宗社党，宗社党坚决反对共和，坚持以武力镇压革命党人，得知袁世凯打算议和后，对袁世凯恨之入骨。袁世凯因此不愿顶风而上，事情便延搁下来。但他没料到会被革命党人误会，以为他没有和谈诚意，由此险遭杀身之祸。

1912年1月16日上午11时许，袁世凯从皇宫出来，乘坐双轮马车前往外务部新衙门。马车刚到丁家街三义茶馆门前，忽然一颗炸弹从茶馆二楼飞下，好在投偏，辕马受惊，拉着袁世凯飞驰而去。不料，车过祥宜坊酒楼门口，又一颗炸弹从楼上落下，但再次投偏，在紧随车后的卫队中炸开，警卫队长和两名巡警当场毙命。

此事发生后，虽然袁世凯惊魂未定，却因此洗清了他与革命党人勾结胁迫清政府退位的嫌疑。26日，宗社党骨干良弼外出回家，在自家门口被革命党人炸伤，送到医院后死亡。而行刺的革命党人彭家珍被弹片击碎头骨，当场殒命。

接连两桩暗杀案，使朝廷亲贵们人人自危、人心惶惶。袁世凯在被刺杀当日，便与内阁大臣联衔上折，开始逼宫。袁世凯亲自捧着折子到养心殿觐见隆裕太后和宣统皇帝。据溥仪后来回忆说，当时他幼小无知，只见一个陌生的矮胖老头跪在红毡垫上与隆裕太后相对流涕，伤心欲绝，他当时不知道发生了什么事，更不知道貌似忠心耿耿的矮胖老头袁世凯，哽咽着说出的竟是一派逼他退位的劝诱恫吓之词。

良弼被刺杀当日，段祺瑞率领前线北洋将领46人，联名电奏朝廷，请清帝退位。隆裕太后见大势已去，于1912年2月12日以宣统皇帝的名义颁发退位诏书，在中国延续两千多年的封建帝制自此告终。

2月15日，袁世凯被选举为中华民国临时大总统，于3月10日在北京宣誓就职。

倒行逆施，"洪宪"美梦难圆

袁世凯做了共和制总统，但对"共和"的含义不甚明了，他曾就此向顾维钧请教，顾维钧告诉他，共和国是人民大众的国家。袁世凯反驳说："中国的女仆在打扫房间时，都把脏土倒在街上，她们只关心自己屋里是否干净，这样的公民如何能够管理国家？"

袁世凯口头上表示支持共和，骨子里却始终认为共和道路在中国行不通。所以，当上临时大总统后，他首先做的便是极力加强专制独裁统治。他提名唐绍仪担任内阁总理，以为唐绍仪会对他言听计从，没想到唐绍仪也主张和同盟会合作，强调发挥责任内阁的作用。袁世凯极力想摆脱内阁的制约，于是便设法架空和排挤唐绍仪，最后唐绍仪与同盟会阁员被迫全体辞职，袁世凯又任命亲信赵秉钧代理内阁总理，强迫参议院通过补充阁员名单，使得责任内阁完全成为他的附属机关。

1912 年，孙中山将同盟会改组为国民党，为了限制袁世凯的权力，试图组织政党内阁。袁世凯对此极为抵触，竟策动北洋军警进行干涉，逼迫国民党人退出内阁。就在袁世凯极力排挤国民党时，宋教仁被刺一案，将他推向舆论的风口浪尖。

宋教仁是实际主持国民党工作的代理理事长（孙中山为理事长），也是在组织政党内阁活动中为首之人。1913 年 2 月，中国首次根据《临时约法》的规定，进行国会选举，国民党获得多数席位。准备由国民党组阁，由宋教仁出任内阁总理。

1913 年春，宋教仁南下，到处发表演说，抨击时政。3 月 20 日，宋教仁接到袁世凯急电，准备从上海返回北京。当晚 10 点左右，宋教仁尚未踏上北上的列车，便在上海车站遭到歹徒枪击。由于子弹上涂了毒药，31 岁的宋教仁因抢救无效而逝世。

袁世凯得知宋教仁被杀后，立即下令缉拿凶手。然而，他本人却成为第一个被怀疑对象。

令人不可思议的是，在当时上海滩刺杀案迭出，多数悬而不破的情况下，宋案的破获却出奇的顺利，其速度之快令人咋舌。首先有一个叫王阿发的"古董商"到公共租界巡捕房报案，说凶手是上海青帮大佬应桂馨。因为一周前他曾去应府卖古董，应桂馨提出以 1000 块钱为报酬，要他去杀一个人，并拿出一张照片让他看，他没有答应。宋案发生后，他看到报纸上所登宋教仁的照片，正是应桂馨给他看的照片上那个人。

就在案发第三天，租界巡捕在一家妓院抓获应桂馨后，又在其家中搜出与内务部秘书洪述祖来往的多封密电，内容里都有两个字：毁宋。密电中还有两封是袁世凯的心腹、内务总长赵秉钧发来的，从中可以看出，袁世凯和赵秉钧知道"毁宋"一事。由此，袁世凯被认为是刺杀宋教仁一案的策动者。

但有人指出，"毁宋"并非杀宋，而是搜寻宋教仁的丑闻，通过媒体曝光。但应桂馨由于找不到能丑化宋教仁的证据，面对洪述祖越来越高的报酬，应桂馨变"毁宋"为"去宋"，即除掉宋教仁以获取巨额报酬。而"去宋"这件事只有洪述祖和应桂馨知道，并没有直接证据指向赵秉钧与袁世凯。

更巧的是，在对应桂馨家里进行搜索时，巡捕们竟发现一个神色慌张行为可疑的人，一盘问，此人竟是直接杀害宋教仁的凶手武士英。令人不解的是，应桂馨本人并不在家中，武士英却在他的家中；而武士英被捕后表现从容淡定，完全没有被发现时的惊慌失措。然而，就在预审的前一天，身体强健的武士英突然死亡。

当时上海是国民党势力的大本营，宋教仁被刺一案的破案、审判等工作基本都是在国民党的控制下进行的。而武士英被关押在上海海运局沪军六十一团的军营，该部队是由沪军都督、身兼革命家和青帮代表双重身份的陈其美的老部队改编。如果说杀人灭口，袁世凯的势力恐怕难以渗透到国民党内部。最大的可能不应是袁世凯，而是应桂馨的帮会系统或陈其美的国民党内部势力。然而，自然而然的，这顶"杀人灭口"的"帽子"，又落到袁世凯头上。

宋案顺利侦破，没有人去追究其中为何有如此顺利的一系列巧合，袁世凯毫无悬念地成为杀宋主谋，一时间，激烈抨击袁世凯的舆论铺天盖地。

袁世凯恼羞成怒，决心用武力消灭国民党，未经现任国会批准，他便与英、法、德、俄、日五国银行团签订了2500万英镑的借款合约，准备用于发动战争的经费。但不等袁世凯动手，国民党率先发动"二次革命"，于7月上旬兴师讨袁。只是与北洋军实力悬殊，很快导致失败。

不久，应桂馨成功越狱。他直接给袁世凯写信，索取杀宋报酬50万元，而且要求授予他"勋二位"。或许袁世凯在宋案中真是无辜的，他恨透了应桂馨，随即派人将应桂馨乱刀砍死。从某种意义上来说，应桂馨的被杀，也算是为宋教仁报了仇。但应桂馨为谁所指使杀宋，也终成为历史的一个谜。

镇压了"二次革命"，袁世凯一不做二不休，先于1913年10月6日用武力逼迫国会选举他为正式大总统，紧接着解散国民党和国会，废除《临时约法》，颁布《中华民国约法》，制定了总统终身制，规定总统有权指定传位人，传位人可以是自己的儿子。至此，袁世凯已与专制皇帝无异。

但即便如此，袁世凯的野心仍未得到满足，他的最终目标是名正言顺当皇帝。于是乎，各种真龙天子将现身的预兆，在北京城频频流传。

1914年5月1日，袁世凯撤销国务院，改设政事厅，仿清朝御史台设立肃政厅，仿清朝都察院设立平政院，又品定官阶。

1914年冬至，袁世凯效仿过去的皇帝，到天坛"祭天"。而祭祀所着衣冠，几乎同清代皇朝一模一样。

袁世凯的一系列复古措施，使得一些前清遗老想入非非，以为袁世凯打算"还政于清室"，于是四处奔走，广为宣传。对此，袁世凯不置一词，他有意滋长复辟舆论，以此作为登基称帝的垫脚石。同时，美国霍普金斯大学校长弗兰克·J·古德诺以及杨度，也不断发表演说、评论，鼓吹君主立宪。

1915年8月14日，杨度联合孙毓筠、严复、刘师培、李燮和、胡瑛六人，宣布发起成立筹安会，为袁世凯复辟帝制制造舆论。8月23日，筹安会在石驸马大街正式挂牌，以杨度为理事长，孙毓筠为副理事长，其他几人为理事。他们向各省将军、巡按使邮寄投票纸，请他们表态是否赞成帝制，迫于袁世凯的威力，他们只能纷纷表示赞成。

当时为帝制制造舆论者，除了筹安会的六人外，还有朱启钤、段芝贵、周自齐、梁士诒、张镇芳、雷震春和袁乃宽，人称十三太保。此外，还有一位幕后人物杨士琦。

而日本内阁总理大臣大隈重信、英国驻华公使朱尔典，也都代表本国政府表示赞成袁世凯称帝。

9月上旬，段芝贵领衔14省将军通电，请求变更国体，并请袁世凯速正大位。而14名将军中，唯独没有举足轻重的重量级人物：江苏督军冯国璋、长江巡阅使张勋。

9月19日，袁世凯亲信梁士诒组织全国请愿联合会，两次请愿尽快决定国体。随后，在全国国民代表大会名义下，各省选出国民代表1993人，分省进行国体投票，然后再将票汇集北京。10月，各省开始举行国体投票；12月11日，参议院以国民代表大会总代表名义汇查各省投票，结果以1993票全票通过君主立宪制。当日，参议院上书"劝进"。

而此时，襄助袁世凯多年的"北洋三杰"王士珍、段祺瑞、冯国璋以及徐世昌，全部对袁世凯称帝持反对意见，或公开对抗，或消极抵抗。王士珍因此退隐还乡，回了直隶正定老家；段祺瑞因反对帝制早已被撤销本兼各职回家养"疴"；冯国璋因段芝贵反复说服终于没有站出来唱反调。徐世昌见袁世凯决心已定，于10月26日请辞国务卿一职，袁世凯再三挽留，袁克定却在一旁说："徐太傅愿意做清室遗臣，何不成全他呢！"但徐世昌不管是否"成全"，仍挂冠而去。

偏偏此时京城里传出谣言，说段祺瑞受徐世昌策动，将起兵讨袁。袁世凯虽然不相信，但是担心段、徐同时留在北京对自己不利，而徐世昌若住到宁、沪一带，则担心与国民党有染，于是规定徐世昌必须住在天津。

12月12日，袁世凯宣布接受帝位，改国号为"中华帝国"，以1916年为洪宪元年，并定于1916年1月1日举行登基大典。然而袁世凯却有些等不及了，尤其袁克定急于当太子，鼓动袁世凯先在内部举行登基典礼。

12月13日早上8时许，各部司局长以上及各军师长以上官员突然接到通知，一个小时后到居仁堂大厅朝贺。9时许，文武官员抵达居仁堂大厅。大厅前方摆着龙案、龙椅，袁世凯光着头，身着平日所穿大元帅军装，在几名贴身侍卫的簇拥下，走到龙椅旁。他没有坐下，而是站在龙椅旁边，扶着龙椅搁臂，接受文武官员的跪拜之礼。由于没有司仪，官员们跪拜极不整齐。

大典举行之匆忙，让官员们难免失望，私下里议论纷纷：难道这就是改朝换代了？如此重大的事情怎可以办得如此不成体统？这简直就是关起门来做皇帝。

但袁世凯、袁克定不以为意，认为先在内部登基正位大有必要，起码先在总统府实行皇族礼仪、规矩，待正式登基典礼后，再逐步完善。不曾想，不等正式登基典礼，他们的帝王梦便在风起云涌的护国运动中烟消云散。

再现魔咒，命丧"二陈一汤"

袁世凯做梦都不曾想到，他的称帝，不仅没有使皇帝的位子在他的子孙中万代传承，还使他的政治生命戛然而止，将他本人也推进万劫不复的深渊。

就在袁世凯称帝，大肆赏爵封侯的时候，12月25日，蔡锷、李烈钧、唐继尧宣布云南独立，通电讨袁，首先组织护国军，以蔡锷为第一军总司令，出兵川、贵；李烈钧为第二军总司令，出兵广西；唐继尧为第三军总司令，留守云南，掀起反袁护国运动。

这一切突如其来的变化对袁世凯来说，无异于晴天霹雳。他赶紧在公府丰泽园成立征滇临时军务处，决定采取三面包围的策略，以曹锟的第三师、张敬尧的第七师由四川攻打云南，以马继增的第六师出湖南入贵州；以龙济光率粤军会合桂军假道广西百色进攻滇南。但他没有料到，不久，贵州、广西相继宣布独立，而出师四川的曹锟部与张敬尧部，开始时与讨袁军打了几个硬仗，很快便败绩连连。

随着反袁斗争在全国各地迅速发展，帝国主义也纷纷转变态度，英、美、日、德、意等国正式表示反对袁世凯称帝。

袁世凯慌了，茫然四顾，竟没有一个得力助手，他对军事、外交、内政都要事必躬亲，忙得焦头烂额。他想重新起用段祺瑞，但考虑到段祺瑞的火爆脾气，只好先做铺垫，把徐树铮请出来委任为军委事务厅厅长，接着请段祺瑞出来"共济时艰"，但被段祺瑞以"宿疾未愈"一口回绝。

袁世凯又想到冯国璋，决定命冯国璋率军出征。由于冯国璋在恢复帝制过程中消极抵抗，袁世凯在 1915 年末便决定使用调虎离山计，委任冯国璋为参谋总长，将其调到北京，控制在身边。但冯国璋根本不买账，坚决要求以江苏将军遥领此职，令袁世凯白白送了个参谋总长。如今正值用人之际，袁世凯再次致电冯国璋，委任他为参谋总长兼征滇军总司令，令其出兵讨伐滇军。不料，冯国璋以身体不适予以回绝，令袁世凯怒不可遏。

1916 年 2 月，袁世凯派蒋雁行到南京一探虚实，结果冯国璋毫无病容。冯国璋对蒋雁行并不隐瞒实情，直接发牢骚说："我跟了总统一辈子，没有功劳也有苦劳，可到现在，总统不把我当作自己人！"

冯国璋所言，是指袁世凯称帝一事，在整个过程中，冯国璋都被排斥在外。非但如此，冯国璋听到复辟帝制的消息后，曾到北京当面询问袁世凯，袁世凯当即一口否定，而且十分恳切地说："华甫，你我在一起多年，难道你还不懂我的心事？我现在的地位已与皇帝无异，如果我真的想当皇帝，那只能是为了我的子孙。可我的大儿子身有残疾，二儿子想要做名士，三儿子不达时务，其余的则都年幼，你再看我现在的身体，我哪里会有称帝的心思呢！"

袁世凯一番"推心置腹"，让冯国璋信以为真。直到袁世凯称帝，冯国璋才明白自己被骗了。他就是想不通，袁世凯为什么要对他隐瞒，要知道这种事情根本瞒不住的。其实不止是对冯国璋，对段祺瑞，袁世凯采取的也是同样手段。之所以如此，袁世凯担心这些于民国有功的实力派大员，一旦成为洪宪朝的开国元勋，势必对其后代继承皇位造成威胁。

蒋雁行将冯国璋的情况密报袁世凯后，袁世凯指示收买江宁镇守使王廷桢，令其取冯而代之。不料王廷桢不仅不上钩，还将此阴谋戳穿，使袁、冯矛盾进一步恶化。袁世凯仍不死心，又先后派杨善德和卢永祥进驻上海、吴淞口，以包围态势挟持冯国璋，使冯国璋对袁世凯的嫌怨愈发加深。

冯国璋被完全推到了对立面，尽管他口头上还是"拥护总统"，但已开始在北洋派内部另立山头，煽动反袁情绪，并与南方反袁势力相联系，化敌为友。

3 月 18 日，冯国璋联络山东将军靳云鹏、浙江将军朱瑞、长江巡阅使张勋、江西将军李纯，以五人名义秘密致电其他各省将军，就迫使袁世凯取消帝制，惩办祸首，停战议和等征求各省将军的同意。

这封电报并没有发给袁世凯，但直隶将军兼巡按使朱家宝将它送进了中南海居仁堂。看完这封电报，袁世凯目光呆滞，浑身发抖，半晌说不出话，几乎昏倒在床上。直到这时他才明白，他一手培养起来的北洋大将，已经变成了他的敌人。而内部的敌人比外部的敌人更可怕。他呆呆地望着坐在旁边的内史夏寿田说：

"完了！一切都完了！"

夏寿田想安慰他几句，却不知说什么好。袁世凯却自说自话地念叨起袁氏家族的"豪门魔咒"：

"我生父51岁离世，嗣父48岁离世，堂叔51岁离世，如今我已经活了57岁，终究还是逃不过那个魔咒……"

袁世凯脸色蜡黄，声音颤抖，目光里充满着对死亡的恐惧：

"昨晚有巨星陨落，这时我生平所见的第二次。第一次应在文忠公（李鸿章）身上，这次，说不定就轮到我了。"

早在称帝之初，袁世凯便在过度操劳与忧虑中病倒，如今受五将军密电打击，病情骤然加重。在走投无路的情况下，袁世凯只好派人从天津请来徐世昌。此前徐世昌听说蔡锷率部起义后，曾喜滋滋地对人说："他们快完蛋了！"这是徐世昌几个月来第一次心情如此愉悦，由此可见对袁世凯称帝的愤恨。但毕竟是多年的老朋友、把兄弟，听说袁世凯病重，徐世昌即刻返回北京。

一见到袁世凯，徐世昌便提出取消帝制，请段祺瑞出山，并说："一旦取消帝制，我相信芝泉会答应出山的。"

袁世凯当即表示可以取消帝制，但随后在袁克定的坚决反对下又犹豫起来。袁克定说："他们不让你做皇帝，你便取消帝制；下一步他们不让你做总统，你是不是总统也不当了？"

袁世凯无言以对。事实上，不到迫不得已的时候，他是不会取消帝制的。但由于川、湘前方传回的消息一个比一个可怕，不仅仅是胜负问题，而是前方将士人心浮动，纷纷停战观望，甚至与南方讨袁军私下谋和，令袁世凯焦急万分。只好以病重为名，请段祺瑞到中南海探视，段祺瑞也动了恻隐之心。

3月21日下午，段祺瑞、徐世昌、黎元洪齐聚公府参加紧急会议。会上，袁世凯首先宣布取消帝制，复任大总统，随后任命段祺瑞为参谋总长，徐世昌为国务卿，黎元洪仍为副总统，责成三人稳定局势。3月22日，袁世凯通电宣布取消帝制，恢复中华民国。3月24日，段祺瑞、徐世昌、黎元洪三人联名向护国军首领陆荣廷、梁启超、蔡锷等人发出议和通电。

4月1日，袁世凯根据自己的愿望亲拟议和条件，与南方谈判。却不料，西南方面议和的首要条件便是坚决要求袁世凯下野，称袁世凯复辟帝制，已经背叛了民国，没有资格再任民国大总统。这对于袁世凯来说，无异于致命的一击。

在此情况下，袁世凯继续当大总统的出路只有一条，那便是用武力解决。但段祺瑞仍然主张和谈，坚决反对付诸武力。而除了段祺瑞，没有人可以指挥北洋军。正在束手无策之际，更沉重的打击接踵而来。

5月22日，陈宧致电袁世凯，称："自今日始，四川省与袁氏个人断绝关系；袁氏在任一日，其以政府名义处分川事者，川省均视为无效……"听到这里，袁世凯两眼一黑，一头栽倒在床上，昏厥过去。

陈宧是被袁世凯视为西南柱石的心腹干将，是被袁世凯派往四川，从"四川军务会办"一手提拔起来，成为盘踞一方的封疆大吏。陈宧对袁世凯感恩戴德，由于与袁克定为结拜兄弟，与袁世凯的关系也更近一层。此次入川前，陈宧向袁世凯辞行，行过三跪九叩大礼犹嫌不够，还跪在地上三嗅袁世凯的双脚。就是这样忠诚的亲信，竟然也会背叛自己，对袁世凯打击太大了。

袁世凯醒来后，两眼流泪，嘴中喃喃低语："人心大变，人心大变，人心大变……"

而此前的5月9日，袁世凯的另一亲信、陕西将军陈树藩宣布陕西独立，袁世凯已深受打击。紧接着5月29日，袁世凯的又一名亲信、湖南将军汤芗铭宣布湖南独立。这个消息，左右曾几度想隐瞒，终究没有瞒住，袁世凯为此再度昏厥，从此一病不起。

袁世凯的病，最初只是急性前列腺炎或膀胱结石症之类，症状为小便困难，如果能够及时住院治疗，或许不会有性命之虞。无奈袁世凯一生中只信中医，不信西医，以致耽误了治疗，发展为尿毒症，全身青肿，无药可医。

看到袁世凯病情一天比一天恶化，长子袁克定心中十分着急，他不顾袁世凯反对，找来法国医生贝希叶。贝希叶是袁世凯在朝鲜时结交的老朋友，袁家人对他十分信任，他为袁世凯进行了导尿，结果导出的都是血色尿水。这之后，袁世凯的病情更加严重。

6月5日，袁克定又请贝希叶为袁世凯治疗，贝希叶检查过袁世凯的病情，说无大碍，只是精神不好，需要打一针提提神。于是，屋子里的四个人按住袁世凯的身体，贝希叶连续为袁世凯注射两针。打第一针时，袁世凯大喊"疼"，打第二针时，疼痛全无。

中午，袁世凯的病情大见好转，吃了不少东西，人也精神了许多。可到了午后，袁世凯开始浑身剧痛，袁克定赶紧去找贝希叶，却再也寻不到他的踪影……

1916年6月6日上午10时40分，57岁的袁世凯去世。

其实，袁世凯从病倒之日起，便被那个"豪门魔咒"所困扰，认为自己也逃不过"长禄不长寿"的厄运。

关于称帝，他在病中曾说："从1月1日起到3月22日，我总共当了83天皇帝，这是天意。我不是被别人赶下台，而是我的气数已尽。我早先曾向看风水的郭先生问起我在位的年数，他说是八三之数，我又问他是八十三年还是八年零三个月，他说天机不可预泄，现在才知道是八十三天。唉，果真是天意难违呀！"

但人们普遍认为，袁世凯"病起六君子，命送二陈汤"。六君子即筹安会中撺掇袁世凯称帝的那帮人，二陈汤即陈宦、陈树藩、汤芗铭。

袁世凯去世第二天，即6月7日，继任总统黎元洪、国务总理段祺瑞发布政府令，按国家元首例拨款50万元为袁世凯举行隆重国葬，致送仪葬费100万元，通令各官署、军营、军舰、海关下半旗27日，文武官吏停止宴会、服丧27日，民间停止娱乐7日。

7日，袁世凯头戴平天冠，身着祭天礼服入殓。23日，段祺瑞代表总统主持公祭。28 日出殡，由居仁堂起灵，以 80 人抬棺，举棺时，北京城内外各庙宇鸣钟 101 响。大总统黎元洪向灵柩鞠躬，全体内阁成员、清室代表及各国顾问执绋，执绋人员文官着大礼服，武官穿制服。由新华门到东安门到中华门，沿途街道肃清，军警林立，全程警戒。送柩专车抵达前门外车站准备出发，鸣礼炮 101 响。专车沿途停车受祭，29 日到达河南彰德。

按照袁世凯生前遗愿，其墓地选中洹上村东北的太平庄，自 1916 年 6 月开始，段祺瑞下令由河南巡按使田文烈负责为袁修建陵墓。袁世凯墓冢形制则仿美国第十八任总统格兰特庐墓而建，内包水泥，外砌石墙。墓冢最大的特点是平地起墓，即打好地基再建墓室。墓室分左、右两个，左边为袁世凯，右边留给其原配夫人于氏。墓冢前立有一座碑亭，上刻"大总统袁世凯之墓"八个字，乃徐世昌手笔。

墓冢建造完工后，8 月 24 日，袁世凯灵柩落葬。

此后历经两年之久，耗银 150 万两，整个墓园最终于 1918 年 6 月竣工。陵园占地 139 亩，由袁世凯遗属出资，在陵园四周种植树木 5000 株，名袁公林，又名袁林。

袁林气势恢宏，形制仿明清帝陵而建，规模较之略小。整个袁林采用中西合璧建筑风格，以神道为中轴线，由南至北分别有照壁、牌楼、碑亭、东西配殿、景仁堂、墓台等建筑，南北长达两公里。其中最南面雕刻精美的照壁，照壁北面的牌楼，为六柱五楼冲天式，沿用了中国传统建筑样式，却选择西方的水泥筑成。

神道两边分布的文武翁仲，极具特色，文官头戴平天冠，身着祭天礼服；武官身着北洋军服，手拄军刀。其身材矮胖，一如墓主。

袁林建成后，举行了隆重的落成典礼。袁世凯的遗属、故友及北洋政府官员约百人前往祭奠。

1922 年 5 月，冯玉祥任河南督军，为表示对复辟帝制的袁世凯的憎恶，将袁林改为安阳高级中学，袁林殿堂和配房改做针织厂，这是袁林第一次遭毁坏。而袁世凯在洹上村的遗产也被没收充公。日军侵华时，在袁林附近修建飞机场，毁坏了一些柏树。而长 60 余米，坚固厚实的照壁，成为日军的枪靶子，供日军练习枪法。解放战争时，袁林受战火波及，再次遭毁坏，直至面目全非。

"文化大革命"时期，袁林自然难逃一劫。但袁世凯墓冢以水泥浇筑而成，坚固异常，竟顶住红卫兵的炸药，因而逃过一劫。

一妻九妾，关起门来做皇上

不可否认的是，袁世凯贪权不贪财，也几乎不以公谋私。他死后，一生积蓄包括田产股票等，折合成现金共计200余万元，由徐世昌出面为袁家分配遗产。徐世昌把200余万元分为30份，儿子与妻妾无子者各一份，未出嫁的女儿两人一份，每份8万余元。

袁世凯一生共有一妻九妾，17子15女。他在一连纳了三房朝鲜籍姨太太后，本来不想再纳妾。但随着地位的不断攀升，场面越来越大，加上官场斗争激烈，袁世凯无暇顾及家事，便越来越需要一位贤内助。可他一直宠爱的大姨太沈氏却不具备这方面的才能。于是，他萌生出再纳一房姨太太的想法。

在袁世凯任山东巡抚时，娶了第五房姨太太杨氏。杨氏是天津杨柳青人，出身小户人家，袁世凯第一次见到杨氏是在天津小站练兵时。有次袁世凯到杨柳青办事，因故拜访杨员外，见杨家院子布置得井井有条，不禁问道："员外是在哪里请的管家，能把家里管理得如此有条不紊。"杨员外笑着说："我哪里雇得起管家，家中一切都是小女打理的。"袁世凯对杨氏立刻有了几分好奇。临走时，恰巧看到一个女子在门口闪了一下，这个女子正是杨氏。

杨氏身材很好，但相貌平平，袁世凯当时对杨氏没有太上心，但如今想寻一位贤内助，便自然而然想到杨氏。他派人去杨家打听，得到杨氏没有嫁人的消息，就欢欢喜喜地上门提亲，将杨氏娶回家中。

杨氏入门后，凭借她口巧心细、做事果断的管家才能，将袁世凯的日常生活管理得井井有条。袁世凯该吃什么、穿什么、用什么，再也不用自己操心。袁世凯对杨氏非常满意，很快将管理袁家的权力交给杨氏。从此，袁家上下一切，包括家庭收入和支出，各房女佣、丫头，甚至是袁世凯所有的孩子，都由杨氏管理。袁世凯后来纳的姨太太，也由杨氏负责调教。

纳了五姨太之后，次子袁克文又"孝敬"袁世凯一房六姨太。

袁世凯在直隶总督任上时，曾派袁克文到南京办事。袁克文被称为民国四公子之一，自幼聪明过人，不仅熟读四书五经，精通书法绘画，喜好诗词歌赋，还极喜收藏书画、古玩等。袁克文的博学多才让袁世凯对他十分疼爱，并有意磨炼他，经常把一些重要事情交给他去办。可惜袁克文不爱江山爱美人，此次到南京办事，更多的是想借机游山玩水。因此，公务之余，经常到钓鱼巷一带走走，这一走，就结识了叶氏。

叶氏是扬州人，当时十六七岁，风姿绰约，令袁克文一见倾心。两人很快难舍难分，并互定嫁娶盟约。袁克文离开南京时，叶氏相送，还将自己的照片送与袁克文做纪念。

袁克文回家后，先到袁世凯的房间磕头请安，就在磕头的时候，叶氏的照片从袁克文的怀中掉了出来，打着旋儿落在地上。

袁世凯见了，把身子往前探探，问道："是什么，这是什么？"

袁克文不敢将自己私订终身的事告诉袁世凯，因为这是大为不孝的。他灵机一动，将照片拾起，递给父亲，说这是为父亲在南边物色的姑娘，问父亲是否满意，若是不满意，他以后有机会再选个更好的。

袁世凯听后，仔细端详起照片里的女子。而袁克文的心却提到了嗓子眼，直盼望父亲说一句"不行"，可袁世凯对叶氏的风姿非常满意，觉得这是儿子的一份孝心，便答应纳她为妾，很快派人去南京把叶氏接了过来。

叶氏与袁克文定了婚约，如今见袁家来人接，自然就想到袁克文身上，于是打点好一切，欣然北上。可没想到，洞房花烛时，翩翩公子变成了肥胖老翁，叶氏的哀怨之情，想必不会少于三姨太金氏。

后来，袁世凯又相继纳了七、八、九姨太，其中他最宠爱七姨太张氏。清末，张氏曾随袁世凯到河南小住，却因与花匠谈情被袁世凯发现，服毒自杀了。但有人说，张氏是病死的。八姨太郭氏，原是苏州妓女，是别人从苏州买来敬献给袁世凯的。九姨太刘氏，则是五姨太杨氏的小丫头。

袁世凯入住中南海后，将姨太太们都安排住进居仁堂后面盖的楼上，只有原配夫人于氏，和袁克定夫妇及儿女们同住在中南海怀仁堂延庆楼后面的三进大院里。于氏住前院，袁克定夫妇及孩子们住中院，后院则住着仆人。

于氏早前一直住在项城老家，直到袁世凯做了山东巡抚，将他的母亲接到济南同住时，于氏才跟随搬到袁世凯在济南的住所，此时两人已经变得十分客气。清末，于氏被封为一品诰命夫人。入住中南海后，袁世凯按照历来的习惯，隔三差五地就要到于氏房中坐一坐，每次会面，袁世凯都会先问一句："太太，你好！"于氏则答一句："大人，你好！"接着闲聊几句，袁世凯起身离开。每每听到袁世凯生疏的话语，看到袁世凯离开的背影，于氏心中不是没有苦涩，她也后悔过，但高傲的她，自始至终也没有向袁世凯低过头。

袁世凯称帝时，按名分于氏是皇后，依登基大典，于氏要带着七个姨太太（四姨太吴氏在袁世凯任直隶总督时患月子病去世）给袁世凯磕头。于氏非但不同意，还态度强硬地说："我给他生儿养女还要给他磕头？他弄了这么多小婆子来又给谁磕过头？我活白了头发又出了皇上啦！"

袁世凯死后，他的妻妾子女大都先后迁往天津大营门的袁宅，在那里分门别户而居。再往后，各奔前程，这一支庞大的家族便就此解体了。

袁世凯的长子袁克定，通晓德文、英文、法文、日文、拉丁文，19岁时娶清末湖南巡抚、河道总督吴大澂的女儿吴本娴为妻，由于袁克定属虎，吴本娴属龙，龙虎相斗，需找一"凤"，即属鸡的人从中调和，于是吴本娴进门不到一个月，袁克定便娶了大姨太——小户人家的女儿马彩云。由于吴本娴是聋哑人，马彩云长相不好，两人都没能得到袁克定的喜爱。袁克定后来娶的二姨太章真随，是唱"髦儿戏"出身，人十分漂亮，虽然水性杨花，烟瘾厉害，但袁克定十分宠爱她，处处纵容。章真随脾气本就不好，如今又被袁克定纵容，更是恃宠而骄，有点小事情就在袁克定面前摔东西，袁克定对她的感情也越来越淡。

袁世凯死后，袁克定带着一妻二妾、一子二女搬到天津德租界威尔逊路居住。此后，章真常随时喊着头痛，要请个西医大夫，袁克定同意后，便有一个英俊的西医大夫隔三岔五上门为章真随诊治。然而，袁克定没有想到，章真随竟是以头痛为借口搞婚外情，甚至在家中与西医大夫做出苟且之事，被袁克定捉奸在床。后来，袁克定将章真随送到河南辉县旧宅，单独居住，按时给予生活费。

由于袁克定怂恿袁世凯称帝，对袁世凯称帝起到决定性作用，因此家人们都把袁世凯去世这笔账记到袁克定头上，袁克定也因此经历了一系列家庭纠纷，包括财产纠纷。袁克定的四弟袁克端，为争家产，将袁克定告上法庭。虽然袁克定胜诉，但与自己看着长大的四弟对簿公堂，袁克定痛心不已。然而时隔不久，袁克定又因袁世凯财产分配问题，被十三妹袁仪祯告上法庭。袁克定气急之下，给袁仪祯写信宣布断绝兄妹关系，袁仪祯未予回复。而袁世凯的六姨太叶氏，也闹着要将两个儿子袁克捷、袁克友送出国留学，要袁克定出资，袁克定只好苦笑着答应。

20世纪30年代，日本人开始对袁克定进行一系列拉拢活动，袁克定此时生活逐渐贫困，但始终坚持不做汉奸。至40年代，袁克定已经是穷困潦倒，家中佣人也减少到只剩一人，这位姓刘的老仆人，对袁克定忠心耿耿，说什么也不愿离去，也多亏了他，袁克定才能吃到街上捡来的白菜帮子和窝窝头。但即便落魄至此，袁克定不改其"太子"做派，每次吃饭，他都坐得绷直，将餐巾戴在胸前，一手持刀，一手持叉，慢慢将窝窝头切成片，以咸菜辅以进餐。

新中国成立后，袁克定被聘为中央文史馆馆员，这才有了每月60元的生活来源。后来，这份生活来源因遭人反对而失去，只能到街道办事处领取每月20元的救济金生活。

袁世凯的次子袁克文，才华横溢，才学渊博。他六岁识字，七岁读经史，十岁能做文章，15岁已精通诗词歌赋。自古才子多风流，袁克文也不例外。袁克文的妻子刘梅真，是清末曾任英、俄、法、意、比等国公使和广东巡抚的刘瑞芬的孙女。在家人精心教育下，刘梅真诗词歌赋、琴棋书画样样精通，人长得更是无可挑剔。如此才貌双全的女子，与袁克文可谓天造地设。即便如此，风流的袁克文也没有将心用在刘梅真一个人身上，而是接二连三地纳妾。

袁克文纳妾有个特点，称"有子去母"，每纳新妾就把前一个妾弄走。因此，袁克文虽纳妾无数，但一个时期只有一个美妾陪在身旁。袁克文共有四子三女，其中三子袁家骝，乃华裔美国物理学家，颇负盛名。

袁克文写字有一项绝活，可以不用桌子，而是将纸悬在半空，由两人拽着纸张两端，他站在中间在纸上写字，可做到纸张毫无损伤，但笔笔有力。袁克文生性疏懒，喜欢躺在床上，或斜卧烟榻之上，一手拿笔，一手拿纸，凭空书写小字，而写出的小字，娟秀整齐，毫无歪斜。

袁世凯死后，袁克文不改花钱如流水的习惯，坐吃山空，很快将父亲留下的遗产花光，开始靠卖字维持生计。当时很多人开价购买他的字，山东督办张宗昌曾以 1000 块银洋的价格，请他写了一副中堂。更有小报、小说请他书写报头、题签。有一回，袁克定给一本《民国艳史》题签，后来书出版，作者送给袁克定一本，袁克定翻开一看，此书竟是诋毁其父袁世凯的，一时后悔不迭，以后不再轻易给小说题签。

1931 年，袁克文因得猩红热过世，年仅 41 岁。他死后，他的亲友只在他笔筒中找到 20 元钱，这就是他全部的遗产，可见其生活之落魄。但袁克文生性豪爽，广结天下名流，靠着亲友接济，葬礼也办得大张旗鼓，出殡时，一支百名妓女组成的送行队伍，尤为起眼。

袁世凯的儿子们除袁克定外，大多没活过 60 岁，在国内的孙辈因经历"文化大革命"，或无法进入大学，或不能入党，过着平淡的生活。如今，袁家后人分布海内外，直系后代多在天津，他们普遍远离政治，在各自的岗位上默默无闻地工作。

历史评说

袁世凯是个颇具争议的人物，对他的历史评价一般以负面居多，究其原因，主要是袁世凯就任大总统后驱逐国民党，解散国会，实行独裁统治，复辟帝制，倒行逆施，激起全国各阶层的义愤。但是，我们不能因此否定他的一生。

我们不能忽略袁世凯有任事之才、治军之能，不能否认他是晚清一位难得的务实干练的能臣。不能忽视他推行的新政：废除科举，推动教育制度改革；兴办实业，发展工矿业、交通业、农副业等；一反中国士大夫重农轻商的观念，采取农商并重方针，创办商务总会，设立银局局等；整饬吏治，设立官吏考验处、调查处等，还创建了中国警察制度。

关于戊戌变法，长期以来，人们普遍认为是袁世凯的告密直接导致戊戌变法的失败，但实际上，在袁世凯告密前，慈禧已经临朝训政。袁世凯的告密只是起到催化与加剧的作用。而袁世凯的告密是出于自保，放在当时的历史条件下看，此举不可苛求。毕竟戊戌变法的实质是帝、后权力之争，袁世凯选择力量更强大的一方无可厚非，他选择支持慈禧并不代表他反对维新。实际上，他"一直负责推动整个大清国的现代化进程"。

袁世凯一生中另一颇具争议的事件，是刺杀宋教仁案。宋案发生后，主谋应桂馨、洪述祖，凶手武士英迅速浮出水面，矛头直指袁世凯，破案中一连串的巧合都显得极不自然。接着，武士英被"杀人灭口"，凶手再次指向袁世凯，但武士英被关押在上海海运局沪军六十一团军营，该部队由沪军都督兼青帮代表双重身份的陈其美的老部队改编，如果说杀人灭口，袁世凯的势力恐怕难以渗透到国民党内部，何况上海原本是国民党的大本营。宋案侦破后，国民党本应付诸法律，发动"二次革命"讨伐袁世凯。但张永东在《百年之冤——替袁世凯翻案》一书中云：宋教仁血案的主谋很清楚，陈其美、应桂馨、洪述祖都是共进会成员，他们不满宋教仁对国民党的领导……刺杀宋教仁对某些人来讲，既能煽起人们对北京政府的不满，又能清除"政敌"。照此推论，宋案当另有真凶。

袁世凯才智、谋略过人，为什么会冒天下之大不韪，复辟帝制呢？除了他本人的权力欲望以及想要光宗耀祖的野心外，受身边小人蛊惑也是一个不可忽略的原因。随着地位、环境的变化，袁世凯已然失去了从前的冷静与果断，无法对形势做出正确估计与判断。

袁世凯一生中，经常会把新旧事物捏合在一起，他不是具有崇高目标的社会改革家，而是一个为我所用的实用主义政治家。

皖系军阀段祺瑞：

『北洋之虎』『三造共和』

『北洋三杰』之『段虎』，本为袁氏江山之功臣，却反对帝制初衷不改；『三造共和』有功，却实行军事独裁一系专制；一心要做北洋派老大，却小看了直系『吴小鬼』；过分宠信徐树铮，却成也萧何败也萧何。一生清正耿介，为官清廉，晚年甘守清贫不『落水』，颇具人格魅力。

自强不息，暗中贵人相助

人生之路虽然漫长，但关键处只有几步，这几步将决定人的一生。

段祺瑞一生中最关键的有两步，第一步是武备学堂操练得到李鸿章的赏识，第二步是小站练兵得到袁世凯的青睐。

1886年秋季的一天下午，北洋武备学堂的操练场上，炮科操练正待进行，忽然风雨交加，虽说雨不是很大，但是风很大，海上浊浪翻滚，活动靶子在波浪中起伏不定。这样的天气绝对会影响操练成绩。

可是，所有学员和教官都知道，今天的操练非比寻常，因为有一个大人物——北洋武备学堂的创始人李鸿章，就在山顶上临时搭起的观操棚内用望远镜观看着这场操练。此时，李鸿章的望远镜已经瞄准了海上漂浮不定的靶子。

学员们的心情异常紧张，可越是紧张越是难以打出好成绩。"轰——轰——轰——"几声炮响之后，水花在距离靶船很远的地方被炸起。接着又是几炮，情况所差无几，靶船依旧在海上飘摇。教官变了脸色。

可想而知，山顶观操的李鸿章早已气得面色铁青："这等水平拉上战场，岂不是白白送死！"

为了挽回败局，教官拉出最好的学员："段芝泉，你上！"

随着教员的喊声，一个瘦削青年从队列中走出。只见他表情坚毅，沉着冷静，三发大炮打出去，三发三中。教官笑了，练兵场上响起一片热烈的掌声。接着，他被带到山顶的观操棚。

"你叫什么名字？哪里人？"李鸿章打量着这个略带稚气的年轻人问。

"报告长官，学生叫段祺瑞，合肥人。"段祺瑞先向李鸿章敬了个礼，腰板挺得笔直，看上去十分精神。

"很好！很好！"李鸿章连连夸赞。

李鸿章一向惜才爱才，段祺瑞炮打得好，又是一副铮铮铁骨的军人模样，自然心生喜爱，一问又是合肥人，地道的老乡，心里更是高兴；再问段祺瑞的家庭情况。原来段祺瑞的祖父段佩是淮军名将刘铭传麾下的一员骁将，最后官至统领，因功被授荣禄大夫、振威将军。旧部子弟，自然又多了一层感情上的亲近。李鸿章接着又问了段祺瑞一些军事上的问题，段祺瑞对答如流，令李鸿章十分满意，当即令手下记下了段祺瑞的名字。

其实，段祺瑞的祖父虽官至统领，但段祺瑞的生活却充满坎坷。段祺瑞 15 岁那年，祖父病逝于军中，段家家道中落，甚至连段祺瑞读私塾的钱都付不起。段祺瑞 17 岁时独自步行 2000 里，从合肥赶到山东威海，投靠任管带的族叔段从德。从军后第二年，其父段从文从合肥来看他，在返回途中，拿出携带不多的银子，买了些生丝和布，准备以后给儿子成亲用。不料，同行的两人见到这点布和银子，竟将段从文这名老实巴交的庄稼汉杀死，将他身上的物品洗劫一空。一年后，段祺瑞的母亲范氏也因伤心过度去世。一连串的打击，让小小年纪的段祺瑞脸上从此失去笑容，取而代之的是与年龄不相称的冷峻与刚毅。1885 年，李鸿章创办北洋武备学堂，逆境中的段祺瑞以优异的成绩考入学堂炮科。

李鸿章欣赏的就是这种军人的坚强，当 1888 年清政府选派武备学堂毕业生赴德留学的时候，李鸿章给了这位小老乡特别的关照。当时赴德学习军事的名额只有五个，名单报上来后，五人中有三名山东人，两名安徽人，李鸿章随手拿起笔，划掉一名山东人，换上了段祺瑞。

段祺瑞并不知道，他的命运就在李鸿章大笔一挥之间改变，使他由一个普通的武备学堂毕业生，变成了留洋德国的高级军事人才。段祺瑞于 1889 年以官费进入柏林军校，学习两年的炮兵后，李鸿章出于栽培的目的，又让他一人留在欧洲闻名的德国克虏伯炮厂实习深造。学成回国后，段祺瑞被派到威海卫港，担任随军武备学堂的炮兵教官。

应该说，留洋是段祺瑞日后升迁的基础，有了这个基础，才得以作为新军骨干被推荐到小站，机缘巧合地得到袁世凯的青睐，从此跟随袁世凯飞黄腾达，青云直上。

常言说三十而立，1895 年，30 岁的段祺瑞奉长辈之命回家完婚。段祺瑞与原配夫人吴氏早年相识于宿迁，由于他一直忙于求学、深造，追求事业有成，将成家之事一拖再拖，直到女方长辈发出最后通牒，才不得不给女方一个交代。

偏偏事有凑巧，段祺瑞请假回家之时，正是袁世凯就任"新建陆军"督办到处网罗人才之际，段祺瑞到家第二天，便接到天津小站练兵处发来的电报，通知他已被调往小站，参加编练新军，并限期报到。

得此消息，段祺瑞兴奋异常。由于对西方现代军事有了较深的了解，段祺瑞对中国旧军队的落后与腐败深恶痛绝，认为只有建立新式军队，才是强国之本，因此在威海担任武备学堂教官，总觉得抑郁不得志。此前他已得知小站将编练新军，心中十分向往，只是苦于无人引荐。而此次举荐他到小站练兵的，是武备学堂总办荫昌。

如今如愿以偿，段祺瑞恨不能马上赶赴小站报到。但是婚未结倘若一走了之，无法向家族长辈和吴氏家长交代。但不走，又将耽误军期，违反军令，这是作为军人的段祺瑞无论如何不能接受的。

正在为难之际，又一封电报不期而至，这是袁世凯命属下发来的，大意是让段祺瑞妥善办理好婚事，然后再赴小站。袁世凯还特地赠送银票以示祝贺。看罢电报，段祺瑞感激万分，没想到袁世凯竟如此礼贤下士。

段祺瑞办完婚事，一刻不敢停留，立刻起身北上。不料一到小站，早有一群小站将领在此迎接，而袁世凯竟然也在迎接队伍中。段祺瑞真是惊异万分，诚惶诚恐，急忙行大礼道："祺瑞不才，怎敢劳大人亲迎！"袁世凯却笑呵呵地拉起段祺瑞，问长问短，没有一点上司长官的架子。

当晚，袁世凯在营中设宴，特地为段祺瑞接风。席间，两人聊起对旧军队的改造，竟然有诸多相同看法，大有相见恨晚之感。几天后，段祺瑞在一家酒楼回请小站将领，待到饭后结账时，酒楼老板却说已经记入袁世凯的账下，让段祺瑞心中更是充满感激。想自己何德何能，竟能得到袁世凯如此青睐，与其他将领相比，无非是多留了几天洋而已。于是暗下决心，一定要尽心尽力效忠袁世凯，以报知遇之恩。

当时小站将领中，许多人出自北洋武备学堂，如曹锟、段芝贵、张怀芝、卢永祥、王占元、陆建章等。而荫昌为袁世凯推荐的四名新军骨干，王士珍、段祺瑞、冯国璋、梁华殿，除梁华殿在一次夜操中失足跌落河中溺死外，其余三人全部成为袁世凯在军事方面的得力干将，就是后来的"北洋三杰"，号称"王龙""段虎""冯狗"。

段祺瑞凭借自己的军事才干与对袁世凯的忠心不二，很快成为袁世凯的左膀右臂，并跟随袁世凯一路升迁。1899 年，段祺瑞跟随袁世凯赶赴山东镇压义和团运动，1901 年袁世凯升任直隶总督，段祺瑞随后担任北洋军政司参谋处总办，负责北洋常备军的编练。后因镇压农民起义升为补用道员，加二品衔，被赏戴花翎，加"勇"号。1903 年清政府在北京设立练兵处，袁世凯任会办大臣，段祺瑞出任练兵处军令司正使，加副都统衔，成为袁世凯的得力助手。1905 年袁世凯将北洋军扩编为北洋六镇，段祺瑞出任其王牌军第三镇统制，兼督理北洋各武备学堂。此后，他还担任过保定军官学堂总办，陆军各学堂督理，会考陆军留学毕业生主试大臣等职位，因此，北洋军官多半都是他的门生故吏，他在军中的影响也越来越大。

1900 年段祺瑞的原配夫人吴氏病故，一年后，袁世凯将义女——江西巡抚、都察院左副都御史张芾的孙女张佩蘅嫁给段祺瑞为继室，从此，二人除了袍泽之谊又多了一层姻亲关系。

出于对袁世凯的忠心与崇拜，段祺瑞在生活中经常模仿袁世凯的样子，如闭目养神，当睁开眼睛时，让人顿觉双目炯炯有神，或咄咄逼人，威严凛冽。甚至走路姿势、穿衣打扮，段祺瑞也喜欢模仿袁世凯，尤其袁世凯常戴一顶黑色方顶小帽，与他的五短且发胖身材颇为和谐，而段祺瑞身材瘦削，也戴上一顶同样的方顶小帽，看上去便有了些不伦不类，甚至怪异好笑。

知恩图报，制造南苑"兵变"

正所谓树大招风，功高震主，在北洋势力迅速膨胀之时，清政府已用明升暗降的方法，开始了对袁世凯权力的遏制，尤其对北洋势力的分化与削弱，无论袁世凯还是其他北洋将领，无不感到一种咄咄逼人的态势。

1908 年 11 月，一个看似平常的日子，正在保定北洋陆军各学堂督办公署办公的段祺瑞，突然接到袁世凯的亲笔密函，要他尽快赴京。当段祺瑞赶到北京，进入位于紫禁城东边锡拉胡同袁府后，袁世凯已经被传入宫。

袁世凯的长子袁克定惊慌失措地告诉段祺瑞："大事不好了，皇上和太后都驾崩了！"

原来，光绪帝驾崩后，袁世凯于当天夜里被召到宫中商量立嗣之事，第二天慈禧也晏驾了。根据慈禧懿旨，立醇亲王载沣之子溥仪为嗣君，由载沣监国摄政。而袁世凯却一直留在宫中未归。

这个消息令段祺瑞大吃一惊，且不说一朝天子一朝臣，仅载沣上台就对袁世凯极为不利。长期以来，以载沣、铁良等人为首的满族排汉派一直对袁世凯耿耿于怀，而当年戊戌变法袁世凯告密导致光绪被囚瀛台一事，载沣作为光绪的胞弟，更不会放过袁世凯。对此，段祺瑞心急如焚。

滴水之恩，当涌泉相报。袁世凯的知遇之恩，段祺瑞没齿难忘，何况袁世凯之于北洋将领，本为一荣俱荣一损俱损的关系。返回保定后，段祺瑞决定以"兵谏"解救袁世凯。当他与手下第一谋士徐树铮商量时，徐树铮却认为不妥。

"贸然进行'兵谏'，实为大逆不道之举，名不正言不顺，难有取胜把握。"徐树铮分析说，"不如先向朝廷称病开缺，再放出风声，举行冬操，以引起朝廷重视，让他们不敢轻易对袁大人下手。若事后追查起此事，也有退路可寻。"

徐树铮是江苏萧县（今属安徽）人，自幼聪颖过人，才华横溢，与段祺瑞相识于袁世凯山东巡抚任上，两人性情相投。后来徐树铮自日本陆军士官学校毕业归来，直接拜入段祺瑞门下。

段祺瑞觉得徐树铮的主意不错，急忙着手施行。可就在此时，一个实行"兵谏"的更好理由送上门来。驻扎北京南苑北洋第六镇第十一协的协统李纯打来电话，说几个士兵聚赌闹事，发生火并，问该如何处置。段祺瑞一听，在这种时候，居然为这点小事打电话请示，立刻来了火气，刚想训斥几句，突然灵光一闪，大声说：

"秀山啊，这是发生兵变了！"

李纯号秀山，他与段祺瑞同是北洋武备学堂首届毕业生，对光绪帝与西太后相继晏驾、袁世凯滞留宫中虽有耳闻，却不像段祺瑞那么敏感，他一时没有明白过来，坚持说：

"没那么严重，只是几个士兵赌博……"

"是兵变！"段祺瑞厉声打断对方的话，"你那里发生了兵变，立刻派兵弹压，声势越大越好，明白吗？"

"哦，我明白……"李纯有些开窍了。

"我马上派兵增援！"

段祺瑞放下电话，立刻命令出兵南苑。南苑位于北京南城，一时间军号齐鸣，战鼓震天。段祺瑞派出的增援部队赶到后，竟然动用了大炮，隆隆的炮声震动了紫禁城，清政府顿时乱成一片。

与此同时，段祺瑞上报陆军部：北京南苑发生"兵变"，他正率部镇压。载沣原本优柔寡断，虽意欲除掉袁世凯，却又瞻前顾后，担心由此引发动乱，征求荫昌、张之洞等人意见后更不敢轻举妄动，在"兵变"面前，自然会做出让步，最终于1909年1月2日，以袁世凯患"足疾"为由，一道谕旨将其开缺回河南"养疴"。

袁世凯"死里逃生"，随即带着一家老小登车返乡。离京时，不仅往日前呼后拥的风光不再，连送行者都寥寥无几。人们唯恐避之不及，哪里还敢车站送行招惹麻烦呢！车到保定，段祺瑞上车相见。见到段祺瑞，袁世凯感慨万千，连说："芝泉啊，项城没看错人！项城没看错人！"

段祺瑞见袁世凯往日威风全无，心中颇感凄凉，也动了感情："大人于我有知遇之恩，纵是赴汤蹈火，也在所不惜。"

袁世凯被开缺后，段祺瑞的命运也随之发生了变化。摄政王载沣下令重新改编全国武装，建立新军三十六镇，各镇高级将领均由满族人担任。1910年12月，段祺瑞被调任江北提督。提督是清朝从一品的官衔，表面上看段祺瑞被提升了，实际上，清政府用明升暗降的办法，夺去了他的兵权，并把他从直隶省调开。

段祺瑞焦急万分，上任途中绕道袁世凯"隐居"的彰德洹上村，袁世凯劝他要沉住气，北洋将领总有翻身之日。

果然，1911年10月，辛亥革命爆发，清政府派出陆军大臣荫昌率北洋军队前去镇压，同时派冯国璋为第二军军统增援。由于荫昌指挥不动袁世凯的北洋军，清政府被迫敦请袁世凯出山，袁世凯出山的条件之一，便是在调任冯国璋为第一军军统的同时，任命段祺瑞为第二军军统，前往湖北镇压起义军。

赴京之前，段祺瑞再去彰德洹上村请示机宜，袁世凯对段祺瑞推心置腹："芝泉啊，我不妨对你直说，尽管南方闹得很凶，但要害之处不在南，而在北！"

"大人的意思是北方不能乱？"

"是的。出兵南方，更要随时准备回师北方，不能让人家把我们的老窝端掉。就让华甫（冯国璋）在前面打吧，你在后边要控制铁路，以便进可以援于武昌，退可以左右直隶和北京。"

后来事实证明，袁世凯此举可谓有先见之明。段祺瑞到信阳尚未坐稳，北方便出了大乱子。山西新军中革命党人首先在北方发动起义，推举新军标统阎锡山为军政府都督，准备进攻北京。清政府急令驻扎滦州的第二十镇统制张绍曾出兵讨伐。岂料这位士官派代表联合其他将领，电奏朝廷，宣布实行"兵谏"。清政府情急之下，派出第六镇统制吴禄贞前往滦州说服。吴禄贞与张绍曾、蓝天蔚同为"士官三杰"，三人关系甚笃，清政府原以为吴禄贞的说服工作会大见奇效，岂不知吴禄贞是一位以尽快推翻清朝政权为己任的激进革命者。吴禄贞一到滦州，便提出联合阎锡山，合围攻打北京的主张。

此时，清政府刚刚任命袁世凯为内阁总理大臣，由他出面组织责任内阁，清政府军政大权已落入袁世凯的掌控之中，倘若在这个时候清政府被北方革命力量所消灭，则皮之不存毛将焉附？尤其严重的是，袁世凯便有被逐出政治舞台的危险。幸亏他早有防范，已收买张绍曾手下的协统，因此在第一时间内知道了内幕。

北方所发生的事，段祺瑞在信阳已有所耳闻。10月31日，袁世凯赴湖北孝感视察的专车抵达信阳，段祺瑞上车拜见袁世凯，方知事态远比想象的要严重。两人就如何平乱进行了一番商议。由于兵谏将领中许多是段祺瑞的旧部与学生，因此决定由段祺瑞北上以攻心战进行瓦解。

段祺瑞旋即带领数名亲信赶到北京，以发送公开或秘密电报的形式，以同僚或师长身份，劝说兵谏将领们服从袁世凯指挥，率部南下。同时派出徐树铮等得力干将到自己旧部和学生中进行游说。段祺瑞在北洋将领中素有威望，此招一出，将领们纷纷倒戈，张绍曾很快被架空。

与此同时，袁世凯授意军谘府以令吴禄贞率部赴山西镇压起义为名，将吴禄贞从滦州调开。而吴禄贞率部赶到石家庄后便停滞不前，他一面谎报军情麻痹清政府，一面与阎锡山取得联系，约定组成燕晋联军，于11月8日联合举事，围攻北京。

就在吴禄贞与阎锡山密谋举事的同时，袁世凯已采取行动，决定暗杀吴禄贞以除后患。袁世凯的亲信收买了一个叫周符麟的协统，负责暗杀事宜。周符麟先到北京面见段祺瑞，然后遄赴石家庄组织暗杀行动，11月7日深夜，在约定举事的前一天夜里，吴禄贞在石家庄的临时办公处被刺杀身亡。

为了给舆论一个交代，段祺瑞按事先约定传讯周符麟，两人合演了一出双簧，然后便把周符麟放走了。喧嚣一时的北方事件终于风平浪静，段祺瑞为袁世凯又立一功。在接下来对南方的用兵中，段祺瑞由于吃透了袁世凯的意图，屡屡为袁世凯排忧解难，再建功绩。

此时，担任前敌主将的冯国璋打得十分卖力，先攻克汉口，又攻克汉阳，接着要一鼓作气拿下武昌。这下急坏了袁世凯。袁世凯的策略是"养敌自重"，无奈他连发七道急令，并三次派员南下让冯国璋停战，冯国璋都不得要领。而袁世凯"借敌自重"要挟清政府的目的又不便明说。情急之下，袁世凯命段祺瑞为湖广总督，兼办剿抚事宜，同时以第二军军统兼任第一军军统，将冯国璋调回北京。

段祺瑞果然不负厚望，他深知袁世凯早已无意于清政府，更不会安心于内阁总理大臣，他追求的是大总统的宝座，于是，与袁世凯一南一北，一唱一和，配合默契，既利用革命军胁迫清政府谈条件，又利用清政府向革命军"讨价还价"。

在南北议和进行中，黎元洪等人与袁世凯基本达成默契，黎元洪等人表示，"如袁反正，将拥其为总统"。

然而，就在袁世凯做着大总统美梦的时候，孙中山自海外归来，于1912年1月1日在南京就任中华民国临时大总统。

这一变化令袁世凯与段祺瑞万分震惊与愤怒，因为正是袁世凯试图借敌自重，汉阳战役之后停止进攻，才使武昌民军化险为夷。如今孙中山做了总统，袁世凯岂能善罢甘休，立刻电令段祺瑞炮击武昌。

在各方面的压力下，孙中山做出让步，南方代表以"清帝退位和保证共和"作为袁世凯出任大总统的先决条件。袁世凯对民主共和不以为然，不过是想借机压迫清政府，达到上台的目的。但是，清室少壮亲贵对清帝退位一事反应激烈，而袁世凯本人不愿承担背叛清政府的骂名，逼宫的重任便落到了段祺瑞肩上。

1月下旬，段祺瑞率前线北洋将领46人，先后两次联名致电朝廷，吁请清帝退位，称"人民进步非共和不可"，必须"立定共和政体"，否则"即率全体将士入京"，并随即将司令部从湖北孝感迁往直隶保定，做出一副进京逼宫的样子，对清政府造成咄咄逼人的态势。

1912年2月12日，清隆裕太后迫于压力，终于以宣统的名义下诏清帝退位，在中国延续两千多年的封建帝制自此宣告结束。

3月10日，袁世凯在北京就任临时大总统。段祺瑞也因逼宫有功，被视为"一造共和"的英雄，不久被任命为陆军总长，执掌戎机。

反对帝制，与袁克定叫板

正所谓共患难容易共富贵难，段祺瑞升任陆军总长之后，他发现当了大总统的袁世凯对原先的肱股干将却不那么信任了。矛盾首先在陆军次长人选上暴露出来，段祺瑞圈定的陆军次长是他最信任最得力的助手徐树铮，名单递上去之后，袁世凯却沉下了脸。

"又铮（徐树铮字）面带煞气，不是个安分守己的人物，还是换个人吧。"袁世凯看着那份名单说。

"又铮对大总统很忠心，人也能干，这陆军次长最适合他。"段祺瑞立刻回应。

但是段祺瑞没有想到，袁世凯不同意徐树铮出任陆军次长，正是因为徐树铮能干。徐树铮不仅才干超群，而且对段祺瑞忠贞不二。且徐树铮敢想敢干，胆量过人，段祺瑞身边有这么个重量级人物，令袁世凯心中很不舒服。早前"北洋三杰"势力相当，能够相互制约。袁世凯出任大总统后，三足鼎立的局面被打破，王士珍留恋清朝退隐还乡，冯国璋外调南京，中央军事大权落到段祺瑞一人手中，袁世凯怎能将这军事大权放心地交给别人掌管呢？

而段祺瑞一向是军人做派，性格直率，刚愎自用，职权范围之内不愿受他人掣肘，因此，有关军队的编制、调遣、军官的提拔与降黜，除个别重大事件向袁世凯报告外，一般都擅做主张。而他所提拔之人，大多是亲信、部属和学生，这就更加重了袁世凯对他的猜忌与疑虑。于是，两人之间有了裂痕。

尤其令袁世凯耿耿于怀的是，徐树铮一直在陆军次长的位子上安之若素，他一直想借故将其开缺，却始终没找到机会。有次段祺瑞到中南海公干，与袁世凯一起沿着湖边散步。当时气氛融洽，两人心情大好，袁世凯认为时机已到，趁机说：

"很多人对陆军部有意见，都说又铮目高于顶，受不了他那个做派，还是给他换个地方吧？"

一听袁世凯旧话重提，段祺瑞不由得心头蹿火。段祺瑞历来脾气火爆，说一不二，其部下与家人都深有体会。但在袁世凯面前，他不得不有所收敛，但仅仅是控制着大为光火的程度而已。

"又铮是有些个性，可这个人有能力，给我做助手我放心，省心。若是换个用着不顺手的，倒不如连我一起撤了。"

甩出这几句硬邦邦的话后，段祺瑞转身走了。袁世凯被晾在湖边，心里恨得直咬牙："好！终究有一天，我会连你一起撤掉的！"

其实在当时，这不过是袁世凯的气话，他一心要削弱段祺瑞的兵权，但在民初政局不稳的情况下，在很多方面还离不开段祺瑞。后来随着袁世凯称帝步伐的加快，两人的矛盾开始激化，尤其是段祺瑞反对恢复帝制，得罪了一心想当太子的袁克定，段祺瑞的命运很快发生了逆转。

1913 年秋，在袁世凯镇压"二次革命"后，京城中复辟帝制的舆论一度甚嚣尘上。为此，段祺瑞曾当面询问袁世凯，此事是否属实。在段祺瑞看来，袁世凯不至如此糊涂，毕竟复辟不得人心，倒行逆施必然会招来千古骂名，尤其会引发动乱，成为众矢之的。在得到袁世凯的断然否定后，段祺瑞才稍稍放下心来。

可是时隔不久，袁世凯的心腹幕僚长阮忠枢便找上门来，他是受袁世凯的长子袁克定指派，专为袁世凯称帝寻求奥援而来。阮忠枢与段祺瑞素称莫逆，袁克定以为，由阮忠枢出面，段祺瑞定然不会反对。而他要段祺瑞做的，是段祺瑞做梦都不曾想到的：联络北洋将领，再来一次全国通电，拥护袁世凯称帝。

"真是滑天下之大稽！"不等阮忠枢说完，段祺瑞便愤愤地打断他的话："我段某人只知通电共和，岂能通电复辟？大总统早就说过不当皇帝，你们还敢胡闹！"

其实，对于复辟帝制，袁克定远比袁世凯热衷得多，毕竟袁世凯做了皇帝，他便是皇太子，理所当然的皇位继承人。为了促成复辟帝制，袁克定甚至捏造了政治谎言欺骗袁世凯。当时列强忙于第一次世界大战，无暇东顾，袁世凯十分关注日本人对其称帝的态度。而他揣测日本人态度的重要信息来源，便是日本人在北京办的报纸《顺天时报》。由于《顺天时报》经常刊登一些对恢复帝制不利的文字，为了坚定袁世凯称帝的决心，促成袁世凯称帝，袁克定竟别出心裁，自己出资找人编造了盗版的《顺天时报》，经常刊登一些日本人赞成中国恢复帝制的文章。袁世凯看了信以为真，加快了称帝的步伐。后来袁世凯称帝失败，始知事情真相，不禁仰天悲呼："克定误我！克定误我！"

而此时，段祺瑞的不予配合，令袁克定火冒三丈，从此经常在袁世凯耳边聒噪，说段祺瑞坏话，挑拨离间，以达到剥夺段祺瑞兵权的目的。

1914 年 5 月，袁世凯宣布在总统府成立陆海军大元帅统率办事处，袁世凯亲自任大元帅，由"北洋之龙"王士珍任办事处坐办，陆军总长、海军总长、参谋总长，以及大元帅所派高级官员全部降为办事员。

看着摆在办公桌上的这份公文，徐树铮愤愤地说："看来老头子要卸磨杀驴了！"

段祺瑞摇摇头："怕是没那么容易，老头子有多大本事能把所有事都亲自抓起来！"

"不管怎么说，这是一个夺权信号！"徐树铮甚至认为，这个夺权，其实只是冲着段祺瑞这个陆军总长来的，其他人手中的兵权，对袁世凯以及袁克定来说，实在构不成威胁，大可不必如此费尽心机。

两人不曾料到的是，这个夺权的点子，正是袁克定所献计策。袁克定甚至亲自前往河北正定，恭请王士珍出山。王士珍以善操权谋于腹中而被推为"北洋三杰"之首，由于忠于清政府，他对袁世凯的高看并不买账，以岁数已大不愿再参政为由拒绝出山。无奈袁克定软磨硬泡，最终以看望其父为名将王士珍拉到北京。王士珍一到，袁世凯立即授为陆军上将，委以统率办事处坐办。

如此一来，陆军部等于名存实亡，掌控陆军部的段祺瑞兵权尽失。从此，退居办事员的段祺瑞开始了消极怠工。段祺瑞居住的府学胡同私宅，是袁世凯被开缺回原籍时，为感谢段祺瑞的鼎力相助拱手相送的，价值 30 万元。该宅有侧门与陆军部相通，此前段祺瑞去陆军部常由此门出入。如今，段祺瑞将一切部务交给陆军次长徐树铮代行，自己整日在家里下围棋、打麻将，不仅极少去部里，甚至统率办的会议也常借故缺席。

段祺瑞消极怠工，倒给袁世凯独揽兵权减少了许多麻烦。只是段祺瑞羽翼已丰，在陆军中隐然形成一种强大势力。为了尽快将段祺瑞的势力排挤出去，加强军事集权，同时培植袁克定的军事实力，1914 年 10 月，袁世凯在军事上又采取了一项重大举措——建立模范团。

所谓模范团，其实是类似军事教导团式的军事学校，以其在军队中的模范作用，对北洋军进行逐步改造。段祺瑞对这个方案持否定意见，但段祺瑞越是反对，袁世凯越是认为这项举措是对的。关于团长人选，袁世凯宣布由袁克定担任。段祺瑞也毫不留情，在统率办会议上当众顶撞袁世凯，语出惊人：

"云台（袁克定字）没带过兵，我看他不行！"

"你看我行不行？"袁世凯肺都快气炸了，立刻针锋相对。

段祺瑞无话可说，只好作罢。后来模范团成立，袁世凯做了一期团长，便把位子让给了袁克定。

袁克定如愿以偿做了模范团团长，对段祺瑞更是怀恨在心，伺机报复。1915年初，袁世凯为取得日本对其称帝的支持，与日本酝酿签订卖国条约"二十一条"。5月2日，袁世凯亲自主持会议讨论签约事宜。会议名曰讨论，实际不过是通知大家而已，因为所有人都看得出袁世凯的意向，因此，即使反对也无人敢拿着鸡蛋往石头上碰。唯有段祺瑞拍案而起，慷慨陈词：

"小日本欺人太甚，如此条件过于苛刻，绝对不能接受！"

在劝阻不起作用的情况下，为了阻止签约，阻止袁世凯称帝，会后，段祺瑞以陆军总长名义，领衔19省将军通电请缨，称"天下兴亡，匹夫有责"，表示坚决反对签订"二十一条"，甚至不惜与日本人决一死战。

令段祺瑞不曾想到的是，袁世凯不顾北洋将领以及全国各方面的强烈反对，于5月下旬与日本签订了"二十一条"；更有甚者，袁克定竟混淆视听，将一盆污水泼到段祺瑞头上，公开对外宣称：

"政府之所以向日本屈服，是因为陆军不能打仗，段总长亲口说，一旦打仗，三天之内便可亡国。陆军如此无用，政府能不接受日本的条件吗？"

明明是为了称帝邀宠于日本，出卖国家主权，却说成是陆军无用被迫接受日本不平等条约，段祺瑞气得鼻子都歪了。

尽管如此，段祺瑞仍坚持反对复辟帝制。后来随着复辟帝制的升级，许多反对袁世凯称帝的官员、将领都违心地改变了态度，进入"劝进"的行列。即使不愿意违心"劝进"的也都闭上了嘴巴，唯独段祺瑞仍然坚持反对袁世凯称帝。有人好心劝他，哪怕违心地表示一下"劝进"，也可改善他与袁世凯的关系，否则他的日子会越来越不好过。段祺瑞则公开宣称：

"当年我领衔通电主张共和，如今要我领衔通电取消共和，拥项城称帝，这种出尔反尔的事我是绝对不会干的！"

段祺瑞的态度令袁世凯大为光火，决定搬开这块绊脚石，他对段祺瑞说："你脸色不好，是不是有病，要注意休息。"随后又特地托人给段祺瑞捎话，告诉他要少操劳，多休息，注意身体。这明显是逼段祺瑞辞职。

段祺瑞认为这个办事员级别的陆军总长也干够了，索性于 5 月 31 日以身体不适请辞。袁世凯假意挽留，没有立即批准辞职，只是批准休息两个月，但在段祺瑞辞职当天，便任命王士珍为陆军总长；而两个月期限一到，便迫不及待地正式免除了段祺瑞陆军总长的职务。

还是在段祺瑞刚刚请假时，袁世凯就以徐树铮订购军火虚报 40 万元为由，指使肃政厅弹劾徐树铮，撤了徐树铮陆军次长的职务，终于消除了他心头的一大宿疾。

段祺瑞被免职回家"养病"后，袁世凯一边派人暗中监视，一边派医送药，并经常派人给段祺瑞送去鸡肝、参汤之类补养品。段祺瑞不敢食用，全部悄悄倒掉。但袁克定行起事来比袁世凯直接多了，由于段祺瑞在北洋军中的威信无人可替代，倘若段祺瑞对袁世凯称帝一直不肯"劝进"，显然对恢复帝制极为不利，袁克定急于当太子，岂容段祺瑞如此执拗，于是，他派人在段公馆里安放了一枚炸弹。

这颗炸弹很快被发现，虽没有爆炸，却给段公馆带来一片恐慌。段祺瑞的夫人张佩蘅将这件事告诉了她的干娘、袁世凯的发妻于夫人，于夫人转告了袁世凯，袁世凯知道事出袁克定之手，将袁克定训斥一番，说：

"你姐夫反对恢复帝制，只是口头上的劝阻，并没有采取过激行动。如今事情未定，这个时候内部不能出事，尤其你姐夫在北洋军中威信极高，弄出事来不好收场！"

袁克定不得不承认，姜还是老的辣，到底是袁世凯考虑事情周全。尽管他对段祺瑞阻碍恢复帝制恨之入骨，此时也只好收手。

横遭贬黜，笑看护国战起

1915 年 12 月 12 日，袁世凯正式宣布接受帝制，随后进行大封爵，在获得爵位的128人中，唯独没有跟随袁世凯多年出生入死打江山的段祺瑞。

段祺瑞躲在自己的府上，对轰轰烈烈的称帝活动了解得一清二楚，他不稀罕什么封爵，但对袁世凯果真大逆不道当了皇帝，以及围在他身边撺掇其称帝的那帮小人深恶痛绝，整天像坐在火山口上，对其大加指责。有一天在餐桌上，段祺瑞又指责袁世凯称帝，气愤地说：

"项城称帝之日，就是走向灭亡之时！"

这在他的夫人张佩蘅听来，似乎是在诅咒袁世凯。于是张佩蘅说："不要忘了你今天的一切从何而来，人不能如此没有良心！"

段祺瑞勃然大怒，照着张佩蘅的脸左右开弓，"啪啪"就是两个耳光，同时怒斥道："妇道人家，这里也有你说话的地方！"

在一起生活多年，张佩蘅素知段祺瑞脾气大，但没想到他竟当众对自己连打带斥责，让她在姨太太和晚辈面前颜面尽失。但段祺瑞对帝制的诅咒却应验了，几乎在袁世凯宣布称帝的同时，护国运动便率先在云南发起，爱国将领蔡锷联络各派反袁力量，组成护国军，宣布云南独立。接着，贵州、广西相继宣布独立，反袁斗争风起云涌，在全国各地迅速发展。面对中国人民反对帝制的怒潮，帝国主义也纷纷转变态度，表示反对袁世凯称帝。

段祺瑞闭门家中坐，全知天下事。他知道袁世凯在公府丰泽园成立了征滇临时军务处，亲自处理军事，并军事、外交、内政事必躬亲，且身边没有得力助手，撺掇他称帝的那帮亲信见势不妙，一个个都在另做打算。而战局对袁世凯极为不利，开始时北洋军与护国军在四川泸州一带形成拉锯战，但不久双方竟派信使往来，协议停火了。尤其是云、贵独立后，又有广西宣布独立，湖南陷入孤立之中。冯国璋拥兵静观，袁世凯无可奈何。北洋军已不再听其调动，袁世凯内心深受重创，其焦头烂额的程度可想而知。想到袁世凯不听劝阻咎由自取，段祺瑞总算出了一口恶气。

正在心情好转之时，徐树铮带来一个匪夷所思的消息：被剥夺了陆军次长职务的徐树铮，突然被袁世凯任命为将军府事务厅厅长。

"项城对你恨之入骨，今日请你出山，太阳是打哪边出来的？"

"还用说，当然是为了讨好你！"

徐树铮说的没错，面对内外混乱的局面，袁世凯自然想到请段祺瑞出山稳定局势。这不仅因为段祺瑞是北洋元老，在北洋军中下属、学生众多，还在于他人缘好，自身清廉，虽刚愎自用，却心地善良，不易树敌。但袁世凯唯恐段祺瑞不给面子，只好先从任命徐树铮入手，希望通过徐树铮打动段祺瑞。

随后，袁世凯又走夫人路线，让发妻于氏通过段祺瑞的夫人张佩蘅，转达他的意思：请段祺瑞出山，共济时艰。只是张佩蘅话未说完，便被段祺瑞一声怒吼所打断：

"宿疾未愈，何以出山？"

张佩蘅赶紧闭嘴。此后不久，又传来袁世凯病重的消息。原来早在南方讨袁运动兴起之时，袁世凯便在忧急之中病倒。3月19日，袁世凯获得一份五将军秘密通电。五将军即江苏将军冯国璋、山东将军靳云鹏、江西将军李纯、浙江将军朱瑞、湖南将军汤芗铭，这五人于3月18日联名发密电致各省将军，就"迅速取消帝制，以安人心"，同时"惩办祸首"，征求各省将军同意。袁世凯没想到他一手培养起来的北洋将领会成为他的敌人，而领衔者竟是他多年的左膀右臂冯国璋。受此打击，病情骤然加重。在走投无路的情况下，袁世凯只得再次请发妻于氏出面，给他们的干女儿张佩蘅打电话，希望段祺瑞摒弃前嫌，去中南海探视。

这次连张佩蘅都慌了，她结结巴巴地向段祺瑞叙述了袁世凯的病情。听说袁世凯病得很重，段祺瑞动了恻隐之心，他摆了摆手，表示已经知晓，什么都没说。张佩蘅一看段祺瑞没有明确表示反对，立刻告知于氏。袁世凯听后非常高兴，第二天便写了亲笔信派人送到段府，交到段祺瑞手中，信中言辞恳切，希望段祺瑞看在两人多年的交情上，能去中南海一叙。

段祺瑞看完信，觉得袁世凯可能是真的想取消帝制了，便不再推辞，如约来到中南海。见到病榻上的袁世凯，段祺瑞顿生一种凄凉之感，对袁世凯的怨恨也平复了许多。

袁世凯充满歉意地说："芝泉，你能来真是太好了，都怪我当初不听你的劝阻，闹到今天这个局面。我老了，身体也不好，还是请你出山，再帮我一次……"

"若取消帝制，我愿全力相助。"段祺瑞答道。

"好，取消帝制。"袁世凯不再犹豫。

3月21日下午，袁世凯在公府召开紧急会议，参加会议的除段祺瑞、徐世昌外，还有黎元洪，此三人皆为袁世凯称帝前一脚踢开的大员。会上，袁世凯首先宣布取消帝制，复任大总统，随后任命段祺瑞为参谋总长、徐世昌为国务卿、黎元洪仍为副总统，责成三人稳定局势。

但是，袁世凯并非真心想下放权力，不过是想借用三人在北洋军以及对西南的影响，挽回败局，继续其专制统治。3月22日通电取消帝制后，便催促三人尽快向西南方面电劝和谈。3月24日，段祺瑞、徐世昌、黎元洪决定以三人名义向护国军首领陆荣廷、梁启超、蔡锷等人通电，但电文拟定好后，觉得应该再等一等，看看西南方面有什么动向，然后再将电报发出。

可是，袁世凯却等不及了，在没有知会任何人的情况下，私自以黎、徐、段三人名义将电稿发出。

段祺瑞听说后勃然大怒，他算是彻底看明白了，袁世凯费尽心机把他请出来，却根本没把他放在眼里，不过是把他当作稳定局势的工具，危机一过，他仍然难逃鸟尽弓藏的命运。他当即怒冲冲找到袁世凯，明确表示："既然你仍然事事抓在手里，那你就一个人去处理吧！"说罢，转身离去。

段祺瑞说到做到，4月1日，当袁世凯将亲拟的关于议和条件的电稿拿给段祺瑞征求意见时，段祺瑞将电稿原封不动退回，并再次表示，从今往后再不过问袁世凯的事情。

袁世凯以为，有了三个人的电劝和谈，他可以根据自己的愿望与西南方面谈条件，却不料，西南方面非但不买账，而且坚决要求袁世凯下野，称袁世凯复辟帝制，已经背叛了民国，没有资格再任民国大总统。

袁世凯万分失望，此时他已经看出，黎元洪与他仍貌合神离，徐世昌对南北双方都不起作用，只有段祺瑞，既在北洋军中有威望，又对西南方面有影响。特别是他反对签订卖国的"二十一条"，又是反对复辟帝制的急先锋，深得南方的认可，且他与蔡锷等人交情匪浅，进可以讲和，退可以付诸武力，此时非段祺瑞不能稳定局势。恰逢徐世昌请辞，袁世凯便再次向段祺瑞示好，任命段祺瑞为国务卿兼陆军总长。

段祺瑞接受了任命，但不甘心做傀儡，直接提出将政事堂制改为责任内阁制，全权处理国事；同时要求裁撤大元帅府统率办事处，将其权力归还陆军部；并要求将模范团与拱卫军交陆军部接管。但袁世凯只是将政事堂改为了国务院，走了一下形式。其所谓责任内阁，不过是个名称而已。至于其他条件，则采取口头答应实际上是拖延、搪塞的办法，不仅自己独揽军权，连人事权都不肯放手。

段祺瑞出任国务总理后，提出由徐树铮出任国务院秘书长。袁世凯听后脸色陡变，恨恨地对带话的张国淦说："又是徐树铮！军人总理，军人秘书长，真是天大的笑话！"但他想到众叛亲离的处境，又缓和了口气，对张国淦说："你告诉芝泉，徐树铮是军人，还是当陆军次长吧。"

段祺瑞听后勃然大怒："没想到落到了这个地步，他还是一点都不肯放权！"

袁世凯直接任命他的机要秘书王式通为国务院秘书长，其用意十分明显，他担心段祺瑞走他的老路，与西南方面联手逼宫，令王式通在秘书长的位子上对段祺瑞实施监督。段祺瑞只得让徐树铮退居副秘书长之职。本来段祺瑞组阁后曾想有所作为，替袁世凯摆平时局，但由于袁世凯处处掣肘，根本不让他"负完全责任"，因此很快心灰意冷，作壁上观。

段祺瑞主张和平解决时局问题，但西南方面和谈的首要条件便是要求袁世凯退位，而且全国各地要求袁世凯退位的呼声也越来越高。段祺瑞虽不会像当年袁世凯对清政府一样逼宫，但他仍然主张和谈，坚决反对付诸武力。

而袁世凯既然不愿意退位，继续当大总统的出路只有一条，那便是武力解决。到 5 月上旬，袁世凯对段祺瑞的和谈没有进展已经忍无可忍，直截了当要求段祺瑞对南方用兵。段祺瑞也不含糊，直接回敬袁世凯说：

"既然总统坚持用兵，那就另请高明吧，我辞职！"

"好，你请便！"

袁世凯当时气晕了头，完全没想到段祺瑞真的会辞职。第二天段祺瑞便递交了辞呈，重新开始了对时局的冷眼旁观。他知道袁世凯已经骑虎难下，批准他辞职风险太大。结果不出所料，辞职之事不了了之，袁世凯自己披挂上阵，亲自布置对独立各省的军事进攻。

北洋军虽然在军力对比上占优势，但已不听袁世凯指挥调遣。5月下旬，袁世凯最亲近的两名心腹陈宦与汤芗铭，在四川与湖南相继通电独立，袁世凯闻讯如五雷轰顶，从此一病不起。

1916年6月5日，袁世凯病危，表示想见段祺瑞最后一面。段祺瑞也没想到袁世凯身体垮下来的速度比政局还快，当他赶到中南海，见到袁世凯，心中不由得暗暗吃惊。看得出，一直紧紧抓住军权不放的袁世凯，已经走到了生命的尽头。

"芝泉，我不行了，今后一切……都要靠你了……"袁世凯说完，大口大口地喘着气。"人之将死其言也善"，段祺瑞两眼发热，重重地点了点头。

6日，袁世凯去世。

段祺瑞摒弃前嫌，拨巨资为袁世凯举行隆重的国葬，先是按照袁世凯生前遗愿在河南彰德为其修建陵墓，又代表总统为袁世凯主祭，6月28日出殡，段祺瑞亲率全体内阁成员执绋，与袁世凯的亲属一道扶柩还乡。

再造共和，段氏出掌中枢

按照袁世凯本人制定的《修正大总统选举法》规定，总统候选人由现任总统推荐。袁世凯去世前，已将三名候选人的名字写在"嘉禾金简"上，藏在"金匮石屋"中。袁世凯去世后，众人从"金匮石屋"中取出"嘉禾金简"，只见上面写着黎元洪、徐世昌、段祺瑞三人的名字。

据说这候选人名单中本来有袁克定的名字，可袁世凯在逝世前终于想通，自己在世时尚不能保全皇位，死后又如何能指望别人辅佐自己的儿子？所以在去世前几天，他瞒着袁克定，将其名字改成了段祺瑞。

那么，三人中由谁继任总统呢？最后由徐世昌提议，段祺瑞拍板，由黎元洪出任总统。段祺瑞自然也想做总统，他之所以将总统的位子让给黎元洪，自然有自己的打算。由于黎元洪是副总统，又是"嘉禾金简"名单中的第一号人物，无论是按南方承认的旧约法，还是按袁世凯制定的新约法，他都是理所当然的法定继承人。而黎元洪又是武昌首义的革命元勋，是护国军拥护的领袖，由他出任总统，还可以笼络南方的护国军和国民党。

而段祺瑞本身是内阁总理，按南方承认的旧约法，做总统可谓名不正言不顺，尤其西南方面反对北洋系继续独霸中央政权，希望一个与南方有关的人物出任总统，因此若由他出任总统，势必会带来南北大动干戈。而北洋军内部并不团结，冯国璋对北洋派领袖的位置虎视眈眈，此时若打起仗来，很难说最终鹿死谁手。反不如把总统的位子让出去，一可以团结北洋军内部，二可以保持和平。而黎元洪无一兵一卒，可任意摆布，段祺瑞可以内阁总理身份实行军事独裁统治。

6月7日，黎元洪在东厂胡同私宅举行就职典礼，继任大总统，段祺瑞因反对帝制并在取消帝制过程中立有头功，被称为"二造共和"的功臣。29日，段祺瑞就任内阁总理，负责组织新内阁，同时兼任陆军总长。黎元洪自然明白他这个总统是要看总理的眼色行事的，因此对段祺瑞言听计从，处处忍让，唯独在讨论内阁班子时，黎元洪提出了一个条件：

"谁干秘书长都可以，只有徐树铮不能干。"

"为什么？"段祺瑞颇为好奇。因为黎元洪完全没有必要像袁世凯一样担心他如虎添翼。

"我，我害怕他。"黎元洪不好意思地说。

段祺瑞听后哈哈大笑。

原来，早在1913年袁世凯当权时，黎元洪就任副总统，却迟迟不肯北上就职。任凭袁世凯怎样催促，黎元洪自有一定之规：绝不就范。他滞留武昌，控制着湖北地区，让袁世凯寝食难安。为了帮袁世凯排忧解难，段祺瑞主动请命，决定劫持黎元洪北上。

段祺瑞以看望黎元洪为名，带着徐树铮等人来到武昌黎元洪的住处。段祺瑞时任陆军总长，按照官场的规矩，告辞时黎元洪需要亲自送行。他将段祺瑞送至江边，然后挥手告别。不料就在这时，徐树铮迅速走到黎元洪身边，附在他的耳边说："黎副总统知道又铮的脾气吧，又铮历来说一不二！"同时将手枪抵在黎元洪的腰部。

黎元洪顿时惊出一身冷汗，颤声说："好，我跟你们走，千万别开枪……"

就这样，黎元洪被段祺瑞劫到北京，一路上都被徐树铮看管。至今，只要一想到徐树铮那副凶神恶煞的模样，黎元洪就忍不住颤抖。一旦徐树铮做了秘书长，黎元洪就少不了要与他打交道，这是他最最不能忍受的。因此黎元洪一再强调："我宁愿不做这个总统，也不能和徐树铮共事。"

但段祺瑞任国务总理，就必定要让徐树铮出任国务院秘书长，袁世凯在位时未能如愿，如今段祺瑞主持国政，岂能再受他人掣肘。段祺瑞好言相劝，说尽徐树铮的好处，后来又搬出徐世昌说项。黎元洪对徐世昌说：

"请你转告总理，一万件事我都可以同意，唯独这件事不行。"

"一万件事你都可以不同意，唯独这件事不行！"徐世昌也不含糊，他对段祺瑞的了解远在黎元洪之上。

事实正是如此，不管黎元洪同不同意，段祺瑞都会让徐树铮做秘书长的。段祺瑞征求黎元洪的同意，也算是对他的尊重。而他的一再反对，只能加深他与徐树铮之间的隔阂。徐树铮对黎元洪阻挠自己出任秘书长一事了如指掌，上任后便对黎元洪颐指气使，没有一点尊重的意思。有一次，徐树铮拿着一份文件去总统府盖章，那是一份对几位外省厅长的委任令，黎元洪看了一下上面的任命，疑惑地问："咦，这是谁，还有这个，我没有听说过这几人的名字……"

"这些与你何干？"徐树铮毫无情面地顶撞道，"我忙得很，没时间陪你啰唆！你赶快盖章，闲话少说。"

黎元洪气得涨红了脸，却又不敢与徐树铮理论，只好忍气吞声。对于徐树铮的专横霸道，黎元洪能忍，他的亲信、幕僚却忍不住了，尤其是内务部长孙洪伊。孙洪伊是在反对袁世凯称帝中脱颖而出的，在政治上相当活跃。黎元洪之所以将他提名入阁，是看中了他在国会中的影响，以及与直系冯国璋的特殊关系。由于他一贯主张以直排皖，黎元洪一方面把他当作对付段祺瑞的武器，一方面通过他进而讨好直系冯国璋。一旦得到冯国璋的支持，黎元洪便可挺直腰杆，用不着再怕段祺瑞了。

孙洪伊果然出手不凡，他以黎元洪为靠山，联合国会中的反段力量，联直排皖，联冯排段，与徐树铮针锋相对，频频引发冲突。段祺瑞见孙洪伊处处与皖系作对，一怒之下签署了对孙洪伊的罢免令。岂料，总统府秘书长丁世峄主张拒绝盖章，黎元洪也以为孙洪伊有冯国璋做奥援，开始与段祺瑞叫板，使府院之争升级。

就在双方剑拔弩张之时，黎元洪请出徐世昌进行调解，徐世昌提出各打五十大板的方案，将徐树铮、孙洪伊二人一起免职，但段祺瑞犹嫌不够，指定再加一个总统府秘书长丁世峄。总统府本来对"一比一"的方案都不愿接受，如今变成了"二比一"，岂能善罢甘休。

为了给黎元洪壮胆，使其顶住这次不公正的罢免，孙洪伊请冯国璋出面说话。孰料，冯国璋的回电却是对段祺瑞的支持。尽管在北洋内部段、冯一直互争上下，但对外方面还是会一致考虑共同利益的。

黎元洪失去靠山，只好同意"二比一"罢免方案。孙洪伊被罢免后，原想利用国会继续与段祺瑞抗争，不料其住宅突然遭到警察搜查，只好连夜出逃。而徐树铮被罢免国务院秘书长一职后，仍然任陆军次长。第一轮的府院之争以黎元洪败北而告终。

但府院之争远远没有结束，不久，更大的风波再次发生。1917年2月3日，美国宣布与德国绝交。开始时，府院一致赞成对德宣战。但当内阁会议顺利通过对德绝交案，请黎元洪在对德绝交咨文上盖章时，黎元洪却变卦了。

由于段祺瑞是亲日派，黎元洪走的是亲美路线。美、日双方都想通过中国对德宣战取得在华的最大利益。但美国很快发现，如果中国对德宣战，将有利于日本乘虚而入，扩大在华影响，严重影响美国的在华利益，于是改变主意，不再支持中国参战，黎元洪便跟着改变了态度。但黎元洪不敢与段祺瑞硬顶，只好委婉地说："我认为不能操之过急，毕竟绝交之后就是宣战，我们应该先征求一下军界的意见再做决定。"

段祺瑞立刻反唇相讥："军界意见用不着总统操心，我自然会处理好的，总统只需盖章便可！"

但无论段祺瑞如何气势汹汹，黎元洪主意已定，支支吾吾地拖延时间就是不肯盖章，段祺瑞一气之下使出杀手锏——干脆辞职去了天津。这一招对黎元洪果然奏效，黎元洪立刻转变态度，派人前往天津请回段祺瑞，3月6日段祺瑞回到北京，黎元洪乖乖地在咨文上盖章，3月14日，北京政府正式照会德国公使，宣布对德绝交。

但接下来是否参战，成为府院之争的新焦点。为了达到参战目的，段祺瑞将下属十几个督军请到北京，组成督军团，以督军团为工具，对黎元洪施加压力。黎元洪则以国会为外援，与之对抗。尽管后来黎元洪做出让步，在段祺瑞的"对德宣战书"上勉强加盖了总统大印，但段祺瑞犹嫌不足，又在国会开会讨论时以一支支"公民团""请愿团"大肆干涉，终于招致众怒，内阁成员纷纷辞职，最后只剩下段祺瑞一个光杆总理。

恰在此时，英文《京报》披露了段祺瑞与日本签订1亿元军事借款的秘密，使段祺瑞在国会所做"中日之间绝无秘密外交"的证词被揭穿，段祺瑞陷入被动之中。尽管如此，段祺瑞也没有想到黎元洪会一改往日唯唯诺诺的柔弱作风，于5月23日果断下令免除了段祺瑞国务总理与陆军总长的职务。

段祺瑞万分震惊与震怒，他指责黎元洪滥用职权，根据临时约法，总统无权撤销总理职务，因此不承认黎元洪的免职令。

与此同时，段祺瑞离京赴津，在天津的住所很快便车水马龙，门庭若市。段祺瑞也很快弄清了黎元洪挺直腰杆的原因，他得到了一位实力派人物的支持，这位实力派人物便是大名鼎鼎的"辫子大帅"、驻扎徐州的长江巡阅使张勋。

在民初的军界中，张勋可谓一大"怪物"。1917年时，他依旧垂着一条大辫子，人称"辫帅"。他的定武军全体将士，也人人拖着一条大辫子，被称为"辫子军"。张勋拥有58个营，2万多兵力。而张勋愿向黎元洪伸出"橄榄枝"，不过是想借机出兵，行复辟清朝之实。

在段祺瑞电召各省督军进京参加军事会议的时候，张勋仅派了一名代表进京，他本人坐镇徐州，静观北京政局变化，随后电召督军代表20多人到徐州开会。段祺瑞派徐树铮参加了徐州会议。此间，张勋想从徐树铮口中窥探段祺瑞对复辟清朝的态度。

徐树铮见张勋明确表示要"还大政于今上"，决定促成张勋复辟，以假张勋之手赶走黎元洪，解散国会，然后让段祺瑞以拥护共和为名，攻打张勋，重掌政权。于是，徐树铮对张勋说："芝老只希望赶走黎元洪，至于采取什么措施全不在意。"这就给张勋造成一错觉，即段祺瑞不会反对复辟，最低限度也会保持沉默。

徐树铮回到天津后，对段祺瑞汇报了徐州会议的情况，并讲了自己的连环妙计。段祺瑞不置可否，但表示不会公开支持张勋的复辟活动。

而黎元洪罢免段祺瑞后，政局陷入内外交困之中，新内阁组不起来，各省督军纷纷宣布独立，北京局势动荡不安，各国使节纷纷表示"忧虑"。在孤立无援的情况下，黎元洪把扭转局面的希望寄托在张勋身上。6月1日，黎元洪以总统令急调张勋火速入京。

6月7日，张勋亲率4000名精锐"辫子兵"，以拱卫京师、武装调停为名，北上"勤王"。途经天津时，张勋首先拜见段祺瑞，征询段祺瑞对复辟的意见，段祺瑞说："我反对袁项城搞复辟，自然也会反对你搞复辟。你敢让小皇帝复位，我就敢派兵打你。"

但当时张勋复辟心切，根本听不进段祺瑞的劝告。后来张勋再赴段宅，段祺瑞的态度便模棱两可起来。6月13日，张勋邀请段祺瑞赴京"共筹国是"，段祺瑞婉言谢绝，但对复辟之事不置一词。

而张勋由于抵津后受到徐世昌、段祺瑞等人的劝阻，尤其受到日本政府的干涉，态度有所动摇，准备将复辟的步子放缓，先扶植李经羲内阁做过渡，然后再寻机复辟。赴京后即通电各省，称"组织内阁万不能缓"。

段祺瑞见此反而着急起来，生怕拖延下去夜长梦多，与徐树铮商议后，决定给张勋复辟烧一把火，促其快速将生米煮成熟饭。于是，段祺瑞先指使各省督军反对李经羲组阁，随后又指使安徽督军倪嗣冲于19日通电取消独立，在各省督军纷纷效仿的情况下，张勋不免飘飘然起来。虽然李经羲于25日通电宣布就职，但各省督军在段祺瑞的授意下，仍采取不合作态度，内阁仍迟迟不能组成。

既然各省督军取消了独立，又反对李经羲组阁，何必再为组阁之事浪费时间；加上康有为等复辟派怂恿，张勋决定直接发动复辟。6月30日晚，张勋入清宫召开"御前会议"；当夜，"辫子军"占领火车站、邮电局等要地；7月1日凌晨，张勋穿上清代的朝服朝冠，率康有为、王士珍等50余人，拥11岁的溥仪登基。张勋自任议政大臣、直隶总督兼北洋大臣，掌握了军政大权。

黎元洪没想到搬来的救星原来是灾星。7月2日，黎元洪秘密签署了罢免李经羲总理一职的命令，重新任命段祺瑞为国务总理，并下令段祺瑞讨伐张勋；又签发了由副总统冯国璋代理大总统职务的电报，随后躲进了东交民巷。

段祺瑞早在7月1日张勋复辟当天，便开始筹划出兵讨伐事宜，7月3日在天津附近的马厂组成讨逆军。段祺瑞以讨逆军总司令的名义，发出讨伐张勋的通电，并发布讨逆檄文。讨逆军很快攻入北京，"辫子军"复辟不得人心，士气大减，一触即溃。7月12日，张勋仓皇逃入荷兰使馆，溥仪再次宣布退位。

段祺瑞赢得了"三造共和"的美誉，于7月14日进京，重掌政府大权。

兄弟阋墙，"虎狗"两败俱伤

张勋复辟失败后，黎元洪自知引狼入室，无颜再做总统，只好灰溜溜地下台，冯国璋做了代理大总统。

由冯国璋做总统，对段祺瑞来说也是万般无奈之举。两人虽是北洋武备学堂的老同学，又同为小站宿将，也都是袁世凯的心腹，但多年来总是在暗中较劲。袁世凯死后，两人一北一南，实力相当，互不服气，北洋派无法形成一个中心。段祺瑞虽多年没有直接统兵，但在陆军中党羽众多，在政界更有一批支持者；冯国璋占据江苏一省地盘，统兵数万，又有一些南方省份相呼应，两人的势力在北洋中逐渐形成皖、直两系，段、冯两人明争暗斗，互不相让。

冯国璋进京之初，段、冯二人合作还算愉快，8月14日，二人将黎元洪下台的导火索——对德宣战案，以总统令顺利发布。但好景不长，新的府院之争在南北统一问题上凸显出来。

由于段祺瑞废除约法拒绝恢复国会，遭到以孙中山为首的国民党的强烈反对。孙中山联合西南各省召开非常国会，成立了与北京政府对峙的护法军政府，掀起轰轰烈烈的护法运动。对此，段祺瑞力主"武力统一"，其公开目的是削平西南地区的陆荣廷、唐继尧两大山头，消灭孙中山领导的武装力量。而背后的目的则是"以皖统直"，借直系力量讨伐护法军，在消灭护法军的同时，削弱直系势力，扩大皖系力量。

冯国璋自然明白段祺瑞的目的，针锋相对地提出了"和平统一"的主张。

冯国璋当初被国会选为副总统，得益于国民党议员的投票，而一些国民党议员也曾得到过冯国璋的保护。且冯国璋与陆荣廷一直保持着秘密盟友的关系。同时，冯国璋认为其副总统是经国会选举而来，代理总统职位在法律上有依据，因此南方反对的是段祺瑞，而非冯国璋。

在此背景下，府院之间围绕"主战"还是"主和"展开殊死搏杀，揭开"虎狗之争"的序幕。

段祺瑞的战略计划是攻湘以占领两广，入川以进攻云贵。8月初，段祺瑞任命其亲信傅良佐为湖南督军，王汝贤、范国璋为攻湘各军正、副司令，开始了第一次南伐。然而，当北洋军刚刚攻占衡山、宝庆，准备由此进军两广时，遭遇战局突变。10月20日，冯国璋授命其亲信"长江三督"李纯、陈光远、王占元通电主和，发出"倒段"先声。接着，又由"长江三督"鼓动处于湖南前线的攻湘总司令王汝贤、副司令范国璋公开背叛段祺瑞，通电"停战主和"。

冯国璋这一釜底抽薪之计，使湖南战事急转直下，令段祺瑞腹背受敌。段祺瑞惊异万分，他无论如何不曾料到前方军人竟然公开背叛他，尤其他对王汝贤有提携之恩。他忽略了王、范本身为直隶人，其官兵中又多出于直隶，因此出于乡谊，常为直隶所左右。

这第一个回合的较量，使段祺瑞败下阵来。加上北洋军在四川战场上失利，段祺瑞被迫于11月中旬先后辞去陆军总长与国务总理之职，返回天津。

段祺瑞下野后，冯国璋的日子并没有想象的那么好过。段祺瑞虽辞职，却"阴魂不散"，不仅日本人出面干涉，来自北洋派内部的劝阻更是不绝于耳。尤其北洋元老徐世昌，早已有了明显拥段排冯的态度，如今更是站在段祺瑞这一边；而另一位北洋元老王士珍，深知其中利害，唯恐避之不及，以致冯国璋竟然找不到一个可以接任国务总理的人，最后不得不问计于段祺瑞。段祺瑞出于北洋派内部团结的考虑，说服王士珍出山。

与此同时，段、冯两人的心腹在背后展开了较量，较量的焦点，则是对直隶督军曹锟的争夺。曹锟一向为直、皖"两栖"将军，直、皖两系哪边都不得罪，而由于其实力强大，偏向任何一边都有着举足轻重的作用。冯国璋的亲信"长江三督"率先出击，拉拢曹锟发"巧电"停战议和，一下子使"长江三督"变为"直系四督"，给段祺瑞以更沉重打击。哪曾想，曹锟根本就不想得罪段祺瑞，发"巧电"后即矢口否认此事，使"长江三督"弄巧成拙。

而段祺瑞的心腹徐树铮，远比"长江三督"棋高一招，他用一个副总统的允诺，便将曹锟拉向了皖系，使持中立立场的曹锟摇身一变成为主战派急先锋。接着，在徐树铮的活动下，督军团迅速复活，以曹锟为首的七省三区督军、都统、护军使会议于 12 月 2 日在天津隆重召开，会议除"长江三督"外，囊括了北洋控制的各个省区。其中心议题便是主战和对西南用兵，决定由各省出兵，集 6 万之众南征。

在天津会议的压力下，12 月 15 日，冯国璋不得不下达对西南的讨伐令。三天后，再次对皖系做出让步，任命段祺瑞为参战督办，段芝贵为陆军总长，使皖系完全控制了北京政府的兵权。这第二个回合，段祺瑞扳回一局。

在接下来的较量中，段祺瑞虽处于优势，但依然无法控制前方战局。冯国璋在南方的压力下曾一度下令停战，并于 1918 年 1 月 25 日突然通电宣布南巡阅兵，26 日晚即乘车南下，令段祺瑞顿生疑窦。

当时的前线在湖南、湖北，冯国璋南巡阅兵应走京汉线，而他走的是京浦线；其次，既是南巡，却挑选一个旅重兵护卫，并携带子弹 200 箱，辎重数十车，一路上行色匆匆，徐树铮当即便提醒段祺瑞说："总统该不是借机溜回南京吧？"

"完全有可能！"段祺瑞早已意识到问题的严重性，一旦冯国璋回到南京，另立中央，说不定会下达对皖系的讨伐令，到那时局面将不可收拾，"马上给倪嗣冲发电报，要他无论如何在蚌埠将总统截回！"

1 月 28 日，冯国璋的专车抵达蚌埠，倪嗣冲登车拜谒，请冯国璋下车视察。在此前，专车抵达天津时，曹锟上车拜谒；抵达济南时，张怀芝上车拜谒并随行；车到徐州，张敬尧也登车拜谒随同南下。唯独在蚌埠，车站重兵把守，令冯国璋颇感意外。

"怎么车站有这么多部队？"

"特地调来保卫总统安全的。"

倪嗣冲回答得十分恭顺。冯国璋明知并非如此，却也无话可说。但在接下来的接风宴中，倪嗣冲的部下奉命将总统专车的车头卸了，冯国璋心里暗暗吃惊，表面上却不敢发作，只好隐忍着用半开玩笑的口吻说：

"丹忱你这是什么意思啊，不是想让我长期住在蚌埠吧？"

"岂敢？总统既然到了蚌埠，我就要为总统的安全负责。南方战火纷飞，总统若南下，恕我不能从命。总统若回京，我立刻挂车头。"

倪嗣冲口口声声为总统安全着想，但是口气软中带硬，冯国璋自然明白是受段祺瑞指使，只好乖乖返回北京。1 月 30 日，在皖系强大力量的压迫下，冯国璋再次被迫下达了对西南的讨伐令。

紧接着，北洋军在两湖前线连连取得胜利，段祺瑞欢欣鼓舞，终于看到了武力统一全国的希望。偏偏在此时，第十六混成旅开到湖北武穴，其旅长冯玉祥立即与"长江三督"相呼应，于 2 月 14 日发表主和通电。

冯玉祥的主和通电激怒了段祺瑞。由于冯玉祥的舅父陆建章是总统府顾问，段祺瑞认为冯玉祥是受其舅父指使，因此迁怒于冯国璋，认为冯国璋言而无信，表里不一，决定逐冯国璋下台。但由于京津没有足够兵力支持其这一计划，情急之中，段祺瑞决定铤而走险，借助奉军势力赶走冯国璋。

其实早在年初的时候，徐树铮就向段祺瑞建议，请奉军入关以震慑冯国璋，但段祺瑞深知"请神容易送神难"的道理，迟迟未予采纳。在段祺瑞看来，土匪出身的张作霖并非北洋嫡系，他与冯国璋作为正统北洋元老，其争斗显然是北洋内部的争斗，让一个局外人插手岂不贻笑大方。可如今段祺瑞被冯国璋气昏了头，一想到自己好不容易建立起的讨伐局面很可能再次被冯国璋击毁，便毫不犹豫地采纳了徐树铮的建议。

而徐树铮对拉拢奉系早有策划，在段祺瑞任总理时，政府曾和日本签订秘密协定，其中一项是从日本购买 2.7 万支新式步枪及弹药。这些军械弹药除准备给晋、陕两省调拨一部分外，其余由中央支配，冯国璋决定利用这批军械扩充其嫡系部队。徐树铮得知这一情报后，做出一个大胆的决定——利用奉军截夺军械，既使冯国璋扩充计划落空，又可拉拢奉系为皖系效力。

得知徐树铮要送如此一份丰厚"大礼"，张作霖立刻派杨宇霆和张景惠率两个步兵营、一个机枪连，前往秦皇岛劫收武器。杨宇霆等人抵达秦皇岛时，冯国璋派出接收军械的政府军官员已同时到达。按照徐树铮的部署，杨宇霆一行特地与政府军官员住进同一客栈，并天天约请这些官员吃喝玩乐，取得其信任。

日本载运军械的货船抵达秦皇岛港口时，杨宇霆等人装作好心，帮政府军卸货。待军械全部装上火车，政府军官员与日方办理完交接手续后，杨宇霆等人立刻率兵将政府军官员包围，拿出徐树铮开具的接收军械证明，说明这批军械已经得到中央允许，调拨奉天。与此同时，早有部属倒挂火车头，载着满车军械扬长而去。

1918 年 2 月 23 日，在段祺瑞决定引奉军入关的时候，截械一事已在徐、张运作之中。在截械当日，奉军已有部队开进滦州、秦皇岛。

冯国璋闻讯，既震惊，又大为恐慌。而劫收军械令段祺瑞也大吃一惊，气得对徐树铮大加训斥："胡闹！你是在教猱升木，总有一天你会坏我大事！"段祺瑞所言没错，徐树铮此举虽在眼下帮了大忙，但埋下了永久祸根。

张作霖拿到 2.7 万支新式步枪后，一口气扩编了六个旅。3 月 5 日，奉军前队抵达廊坊；3 月 7 日冯国璋通电辞职；3 月 9 日，内阁总理王士珍挂冠而去；3 月 12 日，奉军在军粮城设立总司令部，张作霖为总司令，徐树铮为副总司令代行总司令职权；3 月 23 日，段祺瑞重新出山，再任内阁总理。

为了缓和局势，段祺瑞没有同意冯国璋辞职，而是决定"合法驱冯"。此时京津一带已完全控制在皖系与奉军手中，湖南前线北洋军也接连取得胜利，助长了主战派的声势。

同年 9 月，段祺瑞操纵安福国会选举徐世昌继任大总统，冯国璋于 10 月 10 日届满卸任，随后返回直隶河间老家，从此不问政事，"虎狗之争"终于以冯国璋的失败而结束。

没有了权力之争，作为多年的老同学、老朋友，段祺瑞与冯国璋很快和好如初。1919 年 9 月，冯国璋重返北京，从此两人经常聚在一起，把盏小酌，无话不谈。10 月 1 日，段祺瑞又设家宴招待冯国璋。席间，二人谈起北洋军内部派系林立，难以统一，深感痛心不已。直皖本是同根并蒂，非弄到煮豆燃萁的地步，是冯、段两人都不愿接受的。回想当年小站练兵的情景，以及此前的"虎狗之争"，两人感慨良多。

冯国璋语重心长地劝段祺瑞说："芝泉，不要再那么偏信徐树铮，他树敌太多，早晚会害了你！"

段祺瑞何尝不知道徐树铮的个性，但徐树铮对他忠心耿耿，又才干超群，谁都无力动摇自己对他的信任。冯国璋见段祺瑞对自己的话听不进去，也只能悻悻地住嘴，但心中不免担忧。

然而，让段祺瑞万万没有想到的是，两个月后，冯国璋突然病危，12 月 28 日竟溘然长逝！段祺瑞闻讯赶到冯府，当众失声痛哭。1920 年 1 月 12 日，段祺瑞再次到冯府吊唁，回想起与冯国璋几十年的交往，以及其中的争争斗斗，段祺瑞悲痛不已，泪流不止。

事后，段祺瑞曾对亲信感慨道："我和华甫斗来斗去许多年，结果谁也没得到什么好处，反倒弄得两败俱伤，想想真感到无地自容……"

直皖战败，小瞧了"吴小鬼"

其实，早在 10 月 10 日冯国璋下台的同时，段祺瑞已通电辞去国务总理的职务，只是保留了参战督办一职。

段祺瑞之所以辞职，主要是借机摆脱来自前方的军事压力和来自后方的舆论压力。在前线，主战派吴佩孚突然通电倒戈，打乱了段祺瑞的整个军事部署；在后方，由于"西原借款"被披露，群情哗然，而安福系包办选举也遭到舆论抨击，段祺瑞为了摆脱困境，不得不再次以退为进。

辞去国务总理后，由于内阁全是安福系的人，段祺瑞依然把持着北京政府。但在前线，段祺瑞却力不从心了。直系的后起之秀吴佩孚青出于蓝，段祺瑞完全没想到自己会败在这个不起眼的晚辈手下。

吴佩孚是曹锟手下的头号大将，毕业于保定陆军学堂，说起来还是段祺瑞的学生。而早在吴佩孚崭露头角时，便有山东隐士郭绪栋向段祺瑞举荐过吴佩孚，当时郭绪栋说：

"吴子玉是潜龙在渊，总有一天会一飞冲天。"

"与又铮比如何？"段祺瑞急问。

"各有长短。论手腕、心计、纵横捭阖，当属又铮。若论带兵打仗，进退攻守，北洋后起将领中无出吴子玉之右者。"

郭绪栋素有识人之能，经常为北洋中上层人士举荐人才，段祺瑞对其所言深信不疑，随后便找到曹锟，以军火为交换条件，借走了吴佩孚。

曹锟对吴佩孚一向纵容，敬重有加，但吴佩孚对曹锟的贪婪非常不齿，所以并不以追随曹锟为荣。对段祺瑞的清廉和自律，吴佩孚早有耳闻，心中敬仰之极，听说段祺瑞请他过去，自然喜不自禁。

然而，两人的第一次见面并不愉快。那天段祺瑞刚刚与冯国璋大吵了一通，冯国璋前脚走，吴佩孚后脚就来了。段祺瑞一向不擅隐藏情绪，喜怒都挂在脸上，对吴佩孚的态度便显得冷淡而不耐烦，甚至没看吴佩孚一眼，只是淡淡地交代了一句："这份演习计划，限你一周完成。"

吴佩孚何曾受过如此冷落，心里十分窝火，回敬道："何须一周，一日便可完成！"

吴佩孚的狂妄口气，让段祺瑞忍不住抬起头来，看到吴佩孚不屑的眼神，段祺瑞立刻怒火中烧，恨恨地说："好，就一天，完不成休来见我！"

吴佩孚心高气傲，不擅巴结上司，习惯被人敬重，见段祺瑞对自己如此不屑，不再说话，而是转身离去。看着吴佩孚的背影，段祺瑞的心情更加败坏。

第一次见面，两人对彼此都没有留下好印象。但是，印象毕竟是可以改变的，或许相处久了，就会发现彼此的优点。到那时，说不定吴佩孚会成为段祺瑞的心腹，那么，历史说不定会重新改写。可是，徐树铮亦非等闲之辈，他怎会眼睁睁看着别人跟自己"争宠"？于是，当吴佩孚回到住所，开始着手做演习计划之时，徐树铮笑呵呵地登门拜访。

"吴兄，久仰大名。今日相见，真是三生有幸。"

徐树铮对吴佩孚一副万分敬重的样子，令吴佩孚心中顿生好感。吴佩孚热情地将徐树铮迎到室内，两人隔桌而坐，畅谈时事，竟越谈越投机。吴佩孚惊异地发现，徐树铮在许多问题上见解高深，比自己有过之而无不及，立刻心生敬仰。吴佩孚生性豪爽，见今日得一知己，兴致高涨，便吩咐人定了一桌酒席，邀徐树铮外山喝酒，不醉不归，完全将段祺瑞布置的任务抛到了脑后。

吴佩孚向来贪杯，这顿酒席直吃到半夜，与徐树铮分别时，吴佩孚已烂醉如泥，话都说不清了，不可能再去完成什么演习计划。看到吴佩孚这种状态，徐树铮得意地笑了。

第二天一早，徐树铮就找到段祺瑞，装作不经意地提起吴佩孚，段祺瑞想起给吴佩孚布置的演习计划，应当今早交上的，一打听，吴佩孚这会儿根本没在差上。在徐树铮的挑拨下，段祺瑞以为吴佩孚妄自尊大，不将自己放在眼里，立刻备车，前往吴佩孚的住所。

令段祺瑞吃惊的是，吴佩孚竟然宿醉未醒。段祺瑞顿时火冒三丈，指着吴佩孚的鼻子就是一顿臭骂。吴佩孚吃软不吃硬，既不解释也不认错，当天就返回曹锟军中，两人至此不欢而散。

段祺瑞没有想到，1918年初二次征湘时，在湖南前线连打胜仗的竟然是吴佩孚。当时曹锟为第一路总司令，吴佩孚率部打前阵，很快脱颖而出，晋升第三师师长。3月上中旬，他先克临湘又克岳阳，接着夺取长沙、湘阴，可谓战功赫赫。直到这时，段祺瑞仍然没把吴佩孚放在眼里。在吴佩孚攻下长沙之后，段祺瑞任命其亲信张敬尧为湖南督军兼省长，而张敬尧入湘后连吃败仗，这让卖命苦战连打胜仗的吴佩孚愤愤不平。

但段祺瑞完全没有注意到吴佩孚的反应，而是急电曹锟饬令吴佩孚继续追击湘粤桂联军，直捣两广。吴佩孚撤出长沙后，于4月末一举攻克衡阳。捷报传来，段祺瑞欣喜若狂，再次命令吴佩孚继续南下，扫平两广。

这时，段祺瑞第一次感到武力统一全国已稳操胜券。岂料，吴佩孚在这个时候却不买账了。徐树铮带来的一封电报将段祺瑞从天堂推向了地狱，电报云：吴佩孚按兵不动，第三师全体大罢兵！

段祺瑞盯着电文足有一刻钟，然后"啪"地拍了桌子，一声怒吼："他为什么要罢兵？"吼过之后，段祺瑞颓然坐在椅子上，直到这时他才意识到，自己慢待了吴佩孚这个武力统一的关键人物。徐树铮似乎也明白过来，两人赶紧商量补救措施。但是为时已晚，无论段祺瑞如何安抚曹锟、吴佩孚，吴佩孚均不买账，而且很快与南军达成停战协议，气得段祺瑞暴跳如雷。

冯国璋下台后，曹锟、吴佩孚成为直系领袖，开始酝酿反皖倒段战争，矛头直指徐树铮及安福系。1920 年 5 月，吴佩孚开始撤防北上，6 月中旬，直军全部抵达中原，并在郑州到保定的京汉铁路沿线部署兵力。吴佩孚此举不仅宣告段祺瑞的"武力统一"政策彻底破产，同时预示着直皖大战不可避免。

段祺瑞对此早有准备，其心腹徐树铮早在徐世昌上台之初便出任西北筹边使、西北边防军总司令，在西北地区大练边防军，如今已重兵在握，成为名副其实的西北王。其边防军无论在数量上还是在装备上，都远远胜过直军，倘若直、皖一对一较量，段祺瑞自信稳操胜券。

在此情况下，被请入关的奉军便成了直皖战争的关键砝码，奉军偏向任何一方，都有可能导致另一方的失败。6 月下旬，张作霖入京，前往团河拜访段祺瑞，信誓旦旦地表示：严守中立。段祺瑞对此深信不疑，因为他知道张作霖素与曹锟不和，但是他万万没有想到，张作霖与徐树铮有着更深的嫌隙。

秦皇岛截械之后，张作霖与徐树铮的关系曾一度十分热络。为了感谢徐树铮，张作霖任命徐为关内奉军副司令代行总司令职务。然而好景并不长，在对西南方面的作战中，徐树铮将奉军放到最前线充当替死鬼，引起张作霖的不满。后来张作霖调查到徐树铮以奉军名义代领军费 335 万元，用来编练自己的军队，气得破口大骂，当即下令免去徐树铮的副司令一职，两人从此势同水火。

直皖战争爆发前，张作霖再次来到北京。7 月 5 日，徐树铮专程拜访张作霖，不仅态度异常诚恳，而且对张作霖反省了自己以前的所作所为，重新取得张作霖的信任。随后，徐树铮邀请张作霖到团河开会，指导皖系下一步军事行动，张作霖欣然答应。

7月7日，就在张作霖到达团河之前，徐树铮告诉段祺瑞一个惊人的计划：在宴席上行刺张作霖！段祺瑞听后大吃一惊，立刻严厉劝阻：

"又铮，不能胡来，会引发事变的！"

"顾不了那么多了，万一直奉联手，皖系就是死路一条，不能坐以待毙！"

"不行，我们应该从长计议……"

"你若是不忍心，一会儿躲别处去，我一个人应付得来。"

段祺瑞知道徐树铮对自己一片忠心，不想与他争执。而且张作霖就要进门，争论下去无益。但段祺瑞实在不忍心杀掉张作霖，尤其是把人家引到自己府邸，然后杀掉，传出去舆论上都不好交代，何况段祺瑞最厌恶这种背后捅刀子的事，在他看来不符合军人的做派。

宴席开始后，徐树铮对张作霖热情招待，执礼甚恭。段祺瑞为了提醒张作霖，一直铁青着脸，一言不发，冷冷地瞪着张作霖，张作霖震惊之余顿时明白过来，随后便故意大口地喝酒，然后由侍卫搀扶着到外边呕吐，借机逃走了。徐树铮得知张作霖已逃，顿足长叹："完了！放虎归山，后患无穷。妇人之仁会坏了大事！"

7月14日，直皖战争在京津一带爆发。皖系以五个师四个混成旅组成定国军，段祺瑞任总司令，徐树铮任副总司令兼参谋长。直系以一个师九个混成旅组成讨逆军，以曹锟为总司令，吴佩孚为前敌总司令兼西路总指挥。尽管皖军在人数与武器装备上优于直军，但徐树铮完全不是吴佩孚的对手，吴佩孚不仅作战勇猛，且战术多变，使皖军连吃败仗。

17日，严守中立的奉系张作霖果然对皖系宣战，直奉联合攻皖，使得皖军腹背受敌，失败已成定局。

19日，直皖战争旋即结束。徐树铮被悬赏10万元通缉，走上四处流亡之路。边防军在如此短的时间内一败涂地，令段祺瑞痛心疾首。家人和亲信下属劝他去天津避避风头，他暴躁地大喊："我哪里也不去！我倒要看看他们能把我怎么样！"

曹锟、张作霖自然不能把段祺瑞怎么样，而且两人都先后派代表到段府慰问，吴佩孚也摒弃前嫌，亲自登门拜见段祺瑞，并以老师相称。此后段祺瑞一直住在北京，直到 1922 年 2 月才返回天津居住。

傀儡执政，最后一点辉煌

直皖大战使皖系根基动摇，元气大伤。段祺瑞时年 55 岁，有人断言他从此将以在野之身终老此生。岂料几年后，段祺瑞再次走上政坛。

直奉联合倒皖后，很快因利益之争决裂，并于 1921 年 4 月爆发直奉战争，结果奉军大败，退出关外。吴佩孚控制北京政府后，重走段祺瑞的老路：武力统一。如此一来，直系的对手除了皖系、奉系以外，又增加了西南方面的势力。

段祺瑞虽然在直皖战争中元气大伤，但受损的主要是徐树铮的边防军和安福系，皖系在沪、浙、皖、鲁等地尚有一定势力，所以作为北洋元老的段祺瑞，在军中仍有很大影响。于是，逃亡中的徐树铮又开始为段祺瑞重掌政权四处奔走，很快与南方的孙中山、东北的张作霖组成"反直三角同盟"。

1924 年 9 月，第二次直奉战争爆发，双方出兵 40 余万人。战争一开始直军便处于劣势，而直军第三军司令冯玉祥战场倒戈，班师回京发动北京政变，囚禁贿选总统曹锟，给了吴佩孚致命一击。

然而，吴佩孚在回救北京失败，前线亦因主帅离去迅速溃败之后仍不死心，一面率残部固守杨村、北仓等地；一面等候江苏督军齐燮元、湖北督军萧耀南驰援。岂知，段祺瑞早已指使山东、安徽等地皖军，切断了江苏援兵通往京津的道路；湖北通往京津之路也被阎锡山所部与冯玉祥所部封锁。而此时，冯玉祥正在调集军队向杨村、北仓等地包抄而来，准备一举歼灭吴佩孚残部。

值此危急时刻，段祺瑞动了恻隐之心。吴佩孚所率直军主力第三师乃袁世凯的精锐部队北洋第三镇，段祺瑞曾任第三镇统制。于是，段祺瑞给吴佩孚修书一封，劝吴佩孚放弃抵抗，"速离去，否则被擒耳"。

当时很多人认为，段祺瑞此举是为回报皖系战败后吴佩孚的礼遇之恩，也有人认为段祺瑞心善，其实也是性格使然，段祺瑞脾气暴躁刚愎自用，但心地善良，犹如当初放走张作霖，这也是他在北洋集团中落下好人缘的重要原因。

吴佩孚到天津后曾给段祺瑞打过一个电话，说准备将部队开进租界以引起外国插手干涉。段祺瑞说："你是中国最优秀的军人，为什么要引起国际问题呢？"吴佩孚听了连称"是"，当即由塘沽乘船逃走。

直系倒台后，张作霖与冯玉祥请段祺瑞出山。1924 年 11 月 24 日，段祺瑞在北京铁狮子胡同陆军部宣誓就任中华民国临时执政。这是段祺瑞在国务总理任上三上三下之后，又一次登上北京政府最高领导者之位。

中华民国执政，这个职位是民国开国以来从未有过的，集总统与总理于一身，因此段祺瑞似乎比以前更加威风。但事实上，此时北洋内部的分裂和军阀割据的状况比以往任何时候都更为严重，而段祺瑞作为北洋前辈，与各地军阀都有因缘，加上皖系尚有一定的潜在实力，他这个执政不过是在几派军阀相持不下的情况下，作为平衡关系被请上台的，因此他不得不看张、冯的眼色行事。正如冯玉祥在段祺瑞入京之日对其重要将领所说："……就是段芝泉出山，也是个木头人。"

张作霖的形容更加贴切："就像只北京烤鸭。"意即段祺瑞夹在冯、张矛盾之中，前后受煎烤，左右不是人。

1925 年 12 月，面对内忧外患以及学潮的困境，段祺瑞为了减轻自身的压力，在执政府下增设国务院，以把针对执政府的示威游行转向内阁。而在新组的内阁中，大部分总长都是亲近冯玉祥的人物。

恰在此时，徐树铮自国外考察回到上海，提出直皖奉大联合，北洋派大团结，拥护段祺瑞为唯一领袖的主张。并与直系孙传芳、齐燮元等督军会晤，商议联合对抗冯玉祥和准备北伐的革命军。

此间，段祺瑞以京津局面混乱对徐树铮极为不利，电嘱徐树铮暂缓进京。但徐树铮不以为然，自觉肩负使命，一定要尽快进京，依照礼法复命。12 月 19 日，徐树铮由上海乘船北上。一路上，段祺瑞又数次发电并派员阻止他进京，徐树铮仍不为所动。

12 月 23 日，徐树铮来到北京。见到徐树铮，段祺瑞虽然满心欢喜，但担忧更甚，他责备徐树铮："说了不让你来，你为何如此任性？这里是冯玉祥的地盘，他现在对你恨之入骨，你竟如此大胆，硬要往火坑里跳！"

段祺瑞所言，是指徐树铮杀害冯玉祥的舅舅陆建章的一笔旧账。早在段祺瑞与冯国璋为主战还是主和明争暗斗时，陆建章悄然前往天津，准备说服曹锟重回直系。徐树铮为避免不利于段祺瑞的局面发生，盛情邀请陆建章到奉军驻津司令部做客。在电话中，平日目高于顶的徐树铮，一口一个前辈，态度极尽恭谨。第二天陆建章如约前往，徐树铮亲自在门口迎候，席间亲自为陆建章斟酒，饭后又邀陆建章到后花园密谈。陆建章毫无戒备地欣然前往，岂料，当两人在后花园中边走边谈的时候，卫士从后面向陆建章开了枪。

徐树铮如此不顾后果、明目张胆地枪杀了陆建章，自然遭到冯玉祥的记恨，加上徐树铮联合直奉倒冯，段祺瑞担心他会遭到冯玉祥的暗算，所以一再告诉他不要进京。可徐树铮还是来了，他说：

"年关将至，无论多危险，也得来看望一下芝老。"

徐树铮说着，眼圈红了。徐树铮向来以处事干练果断心狠手辣而著称，但对段祺瑞却是忠心耿耿，感情至深。段祺瑞深受感染，想到目前境遇，心情无比沉重。此后，两人就联合直、奉打击冯玉祥，重建皖系势力做了详细商议。

既然来了，段祺瑞就劝徐树铮住些时日，过了风头再走。可徐树铮是个急性子，只在北京待了五天就要匆匆南下，段祺瑞只好通过交通总长为徐树铮安排了专车。12月29日，也就是徐树铮离开北京的当天，段祺瑞在书桌上发现一张字条，上面写着："徐树铮不可行，行必死。"

段祺瑞赶紧把字条拿给徐树铮，阻止他南下。但徐树铮看到字条后，只是淡淡一笑，根本没当回事，他认为枪杀陆建章那笔旧账已过去多年，冯玉祥未必会对他报复，而当时国民军四面楚歌，冯玉祥不能不顾及影响，执意当日离去。

然而，徐树铮的入京早已给冯玉祥敲响警钟，尤其他在上海报馆发表谈话，公开提出直皖奉大联合，令冯玉祥感到严重威胁，值此冯奉大战爆发在即，为防止段祺瑞倒向奉系，冯玉祥已做好刺杀徐树铮的准备。

徐树铮的专列从北京开出后，冯玉祥立即对驻廊坊的张之江下达了行刺命令。当天夜里车到廊坊，张之江的手下强行将徐树铮拖到车下枪毙。随后，冯玉祥派人连夜将陆建章的儿子陆承武送到廊坊，第二天便在各报刊出陆承武为父报仇的新闻，以此掩盖徐树铮被国民军枪杀的事实。

段祺瑞与徐树铮的感情，远远胜过袍泽之情，甚至胜过父子之情。徐树铮的死讯犹如晴天霹雳，令段祺瑞呆若木鸡，继而失声痛哭："断我股肱！断我股肱！"段祺瑞一夜之间苍老了许多，他为此恨透了冯玉祥，从此与冯玉祥的关系彻底破裂。

1926 年 2 月，冯奉战争拉开序幕。3 月 12 日，日本军舰驶入大沽口，炮击国民军；16 日，日本以国民军破坏《辛丑条约》为由，与签订《辛丑条约》的八国公使向段祺瑞执政府发出最后通牒，要求拆除大沽口国防设施，并集各国军舰于大沽口，以武力威胁北洋政府。

八国的最后通牒激怒了中国人民，3 月 13 日起，北京开始爆发大规模学潮。3 月 18 日，众多学生聚集在执政府门前广场列队请愿，广大市民也纷纷加入其中。在这次请愿中，执政府卫队开枪射杀请愿群众，造成 47 人死亡，199 余人受伤，酿成历史上著名的三一八惨案。

当时段祺瑞在家中养病，没有去执政府，究竟是谁下令开枪，不得而知。段祺瑞得知惨案发生后，异常震惊，立刻下令严惩凶手，接着赶到事故现场。

三一八惨案发生后，执政府已丧尽民心。1926 年 4 月 20 日，段祺瑞通电下野。

段祺瑞下野后回到天津，在租界做起寓公，表面上不问政事，每日埋首棋局，而他的目光却一直没有离开过政局。

两个多月后，蒋介石就职国民革命军总司令，誓师北伐。当时，北洋政府被奉系军阀所控制，东山再起的直系军阀吴佩孚占据两湖、河南、河北、陕西，控制京汉铁路，直系军阀后起之秀孙传芳占据长江中下游。北伐军一路势如破竹，北洋军阀很快败下阵来。1928 年 6 月，张作霖撤离北京，乘专列在皇姑屯被日本关东军预埋的炸药炸成重伤，随即死亡。12 月末，张学良宣布东北易帜，中国大陆地区在形式上统一在了蒋介石的国民政府之下。

1930年，冯玉祥、阎锡山、李宗仁等联合反蒋，日本人认为有机可乘，打出"北洋派大同盟"旗号，推举段祺瑞主政，吴佩孚主军，试图在北平组织政府。段祺瑞对时局看得很清，知道反蒋成功之希望甚微，因此一口回绝，而"北洋派大同盟"果然很快土崩瓦解。

但日本人仍不死心，日本特务头子土肥原贤二四处活动，想要拉拢段祺瑞和溥仪，还安排两人在载沣家中会晤。然而这次会晤进展得并不顺利，溥仪端着皇帝的架子让段祺瑞十分不屑，而段祺瑞一副执政的架势，溥仪也看不顺眼，于是两人不欢而散。段祺瑞曾对身边人愤怒地说：

"鄙人不才，忝为国家元首，……这小子到今天还摆皇帝的臭架子，真是岂有此理！"

九一八事变发生后，日本人扶持溥仪在东北建立了伪满洲国，随后又将矛头指向华北地区，企图利用段祺瑞在北洋军人中的影响，建立华北伪政权，由段祺瑞做华北伪政府首脑。但无论日本人如何拉拢、利诱，均被段祺瑞一口回绝。

虽然段祺瑞坚决不为日本人做有损中国利益的事，坚决不下水做汉奸，但日本人的一次次拉拢让蒋介石非常不安。蒋介石生怕段祺瑞与日本人合作，号召北洋军人对抗南京政府，所以对段祺瑞极力拉拢。由于蒋介石是保定陆军学堂的学生，所以他以段祺瑞学生的身份会见段祺瑞的侄子段宏纲，请他帮忙说服段祺瑞南下。

随后，蒋介石又派国民党要员、合肥人吴忠信北上看望段祺瑞，并为他送去2万元生活费。蒋介石知道段祺瑞下野后生活拮据，以后每过一段时间，就会为段祺瑞送去一笔生活费。1933年初，蒋介石又亲笔致书段祺瑞，恳请他"南下颐养"，段祺瑞为避免日本人"骚扰"，决定答应蒋介石的请求。

他对前来送信的交通银行董事长钱永铭说："我已经老不中用了，如中正认为我南下于国事有益，我可以随时上路。"

1月21日，段祺瑞悄悄离开天津南下。抵达南京时，南京所有少将以上的军官早已过江在南京浦口车站等候迎接，迎接队列600多人，大家高举"欢迎抗日救国元老段老先生""欢迎三造共和的段老先生"等横幅，簇拥着段祺瑞登上长江轮渡。

蒋介石一身戎装，亲自前往下关码头迎接段祺瑞。远远看到段祺瑞乘坐的船朝岸边驶来，蒋介石便吩咐乐手奏起军乐。船一靠岸，蒋介石率先登船，先是向段祺瑞敬礼问好，接着恭敬地将段祺瑞搀扶下船。这天晚上，蒋介石率南京军政要员设宴款待段祺瑞，第二天，又陪同段祺瑞拜谒了中山陵。

由于段祺瑞的女儿在上海，于是段祺瑞决定去上海居住。1月23日晚，段祺瑞结束了在南京两天一夜的旅程，乘火车来到上海，住在法租界霞飞路1487号陈调元的公馆里，蒋介石每月赠送1万元生活费，将段祺瑞供养起来。

二妻五妾，原来执政不风流

段祺瑞先后娶了两房太太和五房姨太太，第一位太太吴氏去世后，留下一儿一女。第二位太太张佩蘅，也就是袁世凯的干女儿，生了四个女儿。而他的五房姨太太，都是张佩蘅先后为段祺瑞讨进门的。张佩蘅因为没有儿子，生怕别人说她不够贤惠，不得已而为之。

大姨太陈氏，早在1914年便过世了，留下的一儿一女均不幸早折；二姨太边氏只生了一个女儿；三姨太和四姨太都姓刘，仆人们称她们为刘三、刘四。五姨太姓李，便顺着称为李五。这三个姨太太出身都很低，都是花钱买进门的。

段祺瑞脾气很大，在家中说一不二，对夫人、姨太太要求很严，但从某种角度来说，他的治家却很失败。他本人素有"六不沾总理"之称，即不贪污肥己，不卖官鬻爵，不抽大烟，不酗酒，不嫖娼，不赌钱。他尤其痛恨抽大烟，没想到他的夫人、姨太太个个背着他抽大烟。

段祺瑞下野之初，住在天津日租界须磨街、他的部下魏宗翰的公馆里，第二年应皖系下属田中玉之邀赴大连疗养，随行的有张佩蘅和二姨太，留在家里的几个姨太太没了管束，常常打扮得花枝招展偷偷溜出去看电影、听戏、划船、逛市场，四处招蜂引蝶，常常半夜三更才回公馆。

段祺瑞返回天津后，突然发现家里有什么不对劲。下人们在窃窃私语，三姨太和四姨太说话总是躲躲闪闪。有天夜里段祺瑞睡不着，一个人起来到院子里散步，正好撞到三姨太从外面归来。段祺瑞完全没有想到自己的女人竟然打扮得像歌女，而且夜半归来。

三姨太也惊呆了，吓坏了。她了解段祺瑞的脾气，知道自己是凶多吉少了。段祺瑞注视着三姨太，照着三姨太的脸一掌打过去，呵斥道："不要脸的东西！"

第二天，段祺瑞吩咐张佩蘅将三姨太送回在北京的娘家。张佩蘅早已听说了三姨太和四姨太的风流韵事，只是一直瞒着段祺瑞。以段祺瑞的脾气，她担心会闹出什么大事。如今见段祺瑞如此冷静，倒也放下心来。只是三姨太哭着闹着不肯离去，这让她有些于心不忍。

送走了三姨太，不久四姨太的风流韵事又传了出来，段祺瑞一怒之下又将四姨太休掉，打发回了娘家。

对于子女，段祺瑞更是要求严格，而且从不给什么特殊照顾。吴夫人所生长子段宏业，从小寄养在亲戚家，十几岁才回到段祺瑞身边，虽然没有受过良好教育，但与段祺瑞一样，十分喜爱围棋，是当时围棋界里响当当的人物。正因为如此，段祺瑞对段宏业十分喜爱。但仍没有为他的前途铺平道路，而是教育他从最低层做起，靠自己的能力一步步向高处攀登。

段祺瑞治家严明，夫人、姨太、子女都不得干预公事。有一次一个姨太太想替一位老妈子的亲戚谋个差事，在段祺瑞面前求情，段祺瑞一听气得鼻子都歪了，怒斥道："你想买官吗？得了人家多少钱，快说！"

这位姨太太委屈得当场就流下了眼泪，但段祺瑞毫无怜香惜玉之情，又将她狠狠训斥一番才罢休。从此，家中再没有人敢向段祺瑞求情。

段祺瑞当官以后，合肥老家经常来人拜访，目的是想求他给谋个好差使，段祺瑞一概不予办理，只是好吃好喝地招待这些亲戚几日，然后给些钱将他们打发走。就连他的胞弟段启甫上门，他也是毫无情面。当时他已任国务总理，安排个差使是一件很简单的事，但段祺瑞认为段启甫不是做官的料，对他说："你不适合做官，还是给你一笔钱，回家做个买卖吧。"

因此，段祺瑞的亲朋好友中很少有做官和发大财的，这在当时的军政要员中极为罕见。

唯一的一次破例，是段祺瑞为他的一个远房侄子安排了事由。他见那个侄子能吃苦，是个可造之材，就给他谋了个军校的勤杂工。令段祺瑞意外的是，这个侄子没当几天勤杂工，很快被升为军需采办。这不是因为他个人有什么能力，而是因为他是段祺瑞的亲戚，军校负责人处处巴结他，心甘情愿把这个肥缺送给他。

这个侄子当上军需采办后，异常高兴，决心尽职尽责地做好这份工作，可每天看着自己经手的白花花银子，他很快便把持不住，手脚变得不干净起来。直到捞足了油水，他才想到这一切都是沾了族叔的光，于是决定登门拜访段祺瑞。

一进段府，这位侄子看到一位妇女正和一个米贩子讨价还价，妇女虽衣着普通，但言谈举止很不一般，一看就是段府女主人。这位侄子不由得暗暗吃惊，想不到族叔做了那么大的官，家里买米还要如此算计。

这位侄子没有进去拜见族叔，而是转身离开了段府。第二天，他带着一辆大车来到段府，车上装满了米面油盐、鸡鸭鱼肉等。他向段祺瑞的续弦夫人张佩蘅做了自我介绍，然后说："以后我每月都来送食物，您再也不用和那些小贩子讨价还价了！"临走前，他还特意嘱咐张佩蘅，不要将此事告知族叔，他早就听说段祺瑞不收礼，担心这些东西被送回。

可是段祺瑞治家甚严，张佩蘅岂敢隐瞒，当天晚上便将此事告诉了段祺瑞，段祺瑞听后立即火冒三丈："这小子哪来这么多钱？还要每月都送，我倒要看看他这些钱是哪儿来的！"

不久后，段祺瑞到军校视察，特意向学员们打听伙食问题，学员们普遍反映菜种单一，而且不新鲜，米也不好。段祺瑞气呼呼地来到伙房一看，果然如学员们所说，他立刻叫来军需主任，劈头就是一顿臭骂。军需主任哆哆嗦嗦，只是嗫嚅道："这不关我的事，这不关我的事……"再问他，他又说不知道，气得段祺瑞吼道："不知道是吧，那就给我拖出去打50军棍！"

这话果然见效，军需主任立刻口齿清晰地供出段祺瑞的侄子，并拿出账本给段祺瑞过目。段祺瑞早就对他侄子有所怀疑，如今人证物证俱在，立刻叫人把他侄子绑了来，"赏"了他 100 军棍。100 军棍足以要人性命，幸亏执行人手下留情，这个侄子才保住性命，但因此落下终身残疾。

打完侄子，段祺瑞又做出一项惊人之举，他不顾别人劝阻，主动走进禁闭室，不吃不喝地在里面待了整整两天，以惩罚自己任用私人。

而段祺瑞本人也从不收礼。有一次，江苏督军齐燮元送给他一个精致的围屏，围屏上镶有各种宝石，五颜六色，光彩夺目，一看就知价值不菲。段家的人看了都爱不释手，甚至半夜里偷偷起来玩赏。可第二天早上，段祺瑞见到围屏，只是淡淡地扫了一眼，就叫人给齐燮元送回去了。

还有一次，张作霖给段祺瑞送来一些东北特产，并不是多么值钱的东西，但段祺瑞死活不肯收，最后在张作霖副官一再恳求下，才收下两条江鱼。唯独有一次冯玉祥送来一个大南瓜，段祺瑞非常喜欢，破例没有送回。逢年过节时，按照习俗，给段祺瑞送礼的人更是络绎不绝，但段祺瑞只是在每人的礼品中挑一样最不值钱的留下，其余的一概退回。

段祺瑞一生清廉，没有购置过一处房产和地产，甚至连合肥老家也没有一处住房，在北京住的房子是袁世凯赠送的，到天津之初，住的是他的部下魏宗翰的公馆。后来搬出日租界，租住在英租界 47 号一套房租较低的住宅中。

段祺瑞在位时，尽管经常要接济老家的亲戚和夫人、姨太太们的家属，但政府的拨给还是可以满足这些开支的。由于没有财产与积蓄，段祺瑞下野后，生活一下子便没了着落，所幸他的部下、学生众多，这时候不得不依靠他们的接济。

到天津后，段祺瑞想方设法节省开支，家里的每一笔开支他都要亲自过问。他的每日三餐基本都是米粥、馒头、素菜，四季衣着全是布制，仆人的数量也一降再降。由于人手不足，他和夫人、姨太太们经常要亲自做些简单的家务。

段祺瑞移居上海后，有了蒋介石每月赠送的生活费，他不再为开销担忧，每日在公馆里下一盘棋，其余时间不是诵经便是读书。每当有朋友来访，谈及日军向华北扩张，沦陷区一天天扩大，段祺瑞总是伤感良久。

1934 年春天，段祺瑞胃溃疡发作，引起胃部出血，被送到医院治疗。

由于段祺瑞身体虚弱，医生、家人纷纷劝他开荤，以加强营养，段祺瑞断然拒绝："人可死，荤绝不能开！"

1936年11月1日，段祺瑞胃病复发，胃部出血不止，11月2日晚即在上海宏恩医院去世，时年71岁。

在遗嘱中，段祺瑞就国家之复兴、国家之转弱为强，向政府提出了"八勿"："勿因我见而轻启政争，勿空谈而不顾实践，勿行不急之务而浪用民财，勿信过激之说而自摇邦本，讲外交者勿忘巩固国防，司教育者勿忘保存国粹，治家者勿弃固有之礼教，求学者勿趋时尚之纷华。"此"八勿"体现了段祺瑞的政见与忧国忧民之切。

11月5日，国民政府明令褒扬段祺瑞一生功勋，予以国葬，按佛教礼仪大殓。上海市市长吴铁城代表国民政府主席林森、军事委员会委员长蒋介石前往吊唁，军政要员于右任、张群、居正及段祺瑞旧部、生前友好，以及各国驻沪领事纷纷前往致祭，上海下半旗志哀。

蒋介石的唁电称："老夫子令德考终，薄海永悼。"

吴佩孚的唁电称："追念师门恩义，感涕难忘，遥望海天，悲痛不已。"

南京国民政府本想将段祺瑞安葬在南京，但段祺瑞由于一生事业都在北方，临终前特意叮嘱儿子段宏业，死后一定将他葬于北平，最好葬于西山。按照段祺瑞的遗嘱，其灵柩于12月7日由上海启程，运往北平，暂厝于西山卧佛寺，等候段宏业请人卜地建墓后入土为安。然而这一等就是半年多，所看中的土地，不是风水不佳，便是地主不愿出让。1937年北平沦陷后，日军强征卧佛寺，迫使段宏业将段祺瑞的灵柩移出，匆匆埋葬于西郊其三叔段子猷墓旁的一小块空地上，仓促地举行了葬礼。所到之人，见段祺瑞被如此随意地安葬，无不感到悲痛。

直到1963年秋，段祺瑞的侄子段宏纲及章士钊才将段祺瑞移葬西郊万安公墓，章士钊在墓碑上题写了"合肥段公芝泉之墓"。

✏️ 历史评说

在很多人的眼中，段祺瑞作为北洋时期皖系军阀的首领，作为鲁迅《记念刘和珍君》一文中被鞭挞的对象，一定是独裁、腐败的，实际上，段祺瑞一生中可圈可点之处颇多。

段祺瑞一生中"三造共和"功不可没。1911年，段祺瑞率前线北洋将领46人联名致电清政府吁请清帝退位，结束了中国延续两千多年的封建帝制；袁世凯蓄意称帝时，段祺瑞不惜惹怒袁世凯，即使不断被贬被黜，仍然坚决反对帝制；1917年张勋复辟，段祺瑞率兵讨伐，使复辟破产。但我们也要看到，段祺瑞"三造共和"的目的是为自己争权，在袁世凯和张勋恢复帝制失败后，他仍实行独裁统治，实际是换汤不换药。

段祺瑞派心腹徐树铮收复外蒙古居功至伟。辛亥革命后，外蒙古因沙俄扶植脱离中国，当时的中国根本无力与沙俄对抗，然而段祺瑞瞅准俄国爆发十月革命，无暇顾及外蒙古，派徐树铮一举收复外蒙古，举国人民欢欣鼓舞。外蒙古的回归，不仅打击了民族分裂势力，更保证了中华民国的领土完整与主权统一。在这一点上，段祺瑞作为当时的政府首脑，他的行为值得称颂。

段祺瑞虽然亲日，并且多次同日本秘密签订借款合同，但在日本请他出面建立伪政权时，他态度坚决，绝不落水做汉奸。在这一点上可以看出，段祺瑞是爱国的，他的亲日是有底线的。

段祺瑞一生中最大的争议，莫过于制造三一八惨案，说是由他制造并不公允，因为当时他在家中养病，不在执政府，并非他下令枪杀游行示威者。但作为执政，他又无法推卸责任，这件事成为他一生的污点。段祺瑞在得知惨案发生后，立誓终身食素以赎罪，而这个誓言，在他病危时医生一再劝他开荤增加营养，他都不曾动摇，直到去世。

段祺瑞性格耿直，为人坦诚，不逢迎，不谄媚，虽脾气暴躁，但心地善良，尤以为官清廉而闻名，素有"六不总理"之称，即不贪污肥己，不卖官鬻爵，不抽大烟，不酗酒，不嫖娼，不赌钱，一生没有购置房产，死后没有余财，尽显其人格魅力，这对于一个多年处于中国政权巅峰的官员来说，实属不易，值得后人称颂、学习。

直系军阀冯国璋：

『虎狗之争』和平统一梦难圆

『北洋三杰』之『冯狗』，曾为袁世凯之左膀右臂，既忠诚于袁世凯，又取悦于清政府；既反对袁氏称帝，又能在一定程度上妥协，且向南方示好；而袁氏陷入困境时，则操纵北洋将领公开对抗，以坐收渔翁之利；与段祺瑞争当北洋老大，政治手腕却略逊一筹；其敛财手腕出众，以致餐馆竞卖『总统鱼』。

吃粮当兵，不小心竖子成名

常言说，有意栽花花不活，无心插柳柳成荫。冯国璋的人生之路，便昭示着这样的"阴差阳错"。他的家人也不得不相信：谋事在人，成事在天。

这一切，都是从冯国璋弃文经武开始的——

1884 年春天，一个普普通通的日子，也是一个值得记住却被遗忘了具体时间的日子。这天早上，在直隶省河间县西诗经村村头，一场母送子、兄送弟、妻送夫的送别场面感动着左邻右舍与过往的乡亲们。

25 岁的冯国璋背着简单的行李向送别的亲人挥手告别。亲人们恋恋不舍，反复叮咛：

"既然你非要去当兵，摔打摔打也好，只是别忘了回来参加科考。"

母亲孙氏抹着眼泪说。三个哥哥冯佩璋、冯蕴璋、冯琥璋也都重复着同样的话：

"读了十多年的书，为什么非要去当兵呢？"

"好男不当兵，好铁不打钉。混不下去的时候就回来啊！"

只有一个人没说话，她就是冯国璋的妻子吴凤。吴凤是第一个反对冯国璋投身行伍的人，当初她的哥哥吴震将她许配给冯国璋的时候，就是看中了冯国璋读书的天赋与勤奋刻苦。吴震是毛公书院的教书先生、冯国璋的老师，对冯国璋走科举之路求取功名一直充满信心。如今冯国璋弃文经武，吴凤虽深怀惋惜，但更多的是担心丈夫的安危，毕竟村里几个出去当兵的，不是死了就是残了。然而吴凤知道，冯国璋认准了的事，别人都无法改变，也只好默默为丈夫送行。

事实上，冯国璋从未放弃过走科举之路。他五岁随父母识字，七岁入私塾，12 岁入三十里铺毛公书院，成绩一直名列前茅，岂料"文童屡试不得志"。究其原因，并非他学习不好，而是受乡里书院教授内容所限。第二次参加岁考，题目为《魏征和俾斯麦论》，他从未接触过外国历史，更对俾斯麦闻所未闻，又如何能作出文章？为此，冯国璋于 1881 年进入省级高等学府保定莲池书院，但因家庭贫困，经济上缺少援助，不得不中断学业，于 1883 年返回家乡务农。

冯国璋出身没落地主家庭，虽然家贫，但对参加科考求取功名矢志不渝，尤其他的三个哥哥都取得了功名，这对他是一种鞭策。如今放弃读书投军，实在是万般无奈。

岂料这一走，冯氏家族少了一个迂腐书生，出了一个民国大总统！

冯国璋来到天津大沽口，通过在淮军的族叔介绍，在淮军统领刘祺手下当了勤务兵。1885 年李鸿章创办北洋武备学堂，在淮军各营中挑选有培养前途的兵弁入学。冯国璋在刘祺的推荐下，经考试合格，成为北洋武备学堂第一期学员。

但直到这时，冯国璋仍然没有放弃走科举入仕的道路。1888 年 2 月适逢河间大考，冯国璋回乡参加考试，一举考中秀才第一名，但年底应顺天乡试，却又名落孙山。这一年冯国璋 29 岁，他从此放弃科举之想，返回武备学堂埋头于军事学习。1890 年，冯国璋以优异成绩毕业留任教官，1893 年投入淮军将领聂士成幕府当差。

入聂士成部第二年，冯国璋随部转战朝鲜、中国东北，参加中日甲午战争。其间，冯国璋已看出中国旧式军队的弊端，意识到改练新军迫在眉睫。

战后，在聂士成的举荐下，冯国璋担任了中国驻日本公使、其武备学堂老师裕庚的军事随员，出使日本。为此，冯国璋猛攻日语，留心考察日本的军事科学，学到许多日本军队的新式训练方式、战略战术以及武器装备知识，阅读了大量日本军事著作，更加感到中国旧式军队的落后，也深刻认识到中日甲午战争中国失败的原因。他根据考察后的观感，用一年时间编写成兵书数册，后来在天津小站练兵时，又将这些兵书编辑成一部《新建陆军操典》，本书成为中国近代陆军史上第一部军事理论著作。

1896 年初冯国璋回国后，听说袁世凯在小站编练新军，不由得热血沸腾。编练新军正是他的志趣所在，恨不能马上加入其中。但想到三年来自己跟随聂士成出生入死，聂士成对自己处处提携，恩重如山，如今聂部因甲午战争元气大伤，正是急需人才的时候，自己怎能在这个时候离聂部而去？于是，他打消了投奔袁世凯的念头。

此时冯国璋已升任军械局督办，他那套兵书也在回国之初交到聂士成手中。有一天冯国璋去司令部公干，被聂士成留住，要他去办公处谈话。见聂士成一脸严肃，冯国璋以为发生了什么大事，心里直敲"小鼓"。走进聂士成的办公处，聂士成说：

"华甫，你写的兵书我看过了，的确不错，难怪袁项城那么赏识你，三番五次给我写信，让我放你去小站。"

冯国璋一听，大吃一惊，顿时紧张得头上直冒冷汗，赶紧解释：

"我没有联系过袁大人，我与他素昧平生……"

"是你们武备学堂总办荫午楼向袁项城推荐了你。我也觉得你更适合到小站，你对编练新军有独到的见解，在老式军队得不到发挥。"

"大人，我不会去的。"冯国璋很干脆地说。

"华甫啊，我知道你是讲义气的人。"聂士成叹了口气，拍了拍冯国璋的肩膀，说，"你一直提倡改练新兵，可惜聂部无你用武之地。如今正值国难，为了国家，你去吧！"

应该说，冯国璋自投身行伍到后来出任临时大总统，第一个对他有知遇之恩的是武备学堂总办荫昌，荫昌不仅留任他在武备学堂当教官，还知人善任地将他推荐给编练新军的袁世凯。第二个对他有知遇之恩的便是聂士成，聂士成的提携和重用，为他日后的升迁埋下了伏笔。小站练兵是冯国璋一生命运的转折，这个转折得益于第三个对他有知遇之恩的人物——袁世凯。

袁世凯为人圆滑、奸诈，但他与荫昌、聂士成一样爱才、惜才，求贤若渴，尤其在他网罗人才为其崛起奠定基础的时候，更是知人善用，礼贤下士。而冯国璋既是武备学堂的佼佼者，又参加过中日甲午战争，立过战功，且去日本考察过军事，正是袁世凯求之不得的军事人才，因此第一次见面，双方便留下了很好的印象。

那是1896年的春天，冯国璋第一次到小站，当时还没有开往小站的客运火车，他搭乘一列运送军械的火车，到小站时已是暮色苍茫，然后又乘坐前来接站的马车赶到小站驻地，此时早已过了晚饭时分。出乎意料的是，一帮小站将领早已在驻地恭候大驾，仔细一看，个个都是熟人，王士珍、陆建章、段祺瑞、段芝贵、曹锟、王占元，等等，都是北洋武备学堂的老同学。大家久别重逢，相互问候。

寒暄过后，一个矮胖军官从人群外走过来，王士珍赶紧介绍，原来他就是新建陆军督办袁世凯。冯国璋完全没有想到，袁世凯一直饿着肚子和他的老同学们等候在此。

当晚举行接风宴，气氛十分活跃、热烈。袁世凯和冯国璋谈起那部兵书，称赞说："据我观察，当今军界学子，无出华甫之右者。"

随后，袁世凯任命冯国璋为督操营务处帮办兼步兵学堂监督。冯国璋尽职尽责，老成干练，深得袁世凯器重。不久，督操营务处总办梁华殿在夜间演习中失足坠河身亡，冯国璋升任总办，负责兵法、操典编写等工作，成为袁世凯得力的左膀右臂，北洋新军的兵法操典均由冯国璋一手编订。

随着北洋势力的迅速扩大，袁世凯的地位不断升迁，冯国璋与王士珍、段祺瑞作为"北洋三杰"脱颖而出，职务也跟着步步高升，冯国璋先后升任北洋军阀军政司教练处总办、练兵处军令司正使、北洋行营将弁学堂督办、保定北洋陆军学堂和陆军师范学堂督办等。在北洋军阀的创建时期，他不仅为袁世凯培养了大批军事骨干，也同时培植了自己的势力，为他后来充当直系首领打下了基础。

然而，1905年袁世凯的北洋六镇编练成军后，很快遭到清朝亲贵的猜忌。清政府一方面用明升暗降的办法解除其手中兵权；一方面对北洋势力进行分化与瓦解，北洋将领的升迁几乎全部叫停。但唯有冯国璋例外。

清朝权贵看中冯国璋，原因是多方面的。1906年清政府建立陆军贵胄学堂，培养满蒙高级军事人才，在物色学堂总办人选时，清政府权贵们主张由满人来担任这一职务，无奈满人中实在找不出一位合适人选，从汉人里挑，却意见分歧很大，直到有人提名冯国璋，权贵们顿觉眼前一亮，很快达成一致。

这首先因为冯国璋是难得的军事理论人才，他对军事理论的精通，在当时堪称权威。同时，冯国璋督办北洋军事学堂等成绩卓然，又带过兵，上过战场，治军有方，可谓有理论有实践。而更重要的一点，是冯国璋对满人历来亲近友好，恭谨有加。

冯国璋处事圆滑，不仅对袁世凯表现得忠心耿耿，对清政府也是巧妙逢迎，想方设法讨满人欢心，不仅荫昌对他赞不绝口，就连当时的排汉代表人物清朝少壮派军官良弼，说起他也是极尽推崇。

良弼自日本士官学校毕业后，就决心效仿日本明治维新，重振清政府。清政府成立练兵处后，良弼调集各地士官生，以此对抗北洋派，致使士官派和北洋派大小摩擦不断。一次，良弼同军令司的一名军官发生争吵，闹到军令司正史段祺瑞那里。段祺瑞早就看良弼不顺眼，脾气上来，竟当众指责良弼：

"良大人，我看你的手伸得也太长了，军令司的事还轮不到你来插手！"

良弼一时僵在那里，难堪之余，只得硬着头皮与段祺瑞理论。岂料良弼一还嘴，段祺瑞气得拍了桌子，指着良弼的鼻子怒斥道：

"你少在这里吵吵闹闹，这里是我的地盘，你给我滚出去！"

良弼顿时满脸通红，浑身发抖。他何曾受过如此羞辱，这个台阶他实在无法下，这个场也实在无法收。就在这时，身为军令司副使的冯国璋闻讯赶到。他赶紧赔上笑脸，拉起良弼的手说：

"赉臣啊，别生芝泉的气，他就这么个脾气，也不是冲你一个人来的，他也经常和我吵嘛……走走走，喝酒去，我请客。"三言两语给良弼撑足了面子，使良弼消了气，使得一场风波得以平息。

就任陆军贵胄学堂总办后，冯国璋有了更多接近满族亲贵的时机。这个学堂还附设一个王公讲习所，听课的都是王公懿亲，亲王们也时常去听冯国璋讲课。冯国璋军学渊博，教学深入浅出，听课者无不为之折服，冯国璋也因此赢得清王朝文武官员的信任，声誉随之日高。1907年清政府陆军部附设军谘处，冯国璋任军谘处正使。1908年，冯国璋当上清西陵梁格庄值班大臣。在北洋将领普遍受排挤的时候，冯国璋一枝独秀，步步高升。

1908年11月，光绪皇帝与慈禧太后先后晏驾，立醇亲王载沣之子溥仪为嗣君，由载沣监国摄政。这一消息令冯国璋惊愕万分。因为戊戌变法失败，光绪帝被囚于瀛台，一直被认为是袁世凯出卖维新派所致。如今载沣摄政，势必为其兄报仇。果然不久，清政府以袁世凯患足疾为由，将其开缺回籍。

袁世凯举家离京之日，冯国璋前往车站送行。往日前呼后拥的袁大人，如今变成了光杆司令，除了家人之外，几乎没有几人前来送行。当时风声甚紧，人们怕受牵连，避之唯恐不及，哪里还敢主动招惹是非呢？冯国璋自然也怕受牵连，但袁世凯于他有知遇之恩、袍泽之谊，他不能不送。

见到冯国璋，袁世凯既感动，又担心，随即嗔怪道："华甫，在这个时候，你不该来。"

"大人请放心，不会有事的。"

"华甫，大意不得，说不定他们还会有什么动作。你打开这个局面不容易，不要引起他们猜疑。"袁世凯叹口气说，"复兴北洋就靠你和芝泉了，可芝泉性子太直，凡事都挂在脸上，很容易得罪人，你以后要多提醒他。"

袁世凯"开缺回籍"后，清政府重新改编全国武装，建立新军三十六镇，各镇高级将领均由满族人担任。袁世凯的亲信纷纷遭到贬黜，段祺瑞也被明升暗降夺去兵权，唯有冯国璋安然无恙。

1909 年，军谘处改为军谘府，冯国璋升为军谘使，恰逢宣统登基，加封一级。此前冯国璋就任清西陵梁格庄值班大臣时恩诏加一级，同年底因效忠清政府，恭逢恩诏又加一级，如此连加三级，这在北洋派里绝无仅有，可见载沣对冯国璋之器重，大有以冯代袁之势。

受到载沣如此重视，冯国璋也曾想为清政府效犬马之劳。但由于受良弼等人挟持，他手中实际并无多少实权。他先后条陈国防军事等数万言，都石沉大海。壮志难酬，冯国璋渐感心灰意冷，越发怀念跟随袁世凯的日子。

建功朝廷，巧妙周旋袁世凯

1911 年 10 月 10 日，武昌首义爆发，紧接着，汉阳、汉口相继光复。清政府举朝哗然，载沣急任陆军大臣荫昌为第一军军统，率部分北洋军南下讨伐，同时任命冯国璋为第二军军统，前往湖北增援。

冯国璋接到命令后，马不停蹄地赶到河南彰德。三年前，袁世凯被罢官后，便来到此地过起"隐居"生活。他建造了洹上村巨型豪宅，表面看来寄情山水，不问外间事，实际时刻关注政局变化，伺机东山再起。

冯国璋到达洹上村，被袁世凯亲切地迎进宅中正厅养寿堂。袁世凯设家宴款待冯国璋，关怀备至，极尽热情。看得出，袁世凯此时心情激动，武昌起义的爆发，使他看到了三年隐居生活的尽头。他知道清政府有兵力20余万，但南方几省的新军是由留学生带出来的，大多倾向革命，倘若派他们去武昌镇压革命，恐怕适得其反。因此清政府只能依赖北洋军，而北洋军又唯袁世凯马首是瞻，只要袁世凯一句话，荫昌对北洋军的指挥就会失灵。到时，除了请袁世凯出山，清政府别无选择。

冯国璋向袁世凯请示机宜，袁世凯胸有成竹，面授冯国璋"六字真经"："慢慢走，等等看。"

"大人的意思是……"冯国璋一时不解其意。

"华甫啊，不要急着进攻。如今是朝廷用着我们汉人的时候了，我们要让他们知道，排汉是要付出代价的。"

冯国璋连连点头，心领神会。离开洹上村，冯国璋督师缓行，令先头部队在到湖北前线后先安营扎寨，修筑工事；后续部队断断续续，走走停停。对于荫昌"火速进军"的命令，冯国璋以"坠马受伤，力不从心"为借口，软磨硬抗。

果然不出袁世凯所料，荫昌指挥不动北洋军，清政府不得已只好请袁世凯出山。10月14日，载沣下令，任命袁世凯为湖广总督。接到任命，袁世凯一阵冷笑：隐忍三年，岂能为一个小小的湖广总督出山。他以"足疾未愈"为借口拒绝出山，以此要挟清政府，逼迫清政府做出让步。

在袁世凯与清政府"讨价还价"时，冯国璋仍遵袁世凯之嘱，在湖北战地"暂作守势"。随着战事日益紧急，10月27日，清政府连发四道上谕，任命袁世凯为钦差大臣，交给他前线的全权指挥权。拿到前线指挥权，袁世凯立刻指挥前线反攻，他要向清政府显示自己的能力，更要打击一下革命军的气焰。

而冯国璋终于等来了袁世凯进攻的命令，在此前的25日，冯国璋已奉命改任第一军军统，此刻即率第一军进攻汉口，11月2日占领汉口，11月

27 日攻陷汉阳，随后又炮击武昌，使革命军受到更为严重的威胁。而对于朝廷来说，前线捷报频传，内外一片欢腾，清政府下诏赏赐冯国璋二等男爵。冯国璋受宠若惊，情绪高涨，一再表示"愿为朝廷效死"。他对情绪同样激昂的官兵们大声疾呼："让我们一鼓作气，攻下武昌！"

然而，就在冯国璋准备渡江攻取武昌的时候，袁世凯突然下达了停战的命令。

此时，袁世凯已于 11 月 2 日被清政府任命为内阁总理大臣，16 日在北京正式组阁。在冯国璋看来，袁世凯已经得到了他想要的，而此时武昌又是唾手可得，为什么要停战呢？他完全没有想到，袁世凯另有个人的"深谋远虑"。

就在冯国璋焦急和疑惑之际，他的前哨来报，说发现一名可疑的渡江者。

"这个时候渡江过来的，很有可能就是间谍，对他严加审问！"冯国璋断然下令。

时隔不久，这名前哨再次来报，呈上了在"间谍"身上发现的"钦差大臣袁"的护照。冯国璋接过"护照"看了一下，更是疑窦丛生：袁世凯可以公开与他联络，完全没必要派"间谍"偷偷摸摸行事。

"把他带过来，我要亲自审讯！"

岂料，这名"间谍"见到冯国璋，不仅大大地松了口气，而且语气中带着指责与不满：

"冯大人，我是袁公子派来与湖北都督黎元洪接洽和谈的，你的人却把我当成间谍抓起来，真是岂有此理！"

"这里是前线，一切形迹可疑的人都要抓起来盘查，这有什么错？"冯国璋很生气，回敬道，"如果真如你所说，袁大人为什么不通知我？"

"我叫朱芾煌，你可以向袁公子求证。"

袁公子就是袁世凯的长子袁克定，若果真如来人所言，袁克定此举必是受袁世凯指使。于是，冯国璋直接与袁世凯联系，袁世凯在电话里说："这个事情我不是很清楚，云台这会儿不在，等他回来后再说吧。"

隔天，冯国璋就收到袁克定的回电："朱即是我，我即是朱，若对朱加以危害，愿来汉与之拼命。"口气之狂妄，不可一世，令冯国璋火冒三丈。

"老子在前方洒血玩命，却成了他们父子要挟朝廷的一颗棋子，真是岂有此理！"冯国璋气得破口大骂。他其实并不在乎被当成一颗棋子，他在乎的是被人当傻瓜耍弄。他已明白袁世凯停战的目的，那便是借革命军逼迫清政府退位，当共和总统。

对袁世凯想取清政府而代之的目的，冯国璋说不清是反对还是拥护，但对袁氏父子的做法产生了强烈不满，尤其老子装傻，儿子目中无人，使他对袁氏父子的看法有了很大改变。加上他对清政府原本是有些感情的，脑子里依旧存在对皇帝的愚忠，眼下又身处前线手握重兵，只需一鼓作气，拿下武昌便指日可待，那时将成为朝廷的大功臣，威名盖世，功成名就！

于是，冯国璋向隆裕太后秘密启奏，表示自己能够独自承担讨伐革命军这一任务，无须依靠袁世凯，但需要朝廷拨付饷银400万两。隆裕太后看过冯国璋的奏折后表示，短时间内难以筹齐这么多饷银，但可以立刻拨给三个月的饷银。三个月的饷银也足够了，冯国璋闻讯欣喜若狂，立刻摩拳擦掌准备进攻武昌。

然而，冯国璋背后的小动作岂能逃得过袁世凯的耳目，袁世凯立刻面见隆裕太后。隆裕太后本无主见，被袁世凯一要挟，便又收回了成命。三个月饷银泡汤了，冯国璋气急败坏，但仍不肯放弃攻打武昌的计划。

此时袁世凯最担心的便是握有重兵的冯国璋发难，在连发七道急令后，又接二连三地派出心腹使者，赴前线探摸冯国璋的底细。

冯国璋经历了这一系列变故，本来心中十分恼火，袁世凯又派使者来探底，心里更加窝火，第一次来的使者问："革命党一旦反攻过来，你打算怎么办？"冯国璋说："我只有尽忠报国，绝不轻言退却。"

第二次来的使者好言相劝："天下纷扰，世事多变，你不要固执己见，如时机到来，最好酌情行事。"冯国璋说："我自有主张。"

冯国璋的表示令袁世凯极为不满，他第三次派出使者，直接命令冯国璋"立即班师回京"。使者趾高气扬，口气狂傲，令冯国璋怒不可遏，与使者针锋相对：

"既如此，请呈交上谕！"

"没上谕！"来人也不甘示弱，理直气壮地说，"这是袁大人的口谕！"

"啪！"冯国璋拍案而起，怒斥道："袁大人口谕，何以证明？其中恐怕有诈！来人，将此人抓起来，押回朝廷审问！"

然而，在押送北京途中，路过彰德时，袁克定派人将使者大摇大摆地接走了。

袁世凯三次摸底试探，发现冯国璋尚有对清政府的愚忠，留在前线唯恐对自己不利，于是，一道命令将冯国璋调回北京，由第二军军统段祺瑞接替冯国璋第一军军统之职。

冯国璋到底圆滑世故，一到北京便率先拜见袁世凯，装作对袁世凯的野心一无所知的样子，诚惶诚恐地解释："华甫太愚钝，竟没能明白袁大人的意思，差点坏了大事，真是罪该万死，罪该万死！"

袁世凯也装作毫无嫌隙的样子，对冯国璋说："华甫啊，调你回来，是因为禁卫军军统出缺，除了你，没有更合适的人选。"

禁卫军是摄政王载沣开始监国时编练的一支皇室亲军，是一支捍卫宫廷的重要武装力量，担任训练大臣的载沣、铁良等均是皇室贵胄。其中除第三标是汉人外，其余全是满人，共一镇一协，计1.2万人。袁世凯掌握军政大权后，禁卫军仍掌握在满族少壮派亲贵载涛手中，让袁世凯不无忌惮。于是袁世凯向清政府建议："应使皇族大臣出征南方，以表率各军。"吓得载涛慌忙辞掉禁卫军军统一职。

于是，袁世凯向内阁提议由冯国璋出掌禁卫军。冯国璋毕竟是袁世凯一手栽培的北洋将领，由他担任禁卫军军统，总比由满人担任放心得多。如果他继续为自己效命，以后再委以重任；倘若不是如此，把他调到眼皮底下，谅他也闹不出什么乱子。所以对他仍表现得像从前一样信任与重用。

当时，清政府很清楚袁世凯养兵自重的企图，而冯国璋以行动证明了他反对袁世凯与革命军和谈。冯国璋从前线撤下来，清政府以为他已与袁世凯决裂，摄政王载沣非常高兴，特地设宴为冯国璋接风洗尘，同意冯国璋出掌禁卫军，统筹京畿防务。

冯国璋上任后，采取两面讨好的办法。作为以满族人势力为主的禁卫军统帅，冯国璋处处表现出对朝廷的忠诚，表面上与袁世凯保持着距离，背后依然听命于袁世凯的指挥。当袁世凯加紧逼宫的时候，冯国璋一面为协助袁世凯卖力,一面为优待清室奔走。当时很多人主张彻底废除帝制,冯国璋却主张优待清室,最后达成《优待清室条例》,规定民国政府每年为清室提供400万岁银,保留清室帝号,允许皇室暂居紫禁城,以后迁至颐和园。

1912年2月3日,隆裕太后在迫不得已的情况下,宣布"全权授予袁世凯同南京方面磋商退位条件",消息一经传出,西苑禁卫军群情激怒,他们以为皇室覆没的同时,整个满族也将跟着同归于尽,一个个急红了眼,一边叫喊着将汉族军官全部看管起来,一边摩拳擦掌准备杀进京城,与袁世凯同归于尽。

如何消弭这场一触即发的战火,对冯国璋是一个严峻的考验,毕竟他是汉人,但他已别无选择,只有冒着生命危险背水一战,协助袁世凯稳定局势。他带着一名随员,亲赴禁卫军聚集的司令部广场,面对1万多名荷枪实弹、怒不可遏的官兵,冯国璋凭借在清朝官员中的威信和二等男爵的身份,沉着冷静,登上广场的高台。他首先沉痛地宣布了隆裕太后的决定,然后大声公布皇室、满蒙将得到的优厚待遇,尤其强调禁卫军的一切待遇不变。他慷慨陈词:

"今后,无论本人调任何职,必以禁卫军相随;本人绝不与革命军为伍,若有与今日之言相背离者,准许本军之人随时枪杀,本人家属绝不报复。"他甚至当场请全军选举出两人,委派为副官,跟随自己左右,以便监视。

冯国璋的讲话,字字句句解释着禁卫军官兵心中的疑团,官兵们的情绪渐渐平静下来,继而纷纷归队持枪肃立。一场偌大的风波瞬间被平息。以后冯国璋果然履行诺言,就任直隶总督时仍兼任禁卫军军统,改任江苏督军后将禁卫军改编为第十六师。当选临时大总统后,由十六师与十五师负责公府警卫,后来卸任回到直隶河间,仍抽调十六师的两个连负责护卫。再度返回北京后,听说十五师、十六师拟将划归陆军部管辖,考虑到当初对禁卫军的承诺,即与徐世昌、段祺瑞商议,将两师重归冯国璋节制。直至冯国璋去世,十六师与他的关系才彻底结束。

在冯国璋及时平息禁卫军风波后,2月12日,清政府正式宣布退位,3月10日,袁世凯宣誓就任中华民国临时大总统。由于冯国璋为袁世凯逼宫立下了汗马功劳，袁世凯对其信任恢复如初。1912 年 9 月，冯国璋被委以直隶总督兼民政长的重任，同时兼任禁卫军总统官。

攻打南京，稳坐江苏督军

袁世凯就任共和制总统后，仍实行专制独裁统治，极力排挤逼迫国民党人退出内阁。宋教仁在上海遇刺后，舆论矛头纷纷指向袁世凯。1913 年 7 月上旬，国民党发动"二次革命"，兴师讨袁。

7 月 22 日，袁世凯发布"讨伐令"，对革命军进行全面进攻。主战场在江西和江苏，而江苏至关重要，因为辛亥革命后，江苏一直是南方革命党人政治、军事的大本营。为了加强对江苏战场的指挥，袁世凯再次起用镇压武昌起义的得力战将冯国璋。7 月 23 日，冯国璋被任命为第二军军长、江淮宣抚使，率部南下，与"辫子军"大帅张勋会攻南京。

出发前，冯国璋来到总统府向袁世凯辞行。袁世凯意味深长地对冯国璋说：

"华甫啊，江苏是连接南北、控制东南的战略要地，其地位不可低估！按照以往惯例，先入城者为王，你要好好把握。"

这等于告诉冯国璋，已内定他出任江苏都督，但需他在攻打南京时率先入城。冯国璋心领神会，领命而去。只是与直隶督军相比，江苏督军对冯国璋来说并无太大吸引力，何况"辫帅"张勋也非等闲之辈，早就对南京垂涎欲滴，并发誓要拼命争取，也好让北洋军瞧瞧"辫子军"的厉害。

8 月 14 日，"辫子军"率先攻打天堡城。讨袁军士气旺盛，双方形成拉锯战。虽然天堡城最后被攻破，但五易其手，血流成河，张勋的"辫子军"为此付出了惨重代价。22 日，冯国璋下令攻打神策门、太平门、仪凤门、狮子山一带。26 日，张勋的"辫子军"攻入朝阳门，被讨袁军所布地雷炸得血肉横飞。看到"辫子军"损失惨重，张勋心痛不已。而冯国璋所部在下关同样遇到讨袁军的强烈阻击，死伤甚多。

8 月 29 日，在海军的配合下，北洋军从四面完成了对南京城的包围。

31 日，冯国璋下令发起总攻。张勋用挖地道埋地雷炸城墙的办法，炸毁太平门的一段城墙，于 9 月 1 日清晨攻入太平门，率先进入南京城。中午，冯国璋所部亦攻入南京城。

"辫子军"入城后，烧杀掠抢，无恶不作，城中商户、民户深受其害。冯国璋进城后，即严令约束部队，并规劝张勋制止所部恶行，张勋不以为然，冯国璋下令抓捕张部数百人之多，以致双方冲突骤起，后经袁世凯派出海军首领刘冠雄从中调停才得以平息。

由于张勋是第一个攻入南京城的，按照之前袁世凯所说"先入城者为王"，冯国璋保举张勋为江苏都督。9 月 10 日，冯国璋离开南京，率部渡江北上，返回直隶。

然而，对袁世凯来说，江苏为东南重心，若没有一名心腹大将坐镇，实在放心不下。张勋是清室旧臣，对清室感情深厚，时刻以复辟清室为己任，并于就任江苏都督后，很快恢复清朝旧制，耀武扬威地做起了"江宁霸主"，袁世凯岂能将江苏长期交给这样一位非亲信人物。

也怪张勋治军无方，对其"辫子军"烧杀掠抢的恶行不加管束，以致南京市民纷纷以罢市抗议，日、英、美等国公使也纷纷向袁世凯提出抗议，认为他们的侨民在张勋的治理下，生命、财产安全均无法得到保证，要求罢免张勋。而张勋依然对各方面的反抗置若罔闻。既如此，也就怨不得袁世凯了。12 月 16 日，袁世凯下令任命冯国璋为江苏都督，并于第二年授予他为宣武上将军；改任张勋为长江巡阅使，令其率"辫子军"驻防徐州。

南京乃六朝古都，虎踞龙盘之地，江苏也是富甲一方的鱼米之乡，自然比直隶省条件优越很多，尤其远离了袁世凯，更有了诸多自由，冯国璋走马上任后，可谓志得意满。虽说比不上段祺瑞出任陆军总长更风光，但手握重兵，雄踞一方，尤其占据战略要地，自有待在北京的段祺瑞不可比肩之处。

冯国璋将洪秀全的天王府装饰一新，作为都督府，很是奢华气派。每日出入都督府的，也都是有身份的达官显要。然而，令冯国璋感到遗憾的是，他的正房夫人吴凤于 1910 年 7 月病逝，眼下的四房姨太都没有什么文化，既担不起都督府理家的重担，又不能陪他到公共场合应酬公事，让冯国璋颇感身边缺少一个贤内助。

不久，冯国璋派长子冯家遂去北京，代表他本人向大总统袁世凯"谢委"。冯家遂临行之前，冯国璋又交给他一个颇为棘手的任务：

"此次进京，顺便帮我物色一位姨太太，要温柔贤惠，知书达理，擅长理家，登得大雅之堂才好。"

冯家遂领命而去，在总统府拜谢了袁世凯，料理完公事后，又去见袁世凯的大公子袁克定。冯家遂与袁克定同龄，两人说起话来随意了许多，于是便谈到了给父亲物色姨太太一事。

正是说者无意，听者有心，袁克定立刻就把这件事与政治挂起钩来。早在 1900 年段祺瑞的原配夫人去世后，袁世凯为了笼络段祺瑞，使其为之效力，将干女儿张佩蘅嫁给段祺瑞为继室。作为"北洋三杰"中的"虎"与"狗"，段祺瑞与冯国璋是袁世凯最得力的左膀右臂，"北洋之龙"王士珍因留恋清朝，在民国初年便退隐还乡，因此袁世凯一直找机会笼络冯国璋。如今冯国璋物色夫人，岂不正是机会。

袁克定脑瓜活泛，眼睛一转便想到一个合适人选——袁府的家庭女教师周砥。

周砥出身名门，原籍安徽合肥，是明朝大学士周延儒的后裔，也是淮军名将周盛传的孙女。周砥早年随父迁往天津，自幼饱读诗书，后来受欧美之风影响，进入北洋女子师范学校读书，成绩名列前茅。她毕业后做过小学教师，后来在女师校长的推荐下，当了袁世凯的家庭教师，负责教导袁家的两位小姐。此时周砥 30 多岁，仍独身一人。

袁克定把周砥的情况对冯家遂一说，冯家遂觉得与父亲要求的条件很合适。

"不过……"袁克定又说，"周女士学识渊博，气质优雅，谈吐大方，又是名门之后，正是冯大人继室之最佳人选。若是如夫人的话，怕是不会屈就的。"

"这个，我想……应该不成问题。"

话虽这么说，冯家遂心里却没有把握。尽管他的母亲吴凤已去世三年，但他知道，父母之间的感情非同一般。在冯国璋外出求学、当兵、上军校、打天下的漫长岁月中，吴凤一人在家抚养幼子，孝敬老人，含辛茹苦。吴凤陪冯国璋度过了一生中最贫穷最艰难的时期，还没来得及享受荣华富贵，便撒手人寰。因此，在吴凤去世后，冯国璋一直没有续弦，也没有续弦的打算。

尽管如此，袁克定自有办法。他送走冯家遂后，立刻找到袁世凯报告此事，袁世凯早就有为冯国璋续弦之意，听袁克定一说，当即表示要促成这桩好事，作为娘家人将周砥嫁给冯国璋。第二天由正室于夫人出面，与周砥谈这桩婚事。因为此前周砥曾表示今生不嫁，于夫人是做好了思想准备打持久战的。不料，一提到冯国璋的名字，周砥忽然红着脸低下了头。

原来，周砥在袁府早已见过冯国璋，对冯国璋的军人气质，挺拔的身姿印象深刻，几乎没费什么周折便点头同意了。

几天后，冯家遂带着袁世凯的书信返回南京。看过袁世凯的信函，冯国璋半晌沉默不语，冯家遂心里顿时紧张起来。

"这位周女士我见过，人是不错，有文化，出身高贵，见过世面。只是有一样……"冯国璋强调说，"我没打算续弦啊！"

话虽如此，冯国璋经过权衡利弊之后，还是做出续弦的决定。于是，给袁世凯复信之后，开始着手筹备婚礼。当时，西式婚礼开始在中国流行，一些进步人士采纳西式婚礼隆重、简便的优点，又抛弃它在教堂举行的宗教习俗，创造了一套中国式的"文明婚礼"。南京是一座开放城市，冯国璋将迎娶的新娘又是一位新女性，所以冯国璋的手下建议冯国璋举办"文明婚礼"，冯国璋当即应允。

为了安抚这位镇守东南的心腹大将，袁世凯作为女方娘家人，亲自为周砥置办嫁妆，仅陪嫁的金银首饰珠宝玉器便有120担，并从袁府中挑选了一名精明能干的佣人做陪嫁保姆。由大公子袁克定与三姨太金氏作为送亲人，与周家亲属带领袁府男女佣人，在袁府卫队的保卫下护送周砥出嫁。

1914年1月17日下午，庞大的送亲队伍抵达下关车站。炮兵、军舰以迎接大总统的礼遇均鸣炮21响致敬。冯国璋亲自率督府人员过江到下关迎接。下关、江口一带更是张灯结彩、热闹非凡。轮渡码头上树立着一座松柏牌楼，上面悬挂的匾额上书写着"大家风范"四个大字，两旁分列楹联，左首为："天上神仙，金相玉质"，右首为："女中豪杰，说礼明诗"。

第二天举行的"文明婚礼"，场面更为宏大。南北军政要员、各国使节、江苏、上海以及北京远道而来的各界头面人物数不胜数，一时轰动大江南北。婚后结算，仅招待费一项的开支就达白银数万两。

冯国璋娶得名门之后的新女性果然风光无限，他检阅军队、出席各种宴会等公共场合，总是把周砥带在身边。周砥良好的气质和学识得到众人赞赏，给冯国璋争了不少面子。周砥由于做过教员，又是大总统的家庭教师，如今做了冯国璋的夫人，自然对教育界多了一些关心。周砥新婚不久，即赴南京各女校参观视察，并在都督府宴请各女校校长，共同研究探讨女子教育问题，为向全省推广女校做准备。同时建议冯国璋，饬令军警不得侵扰学校及擅行搜查情事。周砥对教育事业的大力扶持，给冯国璋这位江苏督军树立了一个开明形象。

在都督府，周砥也是一把理家好手，她待人宽容，不拘小节，受到冯家上下的喜爱和尊敬。冯国璋对周砥非常满意，宠爱有加。

对于这桩带有政治色彩的婚姻，外界众说纷纭，有的说袁世凯此举是为了笼络冯国璋，有的说是为了防范冯国璋。说袁世凯生性多疑，对手握重兵的冯国璋不放心，特地派周砥为间谍安插在冯国璋身边，以便随时掌握冯国璋的动向。

无论何种说法，冯国璋都一笑置之，娶了如此满意的续弦夫人，他高兴都来不及呢，哪有闲心在意他人的猜测。对于间谍说，他曾对左右笑言："我一个年过半百之人，娶到一个如此有教养的大姑娘，是我三世修来的福气。就算她是总统的'间谍'又何妨，都是一家人，什么间谍不间谍的！"

事实上，冯国璋对周砥从未有过怀疑。可惜好景不长，由于周砥患有肺结核，在随冯国璋入主新华宫，当上民国第一夫人刚刚两个月时，突然病情恶化，于1917年9月10日病故。

冯国璋对袁世凯则是知恩图报，镇压"二次革命"后，袁世凯用武力逼迫国会选举他为正式大总统，紧接着解散国民党和国会，废除《临时约法》，颁布《中华民国约法》，又废除内阁制，实行总统终身制。在整个过程中，冯国璋都表示了最有力的支持与声援。尤其在废除内阁制，制定总统制的过程中，冯国璋的通电在舆论上起到举足轻重的作用。他在1914年1月的通电中强调说："中国应于世界上总统之外，另创一格。总统有权则取美国，解散国会则取法国，使大总统以无限权能展其抱负。"

冯国璋的投桃报李，使疑心甚重的袁世凯暂时对他放松了警惕。

帝制兴起，总统拿冯当外人

冯国璋出任江苏都督之初，正是北洋派一统天下之时，在长江中下游，暂时没有其他政治力量可向他的地位提出挑战。而江苏老百姓在历经了"辫子军"的残暴统治之后，对冯国璋督理江苏，也都抱有很大希望。冯国璋趁此机会开始营造根据地，大力培植自己的势力。此间，对治理江苏颇有政绩，使江苏经济文化方面都有一定发展，个人的政治军事势力逐渐形成。尤其与他的老部下，江西都督李纯、湖北都督王占元形成了以冯国璋为首的"长江三督"，其势力已为袁世凯手下的北洋将领之最，这是袁世凯始料不及的。加上冯国璋以往已有过与袁世凯不合拍之举，这便加深了袁世凯对羽翼已丰的冯国璋的猜忌与防范。

袁世凯在当了终身制总统后犹嫌不足，还要过把皇帝瘾。而冯国璋对袁世凯的拥戴与效忠也是有限度的，变更国体，且不说倒行逆施将引起社会动乱，单就帝位世袭一事冯国璋便不能接受。1914年下半年，复辟帝制的舆论开始沸沸扬扬，冯国璋将信将疑，后来听说总统府已恢复了清朝的跪拜大礼，冯国璋决定一探虚实。

1915年春节，冯国璋特地从南京赶到北京，给袁世凯拜年。此时他已探明总统府恢复跪拜大礼属实，此次拜年将与以往不同，要给袁世凯下跪，心里非常反感，但无论如何表面文章还是要做的，这个年也还是要拜的。去总统府之前，他先到府学胡同段祺瑞的私宅，想拉上段祺瑞一起去拜年。不料，段祺瑞压根儿就没想去拜年。

"我不去了，若总统问起，就说我病了。"段祺瑞一脸的不悦。

"怎么？你这不好好的吗？又和总统闹意见啦？"冯国璋故作糊涂。

"啪！"段祺瑞突然一拍桌子，朝着冯国璋发泄起心中不满，"我平生最恨跪拜这个长人变矮子的礼节，想当年慈禧太后和光绪帝西安避难归来，我都不曾跪，慈禧太后也没怪罪我，如今让我跪袁项城，门儿都没有！"

段祺瑞性子直，喜怒哀乐全挂在脸上，不像冯国璋那样处事圆滑。冯国璋见段祺瑞动了怒，赶紧笑着打哈哈，耐心劝说："跪拜之礼只是个形式，实在是无关紧要的事情，何必因此引来误会，招惹些不必要的麻烦？"

最终，段祺瑞抵不住冯国璋的劝说，被冯国璋拉着一起去了总统府。见到袁世凯，冯国璋赶紧下跪，嘴里还念着溢美之词，见段祺瑞还直挺挺地站在身边，他连忙拽了拽段祺瑞的袖口，段祺瑞这才不情愿地跟着跪下。冯国璋抬眼看向袁世凯，生怕刚才的举动被袁世凯看到，却见袁世凯满面红光，情不自禁地笑着。

冯国璋膝盖还没碰到地，就被袁世凯一把扶住，连称"不敢当、不敢当"。袁世凯同时将就要跪下的段祺瑞拉起。袁世凯此举，让冯国璋内心的不满稍稍有些平息。

然而，让冯国璋大出意料且无法忍受的是，当他又拉着段祺瑞去给袁克定拜年时，这位大公子的架子远比他老子的架子大得多，二人行跪拜之礼时，袁克定竟然端坐不动，二人礼毕，袁克定稍稍抬了一下手，那意思就像皇上叫臣子平身的一样，使冯国璋心里非常气愤。

段祺瑞更是怒不可遏，一出总统府便对冯国璋说："老头子还客气两句，你瞧那位大爷，哪里把我们当人看！这要真当上皇太子，还有我们的活路么？"

"自家关起门来行个什么礼，这很简单；真要复辟，没那么容易！"

冯国璋的言外之意，是指南方的进步势力不会容许袁世凯倒行逆施，袁世凯不至于如此糊涂，搬起石头砸自己的脚。话虽如此，冯国璋回到南京后，还是提高了警觉，时时关注着北京的动向。

6月15日这天，梁启超突然来访，令冯国璋深感意外。梁启超南下省亲北归，特意到南京拜访冯国璋，为的就是想弄清袁世凯复辟帝制是否属实。在他看来，冯国璋是袁世凯的心腹大将，复辟帝制这等大事袁世凯应该不会隐瞒冯国璋。

早在年初的时候，袁克定宴请梁启超，作陪的只有杨度一人。席间，袁克定与杨度一唱一和，大力诋毁共和制，一再向梁启超探询"变更国体"的意见，令梁启超深感吃惊。复辟帝制，必先舆论造势，让人以为复辟帝制是受万民拥戴而为之。梁启超是"舆论界之骄子"，自然明白袁克定此次宴请之目的。他深知历史潮流不可抗拒，参与复辟只会成为众矢之的，遂以只研究政体不研究国体相搪塞。为远离是非之地，梁启超随后迁居天津。

"不知华甫兄是否听总统说起过复辟帝制之事？"梁启超在讲了自己的疑虑后问。

"从未听总统说起。"

"如今共和刚刚四载，局势稍稍平定。若行帝制，必将酿成大乱。这祸国殃民、害人害己之事，希望华甫兄能站出来阻止！"

当天，冯国璋在都督府设家宴款待梁启超，两人长时间会谈，探讨应对措施。并决定一同赴京，探询复辟内幕。6 月 22 日，冯国璋与梁启超一道动身北上。

冯国璋一到北京，便率先去总统府谒见袁世凯。冯国璋先是向袁世凯报告了江苏的军政情况，没有直接询问复辟帝制之事。袁世凯似乎明白冯国璋所来为何，为避免尴尬，简明扼要地问答了几句，便面露疲惫之色，想就此结束谈话。冯国璋忍不住了，只好公开"投石问路"：

"最近南方传说总统欲改变国体，不知可有此事，请总统秘示，以便在地方上及早准备。"

袁世凯闻言，猛地抬起眼皮，定定地看着冯国璋，矢口否认：

"华甫，没想到你也会相信这些传言，连你也不明白我的心思。哎，实话跟你说了吧，这些传言早就有人对我说过，无外乎捕风捉影，许多人都说我国实行共和制，国人程度不够，要我多负点责任，于是有人就往复辟上想；另外，新约法规定大总统有颁赏爵位的权力，于是又有人觉得这是改变国体的先兆。其实不然，满蒙回族都可以授爵，汉人为什么不能授爵？我不过是为了使汉人获得这种权利，结果就有人无事生非！"

袁世凯生怕不能说服冯国璋，顿了一下，用极亲切的口吻说：

"你我都是自家人，我不妨坦白对你讲，我现在的地位和皇帝有什么差别，我何必费尽周折去搞复辟？如果说是为了子孙，可你看看我的儿子们：大儿子身有残疾，二儿子想要做名士，三儿子不识时务，其余的则都年幼，哪个可以托付国事？何况帝王家多无好结果，我岂能贻害他们！你再看看我现在的身体，唉，真是一日不如一日，我哪里还会有称帝的心思？"

袁世凯的一番"肺腑之言"，句句说得恳切，按说冯国璋不能不信，但袁世凯的狡诈他早已深有领教，实在不敢轻信。为了探得实底，就又侧面试探。

"是啊，南方人言啧啧，都是不明了总统的心思，不过将来中国转弱为强，到了天与人归之时，总统虽谦让为怀，恐怕推也推不掉吧。"

"什么话！"袁世凯怫然作色，"我有一个孩子在伦敦求学，我已经让他在那里购置薄产，倘若有人再逼我，我就到那里做我的菟裘，从此不问国事。"

见袁世凯动了怒，冯国璋不得不相信袁世凯所言都是真的。像改换国体这样的大事，既捂不住又盖不住，迟早会大白天下，袁世凯有什么必要瞒着他的心腹大将呢？就这样，冯国璋完全相信了袁世凯的说法。

随后，冯国璋将与袁世凯的对话如实告诉了梁启超，梁启超据此推测，帝制近期内不会发生。理由与冯国璋的看法相同，如此大事袁世凯完全没有必要隐瞒他的心腹大将，尤其如此推心置腹，信誓旦旦。否则只能将手握重兵的心腹大将推向对立面。

7月6日，冯国璋通过梁启超向报界发表了与袁世凯的谈话内容，驳斥了各方谣言，10日，他一身轻松地离开了北京，返回南京。

然而，让冯国璋没有想到的是，仅仅一个月，一切便起了天翻地覆的变化。8月10日，袁世凯的机关报《亚细亚日报》刊登了一篇《共和与君主论》，作者是袁世凯的美国顾问古德诺，他在文中公然鼓吹君主制，说中国"民智低下"，照搬西方的民主共和，只会导致国家大乱，公然鼓吹君主制。

8月14日，杨度、严复、刘师培等六人联名通电，发表组织筹安会宣告，敲响了袁世凯登基称帝的紧锣密鼓。

复辟帝制的行动已然公开，冯国璋感到一切来得太突然，太不可思议，他抱着最后一线希望，联系了总统府机要局局长张一麟，想问明白事情真相，可得到的答复只有四个字："事出有因"。直到这时，冯国璋才如梦初醒，知道自己又一次被袁世凯愚弄了，他气愤地对左右亲信说：

"袁项城真是越来越会做戏了，原来不明白总统心思的只有我这个傻瓜！他还口口声声说把我当作自家人，自家人就是用来如此愚弄和戏耍的吗？"

冯国璋气得一夜未眠，不停地大骂袁世凯没有良心，不仅欺骗朝廷的孤儿寡母，连忠诚的部下、多年的老友也拿来当猴耍。尽管他从心里反对帝制，但如果袁世凯明明白白告诉他想要复辟帝制的意图，念及袁世凯多年来对自己的恩情，他断不会公开反对，顶多私下里劝阻一下。但如今不同了，他一次次被袁世凯欺骗，已经伤透了心。从此，他对袁世凯态度骤变，毅然站到了袁世凯的对立面。

筹安会成立后，段芝贵即向各省将军（镇压"二次革命"后，袁世凯改各省都督为将军）、巡按使发密电，要求他们对袁世凯称帝表态。许多将军迫于袁世凯的威力，回电表示赞成。在表示赞同的19位将军中，唯独没有江苏的冯国璋、徐州的张勋、广西的陆荣廷与直隶的朱家宝。

冯国璋非但没有回电表示拥护帝制，而且联合张勋等人发表通电，这个通电并未对复辟帝制表示态度，而是对筹安会的形式、段芝贵等人的活动提出质疑，主张此等大事应当"由国务卿定稿领衔，联合文武长官列名陈请，提交参议院代行立法公议，以昭公证，而免参差"。而国务卿徐世昌是反对帝制的，冯国璋等人的态度便有了明确答案。冯、张的通电立即得到云南唐继尧、广西陆荣廷的公开支持。

11月20日，冯国璋又秘密致电陆荣廷，介绍梁启超到广西与之晤谈。而梁启超此行，为后来广西宣布独立打下了基础。

冯国璋此举给了段芝贵等人当头一棒，他们原以为即使有封疆大吏反对，也无外乎西南方面的唐继尧与陆荣廷，没想到冯国璋、张勋这样的北洋元老会出问题。而袁世凯在整个复辟帝制活动中，用隐瞒欺骗的手段将冯国璋、段祺瑞等心腹大员排除在外，其目的便是为了遏制他们的势力。眼见这些人羽翼丰满，身居高位，若再让他们参加复辟帝制活动，难免会使他们身价加码，对将来继位的儿子造成功高震主之局，成为袁氏江山之后患。对于这些人的反对，他完全没有当一回事，因为最终只需他们表示赞同即可，即使不赞同，只要不公开反对，就不会对帝制构成威胁。

于是，袁世凯派出心腹阮忠枢南下游说冯国璋，劝说冯国璋对帝制"虽不必明白赞成，亦不必正面反对"。冯国璋也不想与袁世凯撕破脸，而且帝制已经搞得差不多了，只好密电袁世凯："俯同民好，早定大计，而奠久安长治之基"。

1915 年 12 月 12 日，袁世凯正式宣布接受帝制；18 日，即调任冯国璋为陆军参谋总长。表面上看起来，是对冯国璋的提升重用，但对此调虎离山，明升暗降，将其调到身边监视控制的把戏，冯国璋心知肚明，于是软磨硬抗，以"害病"为由拒不进京就职，袁世凯鞭长莫及，只好任其在南京"遥领"。随后进行大封爵，冯国璋被封为一等公爵。

总统梦碎，都是河间捣的鬼

对于袁世凯的封爵，冯国璋不以为意，他对袁世凯已经彻底不抱希望，断不会因为这点小恩小惠动摇反袁决心。而袁世凯在表面上对冯国璋大加安抚的同时，暗地里加强了对他的监视与控制，以"调查防务"为名，派阮忠枢、蒋雁行等人到南京摸底，同时以"探病"为名，派出心腹医官到南京为其治病，以便对其进行监视。

冯国璋一方面与袁世凯的心腹大打"太极拳"，一方面加紧与反袁势力的联系。12 月 8 日，梁启超到达上海，冯国璋即秘密派出亲信赴上海与梁启超相见，表示希望并支持云南起事，并表达了迫使袁世凯退位的决心。

12 月 25 日，爱国将领蔡锷、云南将军唐继尧通电宣布云南独立，并组成护国军，发兵讨袁，护国战争爆发。

云南独立后，唐继尧的代表李宗黄在上海活动倒袁，袁世凯秘令冯国璋捉拿李宗黄并严加究办。冯国璋非但不予捉拿，反而秘密邀请李宗黄，先后两次到南京见面。在会晤中，冯国璋明确表示："我会站在护国军一边，支持共和，反对帝制。"

在谈到具体措施时，冯国璋表示："我毕竟多年在袁项城手下做事，我能有今日，也少不了项城的一番提拔，他虽一次次欺瞒于我，我却仍不忍心明着反对他……但你可以转告唐将军，最低限度，我会保持长江中下游北洋军的绝对中立，拒绝增援川、湘的命令，断不会对护国军开炮，请唐将军务必放心。"

冯国璋果然言而有信，云南独立后，袁世凯任命段祺瑞出任征滇军总司令被拒绝后，又屡次要冯国璋出任该职，冯国璋屡次以身体欠佳为由予以拒绝。

随着1916年3月中旬广西陆荣廷宣布独立，护国运动风起云涌，北洋各将领开始感到不安。冯国璋在当时北洋各镇中兵力最强，又地处南北要冲，占据最佳战略要点，他若南下反击护国军，想必护国军不是对手；他若北上抗击北洋军，想必袁世凯也吃不消。所以冯国璋此时一下成为炙手可热的人物，无论护国军还是北洋军都纷纷对他进行试探和拉拢。

被袁世凯视为"西南柱石"的四川将军陈宧，是当初极力促成袁世凯称帝之人，广西独立后，陈宧顿时陷入困境，赶紧见风使舵为自己寻找出路。他派秘书长胡鄂公到南京打探冯国璋的态度，以便寻求支持与依靠。胡鄂公知道，陈宧是袁世凯的心腹，冯国璋受袁世凯排挤打压，自然不会轻易相信他，所以到达南京后，他没有直接去拜见冯国璋，而是先与冯国璋的侄子冯家祜、女婿陈之骥套近乎，取得他们的信任后，才与他们一起登门拜访冯国璋。

冯国璋设宴热情招待胡鄂公，宴席上两人相谈甚欢，胡鄂公趁着酒兴向冯国璋表白道："二先生（陈宧）一再让在下转告您，他将唯您马首是瞻。"

虽然有冯家祜、陈之骥的保证，冯国璋还是不敢轻易相信胡鄂公，毕竟陈宧是袁世凯的心腹，又是复辟帝制的急先锋，所以在这次的交谈中，他没给胡鄂公任何正面答复。

但接下来，胡鄂公先后几次拜访冯国璋并通风报信，渐渐取得冯国璋的信任。于是，在一次酒宴上，冯国璋讲述了袁世凯称帝前的一件传闻。当时，说是书童给袁世凯敬茶时，袁世凯躺在床上睡着了，书童把茶端进袁世凯的睡房，发现床上的袁世凯变成了一只巨型癞蛤蟆。

"这是一个预兆，癞蛤蟆难过端午节。袁氏家族的男丁没有活过 60 岁的，这是老头子自己说的，我看这次老头子是要完了。他不把我当自家人也就算了，你看他手下那帮狐群狗党，要说是天意，还不如说是他自找的。"

当时袁世凯虽陷入困境，但身体尚没有什么大病，冯国璋断定袁世凯活不过端午节，不知是他真的能掐会算，还是后人附会，结果袁世凯在当年端午节的第二天逝世，终年 57 岁。

见冯国璋如是说，胡鄂公知道他终于不把自己当外人了，赶紧表示："二先生请我转告您，说如果您同意四川宣布独立，让我在这里发一份密电，他立刻照办。"

"好，电报你尽管发。"

冯国璋这一表态，使胡鄂公和陈宧顿时有了底气。随后，他们将冯国璋这一态度秘密告知湖南将军汤芗铭，汤芗铭也很快做出选择。冯国璋此举，为不久后四川、湖南相继宣布独立奠定了基础。

与此同时，冯国璋还与广西将军陆荣廷、山东将军靳云鹏、浙江将军朱瑞、长江巡阅使张勋，以及汤芗铭等人建立了秘密联系，而表面效忠袁世凯的江西将军李纯和湖北将军王占元，更是在暗中听命于冯国璋。

经过一段时间的秘密活动与策动，冯国璋渐感时机成熟，接下来要做的，就是进一步壮大声势。1916 年 3 月 20 日，冯国璋领衔，联合靳云鹏、朱瑞、张勋、李纯，就结束战局，五人联名向各省将军发出密电，以征求各省同意。其内容为：

"其属于南方者：一、取消独立；二、退出战区；三、保护战地人民。其属于北方者：一、取消帝制；二、惩办罪魁；三、请元首自行辞职以觇全国人民之意思。"

这就是轰动一时的"五将军密电"，其核心便是要求袁世凯"取消帝制，惩办罪魁"。此时冯国璋还不想让袁世凯知道自己的图谋，这封密电也没有发给袁世凯。没想到，直隶将军兼巡按使朱家宝将此电报交给了袁克定，袁克定与梁士诒等人看过后，吓得面如土色。若说"惩办罪魁"，这二人自是首当其冲。由于袁克定等人不敢将此电文交给袁世凯，最后还是由朱家宝转呈的。

袁世凯看到电文，如遭晴天霹雳，惊得目瞪口呆，半晌说不出话来。直到这时他才意识到，他一手培育的北洋势力已经站到了他的对立面。而没有了北洋军人做后盾，他的统治将无法维持。为了摆脱四面楚歌的局面，他不得不采取"五将军密电"中所说的措施：宣布取消帝制。3月22日，袁世凯正式宣布废除洪宪年号，结束了83天的皇帝梦。

袁世凯取消帝制后，还想继续当总统，他请徐世昌出任国务卿，段祺瑞担任参谋总长，还拉出原来的副总统黎元洪，希望利用这三人与护国军议和，保留自己总统的职位。同时派出心腹阮忠枢到南京游说冯国璋，请他联络未独立各省军政大员，拥护自己做大总统。

此时冯国璋正想在西南护国军与袁世凯对峙的局势下，形成第三种势力，奠定其盟主地位，借南方反袁势力逼迫袁世凯下台，然后以第三方势力或与护国军议和，或以武力消灭护国军，从而荣登大总统的宝座。阮忠枢到南京后，即要求冯国璋联合未独立的各省，联名通电拥护袁世凯留任大总统。这对冯国璋来说，纯属天方夜谭。

"目前正与护国军谈判，此时通电会引起南方独立各省的反感，等于制造紧张空气，不利于和平解决。"冯国璋不露声色，婉言拒绝，为达到形成第三种势力，奠定其盟主地位的目的，遂向阮忠枢建议："眼下最要紧的是，召集一次未独立各省军政大员会议，以协调北洋内部，团结一致，形成力量，然后对护国军谈判才会有优势。"

在冯国璋冠冕堂皇的建议面前，袁世凯无可奈何，只好同意召开南京会议。4月11日，冯国璋同江苏巡按使齐耀琳拟定"总统留任""大赦党人""惩办奸党"等"和平解决"时局的八条措施。而其中的总统留任，不过是冯国璋策略上的考虑而已。对此，冯国璋对左右解释说：

"民国四年以后，大总统因已失去地位，副总统名义亦当同归消灭"，因此应"根据清室交付原案，承认袁大总统对于民国应暂负维持责任"，"待国会开幕，重新选举未来的大总统"。

在冯国璋看来，不仅袁世凯失去了大总统的地位，黎元洪副总统的地位也已随着袁世凯称帝不复存在了。袁世凯的"总统留任"，不过是回到清室退位时的状态，暂负维持责任而已。如此一来，冯国璋便有了当总统的机会。

但当他将八条主张拿给张勋征求意见时，张勋对袁世凯留任总统也表示了赞同。只是张勋的赞同与冯国璋不同，张勋反袁目的是为了复辟清朝，他认为在复辟条件成熟之前，由袁世凯做总统过渡一下，反而对复辟清朝有利。但他反对国会，不允许国会选举总统。他在八条的基础上，围绕复辟清朝，做了反反复复的修改，改得不伦不类。

冯国璋为了拉住张勋，只好将这"四不像"的八条意见发布出去。结果，这八条意见不仅与护国军的意愿相去甚远，即使北洋派内部也是反对声一片。

为了挽回影响，冯国璋又将八条意见反复推敲修改，于5月1日以个人名义通电各方。其中第一条为：暂时承认袁世凯为大总统，待新国会组成后，由袁世凯提出辞职，重新选举大总统。

此电一发，舆论大哗。冯国璋公开反对黎元洪以副总统资格继任大总统，坚持由袁世凯任过渡时期总统，等于将自己要当大总统的野心昭示天下，与护国军方面的意愿完全相对。一时间，反对声、谴责声、咒骂声铺天盖地而来，冯国璋的声望数日内一落千丈。

冯国璋突生寡不敌众的危机感。5月5日，他急急忙忙赶到蚌埠，找到安徽将军倪嗣冲，又拉着倪嗣冲到徐州见张勋，商议发起南京会议，约请各未独立省代表到南京参加会议，以定国是。为了获得两人的支持，冯国璋提议三人义结金兰。他燃烛焚香，拉着倪嗣冲和张勋并排跪在香案前盟誓，以张勋为老大，冯国璋为老二，倪嗣冲为老三，三人从此以义兄义弟相称。

然而，冯国璋的算盘还是打错了。三兄弟虽信誓旦旦，共谋大业，表面上看起来意见一致，但实际却各有所谋。冯国璋错就错在知己而不能知彼，张勋满脑子复辟清朝意图自不必说，面对倪嗣冲是否拥护他做各未独立省的盟主，最终以第三方势力荣登大总统宝座，他却知之甚少。

事实上，袁世凯对于冯国璋的动机早已了然于胸，冯国璋提议召开南京会议后，袁世凯先是派蒋雁行、阮忠枢等人赴南京、徐州各地活动，进行分化瓦解，破坏南京会议按冯国璋的意图顺利召开；然后指示倪嗣冲，一旦南京会议召开，如果对袁世凯有利，则促使它顺利进行；如若对袁世凯不利，就设法进行破坏。

三位发起人的不同背景、不同目的、不同任务，决定了南京会议不可能达成一致。原定于 5 月 15 日召开南京会议，在袁世凯的幕后操纵下，直到 18 日才正式召开。

会议一开始，山东将军靳云鹏的代表丁世峄就对保留袁世凯总统之位提出反对，各省代表纷纷附和，主张袁世凯退位的占了上风。

但第二天，情况急转直下。倪嗣冲先发制人，会议一开始就拍着桌子抢先发言，主张维持袁世凯的总统之位，并主张会议讨论对护国军用兵。而丁世峄等反对者也不甘示弱，双方针锋相对，互不相让，越吵越激烈。到会议第三天，作为大会主席的冯国璋终于主动站出来，缓缓说道："袁项城是应该退位，但退位也应该向国会请辞，在这里争吵无益。"对于冯国璋这个建议，大部分人都能够接受，可是这些人又无法提出召集国会的具体办法。

为了扭转局面，丁世峄提出请南方各独立省派代表参加会议，发表意见。护国军是坚决反对袁世凯留任总统的，冯国璋自然乐于接受南方代表来为他们壮大力量。但由于南方各独立省不同意冯国璋承认袁世凯过渡地位的主张，拒绝参加南京会议。此时张勋又受倪嗣冲驱使，跳出来发表通电力主维持袁世凯总统之职位，并宣称："和议不成，不惜一战。"而此前护国军也通电声明："袁世凯一日不退，则政治一日无解决之望，南京会议实不合法理，所以各端人民誓不承认。"冯国璋已深感无法控制会议，便于 6 月 1 日宣布保境安民，南京会议草草闭幕。

南京会议的失败使冯国璋非常沮丧，自提出"和平解决"时局的八条办法受挫，到南京会议被迫闭幕，冯国璋感到自己当大总统的希望落空，前景黯淡。他曾对女婿陈之骥说："如果局势继续恶化，我只有出国暂避风头了。"

入主中枢，"辫帅"成了冤大头

就在冯国璋情绪万分低落之时，6月6日，也就是南京会议被迫闭幕五天后，袁世凯在总统府去世了。

噩耗传来，冯国璋惊异万分。袁世凯最近身体欠佳他是知道的，他也曾根据书童看到癞蛤蟆的传闻断言袁世凯活不过端午节，不过那是气话，他自己对此也并不敢确信。如今袁世凯真的在端午节的第二天去世了，他反倒无法接受这个事实了。

"人，真是太脆弱了！"从惊异中清醒过来，冯国璋喟然长叹，"就在不久前还通过倪嗣冲操纵南京会议，怎么突然就阴阳相隔了呢？"

"听说是被二陈一汤气死的。"冯国璋的夫人周砥说。

"二陈一汤？"冯国璋蓦然一惊。

"二陈"指的是陕西镇守使陈树藩、四川将军陈宧，"一汤"是湖南将军汤芗铭。

5月9日陈树藩在陕西宣布独立，袁世凯深受打击，已意识到自己视为家奴的北洋将领也有公开倒戈的可能，但不曾料到打击会接踵而至，而且一个比一个沉重，一个比一个致命！

5月22日，陈宧通电宣布四川独立，并致电袁世凯，称"与袁个人断绝关系"。陈宧是袁克定的拜把兄弟，是从四川军务会办提升为四川巡按使，然后又任四川将军，督理四川军务，因此对袁世凯感恩戴德。袁世凯做梦都不会想到，这样一个自称"受恩深重，难以回报"的心腹将领竟然会公然背叛自己。读着这份来电，他的手不停地颤抖，电文尚未读完，便一头栽倒人事不省了。

5月29日，汤芗铭通电宣布湖南独立，消息传来，袁世凯再度惊厥。受此打击，濒临崩溃的边缘。袁世凯自护国战争爆发后便心力交瘁，在各方面压力下精神高度紧张，健康状况急转直下，又受此接二连三的打击，从此卧床不起，很快撒手人寰。

有人说袁世凯"病起六君子，命送二陈汤"。而这"二陈汤"的"药方"，准确说是冯国璋为袁世凯开出的。若没有冯国璋的策动，这几人尤其是陈宧及汤芗铭，断不会如此决绝地站出来与袁世凯作对。

袁世凯的去世，使全国纠缠了两个多月的退位问题迎刃而解，但大总统的位子也与冯国璋无缘了。

常言说"近水楼台先得月"，不久前被袁世凯重新起用任命为国务总理的段祺瑞控制了中央政权。袁世凯生前提名的总统候选人依次是：黎元洪、徐世昌、段祺瑞，由于黎元洪在候选人中名列第一，加上他是副总统，所以成为最名正言顺的总统继承人。段祺瑞何尝不想当总统，但因为他本身是国务总理，按南方承认的旧约法，做总统可谓名不正言不顺。尤其形势紧急，为避免南方出难题，段祺瑞采取徐世昌的建议，于袁世凯去世的当天下午，国务院发表公报，宣告黎元洪继任总统。

黎元洪当了总统，令冯国璋心里很不是滋味，尤其他在一个月前刚刚通电发布的"和平解决"时局八条中，否认黎元洪为副总统，从而否定了黎元洪的总统继承权，这让他心里难免尴尬。但既然自己与总统的位子无缘，何不表现得大度些，随即给黎元洪发去了贺电。

但冯国璋心里清楚，把黎元洪推上总统的位子，不过是段祺瑞的权宜之计。以段祺瑞刚愎自用的个性，黎元洪这个总统定然不好做，而黎元洪也不会心甘情愿做傀儡，接下来肯定会有好戏看，甚至这种政治格局很快会改变。

既如此，何不退而求其次？冯国璋想到了黎元洪继任总统的晋身之阶——副总统。冯国璋原本与南方进步势力素有往来，只要改变一下前段时间给南方留下的不理想的政治形象，当选副总统便绝非不可能。

改变政治形象的机会很快来了。黎元洪出任总统后，南北阵营中许多问题亟待解决，首先发生的便是新旧约法之争。黎元洪一上任，南方就提出恢复旧约法、召集国会和惩办帝制祸首等一系列要求，以段祺瑞为首的北洋系要人却对此迟迟不肯接受。冯国璋抓住时机，一面私下与梁启超、陆荣廷、唐继尧、孙洪伊等人加紧联系磋商；一面致电北京政府，于6月15日、19日、20日到22日，数次请求、敦促恢复旧约法与国会，令段祺瑞十分反感。但段祺瑞不想事情闹大，索性答应了南方的要求。冯国璋因此得到黎元洪和南方的好感与青睐。

与此同时，冯国璋释放江苏辖区内在押革命党人，加强与进步人士的往来，8月末派代表赴上海慰问蔡锷，9月末欢迎梁启超莅宁。黄兴逝世后，一方面派代表赴上海吊祭；一方面致电中央报请为黄兴铸造铜像以示中央走民主共和之路的决心。同时积极联络会见进步人士，商谈国是，发表政见，为他当选副总统打下了良好基础。

冯国璋与国会中韬园派首领孙洪伊素有交情，二人不断有书信往来。孙是段内阁的内务总长，因政见不同，与段祺瑞时有摩擦，尤其受不了段的心腹、秘书长徐树铮的挤压，为了与之抗衡，提出补选冯国璋为中华民国副总统的议案，以期"以冯制段"。

当时各派议员在很多问题上争吵不休，各方面都打着自己的小算盘，但在选举冯国璋为副总统一事上，却出乎意料的意见统一。原进步党首领梁启超等人早与冯国璋建立起良好关系；当时孙洪伊是支持孙中山的，因此孙中山亦无异议；黎元洪当选总统以来，一直与冯国璋互为尊重，由于府、院矛盾日趋尖锐，黎元洪也想以冯国璋为军事奥援，共同对付段祺瑞。

而段祺瑞本人对副总统毫无兴趣，虽总理位在总统、副总统之下，但总统尚被视为荣誉职衔，副总统便更是徒有虚名了。虽开始时曾认为没有必要补选副总统，但转念一想，若能以此虚职将冯国璋从江苏调到北京，岂不是件好事。一旦冯国璋离开江苏，到北京就职，就等于失去了军事后盾，被段祺瑞控制起来。能够减少一个对手，何乐而不为呢？

10月30日，冯国璋顺利当选副总统。但冯国璋还没有傻到为了一个虚名放弃地盘和军队的地步。正是由于有实力雄厚的军队做后盾，段祺瑞再不能像几年前"劫持"副总统黎元洪那样，将冯国璋"劫持"到北京，只好任其留任江苏，兼任江苏督军。11月8日，冯国璋在南京举行副总统就职仪式。

冯国璋此举可谓歪打正着，也是"机会只光顾有准备的头脑"，或者说冯国璋还是有些远见的，总之这个有名无实的副总统，仅仅在半年之后便给他带来了实实在在的实惠——晋升民国代理大总统。而给他制造这个机会的，则是长江巡阅使张勋。

早在袁世凯去世之初，张勋便想趁北京政局未稳之机实现他的复辟大业。在袁世凯去世第三天，即6月8日，张勋便派其参谋长恽毓昌到南京拜见冯国璋，想要争取冯国璋的支持。

明白了张勋的意图，冯国璋心里一声冷笑："真是自不量力！"想到南京会议时张勋从中作梗，冯国璋憋在心里的一口恶气至今未出，便想戏弄一番张勋，于是随口对恽毓昌说："那就让少轩（张勋字）带万名官兵先行，我派兵5000人随后就到。"

恽毓昌没有想到冯国璋竟会如此爽快，想到回去报喜空口无凭，便请求冯国璋写一封信函为证，冯国璋当即答应写好后派人送到驿馆。第二天，冯国璋让文书代写了一封致张勋的私函，大致内容为：

"值此中原无主之际，兄若举义旗发兵北上，弟当部署所部以继其后……"

张勋见到冯国璋的信函后万分高兴。岂料，张勋尚未来得及进一步与冯国璋磋商复辟大计，冯国璋突然变卦了。

恽毓昌走后，冯国璋接见了日本驻南京领事船津辰次郎，船津辰次郎意味深长地对冯国璋说："我们对张勋的活动和图谋了如指掌，已经派兵入京保护侨民，如果需要，我们还会增派军队。"船津辰次郎的话让冯国璋警醒，想到张勋若真把事情闹大了，自己也难脱干系，冯国璋觉得这个玩笑就开得太大了，为撇清与张勋的关系，他立刻给张勋发去急电：

"事宜从缓，以免为外人干涉造成借口。"

冯国璋突然变卦，让张勋一时摸不着头脑，他又通过冯国璋的秘书长胡嗣瑗再次试探。冯国璋只好对胡嗣瑗说："少轩这会儿搞复辟，太不合时宜，如此注定失败的事情，我是不会支持的。"

"可是您之前还答应派兵援助，怎么这么快就……"

"那是恽毓昌误解了我的意思"，冯国璋打断道，"我的意思是，让少轩率官兵1万在前边打，我5000名士兵随后就去给他们收尸！"

见冯国璋态度坚决，胡嗣瑗只好悻悻转达张勋。而张勋很看重冯国璋的态度，他认为袁世凯复辟失败就是因为忽略了冯国璋的作用，所以冯国璋的坚决反对让张勋不得不暂缓进行复辟计划。然而，时隔不到一年，府院之争的日趋白热化，让隔岸观火的张勋再一次蠢蠢欲动。

1917 年 2 月 3 日，美国宣布与德国绝交，在是否对德宣战这一问题上，府院产生激烈斗争。为了达到主战目的，段祺瑞以手下的十几个督军组成督军团，强迫黎元洪在对德宣战书上盖章。之后，又以公民团干涉国会讨论，导致内阁成员负气辞职。

张勋看准时机，给孤立无援的黎元洪发去密电，称将无条件支持黎元洪，随时可以奉命进京，维持治安。黎元洪早就受够了段祺瑞的颐指气使，突然看到张勋这根"救命稻草"，也不多想，就紧紧抓住。适逢段祺瑞私自向日本借款一事被披露，黎元洪有了张勋做奥援，一下子有了底气，干脆一不做二不休，于 5 月 21 日免了段祺瑞的总理职务。而黎元洪此举，激怒了督军团，这也正中张勋下怀。

张勋立刻召集各省督军代表到徐州开会，明确提出复辟清朝的计划。而最终促使张勋付诸行动的，除了诸督军外，更重要的是两位举足轻重的大人物——段祺瑞与冯国璋。

此次参加会议的段祺瑞的代表徐树铮含糊其辞地表示，段祺瑞虽不能公开表态支持复辟，但亦不会提出反对意见。私下里准备将计就计，借张勋此举扳倒黎元洪，铲除国会，当然最后去张就是名正言顺了。在徐树铮的策动下，与会代表在一块复辟盟誓的黄绫子上签了名。

冯国璋的代表是其秘书长胡嗣瑗，胡嗣瑗在黄绫上签名之后表示：副总统不会反对复辟。但张勋仍不放心，在他看来，除段祺瑞外，冯国璋与陆荣廷的支持直接关系着复辟的成败。因为冯国璋代表了北洋势力，陆荣廷代表了西南势力。因此，张勋又亲自给冯国璋写信，以取得冯国璋支持复辟的确凿保证。

冯国璋虽然知道复辟不得人心，倒行逆施必然灭亡，袁世凯复辟身败名裂已是前车之鉴，但他仍然支持张勋复辟，只是不能公开支持，其目的便是借张勋之手赶走黎元洪，自己名正言顺做总统。由于冯国璋生性疏懒，平时动笔之事都是由秘书或文书代劳，因此给张勋的回信也就由胡嗣瑗代为捉刀了。信中表示了对张勋的支持，并说："谨当追随其间，遇事总与我兄取一致行动"。

暗中对张勋复辟表示了支持之后，为了应对舆论，冯国璋又来了个一百八十度大转弯。当各省督军从徐州回省纷纷宣布独立时，冯国璋大义凛然地站出来，公开表示："我身为副总统，就要履行副总统的义务，我的义务便是服从并竭力辅佐大总统，我已经向宣布独立的各省发电劝阻，今后能做的，只有听从中央安排。"

冯国璋暗中支持张勋复辟，除了想要得到大总统的宝座外，还有一个重要原因，就是想趁机收回徐州。张勋身为安徽督军却长期盘踞徐州，将陇海线徐州以东的广大江苏区域据为己有，让冯国璋非常不满。冯国璋曾三番五次请他移驻安庆，但张勋都以自己兼任长江巡阅使有权管理江苏地界为由，予以拒绝。如今怂恿张勋复辟，再将他打倒，即使不能获取大总统的宝座，夺回徐州也定然不在话下。

但张勋复辟失败后，隐藏其背后的支持者逐渐浮出水面，人们对胡嗣瑗代为签名、代为捉刀提出质疑。由于胡嗣瑗是图谋清室复辟的宗社党人，冯国璋出于历史的原因及对清室的感情，平素对胡嗣瑗的活动不太过问，因此人们普遍认为，胡嗣瑗代冯签字、代冯回信均非冯国璋授意，乃擅自做主。

但这或许也是冯国璋处事圆滑所致，冯国璋一生中多次在有争议的重大事件中或前途未卜的紧要关头，由心腹部下代其出面应承或表态。一旦成功，坐享其成；如若失败，则责任全由心腹部下承担。因此，冯国璋对张勋复辟支持与否变得扑朔迷离，成为永久疑案。

6月1日，在各省督军纷纷宣布独立的情况下，黎元洪无力收拾残局，只好电请张勋入京调停时局。就在张勋抵达北京，为复辟做准备之时，冯国璋发表通电，公开指责张勋企图复辟帝制的举动，令他立刻离京，以平民愤。冯国璋知道，张勋绝不会在此时放弃复辟大计，既然木已成舟，他便开始为日后开脱做准备了。

果然，张勋一意孤行，于7月1日凌晨拥溥仪登基，复辟清朝。同日，段祺瑞开始筹划讨伐战争。而黎元洪自知难辞其咎，于7月2日任命冯国璋为代理大总统，同时恢复段祺瑞国务总理一职，然后慌慌张张躲进了东交民巷。

冯国璋在被任命代理大总统的第二天，即与段祺瑞联名通电，严斥张勋，列举张勋八大罪状，并宣称"克日兴师问罪，殄此元凶"。旋即，由马厂第八师和驻保定第三师组成的讨逆军，在段祺瑞的指挥下开进北京，征讨张勋的"辫子军"。

7月4日，冯国璋接见英、日领事，在领事询问他对帝制的态度时，冯国璋以坚定的口吻说："对于复辟帝制，我自始至终都是一个态度，那就是坚决反对！不惜动用一切手段！"说着，冯国璋还狠狠地拍了一下桌子。

与此同时，冯国璋派兵攻占徐州，一举收回了张勋占据已久的徐海地区，并收编了该地区大部分部队。

7月12日，张勋逃入东交民巷荷兰使馆，其复辟大业随之以失败而告终。

同室操戈，直冯皖段同下野

冯国璋如愿以偿做了大总统，可谓志得意满风光无限。但很快他便发现面临一道取舍难题——要不要赴京任职。

在冯府的大会客厅里，冯国璋和亲信们围绕这个问题展开了争论，竟为此分成了两派。冯国璋的夫人周砥及女婿陈之骥等人都反对冯国璋离开南京。

"大人的江山是靠手里的军队得来的，若离开南京，就等于失去了地盘和军队。没有了靠山，当了代总统又如何，还不是像黎黄陂一样受制于段合肥。"

冯国璋的参谋长师景云等人则对此持反对意见：

"黎黄陂手无寸兵，怎能与大人相提并论。大人即使离开江苏，也还有实力强大的军事后盾。以大人之才，断不会一辈子偏居一隅，如今正是入主中枢，名正言顺扩充势力的大好时机，大人万万不能错过。"

冯国璋本来患得患失，犹豫不决，经双方一说，更加拿不定主意。就在这时，段祺瑞的特派代表靳云鹏来到南京，力劝冯国璋北上任职，以壮大北洋声势，靳云鹏还郑重承诺："芝老有言在先，此次组阁，都由冯大人做主，芝老绝无异议。"

靳云鹏是段祺瑞的心腹部下、皖系"四大金刚"之一，他的话冯国璋没有理由怀疑。但冯国璋犹嫌不够，又提出调任其亲信、江西督军李纯接任江苏督军。南京是他的大本营，他必须将江苏牢牢控制在自己人手中；又提出由另一位亲信、第十二师师长陈光远继任江西督军；加上湖北督军王占元，在长江流域构成强大的势力范围，这就是冯国璋出任总统后其最为有力的军事奥援——"长江三督"。

段祺瑞本想让自己的心腹段芝贵接任江苏督军，为了督促冯国璋早日进京履职，只好打消了这个念头。但作为交换条件，段祺瑞提出，让段芝贵出任京畿警备总司令，陆军部次长、皖系"四大金刚"之一傅良佐，出任湖南督军，吴光新出任长江上游总司令兼四川查办使。

双方协调一致，冯国璋即登车北上，于 1917 年 8 月 1 日到达北京。在车站，段祺瑞率军政要员恭候迎接。两人见面，像久别重逢的兄弟，久久热烈握手，显得异常亲热。8 月 3 日，冯国璋登门拜访段祺瑞，随后一起去看望"北洋三杰"之一的王士珍。

"北洋三杰"重聚一起，三人感慨万千。王士珍由于参加了张勋的复辟活动，面对两位"再造共和"的袍泽故旧，深感惭愧，已提出辞去参谋总长一职。冯国璋挽留说：

"聘卿，咱们三人自打小站分手，走到一起不容易，如今都一把年纪了，难得有这个缘分，留下吧！"

"总统的好意我领了，只是……"

"啥总统不总统的。"冯国璋打断王士珍的话，"我们三兄弟没有总统、总理、总长之分，我们三位一体，同心协力，壮大北洋势力。"

"好！好！"段祺瑞也受了感染，连连说，"四哥能来北京真是太好了，以后许多事可以就近请教了。"

"哪里哪里"，冯国璋赶紧说，"以后还需要你多照应，否则我什么事都做不成。"说到高兴处，冯国璋就此断言，"往后府院之争的事再也不会发生了！"

"是的，是的。"段祺瑞赶紧附和。

原先总统是南方的，总理是北方的，两人总是难以合拍。如今总统、总理同属北洋派，既是北洋武备学堂的老同学，又同是小站出身，办起事来果然顺当多了，冯国璋上任伊始，便将当初段祺瑞和黎元洪纠缠不休的对德宣战案，以总统令一举发布。这时候，人们真的以为总统、总理、总长"三位一体"了，府院之争再不会出现了。

然而，这种愉快的合作仅仅是一个短暂的开始，接下来发生的一切，不禁让人们大跌眼镜。

段祺瑞重新执政后，并没有恢复张勋复辟时解散的国会，而是组织了一个临时参政院代替国会功能。这自然遭到南方的一致反对，孙中山首先揭起"护法"大旗，海军总长程璧光与第一舰队司令林葆怿立刻率部响应，广西陆荣廷、云南唐继尧等西南各省一些地方军阀，出于自身利益的考虑也纷纷响应。

8月，孙中山南下广州，号召各地国会议员南下护法。8月25日，非常国会在广州召开，选举孙中山为护法军政府大元帅，唐继尧、陆荣廷为元帅。随之，护法战争爆发。

在此情况下，段祺瑞决定武力统一全国。而冯国璋在护国反袁时期便与西南方面建立了良好关系，梁启超、陆荣廷、唐继尧的代表都是冯府常客，国民党人孙洪伊、唐绍仪都是冯国璋的盟友，因此冯国璋反对对西南用兵，主张和平统一全国。

段祺瑞虽然多年位居中央，没有军队，但在陆军中党羽颇多，在政界也有很大的影响力。袁世凯死后，山东督军张怀芝、安徽督军倪嗣冲、陕西督军陈树藩、福建督军李厚基等纷纷投靠段祺瑞，以其为后台。加上段祺瑞的心腹，湖南督军傅良佐、四川查办使吴光新等，形成了以段祺瑞为首的军事集团，因段祺瑞是安徽合肥人，故称之为皖系。

与段祺瑞的皖系相比，冯国璋的直系似乎更胜一筹。冯国璋坐镇东南多年，其势力覆盖整个长江中下游，尤其一直为其亲信的李纯、王占元、陈光远，分别占据着江苏、江西、湖北，成为冯国璋军事集团的主要力量。

冯国璋为直隶河间人，因而其军事集团被称为直系。直隶是北洋军阀的发祥地，北洋将领以及下级官员中直隶籍颇多，缘于乡谊、人缘、私人关系等诸多因素，许多将领属于直系或接近直系，因而直系在数量上远远多于皖系。

在这种背景下，段祺瑞主张武力统一，其用意便十分明显，那便是借对西南用兵之机，将皖系势力打入直系占领的长江流域，改变皖、直两系战略格局；同时以直系近于前方，首先调直系力量对抗护法军，以削弱直系实力。

冯国璋何曾不明白这一点，作为北洋军阀中实力派人物，早在袁世凯去世前，两人便明争暗斗不断，袁世凯死后，更是为谁执北洋牛耳愈斗愈凶。虽表面上看起来一团和气，尤其在冯国璋代理大总统后，段祺瑞怎能甘心长期位居冯国璋之下？只是阴差阳错让冯国璋做了代理大总统，是不得已而为之。但冯国璋不是黎元洪，不削弱其直系实力，段祺瑞难以执北洋牛耳，更难以取总统职位而代之。

冯国璋深谙段祺瑞的用心，为了保住直系传统地盘，也给西南方面送个顺水人情，以保持"盟友"关系，获得其政治支持，冯国璋只好消极抵抗，无论段祺瑞如何催逼，只是一味回避、搪塞，拒不签发"讨伐令"。

段祺瑞没有耐心与冯国璋耗下去，没有总统盖章的"讨伐令"，他依旧可以出兵。他的军事战略是，一路人马入湖南以占领两广，另一路人马入四川以进攻云贵。他任命第八师师长王汝贤为攻湘总司令，第二十八师师长范国璋为副总司令，开始了第一次南伐。

湖南是西南的门户，湖南争夺战点燃了南北战争的导火线。然而，段祺瑞力主"武力统一"，而他的嫡系武力却十分有限；他一心想借用直系及接近直系的部队当炮灰以达一箭双雕之目的，却忽略了这些人是否听其命令这个问题。

10月20日，冯国璋的亲信，"长江三督"李纯、陈光远、王占元率先通电主和，发出"倒段"先声；接着，"长江三督"又去鼓动处于湖南前线的湘南总司令王汝贤、副司令范国璋战场倒戈。乍一看来，王、范二人均属皖系阵营，想要策反他们并不容易。但实际上，他们二人都是直系人，经常在直、皖两派之间摇摆不定，此次"长江三督"出面，出于乡谊，他们为直系所左右，公开背叛段祺瑞，于11月14日发出通电，主张停战议和。

前方战场停战请和，给了段祺瑞当头一棒；加上段祺瑞在四川战场失利，11月16日，段祺瑞被迫辞职。

冯、段争斗的第一回合，冯国璋旗开得胜。但段祺瑞的辞职，却是以退为进，很快段祺瑞便让冯国璋见识了他的厉害。段祺瑞辞职当天，总统府日籍顾问青木宣纯与日本驻华公使林权助便气势汹汹地找到冯国璋，开门见山地说："倘因内阁变动引起纠纷，日本政府难以坐视！"

冯国璋哪敢得罪日本人，加上北洋内部劝阻声此起彼伏，冯国璋竟然找不到一个可以接替段祺瑞职务的人，于是，他赶紧派秘书长张一麟和王士珍挽留段祺瑞，又召开公府会议挽留段祺瑞内阁成员，还在会议上信誓旦旦地称："我愿亲率一旅之师，南下讨伐，以表我支持总理的决心"。

但这些都只是表面文章，背地里，冯国璋密电直系将领，令他们继续通电主张"和平统一"。"长江三督"为了壮大声势，还拉上了直隶督军、实力强大的曹锟，"长江三督"摇身一变成了"直系四督"，于18日联名发出主和通电。

冯国璋自以为时机成熟，立刻免去傅良佐湖南督军、段祺瑞陆军总长、徐树铮陆军次长的职务。冯国璋此次的干脆利索，令段祺瑞瞠目结舌。段祺瑞一气之下以辞去国务总理相要挟，没想到这次冯国璋有了底气，竟立刻准辞。

此时，表面看来冯国璋整垮了段祺瑞，风光无限，或许冯国璋自己也是这么认为，但接踵而来的困境，却是冯国璋始料未及的。

段祺瑞辞职后，冯国璋立刻找到王士珍，毕竟王士珍也是直隶人，背后也总是对冯国璋支持多一些，想必在这个时候能够助自己一臂之力，没想到王士珍竟十分为难地对冯国璋说："我和芝泉也是老朋友了，你要我出来做这个总理，岂不是让我背上个卖友求荣的恶名？"

冯国璋劝不动王士珍，又先后去请了熊希龄、田文烈、陆征祥、汪大燮等人，可大家一听到总理这个职务，吓得连连摇头。大家都知道，段祺瑞虽辞职，但仍实力强大，所以谁也不想做这个过渡总理，给自己招惹是非。

冯国璋万般无奈，只好又去求段祺瑞。没想到，下野后的段祺瑞倒是很爽快，答应可以帮助冯国璋请出汪大燮。汪大燮虽然答应代理总理，却又提出"只当一天总理，只签署两个文件"的要求，令冯国璋哭笑不得。而汪大燮签署的两个文件，分别是自己出任代理总理和王士珍继任总理的文件。最后还是段祺瑞出来劝说，王士珍才勉强答应出任总理。

段祺瑞如此大度给冯国璋帮忙，倒不是好心替冯国璋排忧解难，他是为日后重掌政权打基础，他知道王士珍性格软弱，不会因为眷恋总理职位阻碍自己将来的复出。倘若冯国璋请了别人出任总理，或许会对段祺瑞不利。

好不容易拉出王士珍继任总理，冯国璋刚刚松了一口气，一个坏消息紧接着传来：曹锟又倒向了皖系。原来"长江三督"终究比不上段祺瑞的心腹徐树铮，徐树铮以副总统一职的许诺，很轻松地便将曹锟拉入皖系阵营。接着，徐树铮又成立了督军团，以曹锟为首的九省三区督军、都统、护军使，于 12 月 2 日在天津举行会议，决定各省联合出兵南征。

在天津会议的压力下，冯国璋不得不做出让步，终于下达了对西南的讨伐令，同时任命段祺瑞为参战督办，全权处理参战事宜。而陆军总长一职则给了其亲信段芝贵，使得中央军权尽数落入皖系手中。"虎狗之争"第二回合，冯国璋大败。

但冯国璋最终还是给自己留了一手，他下的讨伐令只是对荆襄一带的局部讨伐令。如此一来，不仅皖系诸将强烈谴责，西南方面也没有理解冯国璋的良苦用心，不仅通电指责中央的讨伐举动，还突然发兵岳州，打乱了冯国璋的计划，令冯国璋里外不是人。

冯国璋被"挤"在南北之间无从应对，直感到憋屈，他越发怀念在南京时有地盘、有军队，腰杆挺得直说话有底气的生活，遂决心回归大本营。1918 年 1 月 22 日，冯国璋将段祺瑞、徐世昌、王士珍召集到一起，义愤填膺地对他们宣布：

"南方如此嚣张，简直不把中央放在眼里，既然都这么想打，我们就打！我也是北洋一分子，也不想看到北洋分裂，此前我千方百计想要和南方和谈，却不料落得左右不是人。"

冯国璋紧攥拳头，叹一口气，看着段祺瑞说：

"芝泉，我决定和你统一战线，对南方作战。我还要南下亲征，壮我北洋军威，同时也挫一挫南方的锐气！"

冯国璋一席话，显然让在座的各位一时反应不过来，一个个面露惊讶、疑惑之色，盯着冯国璋却不知该说什么好。段祺瑞则认为冯国璋只是说气话发泄一下，所以没有把他的话当真。

岂料，冯国璋说到做到，1月25日，他发出南巡阅兵通电，26日晚，即携带十五师师长刘询派出的精锐一旅，登上南下专车。冯国璋满心欢心，火速驶向南京，却不料在途经蚌埠时被倪嗣冲拦下了。

倪嗣冲将冯国璋从专车上请下来，即刻卸掉了车头。并口口声声说为了他的安全，只要他回京，立刻挂车头。原来段祺瑞见冯国璋行色匆匆，又是走津浦线，便觉可疑。前线在两湖，应当走京汉线才对，显然冯国璋是朝着南京驶去。知晓了冯国璋的意图，段祺瑞立刻命倪嗣冲将冯国璋拦下，截回北京。

回到北京，冯国璋被迫发出"讨伐令"，再一次败落的冯国璋，已经无力与段祺瑞抗衡。恰在此时，北洋军在两湖前线连连取胜的情况下，处于湖北前线的冯玉祥突然通电主和。由于冯玉祥的舅舅陆建章任总统府顾问，被段祺瑞理所当然地认为是冯国璋背后指使。段祺瑞一怒之下，决定一不做二不休，逐冯国璋下台。

由于皖系兵力已调往南方前线，为了完成驱冯大计，段祺瑞情急之中请奉军入关。3月5日，奉军抵达廊坊，3月7日，冯国璋被迫通电辞职，王士珍随即挂冠而去，段祺瑞重新出山，再任国务总理。

为了缓和局势，段祺瑞决定合法驱冯，10月10日，冯国璋届满被迫卸任。但直系不甘示弱，尤其手握重兵的曹锟、吴佩孚在湖南前线通电主和，令段祺瑞不得不在冯国璋卸任之前被迫表示辞去国务总理之职。只是出乎意料的是，徐世昌就任大总统当天，便发出第一道命令：免去段祺瑞国务总理职务。

"虎狗之争"最终以双双下野而告终。

敛财无度，餐馆竞卖"总统鱼"

冯国璋在政坛叱咤风云若干年，突然退隐林泉，他一时无法适应，难免情绪低落，抑郁寡欢，北京的生活一下子变得索然无味。于是，他决定回直隶河间老家住一段日子。在地安门帽儿胡同的冯府，当他向家人宣布这个决定后，却遭到大部分家人的反对。

"总统不是下令说陆军第十五、十六师仍由您来统辖吗？有了这个名正言顺的留京理由，您怎么还要走呢？"长子冯家遂第一个站出来说。

"总统既然有和平统一的意愿，难免少不了请您帮忙，留在北京，您肯定还有东山再起的机会。"三子冯家遇也表示反对。

冯家遂、冯家遇及次子冯家迪与长女冯家逊都是冯国璋第一位夫人吴凤所生，长房子女说话还是有分量的，何况他们说得不无道理。于是冯国璋表示：

"回乡只是暂时小住一些时日，看看情况再说。我离开诗经村已有30多年了，也没回去看过几回，这会儿清闲了，正好回去探望一下从前的乡邻师友。"

此时冯国璋的续弦夫人周砥已经去世，在长房儿女们的提议下，冯国璋将原来的大姨太彭金梅扶为正室。彭金梅是河间县城以北十里铺人，11岁到冯家当了吴凤的使女，当时黑黑瘦瘦的并不起眼，俗话说女大十八变，彭金梅到18岁时已经出落得亭亭玉立、水灵漂亮，冯国璋每每见到她都感到眼前一亮，为之动心，于是将她纳为第一房姨太，常年陪伴左右。

彭金梅为冯国璋生育了四子冯家迈和二女冯家祯、三女冯家贤，默默担负起家里的琐事和抚养子女之事。她温柔贤惠，为人大度，冯国璋所有的儿女都与她很有感情，对她非常尊重。冯国璋对于她多年的照顾也心怀感激。特别是冯国璋迎娶周砥后，彭金梅没有流露出一丝不快，还对周砥敬重有加，让冯国璋非常感动。所以，当冯国璋的子女们提出将彭金梅扶正时，冯国璋不仅一口答应，还提笔写下一副对联赠予彭金梅。

上联：一生授理家庭多顺寿；

下联：两次代权忠诚无闲言；

横批：见义好为。

在彭氏之后，冯国璋还有四位姨太太。二姨太韩氏，是冯国璋在保定知府府邸见到的一名歌妓，因面容艳丽、身材窈窕引起冯国璋的注意，保定知府见冯国璋喜欢，慷慨相赠。

三姨太何氏，名何艺花，是清末陆军大臣铁良家的使女，铁良为拉拢冯国璋，就将这位小巧玲珑、如花似玉的何氏赠给了他。何氏为冯国璋生下四女冯家蝶。

而四姨太程氏，是几位姨太中冯国璋最为宠爱的，1917 年 3 月程氏过生日，冯国璋在南京府邸大摆筵席，遍请各界名流，为程氏庆生，令程氏风光无限。程氏享受的这种待遇，让其他几位姨太眼红不已。而程氏最大的功劳，就是为冯国璋生下了五子冯家周。

冯国璋的最后一位姨太，据传姓胡，因为没有生育子女，甚至连姓氏都没有人记得清，据冯国璋的后代回忆，冯国璋去世前，胡氏无时无刻不陪在冯国璋身边，为他端茶喂饭，人前不言不语，单独和冯国璋相处时，才会与冯国璋聊聊天帮他解闷。

冯国璋决定返乡小住，正室夫人是必须要陪同前往的，几位姨太中五姨太胡氏最为年轻，手脚麻利，虽说有佣人服侍，但自己屋里人毕竟方便许多。就这样，1918 年 10 月 29 日上午，冯国璋携带夫人彭金梅和五姨太胡氏，在第十五、第十六师的两个警卫连护卫下，乘坐火车回归故里。

在回乡途中，距离诗经村还有半里多路的时候，59 岁的冯国璋便下车步行，与沿途的乡亲们亲切地打招呼问好，一点儿总统的架子都没有。回到家乡，冯国璋先是创办了冯氏养正学堂，又请人编写了《河间县志续编》，算是为家乡做些贡献。对于曾经帮助过自己的乡亲慷慨解囊，分别探视与抚恤，对感念至深者，甚至赠予几十亩土地。

在家乡住了不到一个月，冯国璋便在徐世昌的力邀下，返回北京，又往返津京之间，为和平统一四处奔走，由于一时难以取得进展，1919 年 4 月 3 日，冯国璋再度回乡，直到 9 月，才又被徐世昌请回北京。

此时，他与段祺瑞的关系已逐渐缓和，两人时而相聚，把盏小酌，畅所欲言，感慨至深。10月1日，段祺瑞再次设家宴与冯国璋小聚，两人决定携手调和直皖两系矛盾，促使北洋内部统一。殊不料，看似健康的冯国璋，实际上已然走到生命的尽头。

12月12日下午，冯国璋会见了一位美国客人，由于这天天气格外寒冷，加上与客人交谈时间过长，冯国璋一回到家，便洗了一个热水澡。谁知刚洗完澡，便感浑身无力，在胡氏的搀扶下，才躺到了床上。

冯国璋这一病，妻妾儿女全都赶了过来。由于冯国璋一生只信服中医，冯家遂便请来中医为他把脉。中医诊断冯国璋为内火外寒，于是按感冒下药。得知只是感冒，全家人悬着的心都放了下来，冯国璋自己也松了一口气。

谁知没几日，冯国璋病情非但不见好转，反而越来越厉害，又请了几回中医，换了几次药方，均不见好转。随着冯国璋病情加重，全家人像热锅上的蚂蚁，焦急万分。

"北京还有什么有名的中医，统统给我找来！"冯家遂对管家说。

"大哥，我们还是找西医吧！"曾留学德国的冯家遇突然想到。

"对，对，请西医，马上！"

冯家遇旋即离去，不到半个时辰便带回一位德国医生。德国医生对冯国璋仔细检查后，叹了口气，用德语对冯家遇说："是急伤寒症，拖得日子太久，怕是无力回天了。"

冯家遇强忍悲痛，对病床上的冯国璋好言安慰，送走德国医生，便将冯国璋的病情悄悄告诉了冯家遂，兄弟俩悲痛万分，相对唏嘘良久。

冯国璋也感到自己大限将至，此时，要说他还有什么割舍不下，那就是他的巨额财产了。他将长子冯家遂叫到床前，握住他的手，一字一句地说：

"你仔细听着，我们的财产，除了南京烧了570万元，张调辰这小子贪污了300万，王克敏这家伙骗走了40万，其余的都和账上相符合，一文不少，你一定要管好这份家业！"

"父亲，我会的，我会的！"冯家遂连忙表示。

"本来应该给你们多留下一些家产，可是，那场大火……"一想到两年半前的那场大火，冯国璋顿觉心如刀绞。

那是 1917 年 4 月 2 日，对于冯国璋来说，这是他发迹之后最难忘的一天。这天晚上，冯国璋在南京府邸的书房里办公时，忽闻外面传来一阵喊叫声："着火了！着火了！"紧接着房门被撞开，周砥和冯国璋的几名部下慌慌张张地跑进来。

"着火啦，快走！"周砥大声喊着。没等冯国璋反应过来，就被众人推到了书房外。这时冯国璋才发现，前院的一个角落已燃起熊熊大火。待来到府邸外的安全地带，不到十分钟时间，迅速蔓延的大火已经将整个府邸包围了。

军警们拼命扑救，直到 3 日早上 8 点，才将大火完全浇灭。事后查出起火系电线漏电引起，过火房间 60 余间。看着面目全非的府邸，想到被烧毁的现金、债券以及各种值钱物品，冯国璋仰天长叹："天丧予……"

时隔两年半之后，冯国璋仍对这次大火烧毁的家产痛心不已，尤其在即将离世之际，更觉得那场大火是由于自己疏于管理所引起，越发觉得亏了妻妾儿女。

冯国璋一生善于敛财，积攒钱财资产无数，仅天津就有房产三处，共计房间 620 间，建筑面积近 12 万平方米。在北京仅帽儿胡同的本宅，就有房屋 500 多间；在煤渣胡同有房屋 30 多间，元勋大人胡同和西堂子胡同还有房屋 40 多间。冯国璋的地产与田庄主要在江苏与直隶两省，其中在直隶的土地共计 1100 余顷，在江苏的土地主要是与张謇合办的企业，占地 70 万亩。冯国璋一生进行的土地交易无数，其中尤以直隶都督任上的一笔交易数额为最，当时伙同有关官员以清东陵放荒为借口，廉价购得 1 万余顷土地，除将其中 3000 亩转让议员宁世恩外，其他均用于交易，从中获利甚丰。除此之外，冯国璋在金融业、工商业也有诸多投资。

冯国璋在任时，除了每年几十万元薪俸（军统及都督时年俸 10 万元，副总统及代总统时年俸 36 万元），和出任禁卫军总统官后每年 300 多万元军饷的余额，以及各种经济投资的收益外，他在各任上利用职务之便搜刮的钱财也不在少数。

而冯国璋的敛财术也颇有一些笑话。当上代总统后，冯国璋住进了中南海。有一次饭后散步，他见三海里有很多漂亮的大鱼，就问身边的人："这都是些什么鱼啊？"

"回总统，什么鱼都有，都是珍稀品种。"随侍人员连忙回道，"您看那几条，是袁大人执政时，河南进贡的黄河大鲤鱼。"

"哎哟，这条红色的鱼，足有三尺长吧！"冯国璋突然指着面前一条鱼问。

"是的，总统，这里面还有一条名贵的鲫鱼，据说已经活了六七百年，重40多斤。您找找看，这条鲫鱼脖子上系了两道金圈，上面挂了两块金牌，应该不难找。"随侍人员见总统对这些鱼饶有兴趣，便滔滔不绝地讲起来，"自明朝嘉靖以来，中南海的每一个主人都会在活鱼翅上插御字金牌，然后将鱼放入水中，其中大的鱼有上百斤重呢！"

"嗯，不错，把这些鱼卖了肯定能得不少钱吧？"

当时，随侍人员以为总统只是说笑，却没想到，第二天冯国璋就派人把这些鱼全部打捞上来，以高价卖出。一时间，北京的饭馆里争相竞卖"总统鱼"。冯国璋去世后，有人曾写下挽联："南海鱼何在？北洋狗已无！"

冯国璋做代总统时，不仅对中南海里的鱼儿下手，对家乡河间县历代遗留下来的名木古树也不放过，竟将它们全部砍伐，运到天津高价卖出，激起很大的民愤。后来冯国璋站出来解释说："树龄过老容易腐烂，所以我派人将它们砍掉，是为了种植新树。这种新树的全部费用，由我全部负担。"但当老百姓种植新树后，找总统报销费用时，冯国璋竟置之不理。那时曾有人写下对联："宰相东陵伐木，元首南海卖鱼。"

不过，冯国璋聚敛来的钱财不一定都进了个人腰包，毕竟当时的民国大总统着实不好当，各省不仅不上缴税收，而且都向中央伸手要钱。北洋政府期间，除了袁世凯执政时有两年能保证收支平衡，其余时间均靠借债度日，有时总统也不得不自掏腰包。

因此，冯国璋入京就任代理大总统前，特地向段祺瑞要了崇文门监督这个肥缺，用崇文门监督每个月拿到的20万元商业税供给总统府的日常开支。

除了对财产的牵挂，冯国璋牵挂的另一件事便是和平统一，为此，他于去世前口授遗言，嘱托总统府秘书长张一麟转呈徐世昌，希望徐世昌力主和平统一，并特地嘱托张一麟向各省长官发表遗电，再一次表明他的主张："愿内外同心，化除畛域，早日完成和平统一。"

1919年12月28日晚11时，冯国璋在北京地安门帽儿胡同冯宅里去世，终年60岁。

冯国璋的突然离世，令大总统徐世昌极为震惊与惋惜，他正准备请冯国璋帮助调和直皖关系，恢复南北和谈，却不料遭此变故。30日一大早，徐世昌、段祺瑞、靳云鹏及全体阁员前往冯府吊唁，诸人均悲痛至极，放声大哭。

随后，国务院批准予以国葬，先后拨给治丧费1万元、丧葬费10万元。1920年2月2日，冯国璋的灵柩从北京帽儿胡同冯宅起杠，于4日下午暂厝于河北省河间县诗经村冯氏家祠。

冯国璋墓坐落于西诗经村东头，由徐世昌、曹锟于1917年开始为其建造，到冯国璋去世尚未竣工。由于原墓规模较小，已不适宜国葬，因此在原墓地基础上又加以扩建，3月26日墓地竣工后，举行了隆重的安葬仪式。

冯国璋的墓地耗工万余，耗银50余万两，历时三年方才建成，但冯国璋的遗体并没有安葬在墓地里，国墓里只有冯国璋本人的绫布戎装画像。而他的遗体，在国葬仪式前夜，被家人悄悄埋入古洋河畔黄龙湾的冯氏祖坟中。

✏️ 历史评说

作为"北洋三杰"之一，冯国璋与段祺瑞同为袁世凯的左膀右臂。与段祺瑞相比，冯国璋处事圆滑，左右逢源。在袁世凯被开缺回籍，其亲信纷纷遭到贬黜的情况下，唯冯国璋一枝独秀，颇受清政府青睐，这无不得益于他平时对清政府的巧妙周旋与逢迎。在镇压辛亥革命中，冯国璋违抗袁世凯的停战命令，决心一举攻下武昌为清政府建功立业。但当他看清自己的目的无法实现时，立刻向袁世凯表示效忠。

袁世凯复辟帝制失败，冯国璋当居首功。他领衔下的"五将军密电"，直接造成袁世凯主动放弃帝制。而他对袁世凯心腹陈宧、汤芗铭等人的策动，也直接促成"二陈一汤"背叛袁世凯，给了袁世凯致命打击。

袁世凯去世后，冯国璋与段祺瑞争当北洋老大，虽然段祺瑞掌控中枢，而冯国璋手握重兵，占据东南，南北联络，尤其与南方交好，不仅顺利当选副总统，而且利用张勋复辟之机，一举成为代总统，似乎更胜段祺瑞一筹。在新一轮的府院之争中，冯国璋的直系实力虽在段祺瑞的皖系之上，但由于处在皖系的包围中，加上其政治势力无法与皖系相抗衡，最终败在段祺瑞控制的安福系之下。

与段祺瑞的清廉形成鲜明对照的，是冯国璋的敛财无度，他高价出售中南海之鱼，曾以"餐馆竞卖总统鱼"传为笑柄。

值得一提的是，冯国璋一生在军事上建树颇多。首先，冯国璋是中国早期军事现代化的开拓者之一。他曾两度出使日本，学习先进军事。他心怀强烈的民族自尊感，以敏锐的观察和深刻的思考，吸取日本先进的军事经验，又结合中国实际，屡屡向上司和清政府进言，改革军制，大大推进了中国军事的发展。北洋新军之所以能成为全国新式陆军的楷模，冯国璋功不可没。其次，他致力于建设北洋武备师范学堂等多所新式军事学堂，实施先进的军事教育，为中国培养了大批先进的军事人才。最后，他拥有出色的战功及军事理论，北洋新军的兵法操典均由冯国璋一手编订，其《新建陆军操典》是中国近代陆军史上第一部军事理论著作。

北洋军阀张勋：

『辫子大帅』的复辟闹剧

他因护驾有功，得宠于慈禧太后；因效忠清政府，至民国后长发不剪；复辟七日，一生基业毁于一旦，却至死初衷不改，千万遗产捐献清室做复辟之资。他妻妾六人，所有子女皆于58岁以后所生。他生性耿介，慷慨，知恩图报，为家乡、故旧所做好事颇多。

浪子回头，尽享齐人之福

人之命运的改变，往往需要契机。而这个契机，既可是贵人相助，亦可是偶然机会光顾某个有准备的头脑，又可是通过个人坚持不懈的努力在某个方面取得成就。

张勋的契机却与众不同，没有人相信谁会通过一个洗衣婆而改变命运，而张勋确实如此……

1879 年春季的一天，在南昌许公馆附近的一条小胡同里，洗衣婆李婆婆将一个 12 岁的小女孩带到了张勋面前。女孩虽瘦弱单薄，却容貌姣好，面容白皙，秀丽可爱。——她就是李婆婆的外孙女曹琴。

曹琴生长在南昌西郊一个普通农家，由于父母相继去世，被外婆收留。外婆在南昌清节堂（收养孤儿寡妇的慈善机构）帮人洗衣做针线，曹琴也就成了清节堂的养女。李婆婆经常到许公馆帮佣，由此结识了在许家做书童兼做杂役的张勋。李婆婆想到自己一大把年纪，便决定将曹琴许配给张勋。

当李婆婆第一次向张勋提亲时，张勋颇感意外。长到 25 岁，这是第一次有人给他提亲。而他除了孤零零一个人外，所拥有的便是以前不太光彩的历史。

张勋出生于江西省宜春市奉新县，八岁丧母，12 岁丧父，由继母温氏带着他和同父异母的弟弟艰难度日。但张勋自幼顽皮，总爱招惹是非，14 岁那年，因带头打架被继母责骂，被罚不准吃饭。张勋便在脸上抓出几道血痕，又一头撞到墙上，让脑袋上鼓出一个大包，接着哭哭啼啼跑到大伯家里，向伯母哭诉。伯母见张勋被打成这样，气势汹汹地跑到张勋家里指责温氏。温氏养活两个儿子已实属不易，又受此不白之冤，一气之下跳塘自尽了。

继母去世后，弟弟被亲戚收养，张勋因为爱闯祸，亲戚们都不愿收养他，14 岁的张勋只好到处找些零活干，过着饥一顿饱一顿的日子，后来给同乡富豪许振祎家少爷许希甫做了书童,日子才开始好转。生活好不容易有了着落,张勋以前的放荡不羁有了收敛,在许家的头几年一直勤勤恳恳,老老实实,许家上下对他也颇为满意。然而在他 21 岁的时候,却染上了赌钱的恶习,有一次赌红了眼,不仅把自己的积蓄输光,还欠了一屁股债。被债主逼急了,张勋竟偷出许家一个花瓶到当铺换了钱。

终于还清了债,张勋大大地松了口气,却不料许家此时正闹得鸡飞狗跳。原来他偷走的那只花瓶,是许振祎做翰林时所得御赐花瓶。许振祎见花瓶没了,立刻在全府展开搜查,不多时便查到张勋头上。张勋知道瞒不过去,只好实话实说。许振祎怒不可遏,派人将花瓶赎出后,就要将张勋逐出许府。好在许少爷和他的家塾先生求情,张勋才保住了饭碗,但许家上下已对他信任全无。好在不久许少爷到南昌读书,张勋奉命随行,这才走出了许家不信任的阴影。

自从李婆婆提亲那天起,张勋就一直担心以前的劣迹被揭穿,坏了这门亲事。如今见到曹琴,面对这个单纯可爱的小女孩,张勋越发自惭形秽。但李婆婆叮嘱他说:

"琴儿这一生就托付给你了,以后你要好好待她。"

"我会的!我会的!"

这一刻,张勋恨不得把心掏出来给李婆婆看。李婆婆却说:

"我把琴儿许配给你,是看你能担得起责任,不论你以后贫穷富贵,琴儿都会踏踏实实地跟着你。但是你还年轻,不能做一辈子书童杂役,应该出去闯一闯,我会让琴儿等着你。"

李婆婆的话对张勋触动很大,他暗下决心,一定要洗心革面,好好做人,不说飞黄腾达,也要出人头地,要让将来的妻子终生有靠,也不枉李婆婆的一番重托。

但是张勋仅读过一年私塾,虽说给许少爷当书童跟着学了不少知识,可是能做什么呢?苦思冥想之后,他决定去当兵,于是求许少爷代为疏通。许少爷也觉得张勋不能当一辈子杂役,就介绍他去南昌府当了旗牌兵。尽管是个大头兵,但张勋省吃俭用,默默无闻地干了两年,就用积攒下来的钱,将曹琴娶进了家门。

那是 1881 年 11 月，当时曹琴的外婆李婆婆还在世，看到张勋长了出息，李婆婆乐得嘴都合不拢了。洞房花烛夜，张勋将曹琴搂在怀里，充满憧憬地说："是你和外婆给我带来了好运，等着瞧吧，我一定要混出个人样，让你和外婆过上好日子！"

张勋知道，当旗牌兵虽然能混上饭吃，但没有建功立业的机会，常言说："树挪死，人挪活"，张勋两年后终于寻机投入鼎军即淮军潘鼎新麾下。适逢中法战争爆发，张勋随鼎军开赴广西边境战场，又随部转入广西提督苏元春麾下进驻越南北部，先后参加了保卫观音桥和收复谅山等战役，由于他作战英勇，拼死杀敌，立下战功，被晋升游击之职。战后，张勋受苏元春委派，驻扎广西边防，这一驻便七年之久，由于长期戍边，被授为副将衔参将。

后来由于苏元春受排挤退职赋闲，张勋也被给资遣散。在接下来三年多的时间里，张勋四处碰壁，其间也曾投到宋庆统率的毅军营中，参加过中日甲午战争，但一直难有作为。后来经在湖北任职时的朋友介绍，在天津结识了淮军老将姜桂题，姜桂题将张勋介绍给正在天津小站练兵的袁世凯。

1895 年年底的一天，在天津小站新建陆军的营帐中，张勋见到了新建陆军督办袁世凯。袁世凯一向以淮军后继者自居，其编练新建陆军的用人原则是新旧人才并用，其中既有武备学堂出身的王士珍、段祺瑞、冯国璋等人，又有淮军旧将姜桂题、孟恩远等人。张勋由于有副将衔参将的头衔，也算是淮军老将了，又经姜桂题介绍，因此袁世凯也对他高看了几分。

初次见面，张勋对袁世凯彬彬有礼，恭顺有加，当时张勋 41 岁，袁世凯 36 岁，在这位小自己五岁的袁大人面前，张勋诚惶诚恐，一副晚辈后生的模样。他知道袁世凯树大根深，且势头正盛，投靠了袁世凯，便等于有了命运的转机。

袁世凯仔细打量着张勋，张勋虽身材偏瘦，但体格健壮，双目炯炯，声如洪钟，因此认定张勋具备带兵打仗之才。再加上他曾经耳闻张勋参与过中法战争和中日甲午战争，在战场上不畏强敌，作战英勇，那股不怕死的劲头在军人中实属难得，心中不由对他生出几分好感。

"好，先做个头等先锋官看看吧。"袁世凯很快做出决定。

"谢袁大人！"

张勋没想到在这人才济济的小站，自己真能被袁世凯看中，于是暗下决心，一定努力带兵，尽心做事，不辜负袁世凯的知遇之恩。张勋虽出身行伍粗人一个，但为人真诚，讲义气，知恩图报，虽貌似憨愚，实则熟谙官场内幕并善于看风使舵，加上做事严谨，很快被提升为行营中军（相当于督练处总务长），成为新建陆军中的显赫人物。

张勋有了一定的职务，便有了不错的薪金收入，他的生活总算安定下来，便打算把曹琴接到天津安家。

小站营中有一名邵姓裨将与阮忠枢关系不错，阮忠枢是袁世凯的心腹幕僚，在小站管理军制饷章文牍机务，与张勋在工作中多有接触。有一天阮忠枢拉着张勋去邵裨将家里喝酒，邵裨将是小站本地人，席间叫出妻子、女儿给客人斟酒。邵的女儿邵雯年方十六七岁，长得亭亭玉立，端庄秀美，落落大方。当邵雯给张勋斟酒时，张勋两眼直勾勾地盯着邵雯的脸，完全忘了自己的身份。

阮忠枢看在眼里，赶紧在桌子下面拉拉张勋的衣角。张勋一声长叹，他叹自己的夫人虽温柔贤惠，却难免呆板守旧，如能讨回如此落落大方的美人，岂不尽享齐人之福？张勋婚后与曹琴聚少离多，加上他原本生性放浪，酒楼、妓院便成了他时常光顾的场所，见识过的女人不计其数，像邵雯这样端庄大方的却是微乎其微。

在返回小站营中的路上，张勋即托阮忠枢做媒，要纳邵雯为二房。阮忠枢感到很为难。

"邵小姐虽说不是出身名门，可老邵大小也有个官差，家境又殷实，怎可以给你做小？"阮忠枢想想说，"不如把南昌原配休了爽快，反正是孤女，没人给撑腰，大不了多给些银子。"

"你这是什么话！"张勋听后怫然作色，"我张少轩可以吃喝嫖赌，逛妓院下窑子，无恶不作，就是不能休妻！张某与正妻贫贱结发，怎能发达了而弃糟糠！"

最后，阮忠枢只好按着张勋的意思去做媒。好在邵裨将很看好张勋，觉得他日后会有更高升迁。只是邵雯很不情愿，非要争得个夫人名分，即使做不成正房夫人，也要与正房夫人享受同等待遇。

"既然夫人名分只有一个，那待遇就不能一分为二，将来朝廷有个封赏恩赐什么的，肯定是正室出面，与姨太太无关，她休想享受这个待遇。"张勋态度坚决。

阮忠枢却呵呵笑了："我说你这老哥真是古板，她既然放弃了名分只是要个待遇，你答应了又何妨？至于这个待遇怎么个给法，或者给不给她，还不是你老哥一句话！反正生米煮成了熟饭，她还能怎样？"

"那不行，大丈夫一诺千金，怎能说话不算数！"

张勋是信守承诺之人，绝不说假话敷衍别人。阮忠枢无奈，只好再去邵家说合，如此往返数次，最后双方各退一步，达成一致：政治待遇归正室夫人所有，物质生活待遇及家庭事务决策权，二房夫人与正室夫人享有同等待遇。双方达成协议后，张勋随即在小站镇上借得一处公馆，布置一新，用八抬大轿将邵雯抬进了家门。

一年后，张勋在天津松树里英租界置地，建造了一幢洋式公馆，待公馆内部装修一切就绪，这才将远在南昌的原配夫人曹琴接来。曹琴一进公馆，就见到女主人一般的邵雯，心里难免有些不舒服。但曹琴生性宽厚，从不争风吃醋，对邵雯视若姐妹，两人相处和谐。

张勋则严守诺言，终其一生，在物质生活待遇与家务决策权方面，始终给大姨太与夫人曹琴同等待遇，尽管后来相继纳妾数人，其妻妾始终相处和谐。

护驾有功，成了慈禧太后亲信

在张勋一生中，另一个对他有知遇之恩，或者说对他一生命运产生过重大影响的人物，竟是慈禧太后。能够得到慈禧太后的赏识，是此前张勋做梦都不曾想到的事。

小站练兵之后，1899 年末袁世凯署理山东巡抚，张勋跟随赴山东，由于编练武卫右军先锋队和镇压义和团有功，1901 年 8 月经北洋大臣荣禄与袁世凯保荐，张勋被提升为副将，以提督总兵记名，并赏"勇"号。11 月袁世凯升任直隶总督，张勋随其赴新任所——直隶省保定府。

此时，正值两宫西狩归来，行进在返回北京的路上。按照规矩，皇帝到哪个省，就应由哪个省负责供奉与护卫。眼看两宫就要到达直隶，派谁前去迎接护卫好呢？对于这个需要表现绝对忠诚与尽忠职守的差事，袁世凯考虑再三，觉得没有比张勋更合适的人选。首先张勋办事认真，稳重老道，人也忠厚朴实；其次相貌不俗，不仅身材适中，且浓眉炯目，十分英武，又有副将官衔，身份恰当。于是，这个差事便落到了张勋的头上。

12 月 21 日，张勋率护卫部队赶到直豫边界磁州迎接銮驾。慈禧太后一行正风尘仆仆赶路之际，见张勋前来护驾，即命张勋充任两宫銮车的保驾官，带兵随行。与小站官兵"只知袁宫保，不知清王朝"不同，张勋认为，袁世凯也是受了清政府的恩泽，才会有今天，所以能够得到两宫的直接任命，张勋受宠若惊。他亦步亦趋地跟随銮车左右，一路上小心照应，无论安排行程路线，还是研究宿营地，设置岗哨，都亲力亲为。白天走了一天的路，到了晚上，张勋会一声不吭地亲自带兵为慈禧太后站岗。尤其是张勋坚持不骑马，而是全程陪在銮驾后步行。

张勋这种不声不响为慈禧太后的尽忠保护，全被慈禧的宠监李莲英、小德张看在眼里，特别是小德张，认为此人忠厚可靠，值得结交。1902 年 1 月 7 日，两宫抵京，小德张即提出与张勋结拜为把兄弟，令张勋深感意外，又受宠若惊。

"我张某一介武夫，能与张公公结为兄弟，真是三生有幸！"张勋所言发自内心。

"张兄言重了。张兄的为人令兄弟十分钦佩，尤其对太后老佛爷的一片忠心令兄弟十分感动，张兄日后必有发达之日。"

有小德张这句话，张勋仿佛看到了日后的锦绣前程，当即与这位小自己 22 岁的小太监结拜为盟兄弟。正所谓"朝里有人好做官"，抵京第二天，张勋便接到慈禧太后的召见谕旨。第一次在紫禁城面见慈禧太后，张勋紧张得双腿打颤，跪在地上，脑袋磕得地面咚咚响。只听慈禧太后说：

"张勋，这些日子辛苦你了，往后你就留在北京，宿卫端门吧。"

张勋简直不敢相信自己的耳朵。端门位于天安门和午门之间，是紫禁城的前正门，是宫禁宿卫的重要岗哨。宿卫端门虽然只领军1000人，但这1000人都是满族弟子，而其统领更是一向由皇室亲贵担任，这一职位有史以来从无汉人担任。因此张勋听到这一任命，一时竟呆住了。

"还不快谢恩？"小德张在一旁提醒，张勋这才反应过来，赶紧叩首谢恩。

看到张勋诚惶诚恐的样子，慈禧太后乐了，她更加认定张勋对她的效忠是发自内心，而非表面功夫。当时军机处领班大臣荣禄和庆亲王奕劻也在场，慈禧随即将张勋介绍给他们，让他们多予关照。

荣禄曾保荐过张勋，如今见他得到慈禧太后的赏识，心里很得意。奕劻也是慈禧的心腹大臣，慈禧推荐的人他自然会处处给予关照。加上张勋上任后与总管太监李莲英经常打交道，李莲英原本对他印象不错，对他也是处处关照，又与小德张是八拜之交，在京这段时间，张勋如鱼得水，很快在清政府内部建立起一张人际关系网。由于张勋为人实在仗义，在清政府官僚中的口碑一向不错。

第二年清明，王公大臣们跟随慈禧太后前往东陵祭祖，张勋奉命率马队随扈圣驾。以后又多次面奉谕旨担任慈禧祭祖东陵、西陵和外出围猎、巡幸的护卫军统领，俨然成为慈禧太后的专职护卫官。1903年9月，张勋补授四川建昌镇总兵，官阶升至二品，而且无须去四川任所。1905年张家口一带胡匪蜂起，为策京师安全，张勋奉命剿匪，肃清了张家口以北一带的胡匪马贼，被赏赐"巴图隆阿巴图鲁"的荣誉称号，1906年末又以宿卫京畿得力，被清政府赏赐头品顶戴。

1906年，袁世凯以练兵处名义奏请朝廷，将张勋调至奉天。不久徐世昌当上东三省总督，由于在天津小站时，张勋曾拜徐世昌为师，所以徐世昌对张勋格外重用。张勋先是被任命为总督行营翼长，1908年被提升为云南提督，后来又改为甘肃提督，驻防奉天。

对于仆人出身，26岁当上旗牌兵，几十年都没有大提升的张勋来说，如今的一路升迁，令他感慨良多。尽管袁世凯对他有知遇之恩，但他知道自己不是袁氏亲信。袁世凯的亲信除早于他出仕的徐世昌之外，其他没有人直接与皇室亲贵联系，尤其是直接与慈禧太后联系。他们自小站时期就只知世上有袁世凯，不知世上有皇上，历来对袁世凯唯命是从。对于张勋每每直接面见慈禧，袁世凯极为不满，却又无可奈何。张勋看似愚憨，内心却十分清楚，袁世凯以及徐世昌对他的提携，既是笼络，又有提防。归根结底，是因为他有了慈禧这座靠山。他因此对清政府、对慈禧更加忠心耿耿。

也正是看中张勋对清政府的忠诚，1908 年 10 月，在慈禧寿日快要到来时，清政府突然将张勋召回北京候命。张勋奉命到颐和园的万寿宫谒见慈禧太后，当时慈禧正在听戏，张勋快步走过去，"扑通"一声跪在地上，虔诚地伏地叩头，因为用力过猛，帽子被甩出滚落到一边。

张勋的举动，让在场的所有人都倒吸一口凉气，尤其是连帽子都掉了，这会被视为对慈禧太后的大不敬，在场的人都为张勋捏了一把汗。岂料，慈禧太后非但没有在意，而且在她看来，这样的举止对外貌粗憨的张勋来说，正是其忠诚的表现。但慈禧还是随口问了一句：

"这是怎么了？"

"请老佛爷保重身体！"

张勋这句话确是发自内心。因为他见慈禧病恹恹地靠在凤榻上，全无往日神采，并且面部瘦削，肤色暗黄，与上次见到时像是变了个人，不禁为慈禧的身体充满担忧，说话时便声音发哽，眼圈也不知不觉地红了。

这一幕没有逃过慈禧的眼睛，慈禧也更加认定张勋对清政府的忠诚，认定自己没有看错人。慈禧随即给张勋赐座，让他一同听戏。待听完戏，屏退左右，才又对张勋说："听说袁宫保最近有些小动作，你怎么看？"

慈禧太后这一问，看似随意，其实大有深意。前不久，她得到密报，说慈禧年事已高，袁世凯准备在慈禧病危时，废掉光绪，拥立庆亲王奕劻的儿子载振为皇帝。这个消息令慈禧极为震怒，倘若让其阴谋得逞，大清的江山岂不成了袁世凯的手中玩物。慈禧早就知道袁世凯与奕劻走得很近，对于袁世凯手握重兵，位高权重，慈禧亦有所忌惮，在一年前就将袁世凯调至中央，用明升暗降的办法，削弱其兵权。此时更是决心将袁世凯除去，她将张勋调到北京，一方面准备在危机时刻护驾；一方面准备在人事变动中委以重任。

但这些，张勋却是一无所知，更不知道慈禧如此问，既是为了探明他的心思，看他是否愿意对抗曾提携过他的袁世凯，也是要把即将进行人事大变动的意思暗示给他。虽然张勋此前并不知道袁世凯的阴谋，但从慈禧太后的话里，他知道袁世凯肯定是有了不忠于朝廷的举动，于是他说：

"袁宫保对臣有知遇之恩，但他若对朝廷不忠，臣必定拼死相抗。"

慈禧听后，满意地点点头。

但张勋终究不明白慈禧为什么将他召来，他在接下来的几天里整天无所事事，每日所做无非是陪慈禧太后听戏，虽然他也感觉到一些异常的气氛，但无法确定到底要发生什么事。一次遇到李莲英，张勋悄悄问："最近气氛有些不对劲，是不是要发生什么事了？"李莲英将嘴凑到张勋耳朵边上，小声说："难道你想做瞿鸿禨第二？"一句话将张勋吓出一身冷汗。

瞿鸿禨曾任外务部尚书，深得慈禧太后赏识。1907年慈禧曾计划将奕劻逐出军机处，当她将这个意思透漏给瞿鸿禨后，瞿鸿禨却在不经意间泄露，导致慈禧的计划失败。慈禧一怒之下将瞿鸿禨罢斥回籍……

正因为了解瞿鸿禨事件的全过程，李莲英的话让张勋霍然明白，一场重大人事变动即将开始。而他此时被召到慈禧太后身边，正是因为他曾忠心耿耿地宿卫端门，也曾作为随驾扈从忠心耿耿地保护慈禧太后的安全，在此重大变革关头，万一发生不测，也正是他效忠慈禧太后大显身手的时候。尽管慈禧太后不曾向他说明什么，但这份至深至切的信任，让他感到无比荣幸与骄傲。

此间，慈禧太后已采取了一系列压制袁世凯与奕劻的措施：以查看东陵工程为名，把奕劻调出京城，将袁世凯心腹统辖的北洋第六镇调到保定涞水，将清朝亲贵铁良统辖的第一镇调进京城接防。接着，宣布醇亲王载沣的儿子溥仪进宫教养，这等于宣布溥仪为储君，而醇亲王载沣为摄政王。载沣是光绪的亲弟弟，溥仪是光绪的亲侄儿，而袁世凯因出卖维新派而成为光绪的仇人。慈禧这一安排，不仅挫败了袁世凯立奕劻之子为嗣君的阴谋，同时为日后铲除袁世凯势力埋下了伏笔。

11 月 13 日，载沣之子溥仪被正式立为储君，局势霍然明朗。11 月 14 日，光绪驾崩，慈禧宣布由三岁嗣君溥仪继位，授载沣摄政监国。

两道懿旨一下，张勋立刻明白了，袁世凯已成为了他的敌对势力。只要太后或幼主一声令下，或者袁世凯胆敢发动兵变，他会毫不犹豫地向袁世凯发动进攻，誓死保卫太后与幼主。然而此时，内廷早已传出太后病重的消息，毕竟慈禧已是 73 岁高龄，大限已到；而袁世凯也被慈禧太后召进宫中，名为商议皇帝即位之事，实际已被软禁起来。

张勋紧张地等待着太后的召唤，时刻准备着为太后、为幼主而战。然而，等来的是太后驾崩的噩耗。11 月 15 日，慈禧病逝于中南海仪銮殿，张勋如丧考妣，号啕大哭。

此后，张勋与所有王公大臣一起，一日三次随班哭灵守孝。尽管表面看上去所有人都是跪在灵前磕头号哭，但大多数是干号假哭，脑子里转的是争权夺利的点子，只有张勋是不带任何杂念发自肺腑的悲痛欲绝。仅仅三天时间，身强力壮的张勋便整个瘦了一圈。

返回奉天任所后，张勋心情异常沉痛，不久又传来袁世凯被开缺回籍的消息，毕竟袁世凯曾有恩于张勋，而且袁世凯并没有造反，看到他今日的遭遇，张勋心中难免对他生出几分同情。然而，一个月后徐世昌也被调到北京，出任一个无关紧要的邮传部尚书，其东三省总督由蒙古贵族、云贵总督锡良接替。张勋明白，这都是摄政王载沣所为，看来袁世凯的嫡系都要受其牵连了。

令张勋出乎意料的是，锡良一上任，就对张勋颐指气使，百般刁难，显然把他划入了袁世凯党羽之列。张勋一气之下，以与徐世昌私交甚好护送其回京为名，请假离开了奉天，并一去不复返。

锡良虽然批准张勋请假送徐世昌回京，但有摄政王载沣做靠山，他料定张勋逃不出他的手心。张勋一到北京，催归的电报便一封接一封地发来，张勋根本不予理睬。1909 年 8 月，锡良参奏张勋的折子放到了载沣的案头。锡良以为张勋不被撤职，也会被降职，无论如何也没有想到，张勋竟毫发无损地留在北京当差了。

张勋能顺利躲过此劫，完全得益于他的把兄弟小德张的帮忙和隆裕太后的信任。

慈禧在大限将至时，才考虑安排太后人选。由于溥仪是同时过继给同治和光绪的，所以同治和光绪的皇后、贵妃都有资格做太后。同治的皇后早逝，此时只遗下三位贵妃：瑜妃敬懿、瑨妃荣惠和珣妃庄和。光绪则遗下一后一妃：皇后隆裕、瑾妃端康。在这五个后妃中，慈禧最喜欢同治的贵妃瑜妃，而溥仪在过继给同治与光绪的同时，是继承同治而兼祧光绪，即正统在同治这边，所以慈禧临终前口谕立瑜妃敬懿为皇太后。

然而，有两个人不想看到瑜妃为皇太后，一个是摄政王载沣，一个是领班太监小德张。载沣身为光绪的亲弟弟，自然与光绪的皇后隆裕关系更近，而小德张虽然效忠于慈禧太后，但暗中与隆裕皇后往来密切，所以也支持隆裕为后。慈禧太后死后，载沣的弟弟载涛、载润及小德张，三个想法一致的人凑在一起，很快对外宣称，慈禧临终前立隆裕为皇太后。有了慈禧太后的临终"口谕"，又有摄政王载沣的支持，隆裕本身又是皇后，于是顺理成章做了皇太后。

隆裕做了皇太后，瑾妃被封为太妃，而瑜妃则没有得到封赏。按照清朝家法，妃子晋见皇太后时，要自称奴才。慈禧在世时，瑜妃虽是贵妃，但由于受到慈禧的宠爱，与隆裕皇后是平起平坐的，如今在隆裕面前却要自称奴才。

1909年9月8日，是慈禧太后梓宫奉安的日子，瑜妃见文武百官及宫内妃嫔全部来到东陵参加奉安典礼，当众质问摄政王载沣："皇上既是继承穆宗（同治）而兼祧德宗（光绪），为什么隆裕皇后被称为母后，而我却是奴才？"载沣被质问得哑口无言，只好答应回宫后再做考虑。瑜妃却不依不饶，非要闹出点事端给隆裕好看。

按照清朝惯例，后妃奉安（下葬）应在地宫封闭，妃嫔与皇族行过家礼后方才礼成。瑜妃却在礼成之前带着同治另外两名妃子，提前启程回宫，想要抢夺太后金印。小德张得知此事后，立即命人挑选最快的马车，抄近路将隆裕率先送回皇宫。

见到隆裕，瑜妃恨自己晚到一步。为了闹出些事端，瑜妃又带着同治的另两名贵妃返回东陵，宣称要给慈禧守陵，不再回宫。小德张当下给隆裕出主意说："既然她们要守陵，那就干脆为她们在东陵修一座行宫，让她们永远守在那里，看她们还敢不敢胡闹！"

此时张勋正负守护东陵之责，小德张派人找到他，请他务必"守护"好瑜妃等人。张勋承蒙小德张关照，正无以回报，好不容易有了机会，自然会非常卖力。小德张一走，他就把瑜妃等人身边的领班太监全找了来。

"既然你们的主子想守陵，你们就先陪着辛苦些日子吧。等行宫造好，与宫里也就无大的区别了。"张勋话音一落，几个领班太监面面相觑，惊恐万状。接着，张勋话锋一转，"不过，可别让她们闹出什么事端，万一她们做出什么让太后和摄政王难堪的事来，哼哼，你们几个休想活命！"

张勋这番软中带硬的威吓果然奏效，几个太监回去向主子们一说，瑜妃等人哪敢再闹下去，只好蔫蔫地返回了皇宫。隆裕为酬小德张的拥戴之功，已于被封太后之初提小德张为宁寿宫总管，为酬张勋"释后妃之嫌"，赏赐其一块匾额，上书"淑气清芬"四个大字。

倚仗隆裕太后的恩宠和小德张的关照，张勋顺利躲过了锡良对他的惩罚与制裁。1910 年，张勋奉命出任江防军总统，会办长江防守事宜，驻扎浦口。1911 年 8 月，调补江南提督，统辖苏、皖两省军事，驻守南京。

镇压革命，大帅丢了小妾

1911 年 10 月，武昌起义爆发后，革命的火焰迅速蔓延到各省。驻南京新军第九镇统制徐绍桢准备响应武昌起义，联合江宁布政使樊增祥动员两江总督张人骏宣布独立，张人骏不为所动。

11 月 6 日，张人骏邀张勋等人到总督府开会。张勋到会的时候，樊增祥正在宣讲其独立主张，张勋闻言，大步走到樊增祥跟前，怒目圆睁，吼道："独立就是造反，造反者就是逆贼，逆贼休想逃过我的手心！"张勋说着，拍拍腰间的盒子枪。

樊增祥被张勋这副凶神恶煞的样子吓住，不再作声。主张独立的徐绍桢一看，立刻拍案而起，反唇相讥。张勋见状，嗖地抽出手枪，指着徐绍桢说："看在你我同僚的面上，今天我不和你计较，明天你若背叛朝廷，小心我要你吃枪子儿！"

张人骏也站出来，对徐绍桢与樊增祥说："我已经说过多遍，我是不会投降的，你们不用再白费唇舌了。"

张人骏素以顽固著称，不仅拒绝宣告江苏独立，而且同意张勋率江防军入城，纵容江防军与新军对抗。徐绍桢自知不是对手，也不想殃及百姓，遂主动出防秣陵关。不料，南京城内的革命党人聚集到一起攻击总督府，张勋率江防军弹压，很快将革命党人击退。这时上海、苏州相继光复，徐绍桢大受鼓舞，立刻率第九镇官兵于 11 月 8 日兵分三路进攻南京城，张勋早就做好迎战准备，几场战斗打下来，新军用尽了弹药，也没有占到有利地势，只好向镇江方向撤退。

随后，张勋关起城门，对革命党人进行大搜查、大捕杀，凡剪辫子穿西装的青年，均难逃其魔掌，一时间，南京的大街小巷行人绝迹，全城笼罩在恐怖之中。

11 月中旬，徐绍桢联合江浙已光复地区革命军组成革命联军，于 13 日会攻南京。张勋率部应战，双方在南京城郊开火。在革命军凌厉的攻势下，江防军节节败退，12 月 1 日，江浙联军攻克城东要塞天堡城。天堡城一失，南京城全部暴露在革命军炮口之下，江防军败局已定。

张人骏和江宁将军铁良弃职出逃，张勋却负隅顽抗，决心与南京共存亡。此时，袁世凯已重新出山，被清政府任命为内阁总理大臣，正与南方议和。袁世凯命令张勋撤出南京城，张勋虽不了解袁世凯议和的目的，但迫于军令，只得改变主意，率部连夜逃往徐州。

虽然最终战败，但张勋以 8000 人的江防军对抗数万革命军，孤守南京近一个月，让清朝权贵为之一振。为了奖赏张勋，清政府任命他为江苏巡抚、两江总督、南洋大臣，世袭二等轻车都尉。

一步跨入了巡抚与总督的行列，成了大清王朝名副其实的封疆大吏，张勋激动万分。自从 26 岁投身行伍，东征西讨几十年，如今已是年近花甲，终于混出了个模样。虽然打了败仗弃城出逃，但那也是不得已而为之，张勋决定为此封赏庆贺一番。然而，回到驻地，却发现他的宠妾三姨太小毛子不见了。

"三姨太去了哪里？"张勋瞪着眼睛，冲着大姨太邵雯和二姨太傅筱翠扯着嗓子大喊。

二姨太是河北梆子名伶，张勋宿卫端门时经常出入歌楼酒肆，很快被这位名伶所倾倒，于是讨进门来做了二姨太。两位姨太太自然知道小毛子去了哪里，但见张勋一副急得火上房的模样，一来心里害怕，二来似乎觉得终于出了一口恶气，因此只是摇头不语。

"玉书！苏玉书！给我把苏玉书找来！"张勋急得冲着属下大喊。

苏玉书，即管带苏锡麟。张勋率军逃出南京前，曾命管带苏锡麟率部护送他的三位姨太太以及江防军的家属们先行渡江，出逃徐州，想必他会清楚小毛子的下落。

小毛子原是南京秦淮河名妓，扬州人，只知姓卞，由于在同行姐妹中排行第四，所以在秦淮河上也被称作四姑娘。又因为她擅长昆曲，所以还有个艺名"小金红"。张勋素爱听戏，出任江南提督时，闲来无事，便经常去听戏消遣，自然不会错过大名鼎鼎的小毛子。在秦淮河一艘古色古香的游船上，张勋与小毛子第一次相见，便被小毛子如花的美貌，出水芙蓉一般清新的气质所吸引，特别是小毛子一开口，悠扬婉转的唱腔更是让张勋魂牵梦绕，很快就将小毛子纳为第三房姨太。从此，张勋与小毛子形影不离，甚至视察军营也都要带上小毛子。

但这样逍遥的日子没过多久，辛亥革命爆发了，张勋只能带着三位姨太太赶赴前线。如今停战议和，又备受朝廷恩宠，唯独不见了小毛子，张勋怎能不急？好在苏锡麟及时赶到，让张勋看到了一线希望。

"小毛子在哪里？你快说！"

"大帅，都怪我马虎，上船的时候没有核对人数……"

"少废话！"张勋打断苏锡麟的话，厉声说，"我只要你告诉我，小毛子现在哪里？"

"我已经打听到了下落，在下关被江浙联军抓住了。"

一听这话，张勋扑通一声瘫坐在椅子上，仰天长啸："完了，我的小毛子！老天真要让我张门断子绝孙啦！"

原来小毛子已怀有几个月的身孕，而张勋26岁结婚，先后娶一妻三妾，如今57岁仍膝下无子，好不容易三姨太有了身孕，如若有个三长两短，张勋真的就没法活了。为此，张勋禁不住对大姨太、二姨太破口大骂：

"都是你们两个成天就知道争风吃醋，也不想想她是有身孕的啊！你们要是关照着她，她会被革命党抓去吗？"

"她整天到处卖弄风骚，哪个看得住她。"二姨太嘟哝一句。没有小毛子的时候，她是最得宠的，如今小毛子丢了，她高兴还来不及呢。

张勋一肚子火气终于找到了发泄对象，"啪"的一个大巴掌掴到了二姨太脸上。这个时候，他想起了正房夫人曹琴，自从把曹琴接到天津，她就成了那里的管家婆，后来在北京安家，也只是带着大姨太，以后往返各地任所，也都没有曹琴的份，但如若曹琴在，以她的大度宽容与细心，小毛子是定然丢不了的。

就这样在失魂落魄中挣扎了一天一夜，苏锡麟终于打听到小毛子的准确信息，小毛子现在在徐绍桢手里，上海督军陈其美要徐绍桢将小毛子押解到上海，在张园陈列，以供人参观，参观者每人交纳门票四角，一方面借机羞辱张勋，一方面挣得一笔可观的钱财充作军饷。

苏锡麟话音未落，张勋"哗"的一声掀翻了桌子，满桌子的茶壶、茶碗摔了一地。

"好他个陈英士，这么阴损的招他也想得出来！"张勋气得捶胸顿足，怒吼道，"我绝不会让他得逞，我要亲自去把小毛子劫回来！"

张勋立刻部署兵力，准备抢在陈其美之前先行劫回小毛子。就在他准备动身南下的时候，一个特大喜讯从天而降：江浙联军总司令徐绍桢派人将小毛子送到了徐州。

"徐固卿真不愧大丈夫，大来大去，坦荡磊落，全不像陈英士，小肚鸡肠，阴狠无耻！"

张勋不胜感慨，对徐绍桢充满了感激之情，亲自带兵到车站迎接护送使者和小毛子。当小毛子毫发无损地出现在他面前的时候，这位行伍出身的粗人竟然说话都有些哽咽了。

对护送来使，张勋千恩万谢，随后大手一挥，立刻派人将所扣留的江浙联军的 14 辆机车和 80 辆客车完璧归赵。

但即便如此，张勋仍没有对徐绍桢的江浙联军手软，他屡次派人混入联军内部进行分化瓦解，企图煽动兵变，以夺回南京。在与革命军对抗的同时，张勋与袁世凯也渐渐不合拍，尤其当他发现袁世凯南北议和的目的并不是为了维护清朝统治，而是为了取而代之，张勋不再听命于袁世凯的指挥，而是大肆招兵买马，积极备战，赫然站到了袁世凯的对立面。

张勋的顽固和极端，让在南北议和中担任北方代表的唐绍仪惴惴不安，为防止张勋破坏议和，唐绍仪建议袁世凯诱杀张勋。而段祺瑞也看不惯张勋的自以为是，唯恐将来难以驾驭，也规劝袁世凯除掉张勋。

但袁世凯的另一心腹与张勋私交甚好的阮忠枢极力反对，他对袁世凯说："少轩虽然做事鲁莽，但他做人正直，为人坦荡，从不背后搞阴谋，这样的人真是难能可贵，应该为我所用，万万杀不得啊！"徐世昌闻讯也很着急，力劝袁世凯放弃这一主张，并许诺劝说张勋不再反对议和。

其实袁世凯心中的主要敌人仍是革命党，因此根本不会采纳已加入同盟会的唐绍仪的建议。同时他也欣赏张勋的品性，不舍得杀之，于是答应让徐世昌亲自到徐州相劝。

徐世昌来到徐州，张勋自然不敢怠慢，对于徐世昌的话，张勋也不敢当作耳旁风，而是认真听取。徐世昌为张勋分析了天下形势，说："袁宫保和我都同你一样，一心辅佐朝廷。革命党人势头猛进，与他们议和只是缓兵之计。宫保通权达变，假以时日，必定要击败革命党，还望你配合才是。"

徐世昌的一番话对张勋颇有打动，他当即对徐世昌表示："少轩一定听老师的，今后尽心辅佐袁宫保和清王朝。"

然而，袁世凯南北议和的结果是，隆裕太后被迫以宣统皇帝的名义颁发退位诏书，结束了中国两千多年的封建帝制。仅仅三天后，即 1912 年 2 月 15 日，袁世凯被选举为中华民国临时大总统。袁世凯果然取清朝而代之，张勋闻讯，悲痛欲绝，决心效法叔齐、伯夷不食周粟，当即向袁世凯提出"解甲归田"。

当时张勋统兵近两万，又占据南北之间战略要地，在民国初建一切尚未稳定之时，袁世凯怎能轻易准辞。但张勋个性卓然，全不在掌控之中，对于如何安置张勋及其江防军，袁世凯颇费了一番心思。在发出挽留电报后，袁世凯任命张勋为镶红旗汉人都统，将其江防军改编为武卫前军，移驻山东兖州。

对于是否接受袁世凯的任命，张勋也颇费了一番心思。如果顺顺当当接受袁世凯的任命，等于从清朝大吏变为了民国大员，与袁世凯、段祺瑞等清朝叛逆无异。如若不接受，势必引起袁世凯猜忌，而且若真的卸甲归田，与叔齐、伯夷两个古代书生白白死在首阳山上又有何异。

"老子拥兵万余，岂能白白弃此兵权？拥有这个实力，将来就是复辟朝廷的一支力量。"张勋经深思熟虑之后，对属下左右直言。

张勋自然清楚，袁世凯对他早有提防，因此将他调出战略要地徐州，对此他毫不在意，于是欣然接受任命，移防兖州。

抵制民国，长袍马褂"辫子军"

张勋虽然做了民国将领，但他的立场不变，为表明自己对清朝的忠心，尤其要让那些不仕民国的清末旧臣看清自己不负清朝，他在自己的武卫前军中沿用清朝旧制，只设营、哨两级编制，不实行新军制。

编发之制是清朝统治的象征，武昌起义爆发后，就有人自发剪掉辫子。孙中山就任临时大总统后，曾代表民国政府下达剪辫子和废除跪拜礼的命令，袁世凯就任临时大总统后，北洋将领在实行新军制的同时，也先后剪去辫子，剪辫子已经成为全国大趋势，唯独张勋不以为然。

在张勋的武卫前军内部，一切与清末无异，所有人一律身着长袍马褂，拖着一条大辫子，仍行跪拜礼，张勋所部因此号称"辫子军"，张勋本人也因此被称为"辫子大帅"。"辫子军"与"辫帅"张勋一样，以有辫子着长袍马褂而引以为自豪。在当时，此举虽说顽固迂腐，但能够有此忠于前主的勇气，矢志不渝，也着实令一些人钦佩。"辫子军"们也因此蛮横无理，往往上车不买票，看戏不掏钱，有管事的出来问，他们就齐刷刷地一甩辫子，答道："我们的辫子就是票"。

张勋本人更是以此为荣，由此在大庭广众之下怒斥皇贝子溥伦："实乃爱新觉罗氏之不肖子孙。"说得溥伦一头雾水，忙问张勋何出此言。张勋答道："宗室剪辫有违祖训，我是汉人，尚能恪守遗训，可你呢？"溥伦冷笑一声，反驳道："可惜你不是清朝子弟。"张勋却理直气壮："臣子臣子，臣即子也。"直说得溥伦羞愧难当。

1913 年 2 月 22 日隆裕太后去世，张勋闻讯悲痛万分，他在兖州设立祭堂，他本人和部属披麻戴孝，并令所部官兵及兖州百姓到祭堂祭奠，行三跪九叩大礼，禁止宴乐 27 日。同时致电北京政府，要求对隆裕实行"国葬"，遵循清朝"大丧"的仪规发丧。

隆裕死后与光绪合葬于清西陵崇陵，当年末"奉安"典礼那天，张勋特地从兖州赶到西陵，身着清朝素袍褂，拖着大辫子，前往致祭。他标准的清朝着装，令前清遗老们刮目相看。当时除了没剪辫子的前清遗老们穿着清朝服装外，剪了辫子的民国大员们也都换上了清朝素袍褂，没有事先换上的，也都特地带着，在致祭前脱下西服，换上清朝素袍褂。

外交总长孙宝琦没有想到还会有这样一出，他的一身洋装在一群长袍马褂中显得格外刺眼，前清遗老梁鼎芬指着他的鼻子痛骂："你是哪国人？你做过大清的官，今天却在先帝先后面前打扮成这个模样，你还有没有廉耻？你是个什么东西！"骂得孙宝琦一句话都反驳不出，只能不停地说："我不是东西，我不是东西……"

张勋手握重兵，对于清朝遗老中复辟分子有着强大的吸引力。当时企图复辟的前清遗老们，大都集中在上海、天津、青岛等地，而青岛人数最多，清朝皇族中颇有影响力的恭亲王溥伟便住在青岛，并与此地的德国人来往甚密，取得了德国人对复辟的支持。溥伟秘密派前清遗老刘廷琛前往兖州，策动张勋发动复辟。

初次见面，刘廷琛尚不明了张勋的立场，素知张勋原为小站宿将，不知是否真的会站出来倒袁，因此先以言语试探。

"听说你与袁项城有袍泽之谊，如今袁项城取清而代之，你怎么看？"

"项城对我有知遇之恩，但今日，我视他为乱臣贼子！"张勋直抒胸臆。

刘廷琛闻言大喜，立刻说明自己此次前来的目的，希望张勋能够站出来领导复辟，张勋欣然应允，暗自庆幸当初没有卸甲归田，如今手握兵权终于派上了用场。

探明张勋的态度后，清朝遗老们迅速做出决定，于1913年4月7日举事，由张勋率部进攻济南，并很快与张勋取得一致。但张勋知道单凭自己一支兵力势单力薄，而为复辟四处奔走的遗老大多是文官，这帮失去官职的刀笔吏与溥伟等皇室亲贵都不堪重任，于是，由溥伟派人前往天津策动实力强大的冯国璋。

冯国璋当时任直隶都督，由于辛亥革命中袁世凯阻止他从汉口打过长江，妨碍了他为清朝建功立业，因此对袁世凯颇有不满。就在袁世凯以无力抵抗南方革命党要挟清朝同意和谈时，冯国璋密报隆裕太后，要求拨付三个月饷银，即率部消灭南方所有革命军。尽管冯国璋因袁世凯的干涉未能如愿，但冯国璋因此被皇室亲贵视为"自己人"。而另一个复辟骨干胡嗣瑗正在冯国璋麾下做幕僚，溥伟派去的人很快与冯国璋取得联系。

但冯国璋并非清朝遗老所期待的中兴之将，也远非张勋那样痴迷于复辟清朝，更看出张勋此举毫无胜算把握，他于是圆滑地表示："我的兵力只占北洋军的十分之二，其他将领都在袁宫保控制之下，现在举事恐怕不是对手，只能先与少轩联系看看。"

在冯国璋婉拒参与复辟的同时，张勋亲自出面策动兖州镇守使田中玉"加盟"。却不料田中玉完全听命于时任北洋军第五师师长的靳云鹏，靳云鹏因此全面掌握了张勋与溥伟等人的复辟计划，他一面加强济南城的守备，破坏兖州至济南的铁路，以阻止"辫子军"北上，一面电告袁世凯。

袁世凯闻讯后曾打电话给冯国璋，令他"悉为堵截"。冯国璋见事情败露，料定张勋不会轻举妄动，乐得两头做好人，一面答应袁世凯，一面指责靳云鹏小题大做。在此情况下，张勋只得收手，策划近半年的"癸丑之役"就这样泡汤了。恰巧当时宋教仁被刺案闹得沸沸扬扬，袁世凯无暇追究张勋复辟之责，张勋因此侥幸逃过一劫。

"癸丑之役"的流产，使张勋反对袁世凯"叛清"的态度逐渐公开，也使准备发动讨袁战争的黄兴对张勋产生了误解，以为同是反对袁世凯，二者的目标相同，必然可以达成统一战线。于是，黄兴派善做说客的革命党人张鸿遇到兖州策反张勋，希望张勋能与革命党人联手，共同对付袁世凯。

张勋一向直率，毫不隐瞒自己的观点，他很干脆地对张鸿遇说："如若黄克强先生愿意随我光复清朝，我将来一定启奏清帝，赦免他昔日'作乱'之罪。"

张鸿遇没有想到，双方的想法竟大相径庭，想要再劝，张勋就摆出送客的架势，张鸿遇只能摇摇头，沮丧地离去。但黄兴仍不死心，在江苏宣布独立后，又亲自致电张勋，请其率部攻打济南。

对于张勋来说，他虽然恨袁世凯逼清帝退位，但更恨以推翻封建统治为目的的革命党人，正是他们给袁世凯制造了机会。在袁世凯与清帝之间他选择清帝，但在袁世凯与孙中山之间他必定选择袁世凯。虽然表面来看，他与革命党人有着共同的敌人，但本质完全不同。

7 月 22 日，袁世凯发布"讨伐令"，任命张勋为江北镇抚使、江淮宣抚使，与冯国璋分路南下，会攻南京。袁世凯还向张勋和冯国璋暗示："先入城者为王"，也就是谁先攻入南京，谁就是江苏都督。

张勋虽接受了袁世凯的命令，但仍念念不忘为复辟清朝而奔走，冯国璋率部南下抵达兖州与张勋所部会师时，张勋试探地问他："华甫，我们可否借此机会，联合起来要挟项城还政于朝廷。如果他不愿意，我们就倒戈北上。"

冯国璋却巧妙地回答："此等大事不策划妥善不能轻举妄动，此时还是应当先帮助项城攻下南京再作打算，到时你当上江苏都督，我回到直隶，可以南北呼应，岂不是可以为所欲为？"

见冯国璋不同意，张勋只好放弃这个想法，一心想着抢占南京。但按袁世凯的预先策划，会攻南京的路线是由津浦、淮扬两路进攻的，淮扬一路费时费力，显然是给津浦一路做助攻。冯国璋所部到兖州后，袁世凯电令冯国璋沿津浦线前进，而把水路——淮扬一路留给张勋。这明显的偏向，让冯国璋不知如何向张勋开口，只好对张勋说："袁宫保计划由津浦、淮扬两路进攻南京，少轩来选择一路吧。"

张勋自然明白袁世凯的用意，也不想为难冯国璋，便爽快地说："我当然走淮扬一路。"

选择了较难走的一路后，张勋更是铆足了劲，发誓要抢先攻进南京。两部在兖州开拔时，冯国璋来向张勋辞行，刚坐下，就有张勋的一名营官闯进来，兴奋地向张勋报告：

"报告大帅，咱们的队伍运完了！冯大帅的队伍乱七八糟的，到现在还没出发呢！您是没瞧见……"

"住嘴！"张勋一声怒吼，打断营官的话，"都是兄弟部队你敢胡说八道！这位就是冯大帅，你给我掌嘴！"

这位营官这才看到坐在暗处的冯国璋，立刻伸手抽自己嘴巴子："小的该死，小的刚才都是胡说八道，请冯大帅大人不记小人过……"

冯国璋的脸色本来青一阵紫一阵的，见营官自己掌了嘴，于是呵呵一笑，挥挥手让营官下去了。

8月11日，冯国璋部抵达浦口。12日，张勋部到达南京郊外的龙潭；14日，张勋指挥"辫子军"和江苏第四师突袭紫金山和天堡城。没想到这一突袭，便拉开了长达一周的天堡城拉锯战，而这场拉锯战打得异常激烈与艰辛，一次次攻陷天堡城，又一次次被讨袁军夺回，直打得尸横遍野血流成河，直到21日晚，讨袁军连向天堡城反攻三次未遂，天堡城才终于攻下，南京城东从此失去屏障。

天堡城之战是"二次革命"中最为惨烈的一场战斗，讨袁军以弱克强，以少胜多，给了"辫子军"以沉重打击。

在"辫子军"血战天堡城之时，冯国璋一直隔江观望，按兵不动。见天堡城终于攻下，才于22日下令渡江，攻打神策门、太平门、仪凤门、狮子山一带。而张勋再次经历了一次大喜大悲——26日，张勋的马队一部攻入朝阳门，张勋欣喜若狂立即电京告捷，岂料电报刚刚发出，其马队便遇到了讨袁军布下的地雷，结果"轰隆隆"一阵惊天动地的巨响，其马队一部全军覆没。望着尸骨狼藉的战场，张勋痛心疾首，欲哭无泪，恨不能飞进城去将讨袁军斩尽杀绝。

8月29日，一个名叫王馨兰的营长向张勋建议，可以采用挖地道埋地雷的办法炸毁城墙。张勋一想有道理，于是立即采纳。31 日地道挖好，果然顺利炸毁太平门的一段城墙，9 月 1 日清晨，"辫子军"攻入太平门，张勋终于得以第一个进入南京城，抢了头功。

张勋治军一向"宽容"，一进城就给"辫子军"放了假。于是，"辫子军"在南京城里烧杀抢掠，奸淫妇女，无恶不作。三天后，冯国璋出面规劝张勋约束部下，张勋乐得自己冶游玩乐，根本不予理睬。于是，冯国璋下令抓捕"辫子军"数百人，造成两军持枪对峙街头的局面。后来到南京助战的海军首领刘冠雄出面调停，张、冯两部的对峙才得以平息，"辫子军"的恶行也告终结。但此时的南京城已被洗劫一空，无数妇女为逃避被强暴的命运跳进了秦淮河……

率先进城，督军的位子有人

张勋率先攻入南京城，江苏都督已非他莫属，尽管袁世凯一心想把这个重要职位留给他的亲信冯国璋，无奈有言在先，而冯国璋原本是直隶都督，对这个江苏都督并不像张勋那样迫切，因此注意保存实力，攻城并不很积极。冯国璋晚一步入城后，便主动发电给袁世凯，保举张勋为江苏都督。如此一来，袁世凯只得暂时委任张勋为江苏都督，待有机会再做调整。

由于"辫子军"在南京城横行霸道，张勋不仅与冯国璋闹了些不愉快，还因"辫子军"杀死了三名日本人闹出了"国际纠纷"。但张勋对这些毫不在意，直到 10 月上旬阮忠枢专程来到南京拜访，张勋才知道自己闯了大祸。

阮忠枢时任总统府秘书长，是袁世凯最体己的心腹之一，张勋一见到他，就有种不祥的预感，开门见山地问："你老弟是无事不登三宝殿，说吧，有何指教！"

"说出来你可别不高兴，我知道你这个江苏都督得来不易，可你不该放纵部下扰民，还杀了三名日本人……"

"这事我事先并不知道，事后我也亲自去给日本人赔礼道歉了。"张勋打断道，"再说，那三个日本人该杀，两个帮着国民党人抵抗我'辫子军'，一个未经许可在津浦线上绘制地图，这不是间谍行为吗？"

"话是这么说，但现在日、英、美等国公使发出联合抗议，要求总统处置你，总统也很难办啊。"

"你老弟不妨直说，总统想怎么办？"张勋瞪圆了眼睛。

"总统的意思是，你最好主动递交辞呈，这样……"

"休想！这江山是老子提着脑袋打下来的，休想让我交出去！"张勋一巴掌拍在桌子上，怒吼道，"你以为我不知道袁项城玩的什么花招？"

阮忠枢何曾不知道袁世凯借题发挥，他任命张勋为江苏都督原本就是权宜之计，没想到他这么快就惹出事端，而且是得罪了外国人。如今有外交使团抗议这个借口，袁世凯岂能错过这个机会？但无论阮忠枢如何劝说，张勋铁了心要做这个江苏都督，阮忠枢无可奈何，只好悻悻而归。

袁世凯也担心激怒张勋再闹出事端，于是又相继派出李盛铎、钱能训、刘思源等人前往南京疏通。12 月 16 日，袁世凯调任张勋为长江巡阅使。尽管听起来巡阅使似乎比都督高出一格，但张勋知道这只是个荣誉虚职。长江流域有多个省份，各省都督都把控着自己的地盘，哪个会把他这个长江巡阅使放在眼里？何况他连一个属于自己的合法地盘都没有。为了避免张勋因没有地盘造反，袁世凯指定徐州为长江巡阅使官署及"辫子军"的驻地。

对于袁世凯的任命，张勋相当不满，但此时他的"辫子军"仅有 1 万人左右，没有底气与袁世凯公开抗争，便要求袁世凯给他报销都督府开支 65 万元，又索要了开拔费 50 万元。

1914 年 1 月，张勋率部北上，移驻徐州，临走时将金陵制造局的各种枪炮统统运走，还带走了抢来的大批文物古玩和一台大发电机，徐州自此也有了发电厂。当时徐州很多人亲眼目睹"辫子军"下火车时，不仅个个带枪，而且个个抱着衣物细软，同时从车上搬下大批的家具、盆景、字画以及各种生活用品，甚至连商店的招牌也搬来不少。

随后，袁世凯秘密命令安徽都督倪嗣冲将督属由安庆移到蚌埠，以便监视张勋。张勋调任之后，冯国璋就任江苏都督。此一番调任，使张勋真正认识到，只有扩军，增强实力，才能不被欺负。他利用从南京获取的钱财，大肆招兵买马，在江淮一带收罗了大批散兵游勇，以壮大自己的势力。

1914 年 7 月，袁世凯将各省都督改为某将军督理某省军务，并将各省将军划分为"武"字与"威"字两种，有地盘有兵权的将军冠以"武"字，没地盘没兵权的将军冠以"威"字。为了笼络张勋，袁世凯将其武卫前军改称定武军，授予张勋定武上将军。在六个冠以"武"字的上将军中，只有张勋没有辖区，他驻防的徐州也不属于长江流域。因此，张勋趁机向袁世凯索要地盘，特地拟定一份长江巡阅条例，将长江流域多数省份划归在巡阅之内。袁世凯阅后十分吃惊，立刻批示"该使不宜过劳"，后来不得已，只好将湖南、湖北、江西、江苏、安徽五省的水上警察权交给张勋节制。

有了这五省的水上权力，等于有了五省的水运管理费收入。但这点油水根本满足不了张勋的胃口，他也知道袁世凯欺软怕硬，如今他已有兵力 2.5 万余人，各省将军统兵号称两万，实际不过 1 万左右，另 1 万左右都被将军吃了空额。事实上，除了江苏将军冯国璋之外，张勋的军事实力已超出了其他各省将军。在这种情况下，张勋一不做二不休，干脆自己动手扩充地盘。他先在徐州设立税局，收取税金，又强占了苏北和皖北 20 多个县，以便从当地百姓身上捞取油水，以充军需；又把持了津浦线蚌埠至临城段的一切人事与财务大权。袁世凯任命他这个虚职原本是要削弱他的实力，没想到他凭着自己的实力，凭着"辫子军"的嚣张与霸道四处掠夺与强占，不仅打出了一片稳定的辖区，而且沿长江流域五省驻兵，完全成了凌驾于各省将军之上的超级大员。

就在张勋一心一意发展扩大实力的时候，袁世凯已经开始了复辟帝制的一系列准备工作，如改国务院为政事厅，仿照前清御史台、都察院等官署设立平政院、肃政厅，仿照前清官品制度给官员品定官阶……这种种举措让张勋看得莫名其妙。

"莫不是要还政于清朝？"不知是哪个清朝亲贵或清朝遗老突发奇想，很快便得到大家的认同："不错，看样子是要还政于清朝，否则，袁宫保当了共和总统，没必要使用前朝的机构典章。"

于是，前朝遗老、清朝亲贵个个奔走相告，兴奋异常，为宣传复辟帝制大造舆论。在所有人中，张勋是最积极最活跃的一个。

当时，袁世凯想当皇帝犹嫌舆论不够，突然这么多人出来为复辟造势，自然乐得"笑纳"，因此不反驳、不解释，任这些人为复辟出力。直到1915 年 8 月筹安会成立，袁世凯要当皇帝的目的已经公开，这些人才如梦方醒，张勋更是恨得捶胸顿足。

但袁世凯要当皇帝光有舆论不行，还要有人拥戴，而在这些"拥戴"的人中，以各地实力派军阀最为袁世凯所重视。在奉天将军段芝贵及其他心腹的秘密活动下，各省将军被授意通电"劝进"。慑于袁世凯的权势，各省多数军政大员明哲保身，纷纷表示拥护变更国体。到 9 月初，由段芝贵奔走促成的 19 将军联名致电袁世凯，劝其"速正大位"，已经代表了"广大人民的愿望"。

按说袁世凯可以面南称孤了。但令人遗憾的是，还有为数不多的几人迟迟不肯表态，而这几人却是重量级人物，是有资本和能量与袁世凯抗衡的人物，且都把控重要战略要地。其中有位居西南的广西耀武上将军陆荣廷；有袁世凯的北洋军重要将领，位居东南战略要地的江苏宣武上将军冯国璋；占据交通要塞与袁世凯处处不合拍的定武上将军张勋更是首当其冲。

张勋与冯国璋联合致电政事堂与统率办，对段芝贵等人的行为提出质疑，称"征询"各省将军对改变国体这等大事的意见，"理应由国务卿定稿领衔"，"提交参政院代行立法院公议，以昭公正"，而不应由三五人私立团体操作运行。此电无疑是给袁世凯出了一道难题，袁世凯岂能想不到由国务卿领衔劝进名正言顺，怎奈身为国务卿的徐世昌反对帝制，非但拒绝领衔劝进，而且乘机辞去了国务卿之职。

徐世昌虽政治影响大，但一介文人，对袁世凯构不成威胁。冯国璋与张勋则不同，两人分别是北洋军中实力较强的将军，如若两人携手合作，后果不堪设想。早在张勋第一次预谋复辟帝制失败时，袁世凯就对冯国璋有所怀疑，尽管不敢断定冯国璋是否参与其中，但起码有知情不报之嫌。所以，袁世凯经常借机挑拨两人的关系。"二次革命"攻打南京时，袁世凯便故意公开偏袒冯国璋，将一路通达的津浦路给他，而将水陆兼程一路坎坷的淮扬路留给"辫子军"，并有言在先"先入城者为王"，此举就是为了激起两人的矛盾。

好在两人对袁世凯的这些伎俩心知肚明，也是袁世凯疏忽，对身为直隶都督的冯国璋来说，江苏都督的诱惑力远不如保存实力更重要。尽管冯国璋早一天到达上海，却驻足浦口隔岸观火，看着晚一天到达上海的张勋与讨袁军浴血奋战，并亲自致电袁世凯为张勋请封江苏都督。张勋驻防徐州后，有一次专程到南京拜访冯国璋，冯国璋在府中大摆筵席，席上张勋借着酒兴，用半开玩笑的口气对冯国璋说："你知道我此次为何而来？"

冯国璋摇摇头。张勋拿出一张袁世凯发给他的电报，递给冯国璋说："哈哈，我是奉命来监视你的！"

冯国璋微微一笑，没有回答，他起身走进内室，不一会儿也拿着一张电报出来，竟和张勋那封一模一样，只不过名字颠倒了一下："你看，总统也让我监视你呢。"说罢，两人同时哈哈大笑。

如今，令袁世凯担心的事终于还是发生了，张、冯二人最终站到了同一战线，站到了袁世凯的对立面，袁世凯只好再次派阮忠枢南下游说。阮忠枢先到徐州见张勋，说了一番实实在在的道理，令张勋不得不改变主意。阮忠枢说：

"如今复辟帝制的准备工作已经做得差不多了，各省将军已有十之八九通电拥护总统称帝，即使你和华甫兄不表态，他还不照样做皇帝吗？有朝一日他登基面南称孤，你不称臣么？何必要撕破脸反对到底呢？何况你一向讲义气重情义，怎么不顾念一下他对你的提携之恩……"

这一番话说得张勋无言以对，不得不认同阮忠枢说得有道理，既然阻挡不了袁世凯称帝，而又不得不称臣，何必要反对呢？就算造反也不是一句话的事，何况凭他和冯国璋的兵力也不是袁世凯的对手。袁世凯就任大总统时，曾拟定一个《清室优待条件》，保留了清室小朝廷的存在和溥仪的帝号，这在张勋看来，是为日后恢复清室统治创造了条件。张勋最担心的就是袁世凯自己做了皇帝，而将整个清室社稷彻底摧毁，因此他向阮忠枢提出两个条件：

一、可以不反对袁世凯称帝，但拒绝公开发表拥戴电，只向袁本人致电表态。

二、袁世凯称帝后，保证不废除宣统帝号，保证清室小朝廷的一切礼遇与优待条件不变。

"好，一切照你老兄说的办！"阮忠枢一口答应。他知道袁世凯原本也没指望张勋公开通电"劝进"，只要他起码做到不公开反对；至于对清室的条件，当初拟定时便有冯国璋等人出来说话，想必袁世凯不会为了这点琐事招惹众怒。

做通了张勋的工作，阮忠枢又去了南京，以同样的办法说服了冯国璋。9月下旬，冯国璋致电袁世凯："俯同民好，早定大计，而奠久安长治之基。"张勋也跟着致电袁世凯，在强调一番清室优待条件不可变更之后，也表示"俯同民好，早定大计"。

1915年12月12日，袁世凯正式宣布接受帝制，随后进行大封爵，分别授予冯国璋、张勋一等公爵，然而张勋坚辞不受。

徐州会议，黄绫缎签字为证

就在袁世凯大封爵的时候，云南首先宣布独立，蔡锷、李烈钧等人在云南组成护国军，兵分两路进攻四川与广西，打响了护国战争第一枪。紧接着，贵州、广西相继宣布独立，西南三省连成一片，反袁势力迅速扩展。而北洋军内部四分五裂，前方战场连连失利，刚刚当上皇帝的袁世凯急得焦头烂额。为了扭转局面，袁世凯想起了实力强大的"辫子军"。于是，阮忠枢再度南下徐州，动员张勋参战。

阮忠枢一到，张勋便立刻明白了他的来意，他说："要我参战可以，但我需要招兵十营，请中央拨发军饷与购买武器弹药的款项500万两白银。"

阮忠枢见张勋狮子大张口，知道他心里有怨气，故意扯皮，只好陈述袁世凯如今的难处，不料张勋火气更大："皇帝若真有难处，怎么会给叛军拨款？"

这一问让阮忠枢哑口无言。原来云南独立后，袁世凯曾电令贵州将军刘显世抵抗护国军进攻，刘显世乘机索要军饷 30 万元，但军饷一到，刘即倒戈加入护国军行列，宣布贵州独立；袁世凯又电令广西将军陆荣廷出兵讨伐云南，陆荣廷胃口更大，张口就是 100 万军饷，外加 5000 支步枪，袁世凯只好满足其要求，不料陆荣廷紧步刘显世后尘，钱款、枪支到后非但不出兵，而且宣布倒戈独立。袁世凯转而求助东北奉军张作霖，张作霖胃口小了许多，只要军饷数十万，但随后授意奉天商绅联名致电袁世凯，称：为保东北局势安定，奉军不能离开东北。

张勋虽看似憨直，但不会做冤大头，发了一通牢骚后拒绝出兵，令阮忠枢无功而返。袁世凯听了汇报怒不可遏，当即命令其亲信马龙标南下徐州，以"帮办军务"之名分割张勋的兵权。张勋岂能不知袁世凯的用意，干脆闭门不见，令这位"帮办"万分尴尬，只好原路返回。袁世凯见张勋如此嚣张，实在咽不下这口气，决定撤销其本兼各职。阮忠枢闻讯，忙提醒说："这个时候西南方正乱，万一少轩不服起兵造反怎么办？"袁世凯只好作罢。

但张勋并没有就此罢休，1916 年 3 月 20 日，冯国璋拟定要求袁世凯"迅速取消帝制，以安人心"的密电，征求张勋意见，张勋当即表示同意。冯国璋又联系山东将军靳云鹏、浙江将军朱瑞、江西将军李纯，以五人名义联合发表"密电"，以征求各省将军意见，逼迫袁世凯取消帝制。时称"五将军密电"。

但未等各省将军联合逼宫，"五将军密电"便被直隶将军朱家宝转呈了袁世凯。此五人都是袁世凯一手提拔起来的，如今联合反袁，令袁世凯痛心不已。3 月 22 日，袁世凯被迫取消帝制，但仍希望继续担任大总统。

在抵制袁世凯称帝过程中，张勋与冯国璋联手可谓配合默契，但在帝制撤销后的一系列问题上，尤其在袁世凯是否继续担任大总统的问题上，两人各怀目的，出现了不和。4 月 11 日，冯国璋派人找到张勋，将他和江苏巡按使齐耀琳拟定的"八条调停时局的办法"拿给张勋过目，希望作为冯、张及安徽将军倪嗣冲三人的意见向即将召开的南京会议上提出。

张勋接过信函，展开逐一阅读，觉得八条中有明显的取悦南方革命党的意思，张勋反袁是为了复辟清朝政权，绝不是为了讨好革命党。反复斟酌之后，他毫不客气地在上面做出修改。

第一条"承认袁世凯总统地位",改为:"遵照清室赋予'组织共和政府全权'原旨,承认项城仍居大总统之地位"。张勋认为,在复辟清朝条件尚未成熟之时,由袁世凯继续做总统对复辟来说是最好的选择;第二条"重开国会",在前面上加了"慎选议员"四字;第三条"惩办祸首"改为"惩办奸人"。因为祸首仅指倡导袁世凯复辟帝制之人,但奸人则可以包含国民党人与进步党人。张勋的此番修改,体现了他对革命党人的痛恨远远超过复辟分子。

冯国璋看过张勋的修改,一时啼笑皆非,但为了拉拢张勋,只好硬着头皮将这"八条"发布,结果招致一片反对声。

此后,冯国璋又对"八条"进行了反复推敲与修改,其中把第一条改为:民国中断,大总统地位已消灭,副总统亦当同归消灭。暂时承认袁世凯为大总统,待新国会组成后,由袁世凯提出辞职,重新选举大总统。5月1日,冯国璋将修改后的"八条"以个人名义公开发表,一时舆论大哗。

张勋直到这时方恍然大悟,虽然冯国璋和他一样都赞成袁世凯任过渡期总统,但两人背后意图却大相径庭。张勋的意图自然是复辟清朝,但冯国璋反对黎元洪以副总统身份继任总统,又讨好南方国民党人,是想通过国会重新选举,达到自己当大总统的目的。

为了这个目的,冯国璋携倪嗣冲于5月5日亲赴徐州,请张勋与倪嗣冲一起,与他共同发起南京会议,召集未独立各省"开会协议,共图进止"。张勋认为这也是为复辟帝制造势的好机会,于是当场答应,并决定派他的秘书长万绳栻参加会议。

当日,张勋在官邸设宴招待冯国璋与倪嗣冲,三人一致表示要精诚团结,开好南京会议,并为此于5月6日义结金兰,然后联名通电各未独立省,派代表参加南京会议。

岂料这三人表面一团和气,背后却各怀鬼胎,冯国璋想借南京会议确立其在未独立省的盟主地位,为日后召开国会当选总统奠定基础;倪嗣冲则是效忠袁世凯专为袁世凯留任大总统而来;张勋自然是想为复辟清朝造势,以达到最后逼袁让位于清朝的目的。如此三个主办人,会议如何能顺利进行?

　　果然，会议还没开始，形势就变得复杂起来，原定于 5 月 15 日召开的会议，因各省代表迟迟未到，推延至 18 日才举行。会议第一天，冯国璋被顺利推举为主席，而会议形势对冯国璋来说也是一片大好，首先是山东将军靳云鹏的代表丁世峄慷慨陈词，坚决反对袁世凯做大总统，各代表纷纷附和，主张袁世凯退位的舆论一下子占据上风。

　　从第二天开始，会议形势急转直下。倪嗣冲受袁世凯指派亲自出场，一开始便抢先发言，承认袁世凯的总统地位。尽管山东将军靳云鹏等人不甘示弱，但始终不能再占上风。不仅如此，倪嗣冲还动员各省以武力对抗护国军，会议完全脱离了冯国璋的掌控。而万绳栻见会议上根本没有机会提出"还政于清廷"的建议，所以干脆和倪嗣冲一起破坏会议，询问各省能出兵多少攻打南方，会议主题一下子由袁世凯是否继续做总统，转到了对南方用兵。倪嗣冲和万绳栻的联手，让支持袁世凯退位的代表们一时不敢说话，有些代表甚至改变初衷，转而站到了倪嗣冲、万绳栻一边。

　　冯国璋见局势大变，示意靳云鹏等人提出让南方独立各省代表参加会议，他本人则以大会主席的身份站出来支持此项提议。因南方各独立省公开反对袁世凯继续担任大总统，冯国璋想通过他们参加会议增加对自己的支持。但南方独立省代表早就对冯国璋的"八条"不满，又怎会参加会议呢！

　　在这种情况下，张勋于 25 日和倪嗣冲联合发表通电，谎称南京会议上冯国璋主张以武力攻打南方，各未独立省代表也都取得一致，以此破坏冯国璋与南方独立省的关系。冯国璋对此异常气愤，却有口难辩。28 日，张勋又以个人名义公开通电宣称：定武军（即"辫子军"）可出兵 3 万，奉军可出兵 2 万，豫皖两省可各出兵 1 万，加上其他未独立各省总共可出兵 10 万……

　　张勋连续通电，致使南京会议完全背离冯国璋召开此次会议的初衷。冯国璋怒不可遏，却又束手无策。远在北京的袁世凯对这一切了如指掌，对张勋的表现大加赞赏，没想到这个极少按常规出牌的张勋今朝帮了大忙，立刻电召他北上商议解决南方问题，以示重视与恩宠。

　　张勋欣然北上，由于在对付南方这一点上他与袁世凯目的相同，所以希望能够借助袁世凯的号召力，将北洋派凝聚到一起齐心协力攻打南方。然而，走进中南海居仁堂，袁世凯接见他的地点却不是居仁堂内的会客场所，而是大总统卧房。早已听说过袁世凯身体不适，却没想到严重到卧床不起的地步。

见到病榻上的袁世凯，张勋的心里更是凉了大半截。袁世凯面色黑黄，双目深陷，已经瘦脱了原形，与往日判若两人。袁世凯虽然强打精神，但难掩其病入膏肓的状况。张勋知道袁世凯将命不久矣，想到这位小自己五岁有恩于自己的老上司将不久于人世，心中顿生凄凉之感。虽然袁世凯说了些赞扬和鼓励张勋的话，但张勋知道他已经无法依靠袁世凯完成凝聚北洋派、攻打南方的计划。

张勋认为，袁世凯即将离世，北京政坛将出现权力真空，此时正是"还政于清廷"的大好时机。他返回徐州后，立即令万绳栻邀请参加南京会议的各省代表到徐州开会，准备共同商议"还政于清廷"之大计。此时，南京会议上争论不休，冯国璋已无法控制，只好于 30 日宣布散会。

然而，就在张勋等候各省代表前来徐州开会时，6 月 6 日，袁世凯去世了。这个突然的变化完全打乱了张勋的计划，各省代表急于回省应付局势突变，最终到徐州参会的只有七省代表。而袁世凯去世当天下午，北京政府在段祺瑞、徐世昌等人的操纵下，即宣布由副总统黎元洪继位，北京政权落入段祺瑞之手。由于黎元洪是武昌起义时革命党人推举的大都督，不可能"还政于清廷"，段祺瑞则是当年出面逼清政府退位的主要干将，他更不可能会答应"还政于清廷"。在这种局势下，"还政于清廷"已成为天方夜谭。

即便如此，张勋还是坚持在 6 月 9 日主持召开了第一次徐州会议，他不会因为形势突变而放弃复辟，会议上他没有明确提出"还政于清廷"的主张，他此时要做的，就是凭一己之力将北洋军阀聚拢到一起，然后伺机而动。此次会议的议题便转为加强北洋内部团结，共同对付南方。会议举行了三天，七省代表一致通过了"会议要纲"十条，包括：坚持优待清室条件不变更；北洋各省联合胁迫南方独立各省取消独立，否则将以武力解决；抵制迭次倡乱的一般暴烈分子参政即公开反对国民党人参政等。此次会议实际形成了以张勋为首的北洋各省大同盟。

第一次徐州会议的成功召开，令张勋欢欣鼓舞，想冯国璋大费周折举办南京会议，最终以失败告终，这岂不是说明张勋比冯国璋更具号召力？

而张勋的号召力，一方面来自他的资历和实力；另一方面，张勋自认为来自其所持道义的崇高。同年7月，段祺瑞以国务总理名义任命张勋为安徽督军，令张勋大受鼓舞。此时的张勋不免有些自我膨胀，觉得作为北洋军人中的老大哥，有资格出来充当北洋集团盟主，将北洋势力凝聚到一起，共同对付南方革命势力，然后再谋复辟清室。

9月21日，第二次徐州会议在张勋的运作下顺利召开，参会代表由七省扩大到13省，会议成立了十三省督军团，正式推举张勋为督军团大盟主。会议就各省督军如何干预国会立法与反对国民党阁员履行职权，展开讨论并达成共识。

1917年1月到5月，张勋又连续两次召开徐州会议，尤其5月22日举行的第四次徐州会议，在"府院之争"日趋白热化的背景下，除了段祺瑞、冯国璋及少数几个省派代表出席，大部分省都是由督军、省长亲自出席会议，可谓盛况空前。

此次会议主题围绕扳倒总统黎元洪展开，特别是5月23日段祺瑞被黎元洪免职的消息传来，与会人员怒不可遏，倒黎决心更加坚定。由于袁世凯死后，北洋内部逐渐形成直、皖两系，所以会议讨论到黎元洪下台后由谁出任总统时，直系督军与代表便纷纷支持冯国璋，皖系督军与代表则纷纷支持段祺瑞，其他人则支持徐世昌，一时意见难以统一。张勋见时机成熟，很干脆地提出"还政于清廷"的口号，并说：

"共和民国的《约法》规定，总统只能由国会选举产生，各省督军、省长并没有选举总统的权力。各位若想办共和选总统，只有辞了督军去当议员。"

张勋一语切中各省督军、省长的痛处，在共和体制下，他们的地位岂不是还不如一个国会议员？再加上他们深感无法就谁继任总统一事达成一致，还不如"还政于清廷"，谁也占不了便宜。安徽省长倪嗣冲首先响应，带头表示："我赞成少轩大哥的主张，什么狗屁共和，连我们弟兄说话的份儿都没有，我们也都端过清朝皇帝的饭碗，我赞成复辟！"

"我也赞成！"山东督军张怀芝紧接着举起双手高呼。其他各省督军、省长见状，也都纷纷表示附和。但张勋最在意的还是段祺瑞的代表徐树铮与冯国璋的代表胡嗣瑷的态度。胡嗣瑷本身是复辟分子，他本人的观点自不必说，但作为冯国璋的代表，他表达的是冯国璋的态度。毫无悬念的，这两人皆举双手赞成。

张勋见众人皆支持复辟，大喜过望，但空口无凭，需立字为证，立刻吩咐下人将大姨太邵雯预备给少爷压邪祟用的黄绫缎取来，令秘书长万绳栻在上面写下誓词，大意为：众人愿以盟主张勋为首，会后即宣布独立，以此扳倒黎元洪，再同心协力"还政于清廷"。在此复辟过程中，大家必须步调一致，任何人不得中途反悔或退出，否则定群起而攻之。

接着，由各督军、省长或代表轮流在上面签名，徐树铮与胡嗣瑷也都毫不犹豫地签了名，并保证段祺瑞和冯国璋二人就算不公开表示支持，也绝对不会对此提出反对意见。看着与会者一个不落地在黄绫缎上写下他们的名字，张勋心满意足地收起黄绫缎，交给万绳栻妥善保管。接着，张勋大摆筵席，为第四次徐州会议的圆满结束而大举庆祝。

然而，沉醉在喜悦中的张勋做梦也不曾想到，这个"还政于清廷"的主张被徐树铮利用了。徐树铮知道张勋念念不忘复辟，会议之初便和倪嗣冲密谋，由倪嗣冲带头响应张勋复辟，以借助张勋的力量扳倒黎元洪，而张勋复辟清朝定然不得人心，然后再名正言顺地将其打倒，段祺瑞恢复政权便水到渠成了。

因此张勋提出"还政于清廷"的口号后，在倪嗣冲带头响应的同时，徐树铮推波助澜，利用段祺瑞对各省军政长官的影响，促使与会人员在黄绫缎子上顺利签字。

万事俱备，徐树铮再送东风

第四次徐州会议结束后，各省督军按照会上的议定纷纷宣布独立，陷入四面楚歌之中的大总统黎元洪即想到保持中立的"辫帅"张勋。由于此前张勋曾电告黎元洪，表示随时可以奉总统之命，北上维持治安。6月1日，黎元洪即电召张勋入京。

张勋以"调解人"名义北上，自然不宜带过多兵力。但张勋此行目的是复辟帝制，此等大事兵力少了自然不行，于是与其心腹、"辫子军"总司令张文生商定，到京后，若需调兵北上，便以兰花为暗语，一盆兰花相当于一个营的"辫子军"，需要几个营"辫子军"，便发电说需要几盆兰花。由于徐州距离北京铁路运输不过一日多行程，而山东督军张怀芝赞成复辟，运输不会发生障碍，所以张勋认为调兵计划万无一失。

布置好这一切，张勋还是不放心，又修书一封派人送到南京交给冯国璋，以确定冯国璋是真的支持复辟。冯国璋以秘书长胡嗣瑗代笔，表示："谨当追随其间，遇事总与我兄取一致行动。"得到冯国璋的许诺，张勋这才坚定步伐，于6月7日率10个营，即4000人的"辫子军"北上。

为稳妥起见，张勋到天津后暂作停留，首先去拜见段祺瑞。虽然张勋一直看不起没有打过硬仗的段祺瑞，但段祺瑞在京津的影响非同小可，在各省督军中也影响极大，这是张勋必须得到段祺瑞支持的重要原因。然而，第一次拜见段祺瑞，段祺瑞对倒黎举双手赞成，说到复辟，段祺瑞忽然说："我反对袁项城搞复辟，自然也会反对你搞复辟。你敢让小皇帝复位，我就敢派兵打你。"

这话让张勋呆愣半晌，不知道是徐树铮在会上的表态是真的，还是现在段祺瑞的态度是真的。但第二次去拜见段祺瑞，段祺瑞的态度便模棱两可起来。6月13日，张勋邀请段祺瑞赴京"共筹国是"，段祺瑞婉言谢绝，但对复辟之事不置一词。

与此同时，张勋还拜访了徐世昌，想请徐世昌出任复辟后的首辅大臣。本来张勋的部下都希望张勋出任首辅，但张勋头脑很清醒，知道在此时这种军阀混战的局势下，由武人出任首辅大臣必然导致其他武人的不服，若想让各方都满意，就必须推举出一名文人，由实力相当的武人共同参政局面才能摆平。而这个文人既要赞成复辟清室，又要在政界有一定的威望，那么这个人非徐世昌莫属。因为此前徐世昌曾先后两次蓄谋复辟清室，只是因为种种原因未能成功。

然而，当张勋登门拜访徐世昌并说明来意后，徐世昌却以"身体微恙，无法受此重托"为由，婉言谢绝，任凭张勋磨破嘴皮，徐世昌坚辞不就。

连碰两颗钉子，让张勋心中愤懑不已。令他更为出乎意料的是，当他一肚子沮丧地回到家中，一进门竟见到大厅里黑压压跪着一片人，仔细一看，全部都是他的妻妾儿女，带头的竟是正房夫人曹琴。曹琴跪在他面前，高声劝道："请大人即刻带兵返回徐州，千万不要去北京搞复辟，以免招致灭门之灾！"

曹琴话音一落，跪在她身后的几房姨太太与一大帮儿女都不约而同地说："请大人返回徐州吧！"

张勋顿时心头火起，心想复辟尚未开始，就说什么灭门之灾，纯粹是在给他念丧经。但张勋不能发火，尤其对曹琴，他虽然接二连三地纳妾，把曹琴晾在一边，但他对曹琴却是非常敬重的，两人多年来相敬如宾，可以说从来没有红过脸。曹琴性格宽容大度，对各房姨太及子女关心爱护，一视同仁，在家里威望很高。并且对张勋的部下多有约束，在"辫子军"中也素有威望。曹琴自打到天津后便开始识字，早已能读书看报，不仅掌管着张勋在各地的产业，而且对国内政治、经济情况也了如指掌，她认为复辟帝制成功无望，因此多次对张勋进行规劝。张勋知道她是完全出于对这个家的保护，怎么能责怪她呢？

但是张勋不知道，曹琴见规劝毫无作用，早已背着他派堂侄南下拜谒孙中山，携30万元赞助国民党革命，表示张家除张勋以外全部赞成共和，希冀万一张勋复辟失败，可以避免祸及子孙后代。

虽然张勋表示考虑曹琴的话，对妻妾子女做了一番搪塞，但在天津的接连碰壁使他最终决定放缓复辟步伐。然而，对于解散国会，张勋是义无反顾的。早在6月8日晚上，张勋已经向黎元洪发出进京"调停"的六个条件，其中之一便是解散国会，并于第二天派先头部队开赴北京。黎元洪直到这时才知道自己搬来的不是什么救星，为此后悔不迭，但悔之已晚。6月12日，黎元洪被迫下令解散国会。

张勋在决定放缓复辟步伐之后，决定扶持李经羲内阁。李经羲是李鸿章的侄子，曾在清末出任云贵总督，早在5月下旬众议院、参议院已先后通过李经羲为国务总理的同意案，但由于北洋各省纷纷独立，李经羲吓得躲进天津租界不敢上任。

6 月 14 日，张勋偕李经羲离开天津，开赴北京。到达北京后，张勋首先前往拜见黎元洪。黎元洪本以为张勋会复辟帝制，不料张勋不仅没有复辟，反而带来李经羲组织内阁，还通电督军团各省取消独立，拥护中央，共同制定宪法。见张勋有意继续共和，黎元洪一扫几日来的满面阴霾，热情款待张勋，并提出重开国会。不料张勋却对国会极为反感，断然反对。但想到段祺瑞被赶下了台，而自己的总统地位也没有受到威胁，虽然没有国会，但仍是共和制，黎元洪倒也想开了，不再纠缠重开国会的问题，随后下令由李经羲出任国务总理兼财政总长。

张勋到京的第三天即 6 月 16 日，他恭恭敬敬地入宫给溥仪请安。行跪拜大礼后，张勋阐述了自己复辟帝制的理想。就在张勋侃侃而谈时，却见溥仪连连摇头，张勋没有料到溥仪会有这样的反应，连忙问：

"难道皇上不愿意复辟？"

"师傅每天都要给朕讲经史诗文，朕的时间被课业排得满满的，实在没有时间理会其他事。"11 岁的溥仪天真地回答道。

"皇上再即帝位，必然要管理国家大事，不会有那么多时间读书了。"张勋恳切道。

"不用读书了？这是真的吗？"溥仪高兴地问，"既然如此，就有劳爱卿为复辟奔走了，朕会听爱卿的安排。"

接下来，溥仪按照师傅陈宝琛所教，询问张勋近况，对张勋表示关心，又对张勋的忠心大加赞扬，还给予张勋丰厚的赏赐，这些无不让张勋感激涕零，复辟之决心愈加坚定，也更加小心翼翼。他知道复辟一事绝不能操之过急，要充分准备，稳步运行，特别是必须确保北洋内部的意见统一，决不能重蹈袁世凯复辟失败的覆辙。

然而在这个时候，段祺瑞却急红了眼。他原以为张勋进京便会复辟，黎元洪便顺理成章地下台了。而张勋复辟不得人心，讨伐张勋便有了名正言顺的理由。如此一来，北京政权就会重回他的手中。然而，如今眼看着李经羲的国务总理越做越顺手，北京政府由黎元洪和李经羲共同执政，局势一天天稳定，张勋却没有丝毫复辟帝制的征兆，段祺瑞怎能不焦急万分？万一张勋放弃复辟，那么他岂不是真的要退出政坛，告老还乡？

段祺瑞立刻密电各省督军，鼓动他们通电反对李经羲组阁，同时派心腹大员徐树铮赶赴北京，给张勋复辟再烧一把火。见到张勋，徐树铮开门见山："芝老让我转达大帅，只要扳倒黎元洪，他一定全力支持复辟。"

听到这里，张勋情不自禁地笑了。段祺瑞终于正面表态，令张勋大受鼓舞。当时近畿驻扎军队有三四万人，尽管这些人不归段祺瑞指挥，但段祺瑞曾长期出任陆军总长，想必直接或间接地调动这些军队不成问题，而张勋自己只带了4000人的兵力，令张文生增援毕竟有个时间差。如今段祺瑞直接表态，解除了他的后顾之忧。

就在此时，徐世昌的亲信、复辟分子雷震春、张镇芳从天津来到北京，复辟分子、冯国璋的秘书长胡嗣瑗也从南京赶来，三人与万绳栻聚集到一起，开始给张勋复辟煽风点火。为了尽快促成复辟，他们还请来了保皇党党魁、号称"文圣"的康有为，由他来筹办各种与复辟相关的文电公案。

张勋身边聚集了这样一群复辟分子，每日在南河沿张府里，一边给张勋吹风打气，一边紧锣密鼓地进行着复辟的准备工作。6月28日，雷震春、张镇芳告诉张勋，为防万一，已联系好数倍于北上"辫子军"的奥援兵力，其中包括近畿两个师，驻廊坊与丰台各一个旅，奉天一师二旅，完全没有必要从徐州调"辫子军"增援，并对张勋说："康有为进京，京师已无人不晓，复辟之事已是尽人皆知，如今一切准备就绪，应及早行动成就复辟大业。"

张勋在没有对雷震春、张镇芳所言"奥援兵力"做出调查核实的情况下，便相信了他们的话，认为复辟时机已到，开始商议复辟细节，并拟定7月1日举事。

然而，张勋的大姨太邵雯很快觉出情况不对，断定这群热衷复辟的人物整日聚在府上肯定没好事。来京前，她受曹琴嘱托，一定想方设法阻止张勋复辟，以免祸及全家。如今她感到张勋举事在即，于是缠住张勋，非要张勋放弃复辟不可。邵雯的吵闹声惊扰到张勋的其他妾室和儿女，众人再次跪在张勋面前，求张勋放弃复辟。张勋被逼无奈，知道发火恐吓已无济于事，只好违心应付几句。

6月30日晚，又有"辫子军"统领苏锡麟进府劝谏。由于当天傍晚张勋密令驻天坛"辫子军"分两路进城，并于 7 月 1 日一早悬挂黄龙旗，苏锡麟方知张勋一意孤行。早在第四次徐州会议上，张勋手下头号大将、定武军总司令张文生即窥破徐树铮与倪嗣冲的密谋，方知他们背后推动各省督军支持复辟并签字的目的。但提醒张勋后，并未引起其重视。因此张勋进京之前，张文生嘱托苏锡麟代为劝谏。

如今复辟在即，苏锡麟唯恐张勋落入段祺瑞设置的陷阱，急忙赶回南河沿张公馆，劝谏张勋说："大帅，徐州会议各省督军签字赞成复辟，是个骗局，是徐树铮幕后操纵的。出发前张文生要我劝阻大帅，千万不要上当！"

但张勋为即将实现复辟清朝的喜悦推动着，已经顾不了那么多了，何况箭在弦上已经不能不发，已从青岛赶来的前清遗老刘廷琛也等得不耐烦了，于是他对苏锡麟说："事到如今，我不能辜负皇室亲贵和前清那帮遗老的信任，大家把希望都寄托在我身上，我不能说话不算数。再说这是我后半辈子的愿望，现在不办以后就没机会了。就是他们骗我，我也只能再做一搏了。"

苏锡麟见张勋主意已定，只好返回所部准备与张勋共赴劫难。张勋为避免发生意外，立即电令张文生："速送 24 盆兰花进京。"然后秘密进宫，与总管内务府大臣世续、溥仪的师傅陈宝琛及刘廷琛召开了"御前会议"。

7 月 1 日凌晨，张勋身穿清代朝服朝冠，带领刘廷琛、康有为、王士珍、万绳栻、胡嗣瑗、雷震春、张镇芳等众多部下和复辟分子乘车进宫，正式拉开了大清皇帝复位的序幕。

复辟七日，"辫帅"做了阶下囚

按照"御前会议"所定，11 岁的溥仪被请到养心殿，张勋率众人向溥仪行三跪九叩大礼，然后讲了一些复辟的必要性，恭请溥仪复位。

溥仪按照先前师傅陈宝琛所教，谦虚了一番，无外乎"朕年当幼冲，德薄能鲜，难以堪当如此大任。"张勋立刻吹捧，将康熙幼年登基与溥仪相提并论。溥仪又谦虚一番，然后便端出师傅教给他的最后一句话："既然如此，朕就勉为其难吧！"

张勋听后大喜，恭恭敬敬退出养心殿，又依次叩拜了四位皇太妃，向她们阐述复辟宣言。然而，令张勋始料不及的是，皇太妃们乍一听都很高兴，但随即一想便觉得事情不那么简单，瑜妃首先表示反对："如今正值内忧外患之际，皇帝又尚在冲龄，贸然复辟恐怕会招来祸端啊。"

其他太妃也都随声附和："对啊，万一复辟失败了，我们这小朝廷也就完了。我们现在不愁吃不愁喝，生活得安稳体面，何必冒这个险呢。"于是，太妃们纷纷要求张勋再次召集"御前会议"，收回复辟帝制的成命，然后请民国政府将对清政府的优待条件写入宪法。可已经走到这一步，就算张勋有心收回成命，也是心有余而力不足。

关于复辟后的大封官，按照张勋等人事先安排，当天溥仪下了八道"上谕"：

封黎元洪为一等公；

授张勋、王士珍、陈宝琛、刘廷琛、张镇芳等七人为议政大臣；

授万绳栻、胡嗣瑗为内阁阁丞；

任命王士珍、张镇芳、雷震春等人分别为各部尚书；

授徐世昌、康有为为弼德院正副院长。

康有为听到任命后当场拂袖而去，张勋只好请溥仪再赏他一个头品顶戴，才算平息了康有为心中的怒火。

此次任命只授总督三人：直隶总督张勋（兼北洋大臣）；两江总督冯国璋（兼南洋大臣）；两广总督陆荣廷。其他各省督军一律改授巡抚。

张勋原以为这样安排能把各方摆平，尤其对黎元洪的安排，当天溥仪曾在养心殿征询张勋的意见，张勋轻松地说："黎元洪奏请退位，皇上准奏便可。"张勋确实已为黎元洪准备好退位的全套文件，但这只是一厢情愿。此前曾有人提议将对政局影响颇大的黎元洪与段祺瑞软禁起来，以免他们做出对复辟帝制不利的举动，但张勋不以为然，认为黎元洪无一兵一卒，掀不起什么风浪，至于段祺瑞，张勋则表示："我与段芝泉多年同袍，此次复辟也多亏芝泉赞同与支持，如若将其软禁，未免不义。"

张勋毕竟是行伍出身的一介武夫，考虑问题未免简单。正是他对黎、段两人这种想当然的安排，导致了复辟后的清王朝过早夭折。

7月1日早晨，北京城内一片"喜气"，家家门口挂起了黄龙旗，从前倒闭的龙旗店纷纷重新开张，一时生意红火，供不应求；成衣铺里的裁缝们忙忙碌碌，赶制清朝服装；估衣铺里的清朝服装，再旧再破的也都被高价购走；戏装铺的清朝戏服更是被抢购一空；更有人做了假辫子沿街叫卖……前清遗老们也纷纷从全国各地涌进北京，为京城平添一份"热闹"，张勋被这种气氛感染，欢欣鼓舞，却不知危机正在降临。

7月2日，黎元洪断然下令罢免国务总理李经羲，任命冯国璋为代理大总统、段祺瑞为国务总理，同时命令段祺瑞出兵讨伐"辫子军"，然后他本人躲进了东交民巷。

消息传来，举朝哗然。张勋这才知道没有软禁黎元洪、段祺瑞，是何等愚蠢！白白送给段祺瑞出师讨伐"辫子军"的正义理由，并且失了冯国璋这个后援，毕竟相对于两江总督，代理大总统的职位更具诱惑力。

7月3日，冯国璋与段祺瑞联名通电，痛斥张勋的复辟行径，并列举张勋的八大罪状；同日，段祺瑞在天津马厂组成"讨逆军"，通电讨伐张勋。此时，张勋尚有一线希望，那便是增援部队。早在举事前一天晚上，张勋已电令张文生"速送24盆兰花到京"，按事先约定，24盆兰花即24营"辫子军"。如今三天过去，想必24营"辫子军"也该到了。

果然，当天傍晚张勋见到了张文生派出的"使者"，但"使者"带来的并非24营"辫子军"，而是整整齐齐24盆兰花，张勋气得当场晕倒。

7月5日，段祺瑞就任国务总理。

7月6日，冯国璋就职代理大总统，宣布撤销张勋长江巡阅使、安徽督军等职，由倪嗣冲继任张勋各职并任"讨逆军"皖晋豫三省联军司令，收编徐州等地"辫子军"两万人之多。直隶曹锟不满只得一巡抚，出任"讨逆军"西路总司令；奉天张作霖亦不满巡抚之职，站到了张勋的对立面。

7月7日，"讨逆军"逼近京城，"辫子军"统领之一李辅廷被"讨逆军"收买，所部2500名"辫子军"不战而降。原定为奥援的驻廊坊、丰台两个旅与"讨逆军"串通一气，拒不听从张勋调遣。同日，"讨逆军"发动了中国军事史上第一次空袭，但因担心影响外国人，只是丢下几颗炸弹以示威吓。

7月9日，"讨逆军"包围了北京城，张勋只剩下统领苏锡麟及所部1500名"辫子军"做困兽之斗。由于南河沿张府距离东交民巷使馆区极近，段祺瑞不敢大肆开火，只好采取分化瓦解的方式，于9日到11日先后三次分别派苏锡麟的拜把兄弟、长亲进行收买，苏锡麟均不为所动。

7月12日，"讨逆军"从三个方向包围了南河沿张府，并与"辫子军"开火对峙。在不绝于耳的枪炮声中，张勋身着清官服，外套黄马褂，稳坐堂屋，岿然不动。任凭哪个幕僚劝说撤退外国使馆寻求保护，张勋均不为所动。

此时张勋的家人只有大姨太邵雯及其子女守在身边，但看着张勋面前桌上的一把刀与一支短枪，邵雯知道张勋已铁了心不做"逃兵"，亦不敢劝说。张勋的妻妾子女除曹琴远在天津外，其他姨太及子女已全部避居荷兰使馆。

幕僚们见劝说无用，只好请京师警察总监吴炳湘出面，与荷兰公使贝拉斯疏通，请他出面解救并护送张勋。由于张勋一向对德国人态度友好，所以在德国人的支持下，贝拉斯派出两名荷兰人，与一名德国人一起，在吴炳湘的带领下，穿过张府外苏锡麟的防线，进入张府。几人进屋后一拥而上，架起张勋就走。张勋拼命挣扎，无奈寡不敌众，气急之下狠狠咬了架着他的荷兰人一口。荷兰人并不在意，硬是将张勋架到门外塞进汽车里，然后穿过火线开进荷兰使馆。

随后，两名荷兰人又返回张公馆，将大姨太邵雯和子女接走。确定张勋及家人安全后，苏锡麟即命令所有"辫子军"解除武装，消弭战火，北京城里安然无恙。此番"辫子军"在北京一改之前的烧杀掠抢，以全新的风貌完成了为期12天的复辟"使命"。

7月17日，北京政府下达了对张勋、康有为、万绳栻、刘廷琛等复辟分子的通缉令。因段祺瑞利用张勋及各省督军倒黎，以达自己重掌中枢的伎俩已被人识破，段祺瑞不得不接受徐世昌的意见，"穷寇莫追"，对张勋"通"而不"缉"。此后，为了恐吓那些尚在蠢蠢欲动的复辟党人，段祺瑞在任国务总理期间，一方面提出要求引渡张勋；另一方面又放手让外交部门与英法等国公使商议，促使荷兰将张勋与万绳栻交给法国，由法国将其流放到印度洋马达加斯加附近的法属雷佑宁岛上。

张勋的心腹之一商衍瀛闻讯，即找到荷兰公使贝拉斯商量对策，贝拉斯提议从中国外交部内部疏通，使中国放弃流放议案，其他国家便不会向荷兰使馆要人，此事也就不了了之了。商衍瀛通过陈宝琛找到外交部次长疏通，此案从此搁浅。

但事实上，张勋被"劫"往荷兰使馆之前，已将各省督军、段祺瑞、冯国璋等人赞成复辟的往来书信等共 72 件，打成一包，妥善保管。只是各省督军签名支持复辟的黄绫缎不在其中，当初黄绫缎由万绳栻保管，冯国璋通过胡嗣瑗以 20 万元的价格从万绳栻手中买走。但 72 件证据已足以对段祺瑞、冯国璋形成震慑。

张勋得知"流放"议案后，放言要将证据公之于世。在此威胁下，段祺瑞等人放弃对荷兰公使要人的计划，而是私下与张勋进行"和解"，最终达成一致，张勋将证据交给段祺瑞、冯国璋都放心的一名法国公使，而冯国璋、段祺瑞签名保证张勋及家人人身和财产安全。

此时，张勋与家人已由荷兰使馆转到德国兵营居住，张勋平时嗜好京戏与赌博，待在偌大而又无其他人居住的兵营里难免寂寞，每天只好与看守他的士兵们推牌九、打麻将。时间一长，这些士兵们不仅学会了各种赌博，而且在赌博中和对张勋一家的照顾中都发了些小财，张勋的日子也过得相对充实了许多。

1917 年末，张勋实际已恢复自由，一家人于 1918 年春节前迁入其把兄弟小德张在北京永康胡同的漂亮宅院。1918 年 10 月，刚刚出任大总统的徐世昌下达了对张勋的"赦免令"。但这道迟来的"赦免令"却被内阁总理钱能训扣压不发。张勋早已恢复自由，对有无"赦免令"浑然不在意，但他的心腹商衍瀛却暗暗着急。

商衍瀛找到钱能训的亲信张寿龄，希望能疏通一下关系，令钱能训早日发表"赦免令"。见面后，张寿龄却不谈"赦免令"，而是谈起了钱能训的房子。他说："钱总理刚来北京，很多事情需要料理，比如他最近忙着购宅子，正好看中了一套，需要3万多元……他最近太忙，所以没有时间处理那个赦免令。"

商衍瀛听罢，呵呵一笑说："这有何难，包我身上了。"他知道张勋耿直、脾气暴躁，绝不会为这个"赦免令"折腰，便直接去天津见曹琴。曹琴二话没说就拿出4万元。商衍瀛拿到钱，很快将钱能训看中的房子买下，于是张勋的"赦免令"终于得以顺利发出。不仅如此，钱能训还发还了政府没收张勋在北京和南昌的两处房产。

痴心不改，遗产千万捐清室

张勋退出政坛后，身边没有了勾心斗角，他的脾气也变得温和起来，人也善于沟通了。住在小德张豪华的宅院里，每日除了叫堂会听京戏，便是与一帮旧友玩麻将、推牌九。此间，张勋还资助了许多江西籍大学生，这些大学生们没事时也会跑到张勋家里与他高谈阔论，张勋也乐于同他们一起讨论时局。

1919年5月4日，这些江西籍大学生和其他爱国学生，跑到赵家楼将章宗祥打得半死，又烧了曹汝霖家的房子，在逃跑时被逮捕了30多人，其中一人便是张勋资助的学生。张勋得知后，立刻给徐世昌打电话，要求将这些学生释放。

张勋不仅资助学生，他还是北京江西会馆、南昌府会馆、奉新会馆的主要捐助人，也为老家奉新县做出过很多贡献。其中在奉新及附近地区修桥造路捐款甚多，还于1906年在家乡兴办小学。家乡闹灾害，张勋定会遣人购买各种物资前往赈灾。而张勋在家乡的田产收入，也基本为救济周围村民所用。并在老家赤田村特设赈济房，供周围贫苦人食宿，周围孤儿寡母每年都可以在这里领到一批粮米油盐，赈济房还定期发放棉衣、蚊帐等物资。

张勋生性质朴，为人慷慨，对朋友、上司讲义气，知恩图报。他发迹后，对当书僮时的主人许振礽及许家少爷，以及塾师刘老先生及后人等多有关照。早在张勋宿卫端门的时候，他早年在中法战争中的上司、广西提督苏元春遭人排挤诬告，被押至北京，定为死罪。苏元春多年的老朋友都怕受牵连，不敢出来替他讲话。但张勋不顾这些，拿出纹银几万两，以苏元春的名义上下打点。他知道时任领班军机大臣的奕劻贪财，首先找到奕劻，捧着纹银2万两，跪地大哭，求奕劻帮忙在慈禧太后那里说情。奕劻见到白花花的银子，果然笑呵呵地答应相助。为稳妥起见，张勋又先后给总管太监李莲英与刑部尚书荣庆分别送去纹银1万两。最终，在众人的劝说下，慈禧下令免去苏元春死罪。

1920年6月，张勋举家迁往天津，住在英租界巴克斯道西口的豪宅里，名为寻求安静的环境，实际也是为了节省开支。张勋虽然资产数额巨大，死后清算有1000万元之多，但此时他毕竟是无所事事，坐吃山空，而他投资的产业又几乎全部亏本，因此他开始注意节减开支。搬到天津后，两处合一，一下子减少了近40名佣人，省下了一大笔开支。

当年秋季，张勋的儿女亲家张作霖为解决张勋的"窘境"，向徐世昌提议，恢复张勋长江巡阅使及安徽督军的职位，并随后亲自赶赴天津劝张勋重新出山。张勋何尝不想重出江湖，但为复辟奋斗多年，理想终难实现，可见谋事在人，成事在天，既然理想已灭，何必为五斗米折腰？他对张作霖说："复辟不成，我心已死，如何还能过问政事？我倒希望你关照一下我那老部下张文生，他现在是徐海镇守使。"

果然，当年9月，张作霖力荐张文生做了安徽督军。此后张勋又把往日的心腹随员商衍瀛、苏锡麟、金梁等推荐给张作霖以扩大奉系实力。

1921年，张勋原来的七辆车已经减少到三辆，张作霖知道后，没有询问张勋便任命他为热河林垦督办，想让他有一份俸禄可吃。然而张勋生性耿介，不愿意接受他人的"恩赐"，断然拒绝了张作霖的好意。

张勋一生有两大爱好，一个是听京戏，另一个便是玩麻将、推牌九。张勋在天津有两幢豪宅，英租界巴克斯道西口的豪宅里有一座戏楼，他和夫人曹琴每年过寿，都要从北京请来大量名伶演出三日。而在张勋的一妻五妾中，二姨太傅筱翠是河北梆子戏名伶，三姨太小毛子也是昆曲擅长者，四姨太王克琴乃京戏名伶。提起纳王克琴为如夫人，张勋颇费了一番周折。

王克琴是民国初年的京剧名伶，在京津沪等地红极一时，其风流韵事更是传得沸沸扬扬。素爱听京戏的张勋，对王克琴崇拜得五体投地，只可惜当时职位卑下，不能把她纳入门下。

转眼到了1914年春天，有一回张勋视察完军营，留在营中和将领们一起吃饭，听到一个将领说湖北都督段芝贵的夫人自缢了，整个汉口都为此闹得沸沸扬扬，张勋忙问因何自缢。那个将领说："还不是因为那个王克琴，前一阵王克琴到汉口演戏，被段芝贵看中带回了家，他的夫人气不过，这不就自缢了。"

"真是天赐良机！"张勋听到这个消息异常兴奋，他发迹后一直在打听王克琴的下落，只可惜杳无音信，如今正是好机会。

第二天，张勋就派人到汉口找段芝贵商量，要段芝贵出让王克琴。段芝贵因为夫人刚刚自缢，已经闹得满城风言风语，他不希望再因王克琴与张勋起争执，毕竟张勋手下的"辫子军"也不是好惹的，索性将王克琴送给了张勋。

张勋轻而易举纳得如此美妾，一时喜不自禁，与王克琴整日厮守。然而只闻新人笑，不见旧人哭，三姨太小毛子曾备受张勋宠爱，如今张勋再纳新妾后将小毛子抛到了一边，小毛子因受不了如此冷落，整日抑郁寡欢，不久便患上眼疾，于1915年春天去世了。

或许出于对小毛子的愧疚，张勋特别宠爱小毛子所生的长女梦缃，经常把梦缃带在身边。而张勋为四姨太失去了三姨太，四姨太王克琴对张勋却并无多少爱意。张勋复辟失败后，避居荷兰使馆时，王克琴便与人私奔了。

张勋的五姨太叫吕荼香，是大姨太邵雯的使女，因为长相清秀，性格温柔，被张勋纳为第五房姨太。

关于张勋的子女，有一个很奇怪的现象，那就是他的九男五女均是58岁以后所得。不过这个现象也不难解释，一方面张勋发迹较晚，他的姨太太大多为发迹后所纳。妻子曹琴曾生有一子，但未及满月便夭折了，而曹琴从此便不曾再育。

张勋得子较晚还有一个原因，就是他早年喜好男色。他喜好的男色，主要来自于之交往的名伶与部属。据说在张勋的部属里，有阎姓人士和陈姓人士皆为相公出身，两人身边经常跟着几名娈童，这些娈童把脸擦得比女人还白，而且除了辫子还留着刘海，常常穿着桃红色的袍子，见人即低头浅笑。

好在张勋复辟失败后，赋闲在家，部属没有了，接触名伶的机会也少了，这才把精力用在妻妾身上，于是晚年得了众多子女。他每日除了听京戏、打麻将或推牌九之外，便是与子女们嬉戏玩耍，其晚年生活过得好不乐哉。

然而，就是这些给他晚年带来快乐的儿女们，却在1923年春天，一个个患上猩红热，一个个离他而去……仅仅一个月时间，他的次子梦洙、三子梦江、六子梦清、次女梦绮、三女梦织、四女梦䌹接连病逝，眼看着年幼的孩子一个接一个地倒下去，69岁高龄的张勋，被打击得元气尽失。

不久，仅仅因为感冒，张勋便一病不起，于当年9月12日病故于天津德租界6号路的张府中。张勋死后，留下三条遗言：

一、死后绝不允许剪辫入棺；

二、将大部分遗产留给清朝复辟之用，妻妾每人可分得1万元，子女每人2万元；

三、死后归葬家乡故土。

而张勋留下遗产1000余万元。由此可见，张勋至死不忘效忠清政府与复辟。

溥仪得知张勋去世后，甚为悲痛，特别是得知他将几乎全部的遗产留作复辟清朝之用，更是感动不已，立刻下令"赏给陀罗经被"，"赏银三千元治丧"，赏给张勋长子张梦潮"乾清门头等侍卫"，后又给张勋"追赠太保衔、予谥忠武"。

张勋去世后，各界人士纷纷送来挽联挽词，数量达3170幅，到张府祭吊的人更是踏破门槛。张勋的遗体先是被送到英租界巴克斯道西口张府的戏楼，举行遗体告别仪式。随后遗体殓入精致豪华的红木棺中。

1924年8月，张勋的灵柩从张宅起杠，在一支庞大的队伍护送下启程还乡。闻讯赶来为张勋送行的亲友及清朝遗老遗少有千人之多，队伍排出数里之长。张勋的亲家张作霖特派一营兵力沿途护送。

11月20日，张勋的灵柩在奉新县城南陶仙岭西峰落葬，据传陶仙岭为晋代陶安公修炼成仙之地。

✎ 历史评说

说起张勋，人们首先会想到，他在民国时期仍拖着一条长辫子，想到他复辟帝制这一逆历史潮流而动的可笑举措，因此对他不屑甚至不齿。

不可否认，复辟帝制是张勋一生中最大败笔。但在当时军阀混战的形势与环境下，人人见风使舵，两面三刀，见哪方实力强就投向哪方，而张勋却"出污泥而不染"，至死忠于清朝，与当时的军阀形成鲜明对比。张勋去世后，中国近代著名文学家林纾在给他的挽联中写道："郑成功在，明在，凛然生气；张世杰亡，宋亡，悠悠苍天"，林纾把张勋比作了郑成功和张世杰，可见张勋的思想行为在当时的中国大有市场。抛开他复辟帝制的对与错，他的人格与情操应当给予肯定。

那么张勋冒天下之大不韪，做注定失败的事情，只是出于对清朝的愚忠吗？实际上，在复辟帝制一事上，张勋小心翼翼，不到有成功把握之时，绝不行动。在这一点上，他与袁世凯具有相似的处境，即陷入小人堆，错估形势。但最重要的原因，还是其性格使然，他心无城府，轻易相信段祺瑞与冯国璋的"支持"，全不知其坐收渔翁之利的目的。他复辟后，正是这二人最先站出来对他大加讨伐。

张勋虽然在北洋军阀史上发挥全局作用的时间非常短暂，但他对北洋集团却有着深远影响。长江巡阅使本为一虚职，没有辖区，没有地盘。袁世凯给他这一虚职的目的，就是为了削弱他的实力。没想到他凭着自己的努力，凭着"辫子军"四处掠夺与强占，不仅打出了一片稳定的辖区，而且沿长江流域五省驻兵，完全成了凌驾于各省将军之上的超级大员。

张勋一生待友真诚，知恩图报，不趋炎附势，不崇洋媚外，不出卖国家主权和利益，这些是他与其他军阀的不同之处，也是他人品之体现。

除此之外，张勋带兵，对部下赏罚分明，使用有节，"士卒驯若子弟"。但由于他治军不严，造成"辫子军"每到一处都烧杀劫掠，害得当地百姓苦不堪言，致使"辫子军"臭名远扬。

直系军阀曹锟：
『贿选总统』大器晚成

在小站宿将中，曹锟可谓大器晚成。他生就一副憨厚相，却『傻人有傻福』，得一属下吴佩孚，一将擎天；曹氏虽军事平平，却御人有术，吴氏也曾『小鬼闹翻天』，『保洛分家』，却终不如曹氏『道行』厉害；他为政风格温和，重视使用人才；晚年在日本人威胁利诱面前，正气凛然。唯贿选为世人诟病。

傻人傻福，拜了干爹拜干爷

常言说，傻人有傻福。曹锟方头大耳一副憨厚相，由于排行老三人称"曹三傻子"。然而就是这个"傻"劲，使他从大头兵到大总统，实实在在受用了一生。

这个"傻人之福"是从当兵开始的。

1882年春天，天津淮军募兵处兵丁林立，气氛紧张而肃穆。募兵处主官、年过五旬的淮军管带郑谦，一身戎装端坐在"淮"字军旗下，目测着每一位应征者。忽然，一位正在登记的青年引起了他的兴趣。这位青年身材魁梧，膀阔腰圆，一看就是块当兵的料。

"会拳脚吗？"郑谦问。

"报告长官，会一点。"青年憨头憨脑地回答。

郑谦笑了。他一向不喜欢把聪明挂在脸上的人，总认为那些有小聪明的人上战场易做逃兵，而憨厚的人打仗实在，因此对这个年轻人心生好感。随后，郑谦让旁边一个士兵与这个青年比试一下。士兵身高一米八，体重足有200斤，一拳下去的重量也是可想而知的。双方连战两个回合，都以青年败北而告终。那个士兵说："不错，能接我几招，队里其他人怕是没人比得过你。"

但是青年不服气，非要再打一个回合。结果，第三个回合，青年终于把大个子士兵撂倒，郑谦高兴得鼓起掌来。然后又令师爷拿过纸笔，让青年写几个字。青年拿起毛笔，"刷刷刷"，几个大字一挥而就：保家卫国。郑谦一看，高声说道：

"好，这个青年我要啦！"

"谢谢长官！"

青年说着，深深鞠了一躬，这一躬把腰弯得几乎有180度。郑谦哈哈大笑，对这个憨厚实诚的青年留下了极佳的印象。

这个青年就是时年20岁的曹锟。

曹锟出身于天津大沽一个普通的居民家庭，兄弟姊妹七人，父亲曹本生及兄长均以造船为业。在这个贫困的家庭中，曹锟排行第三，念了四年私塾便被迫辍学，然后打鱼、做帮工，又做了四年布贩子。由于生意赔本，为了生计，便想到了吃粮当兵……

曹锟长得方头大耳，看似一副憨直相，内心却是十分细致。从入伍第一天他就看出郑谦对他的欣赏与偏爱，使他从心底对郑谦生出一种好感与感激之情，或许这就是缘分，也是人们所说的投缘。总之入伍之后，逢年过节他总要带着一份厚礼去郑谦家中拜访，郑谦家中的脏活累活也总是抢着去做。有一天干完活，郑谦把他叫住，说要与他商量一件事。原来郑谦年近五旬却膝下无子，他有一妻一妾，只有正室夫人生了一个女儿，目前娘俩住在老家。郑谦见曹锟憨厚老诚，勤劳恭谨，又会武功粗通文墨，有意收他做义子。

曹锟一听，顿时受宠若惊，忙跪下给郑谦磕头，嘴里亲热地叫着："干爹在上，受儿子一拜！"随后又去给郑谦的小妾董氏磕头。从此，到义父家的走动更多了起来。

成了郑谦的义子，曹锟的命运很快随之改变。1885年，李鸿章创办北洋武备学堂，这是一所专为培养新式军事人才的陆军军官学校，首期只招学生百余名，由淮军各营选派经考试择优录取。对于淮军的士兵来说，北洋武备学堂让他们看到了鲤鱼跳龙门的机会，但由于招生数额有限，要从众士兵中脱颖而出得到管带的推荐，却并非易事。而曹锟凭借与郑谦的特殊关系，轻而易举获得推荐并顺利通过考试，成为北洋武备学堂的首届学生。

曹锟虽然读过四年私塾，但军事理论却差了一截，对弹着点、抛物线之类的新概念更是一窍不通，所以学习中遇到不少困难。但他有一股韧劲，在五年学习中起早贪黑，勤奋刻苦，终于取得名列前茅的好成绩。1890年毕业时，李鸿章列举成绩优秀者呈报朝廷，曹锟名列第九位，这些学生分别是：

段祺瑞、冯国璋、王士珍、段芝贵、陆建章、王占元、雷震春、张怀芝、曹锟、李纯、蔡成勋等。

这些学生日后都成为中国近代史上的显赫人物。其中段祺瑞、冯国璋、王士珍便是日后的"北洋三杰"，曹锟虽然排名靠后，在以后很长一段时间里尚无法与"北洋三杰"相提并论，但后来居上，在 1923 年一跃而居于大总统之位。

毕业后，曹锟被分配到淮军宋庆所率的毅军中当了一名哨官，此后五年，曹锟没有得到什么升迁。中日甲午战争战败后，清政府派年仅 36 岁的袁世凯到天津小站编练新军，袁世凯在小站接管定武军十营，将其改名为新建陆军，并在北洋武备学堂的毕业生中以及淮军旧将中选拔军事人才。曹锟闻讯后，兴冲冲地揣上北洋武备学堂的毕业证书，以及毅军的委任状，投奔了袁世凯。

曹锟的憨头憨脑以及在武备学堂的优异成绩，令袁世凯印象深刻。曹锟到小站伊始，即被任命为步军左翼第一营帮带，不久又升任学兵营管带兼督操营务处提调。相对以前无甚升迁的曹锟来说，在小站堪称得到了重用。但小站人才济济，当年武备学堂的精英几乎全部云集于此，而且"北洋三杰"已经脱颖而出，相比之下，曹锟的地位与职位便显得微不足道了。

但曹锟并不认为自己比"北洋三杰"差，所差的是展示才能的机遇。为了引起袁世凯注意，曹锟使尽浑身解数。他听说在天津宜兴埠有个退职的清军将领曹克忠，曾任水师提督与陆军提督，人称"曹大帅"，是袁世凯的叔祖父袁甲三的把兄弟，与袁家为世交，关系密切。曹锟庆幸曹大帅与自己同姓，可以借机攀个本家，如此一来，说不定就会引起袁世凯的重视。

于是，曹锟携厚礼前往宜兴埠拜见曹大帅。在曹家大院门前，曹锟以曹家晚辈的名义让门房通报。不料，走进大堂正厅，曹大帅坐在太师椅上一副目高于顶的样子。待曹锟自报完家门，审视曹锟半晌方才慢条斯理地说："本家？哼哼，好，坐下说话吧。"这才让下人给曹锟看座。

但这并非曹大帅冷落曹锟，一方面曹大帅本来就架子大、口气大，另一方面突然冒出来个素不相识的本家晚辈，而且是从小站兵营来，曹大帅便明白了几分。曹大帅戎马一生喜欢大丈夫立功疆场，不喜欢投机钻营求取功名。但见曹锟憨厚恭谨，倒是一副老实相，心里便生出几分怜爱之情，于是决定认下这个"本家晚辈"。

"好，从今以后，你就是我的族孙了！"

"族孙？"

曹大帅一张口，着实把曹锟吓了一跳。曹大帅看上去与曹锟的父母年龄相仿，曹锟原以为会认他个族侄，没想到曹大帅辈分却是如此大。但事已至此也只好谢恩叫"爷爷"了。后来转念一想也对，曹大帅与袁世凯的叔祖父是把兄弟，那么袁世凯自然也要叫爷爷了，自己当然不能比袁世凯辈分高。

曹锟倒是实在人，认了这个爷爷，从此倒真当成自己的本家爷爷了，也不管这个爷爷是否在袁世凯面前替自己美言，得空便提着礼物去拜见爷爷。曹大帅见这个族孙果真实诚，便趁袁世凯登门时将族孙的情况介绍给袁世凯，让袁世凯多加关照。不久，袁世凯单独召见曹锟，询问他在小站工作生活情况。虽然只是几句关心的话，曹锟却受宠若惊。袁世凯对曹锟的憨态可掬一直印象很好，如今又多了一层亲近关系，曹锟开始逐渐得到袁世凯的重用。

1899 年 12 月，袁世凯署理山东巡抚，率小站新建陆军即武卫右军前往山东镇压义和团运动，曹锟随之前往，被任命为曹州镇守使。1901 年袁世凯升任直隶总督兼北洋大臣，率军前往保定，不久将武卫右军改编为北洋常备军，曹锟被任命为步兵第十一营管带（相当于营长）。1905 年，北洋六镇编练成军，曹锟升任第一镇第一混成协协统（相当于旅长），一夜之间越过三级，足见袁世凯对他的重用。

然而，袁世凯手握重兵很快遭到清朝亲贵的猜忌。为保全自己，袁世凯主动交出北洋四镇的兵权，只留下两镇统辖。但即便如此，清政府仍不能对袁世凯放心，于 1907 年将袁世凯调至中央，用明升暗降的办法解除了其手中兵权。

在北洋六镇中，袁世凯最重视第三镇，该镇各级将领均为北洋军中的佼佼者，装备、待遇也为最佳。袁世凯虽然被削去兵权，但北洋第三镇却被袁世凯的亲信徐世昌借口抵制日俄扰乱边疆而带到东北，帮助袁世凯保留了北洋军的精锐。在第三镇调往东北时，按照袁世凯的意思，曹锟以尽先补用副将升为第三镇统制（相当于师长）。这个位置，是段祺瑞以及段芝贵都做过的，如今由曹锟担任，可见袁世凯对曹锟的重视。可以说，此时的曹锟在袁世凯心中已经攀升至心腹大员的位置。

曹锟带兵，除在曹州镇守使任上镇压过义和团外，几乎没有上过战场。但自从认了本家爷爷，官职便一升再升。这其中既有曹大帅的作用，亦不乏他个人的作用。曹锟平时表现一向憨厚老诚，恭敬顺从，既不像段祺瑞那样脾气暴躁、刚愎自用，又不像冯国璋那样圆滑世故、老谋深算，让袁世凯感到更加容易驾驭。而作为曹大帅的族孙，也使曹锟在袁世凯心目中增加了信任度。因而，袁世凯将自己的精锐部队交给曹锟也最为放心。

曹锟也明白这点，所以在别人嘲笑他是吃太平粮的统制时，他不但不生气，反而笑呵呵地说："我是无用之人，只能大树底下遮荫啊。"

然而，曹锟接任第三镇统制不久，局势骤然变化，1908 年 11 月光绪皇帝与慈禧太后相继去世，摄政王载沣为报其兄光绪帝被囚瀛台之一箭之仇，将袁世凯开缺回籍。这对所有的北洋将领来说，是一个明显的危险信号。

在袁世凯被开缺回籍的三年时间里，大多数北洋将领都受到一定程度的排挤、降职等，但曹锟幸免于难。一方面，在袁世凯的亲信大员中，曹锟远没有段祺瑞、冯国璋、段芝贵等人与袁世凯关系更密切；另一方面，曹锟在东北小心翼翼，除了操练军队外，对反抗日本侵略者和清政府压迫的人民群众，则秉承清政府旨意给予严厉镇压与打击，取得清政府信任，不断受到嘉奖和提升，1911 年 4 月被授予副都统衔，7 月提升为总兵，以提督候用。

曹锟在接任北洋第三镇统制的时候，并没有想到袁世凯精心打造的这支精锐武装会最终落在他的手中。袁世凯为了防止部下发展个人实力，对其心腹大员经常进行调动与调整，以免他们长期在一个地方形成自己的势力范围。但形势的变化，使这支精锐部队阴差阳错地留在了曹锟手中。

辛亥革命爆发后，袁世凯被重新起用，与清政府、南方革命势力以及北洋内部将领周旋，忙得焦头烂额，再无暇顾及第三镇，从此这支武力成为曹锟打天下的基本力量，直到 1924 年他从总统的位子上下野，这支武力始终牢牢地控制在他的手中。

南苑枪声，打出 12 尊金佛

辛亥革命爆发后，清政府为了保护京畿安全，将驻扎长春的曹锟所部北洋第三镇调到保定，负责京津及保定三角地带的外围防务。

10 月 29 日，山西宣布独立，推举新军标统（相当于团长）阎锡山为都督。准备率革命军出兵娘子关，与新军第六镇统制吴禄贞联合攻打北京。11 月 2 日，袁世凯被清政府任命为内阁总理大臣，旋即派人在石家庄刺杀吴禄贞，15 日命令曹锟率兵至山西镇压革命军，以解其对京畿之威胁。

这是曹锟接手第三镇后第一次正式作战，曹锟率第三镇第一协出征，第一个进军目标是距离石家庄 120 里、位于山西和直隶交界处的井陉。此时晋军前敌总司令姚以价已率部抵达素有天险之称的娘子关，井陉与娘子关遥遥相对，四周高山林立，中间则是一片开阔平地。

为了迅速占领井陉，及时布置阵地炮轰娘子关，一面震慑革命军，一面掩护后续步兵对娘子关发动攻击，曹锟到达石家庄后，立即调集军火和火车，首先让炮兵第三标先行上路，以最快的速度开抵井陉。

然而，令曹锟出乎意料的是，他这一部署，险些闯了大祸。原来，炮兵第三标刘标统由于同情革命，早已与山西革命军取得联系，此次出发前便将曹锟奉命攻打山西革命军的计划秘密通知了革命军，革命军已做好里应外合的准备。或许是曹锟命不该绝，刘标统手下的一名管带为曹锟解除了危机，这名管带便是日后成为曹锟得力助手的吴佩孚。

当时吴佩孚在曹锟手下还是一名不起眼的下层军官——炮兵第三标第一营管带。由于差着好几个级别，此前吴佩孚从未引起过曹锟的注意。此次行动，按照行军惯例，应该是吴佩孚的第一营在前面，刘标统在中间，负责指挥炮兵第三标的第一协协统（旅长）卢永祥在最后面。但在列车即将出发之际，刘标统却向吴佩孚下达命令，与吴佩孚位置对调，即由刘标统在最前，吴佩孚的第一营在中间。这个命令引起了吴佩孚的怀疑与警惕。作为下级，吴佩孚无话可说，只好服从命令。

由于车上装载着大批大炮、弹药等军械物资，列车启动后全车熄灯。在黑暗中，士兵们纷纷坠入梦乡，唯独吴佩孚睁着眼紧盯着车窗，默默数着列车路过的车站。列车驶进井陉车站丝毫没有减速，引起吴佩孚的警觉。当井陉车站的站牌在车窗外一闪而过时，吴佩孚"腾"地坐起来，立刻叫醒周围士兵，带领十余人到前面车厢查看。从门缝中，吴佩孚清楚地看到刘标统和他手下的官兵们换上了革命军的服装。这正印证了吴佩孚的猜测：刘标统已与革命军联合串通，到最前面车厢的目的就是为了控制列车，使列车直接驶入娘子关，将这一列车军械物资与清军拱手送给革命军。

吴佩孚当机立断，立刻率部冲进车厢，不待刘标统分说，很快将这一车厢的人拿下。随即命令司机立刻倒车后退。此时，列车距离娘子关仅有十多里，驻守娘子军的革命军已经看到列车，并摆好"热情迎接"的架势。不料，列车突然汽笛长鸣，迅速停下后又飞速向后倒去，革命军知道情况有变，立刻朝列车开火，所幸列车退得快，很快便退出革命军的视线。

在列车倒退的过程中，卢永祥才发觉情况不对，派人到前边一问，才知刘标统等人哗变，不由得吓出一身冷汗。列车退回井陉不久，曹锟即乘坐第二列火车赶到，听了吴佩孚与卢永祥的汇报，曹锟惊愕万分，连称"好险"，万分感激地对吴佩孚说："你拯救了北洋三镇，制止了烧到北京城的战火，连紫禁城里的皇帝都要感谢你！"

此后不久，曹锟将吴佩孚提升为第三标标统。在曹锟的部署下，吴佩孚率领炮兵从井陉赶赴蔡庄依山布阵，安置炮位，在炮火掩护下，由步兵与骑兵抢夺乏驴岭，后因乏驴岭一时难以攻下，便从岭北绕道向西推进，以炮火优势从雪花山猛烈攻击革命军阵地。

正当两军打得难舍难分、革命军渐现颓势之时，12月11日，段芝贵突然来到井陉，奉袁世凯之命宣布停战。但曹锟眼看就要攻下娘子关，不甘心前功尽弃，于是以"两军酣战难以遏制"为借口，拒绝停战。12月13日，曹锟所部即攻下素有天险之称的娘子关，解除了山西革命军对北京的威胁，令清朝亲贵们总算松了一口气。

由于袁世凯一心要利用北洋军震慑革命军，以达到与革命军和谈的目的；同时利用革命军胁迫清政府，逼清帝退位，他自己出任大总统。在这种情况下，停战势所必然。尽管曹锟想一鼓作气扫平晋军，无奈袁世凯下达了停战命令，只好奉命停战与晋军和谈。

稳定了山西局势，直隶境内革命又起，滦州革命党人于 1912 年 1 月 2 日通电独立。值此南北和谈之际，袁世凯岂能容忍北京受到威胁，立刻调出曹锟的精锐部队，会同开平镇总兵王怀庆的大队人马，向滦州起义军大举进攻。很快，北方又一起革命暴动被平息，曹锟为袁世凯稳定北方局势又立一功。

此时，袁世凯已与南方达成协议，南方以共和总统之位相许，条件是促成清帝退位。于是，袁世凯以"维持北京治安"为借口，将曹锟的北洋军第三镇调入北京，威慑清政府；同时授意段祺瑞等人联名通电，逼迫清帝退位。

1912 年 2 月 12 日，隆裕太后以宣统皇帝的名义颁发退位诏书，中国延续两千多年的封建帝制退出历史舞台。2 月 15 日，袁世凯被选举为中华民国临时大总统。

袁世凯实现了其政治目的，但仍有一事不能如愿，即中华民国临时政府设立在南京，必须南下南京方能就职临时大总统。袁世凯明白，一旦他离开北京，就等于失去靠山，陷入革命军的包围中。加上《临时约法》的约束，即便他当了总统，也只是一个有职无权的空头总统。于是，袁世凯以公事繁忙等借口百般推脱，迟迟不肯南下就职。

不久，南方派教育总长蔡元培为专使，携另外八名专员，一行九人赴京迎接袁世凯南下就职。蔡元培等人知道请袁世凯南下之艰难，因此事先想好各种说辞。不料见到袁世凯后，刚表达了请他南下就职的意思，袁世凯就一口答应，甚至设计好行走路线，令蔡元培等人既惊讶又高兴。

袁世凯之所以如此痛快地答应南下，是因为他已做好应对准备。早在 2 月 21 日，袁世凯的长子袁克定便召集曹锟与另一北洋将领姜桂题，以及袁世凯的幕僚杨士琦、杨度等人，在一起商议对策。袁克定首先告诉大家："南边已经决定派专使来京，接大总统南下就职。恐怕大总统一走，兵权就得交出去了。大总统只带一标人马做卫队，最多不能超过一协，其余的人恐怕都要被调离或者被裁撤。"

听袁克定这样一说，大家都有些着急，七嘴八舌地议论起来。可是谁都想不出阻止袁世凯南下就职的办法。曹锟知道这是献忠心的好机会，主动说道："我看这事好办，等那些专使来了，用武力给他们点颜色看看，还怕他们不会回去另议！"袁克定正有此意，而且他中意的人选也正是曹锟，如今这话由曹锟说出来，立刻点头表示同意。

23 日，曹锟应约去袁克定的公馆密谋，商量好具体措施后，派人喊来第三镇几名主要将领，曹锟介绍情况后说："我们第三镇是大总统一手打造的精锐部队，岂能眼睁睁等着被调离或者被裁撤？这个兵权无论如何不能落到南方革命党手里，现在是我们为大总统出力的时候了！"

曹锟的一番话，说得在场将领群情激昂，一个个表态效忠大总统，要求曹锟下达"作战部署"。曹锟将与袁克定商定的具体步骤告诉大家，又就具体细节做了安排，一场"兵变"就这样定了下来。

正是这个"兵变"预谋让袁世凯心里有了底，25 日蔡元培等人一到，袁世凯便毫不犹豫地答应了南下。因为他知道，过不了几天蔡元培等人就会被迫改变主意。果然，2 月 29 日晚，蔡元培等人结束一天的应酬，刚回到下榻的政法学堂，忽然听到外面传来几声枪响，顷刻间枪声大作，枪声中还夹杂着震耳欲聋的大炮声。

当时是晚上 8 时许，专使们透过窗户看到夜幕中火光闪耀，一个个吓得手足无措。紧接着枪声越来越近，枪声中夹杂着嘈杂的喧嚣声，只听有人大喊："宫保要走了，我们要解散了，趁早反了吧！"旋即专使住所有人破门而入，枪声在院落里劈劈啪啪响成一片，几名专使吓得从后院翻墙逃走，暂时躲进一家洋人教堂，第二天逃进东交民巷的六国饭店。

这次兵变的急先锋便是曹锟的得力干将吴佩孚，兵变的战火首先从驻朝阳门的第三镇吴佩孚的炮兵队开始，士兵们一拥而出，边开枪、开炮，边大呼小叫，留守驻地的炮兵对天开炮予以配合。第三镇其他部队见炮兵开了火，按约定纷纷效仿，北京城里枪声四起，一时间兵匪混杂，大肆掠抢。而接踵而来的，是天津、保定等北方其他地区纷纷效仿兵变，顿时华北大乱。

兵变发生后，各帝国主义国家先后做出不同反应，英美将调兵增强东交民巷警卫；日军很快在秦皇岛登陆；俄国由哈尔滨调兵 1000 人赴津。整个形势表明，袁世凯一旦离开北京，形势将无法控制。在这种情形下，南方只好做出让步，同意袁世凯在北京就职临时大总统。3 月 10 日，袁世凯在北京宣誓就职。

袁世凯如愿以偿就任大总统时，曹锟却负气回了老家。原来兵变第二天，曹锟自以为兵变有功，欢欢喜喜赶到袁世凯任所报喜。孰料当时唐绍仪在场，唐是袁世凯密友，因此曹锟觉得并无外人，先后给两人请安后，便对袁世凯说："报告大总统，昨晚兵变之事，已奉命完全办妥！"

袁世凯一听，勃然大怒，指着曹锟的鼻子大骂："胡说！给我滚出去！"由于唐绍仪并未参与兵变策划，袁世凯自然不想让他知道内幕，因此对曹锟大骂。

曹锟却不服气，既然是袁克定策划此事，不信袁世凯会不知道。想到自己出了力没有得到嘉奖也就罢了，还被臭骂一顿，一气之下回了天津老家。然而，他心中的怨气还没消，袁世凯就派人给他送来了 12 尊金佛。袁世凯就任临时大总统后，自然不会忘了为他出了力、受了委屈的曹锟，随即派人说明事情原委。

曹锟收到金佛后喜笑颜开，也知道是自己办事欠妥，何况日后还要仰仗袁世凯提携，哪还敢在家耍小脾气，赶紧返回了北京。

终被重用，却是总统去世时

曹锟以为兵变有功，当了大总统的袁世凯会对他有所提携，但眼看着小站出身的将领一个个做了封疆大吏，曹锟还是第三镇统制。只不过袁世凯就任临时大总统后，为了统一部队编制，将北洋军的镇、协、标分别改为师、旅、团，曹锟由统制改为了师长。

在 1913 年"二次革命"中，曹锟率第三师出兵岳州，向湖南都督谭延闿发动进攻。由于谭延闿是被迫宣布独立的，在曹锟大兵压境的情况下发生动摇，曹锟几乎没遇到什么抵抗便轻而易举地占领了岳州。湖南取消独立后，袁世凯任命其心腹汤芗铭为湖南都督，曹锟仍然仅是第三师师长。

从 1907 年出任北洋陆军第三镇统制到 1913 年 10 月袁世凯被选为正式总统，曹锟的军职一直没有得到提升。

1914 年袁世凯为了监视南方革命势力，忽然又想起了拥有精锐部队的曹锟，为了补偿曹锟，于当年 4 月任命曹锟为长江上游警备司令，不久又授予"将军"称号，仍驻守岳州。曹锟对此并不满意，他鞍前马后为袁世凯效忠多年，资格又老，眼看别的北洋将领官职都提升很快，而且都有了自己的地盘，他依然只是个由统制改称的师长，军职并未提升，更没有自己的地盘，只能落得在岳州替汤芗铭看守门户，心里当然不能平衡。

"难不成真把我当成了曹三傻子！我曹三人憨，脑子不憨！"曹锟对属下大发牢骚。但环顾众下属，曹锟忽然发现，自己身边竟没有一个才智超群、能为其出谋划策的人才。从此，曹锟开始留心寻找能为他成就大业助一臂之力的高级人才。

1915 年，汤芗铭在长沙举行民众团体大会，吴佩孚代表曹锟前往参加。在会上，吴佩孚凭借他丰富的学识和优秀的口才，对湖南悠久的历史文化大加赞扬，对汤芗铭督湘更是极力褒扬，并表示治湘应施以怀柔政策，行仁义，与民休息。不能施以高压手段，否则将失民心，引起社会动荡不安。

吴佩孚的一番讲话，令汤芗铭喜笑颜开，对他甚为赏识。不久曹锟因公到长沙拜会汤芗铭，谈完公事，汤芗铭迫不及待地说："仲珊兄手下有一名副官长，想来在你那也派不上大的用场，借给我好不好？"

曹锟一听"副官长"，就知道是吴佩孚。早在辛亥革命平定炮兵第三标哗变时，曹锟已注意到吴佩孚，后来也有人向他推荐过吴佩孚，于是他提升吴佩孚做了第三师师部副官长。副官长虽然官衔相对高了，但不能直接带兵，可以说是一个可有可无的职位。如今汤芗铭找他借人，使他突然感到吴佩孚就是个不可多得的人才，如今他正为缺少一位有才干的心腹而苦恼，怎能将现成的人选借给别人？于是借口正要重用吴佩孚，婉言拒绝了汤芗铭。

回到岳州，曹锟立刻召见吴佩孚，与他做了一番细致交谈，觉得此人不但有胆识，而且有学识，有才干，即刻任命为第六旅少将旅长。吴佩孚突然得此赏识与重用，激动万分，当场表示："今后子玉当竭力辅佐，誓死追随，以报知遇之恩。"

吴佩孚首先建议曹锟发展军事实力，既然没有自己的地盘，不如就此蛰居，集中精力，整顿军纪，埋头练兵。曹锟采纳吴佩孚的建议，在长达一年多的时间里，"不惊外务，勤勉发奋"，将第三师锤炼成为军事技能过硬、纪律严明的队伍，为以后的发展奠定了基础。

护国战争爆发后，袁世凯又想起了北洋精锐部队第三师。在袁世凯加快复辟帝制的时候，曹锟因为没有地盘，自知没有资格与14省将军一起致电"劝进"，但为了表示对袁世凯当皇帝的拥戴，曾在1915年9月14省将军致电"劝进"后，联合同为直隶人的张绍曾，以直隶公民的名义致电袁世凯，请其"速正帝位"。10月，袁世凯授予曹锟"虎威将军"的称号。袁世凯在1914年7月裁撤各省都督之时，将各省将军划分为"武"字与"威"字两种，有地盘有兵权的将军冠以"武"字，没地盘没兵权的将军冠以"威"字。时过一年之久，面对这个被冷落的将军的"拥戴"，袁世凯终于不吝赏赐，授给曹锟一个带"威"字的将军称号，令曹锟深受鼓舞。袁世凯称帝后，又封曹锟为"一等伯爵"。在冯国璋被封一等公爵不以为意的时候，曹锟对被封一等伯爵受宠若惊。随后，袁世凯的重用接踵而至。

为了迎击护国军，袁世凯任命曹锟为行军总司令，督师出兵四川。曹锟受此重用，自信操练一年之久的第三师会不负袁世凯重托，于1916年1月5日从岳州督师出发，经洞庭湖沿江西上，开赴四川战场。

2月6日，曹锟的先遣部队、吴佩孚率领的第六旅开抵泸州附近，7日与攻打泸州的护国军展开激烈战斗，最终击退护国军，守住泸州。然而，吴佩孚在联合后来入川的张敬尧的第七师，打算乘胜追击攻下纳溪时，却中了护国军埋伏，不仅没有攻下纳溪，反而死伤惨重。曹锟率后续部队到达泸州后，为了一举攻下纳溪给袁世凯报捷，亲自率部进攻，不料他并不比吴佩孚高明，在遭到护国军的猛烈炮火抵制后，曹锟人马损失惨重，不得不狼狈逃跑。不料护国军穷追不舍，曹锟稀里糊涂陷入了护国军的包围圈。好在吴佩孚及时赶到，闯入重围救出曹锟，又杀出一条血路逃回泸州，这才使曹锟躲过了被俘甚至成为护国军刀下之鬼的命运。

曹锟吃此败仗，变得谨慎起来，在此后与护国军的较量中，也是胜少败多。3月7日，护国军因缺少物资退出纳溪，曹锟所部终于占领纳溪。此时四川局势趋于稳定，湖南战场也取得了一些进展，袁世凯为了促使前方将士继续为其卖命，对前方将士大加赏赐，破例封吴佩孚为三等男爵晋陆军中将衔。

3月17日，护国军在四川大举反攻，曹锟积极组织应战，双方在泸州外围开火，形成对峙状态。此时护国运动风起云涌，各省纷纷独立，北洋军军心动摇，徐世昌挂冠而去，"北洋三杰"中段祺瑞冷眼旁观，冯国璋则联合山东将军靳云鹏、浙江将军朱瑞、江西将军李纯、长江巡阅使张勋发出"五将军密电"，要求袁世凯"取消帝制，惩办罪魁"。迫于形势，袁世凯不得不于3月22日取消帝制。袁世凯放弃皇帝宝座，仍希望保住大总统地位，因此密电曹锟，言辞恳切，希望曹锟能继续为他卖命。

此时曹锟已看出全国局势对袁世凯极为不利，只是不敢断定袁世凯是否会垮台，因而不敢违抗袁世凯的命令。但北洋军内部军心涣散，各路战线均处于不利地位，在此情况下孤立无援地打下去，极有可能将第三师全部葬送。

在左右为难之际，吴佩孚献策说："总统的命令不可不顾，但不能全顾，不妨虚与委蛇，表面敷衍，背后与南方各省建立联络，将来若总统失势，此举则洗掉了当初赞成帝制的嫌疑；如若护国军失败，也维系了与总统的关系，可以继续为其效力。"

曹锟觉得吴佩孚的两全之策有道理，便欣然接受，从3月末起，曹锟暗中联络护国军，表面以饰词报告敷衍袁世凯，等待局势的进一步明朗。但局势变化之快令曹锟大为错愕，仅仅两个月后，袁世凯竟然一命呜呼，旋即副总统黎元洪继任总统，政权被国务总理段祺瑞掌控手中。

曹锟暗自庆幸，幸亏没有为袁世凯赔上全部家当。从1895年投奔袁世凯，到1916年袁世凯去世，曹锟追随袁世凯长达21个年头，虽然官没做多大，但最终得到第三师这支精锐部队。正是由于手里有这支精锐部队，曹锟很快成为坐镇北京的段祺瑞的拉拢对象。

袁世凯去世后，北洋集团群龙无首，掌握北京政权的段祺瑞与坐镇南京、手握重兵的冯国璋都想当北洋老大，两人虽暂无明显冲突，但已出现不和。坐在总统位子上的黎元洪虽被北洋势力包围，手中无权，却有南方势力做后盾。在这样一种局势下，正当曹锟为寻找新的靠山举棋不定的时候，6月下旬，北京政府在任命蔡锷督理四川军务兼四川巡按使的同时，任命曹锟会办四川军务。

于是，曹锟率部进驻重庆。令曹锟没想到的是，会办的位子尚未坐热，紧接着便又得到升迁的任命。段祺瑞为了加强京畿防卫，稳定北方政局，同时为了拉拢北洋实力派，巩固自己在北洋集团中的地位，于9月16日任命曹锟为直隶督军。

接到任命，曹锟笑逐颜开，想他在袁世凯手下干了21个年头，也没混上个封疆大吏，如今反倒是段祺瑞圆了他的封疆大吏梦，而且是统辖直隶这一重要位置。没想到失去袁世凯这座靠山，他却变得官运亨通起来。

"明公之所以得到段内阁的重视，无外乎第三师这支精锐武力。但与江苏督军冯华甫以及长江巡按使张少轩相比，我们的实力还差得远。眼下战事消弭，正好是扩军练兵之机，我们当抓住这个机会扩大实力。"曹锟所部驻扎保定伊始，吴佩孚便不失时机地给曹锟提出建议。

曹锟自重用吴佩孚以来，对吴言听计从，于是开始大肆募兵，不仅将四川作战时损失的人马补充回来，还新组建九个混成旅，总兵力号称6万。接着，由吴佩孚主持制定了一套切实可行的练兵方法。由于曹锟向来治军不严，导致士兵纪律散漫，为了摒弃军队旧有的恶习，曹锟专门制定了五条禁律：1. 不得懈怠防务、托故请假；2. 不得向民间赊欠挪借；3. 不得动用民间一草一木；4. 必须保护驻区人民生命财产；5.遇匪应即奋力扫除。

曹锟将练兵事宜全权交给吴佩孚负责，经过一段时间的操练整顿，无论在拥兵的数量上，还是部队的作战能力上，曹锟均取得了与冯、张相抗衡的实力。

曹锟在保定专心练兵之际，"府院之争"在北京愈演愈烈。在黎元洪免去段祺瑞国务总理之后，各省督军纷纷独立，曹锟迫于形势不得不宣布独立，但独立后，又经常到北京与黎元洪联络感情，做到两不得罪。而对于张勋预谋复辟清朝，曹锟采取随大流的策略，其代表在徐州会议上随着段祺瑞、冯国璋的代表的态度，对张勋复辟表示支持。1917年7月1日，张勋在北京复辟清朝，当段祺瑞游说曹锟出兵讨伐张勋时，曹锟欣然接受，并担任了段祺瑞"讨逆军"的西路军总司令。

7月12日，张勋复辟失败，曹锟因积极参与讨伐，获得了兼任直隶省长的奖赏。

落入圈套，充当了皖系打手

张勋复辟直接导致了黎元洪下台，冯国璋出任总统，段祺瑞官复原职重新掌控北京政权。但随之而来的是在北洋集团内部展开的新一轮的"府院之争"。袁世凯死后，北洋集团在段祺瑞与冯国璋争当老大的过程中，已逐渐分化为以冯国璋为首的直系和以段祺瑞为首的皖系。新一轮的"府院之争"在使这种分化加剧的情况下，也使直、皖两系的对抗急剧公开化。而对抗的焦点，集中体现在对南方的态度上，段祺瑞拒绝恢复《约法》和国会，主张"武力统一"；冯国璋因与南方革命势力有着千丝万缕的联系，主张"和平统一"。

曹锟经过近年的扩军与练兵，在北洋派中已堪称实力雄厚，其地盘又接壤北京，他的态度便直接形成对北京政府的影响，因此成为各派争相拉拢的举足轻重的人物。

1917年11月中旬，冯国璋手下"长江三督"之江苏督军李纯征询曹锟意见，拟以直系四督军的阵容，联名发"巧电"主张停战撤兵。曹锟本为直隶人，与冯国璋既是同乡，又属同窗，并为多年旧友，当属直系。但曹锟不愿受任何派系所左右，尤其段祺瑞对他有提携之恩，又考虑到段祺瑞在军政界的影响，亦与段祺瑞一直保持着良好的往来关系。对李纯的征询，曹锟做了无可无不可的答复，因为他既不想得罪冯国璋，也不想得罪段祺瑞。他不置可否的态度被李纯认为是"默认"，于是以曹锟领衔，以"直系四督"的名义于11月18日通电主和。

此"巧电"一发，皖系尤为震惊，想不到曹锟站到了直系一方。

在此前的直皖争斗中，冯国璋为阻止段祺瑞向南方用兵，已于10月20

日授意其心腹"长江三督"李纯、陈光远、王占元通电主和，并于其后由"长江三督"策动处于湖南前线的湘南总司令王汝贤、副总司令范国璋战场倒戈。王、范虽属皖系阵营，但因出身直隶，因而在直、皖两派之间摇摆不定，而"长江三督"出面游说，便会出于乡谊公开背叛段祺瑞，于11月14日通电主张停战议和。前方战场停战请和，给了段祺瑞当头一棒，加上北洋军在四川战场失利，段祺瑞被迫请辞。但由于来自日本方面的压力和北洋内部的劝阻，冯国璋不得不在表面上做出挽留，背地里却又加了一把火，令"长江三督"策划了这起"直系四督"的主和通电。

有了直隶督军曹锟的"力挺"，冯国璋有恃无恐，立刻免去皖系傅良佐湖南督军、段祺瑞陆军总长、徐树铮陆军次长的职务。段祺瑞一气之下再次提出辞去国务总理之职，冯国璋犹豫一下之后立即予以准辞。

曹锟完全没想到自己"不置可否"的态度竟带来如此严重后果，段祺瑞虽然下野，但其左右政局的实力不可低估，皖系的实力派们更不会善罢甘休。尤其曹锟看过"巧电"后，发现其措辞过于严厉，不愿因附和李纯与皖系结怨，于是主动联络段祺瑞，称："18日主和通电是李纯等人拟定擅自发出的，并未经我同意，我对此不负责任。"

从曹锟的态度中，段祺瑞看到了希望，认为曹锟既能为直系利用，亦可以为皖系利用，当即派出徐树铮到曹锟处游说。

"在代总统手下，自然是'长江三督'地位最高，而'长江三督'又以李纯为首，倘若代总统如愿实现南北议和，想必'长江三督'以及李纯的政治地位会更高。仲珊兄是洪宪旧将，是西南方面排斥的对象，议和成功对仲珊兄似乎没有好处。"

徐树铮的一番话切中曹锟要害，曹锟不得罪直系，自然也是想在直系议和成功之后分一杯羹。而徐树铮先是挑拨曹锟与"长江三督"的关系，引起曹锟对李纯的排斥，接着使出杀手锏：

"你若支持皖系主战，待战后统一，我敢保证，皖系选你做副总统绝无问题！"

徐树铮这最后一句话令曹锟瞪大了眼睛。他确实没敢想过副总统，但凭他眼下的实力，只有想不到，没有做不到。何况凭段祺瑞在军政界的势力，自然可以说到做到。而黎元洪与冯国璋都是由副总统继任大总统的，曹锟有理由相信，当了副总统之后，很快便会坐上大总统的宝座。于是，曹锟来了个一百八十度大转弯，当即表示可以支持皖系主战。

11月21日，曹锟发表"马电"，主张以南方军队退出长沙为南北议和的条件。该主张看似"主和"，实际是要南方无条件投降，其实质是"主战"。有了曹锟的公开支持，徐树铮立刻联络各省督军，于12月2日在天津召开了以曹锟为首包括奉天、黑龙江、安徽、福建、浙江、陕西、山西、山东在内的九省三区（察哈尔、热河、绥远）督军、都统、护军使会议。除了西南各省和"长江三督"未参加外，其他各省北洋军阀即使不亲自参加，也派代表到会，其规模与声势堪与徐州会议相比，只不过北洋军阀的盟主由张勋换成了曹锟，而幕后操纵会议的，仍为段祺瑞的心腹徐树铮。

曹锟为"主战"格外卖力，在会上慷慨陈词："我们北洋军人应该团结一致，共同对付南方乱党。为了北洋军人的共同利益，我首先请缨，率兵南下，直至战斗到最后一人在所不惜！"在曹锟的带领下，与会者群情激昂，纷纷表示出兵南征。

在天津会议的压力下，冯国璋不得不做出让步，任命曹锟为南征军第一路总司令，兼两湖宣抚使，与第二路张怀芝、张敬尧所率部队分两路进攻湖南。1918年2月，曹锟南下汉口，在汉口刘园成立了第一路军总司令部，任命吴佩孚为第三师师长兼任前敌总指挥，由鄂北开往鄂南，直击湖南。

3月上旬，两路南征军先后进入湖南，第二路张怀芝、张敬尧所部军纪涣散，推进缓慢。第一路吴佩孚所部势如破竹，10日攻克羊楼司，13日占领云溪，18日占领岳阳，26日攻陷长沙，继而又占领衡阳，不足一月，连克数城，捷报频传。

3月19日，曹锟迫不及待地联络15省三特区的军阀，联名通电请段祺瑞出来组阁。曹锟清楚，只有段祺瑞出任国务总理，才能保证他有机会当选副总统。3月23日，段祺瑞如愿以偿重新出任国务总理。令曹锟大出意外的是，段祺瑞以及徐树铮不仅绝口不提副总统之事，而且于3月27日任命其亲信张敬尧为湖南督军兼省长。消息传来，曹锟大为震惊，这可是吴佩孚辛辛苦苦抢来的地盘，怎能拱手送给段祺瑞的心腹张敬尧？——张敬尧与张怀芝在整个南征中毫无战绩。

然而，曹锟与吴佩孚尚未从此次事件的惊愕中回过神来，又一个惊天"噩耗"从天而降：段祺瑞预谋趁曹锟离开其大本营之机，任命徐树铮为直隶督军，将曹锟撵出京津，将与北京接壤的直隶控制在皖系手中。

这一"噩耗"让曹锟目瞪口呆，幸亏在段祺瑞动手前有朋友将此信息透露给他，否则他将落得无家可归。

"好一个徐树铮、段芝泉，真把我曹三当成了傻子！不给他点颜色瞧瞧，他就不知道马王爷三只眼！"

憨厚的曹锟终于被惹火了，一气之下于4月4日辞去两湖宣抚使，同时请假一个月，并授意吴佩孚借口作战疲劳，调兵回直隶休整。事实上是为了巩固直隶地盘，让徐树铮无法鸠占鹊巢。

而此时段祺瑞正踌躇满志，制定了对川、湘、粤三省的作战计划，准备乘胜追击，一鼓作气将南方革命势力全部消灭。在此紧要关头，以倡导"主战"为段祺瑞挽回败局的、皖系赖以"打天下"的曹锟若辞职，段祺瑞的"武力统一"岂不宣告破灭？曹锟、吴佩孚的举动让段祺瑞幡然醒悟，悔之莫及。

其实无论徐树铮还是段祺瑞，他们虽然利用曹锟，却都没把曹锟放在眼里。一来面相憨厚的曹锟看上去不擅施诡计，是一个好欺骗好驾驭的角色；二来段祺瑞一向看不起布贩子出身的曹锟，许诺副总统不过是空口白话利用曹锟为其卖力而已，从未打算有所兑现。但没想到的是，曹锟却做出了如此强烈的反应。为挽救败局，段祺瑞与徐树铮紧急磋商，制定补救措施。

4月19日，徐树铮赶往汉口，向曹锟解释误会，反复申明自己绝对不会抢走曹锟的直隶督军。4月22日，段祺瑞又亲自到汉口，对曹锟极力拉拢与安抚，以求挽回影响。但无论段祺瑞和徐树铮如何努力，曹锟均不为所动。5月29日，曹锟率第一路军司令部全体人员返回天津，拟定6月中旬在天津再次召开会议，商讨停战、撤兵问题。

段祺瑞与徐树铮闻讯后，立即决定故伎重演。徐树铮再次找到曹锟，信誓旦旦地表示："副总统的事一定照原约办理，决不食言！因而希望继续主战，一鼓作气平定南方。"

这允诺再次击中曹锟的软肋。由于此前冯国璋与段祺瑞均表示不会做副总统，曹锟觉得有了基本把握。因而在 6 月 19 日召开的天津会议上，原定的"商讨停战撤兵"议题换成了"拥护徐世昌为下届总统和继续对南方用兵"的决议。而迫使各省督军同意临时改变议题的另一个原因，则是前不久徐树铮刺杀主和的总统府高等顾问、陆军上将、冯玉祥的舅舅——陆建章，其心狠手辣，令曹锟及各省督军不得不防。

6 月 23 日，段祺瑞任命曹锟为四川、广东、湖南、江西四省经略使，企图以民国以来最大的地方官员，诱使曹锟重新开赴前线。曹锟虽召开了"主和"的天津会议，但有了前车之鉴，除了副总统，其他职务均不为所动，而是以各种借口滞留天津，等候副总统选举。

段祺瑞在任命曹锟为四省经略使的同时，任命张怀芝为援粤总司令，吴佩孚为副总司令，其目的便是离间曹锟与吴佩孚，并架空曹锟。岂料吴佩孚根本不买账，任命发布后无所表示，仍按兵不动，并于暗中从事倒皖活动。对此，张怀芝无计可施，其手下残兵败将又不足以担此大任，段祺瑞的南攻计划彻底落空。

7 月 31 日，段祺瑞在天津召开军事会议，表示将副总统之职留给对南方作战有功之人，原来徐树铮又想利用副总统之职诱使张作霖入关对南方作战；由于曾经把此职位许给曹锟，所以也不反对曹锟当副总统，但条件是要对南方作战并立战功。

曹锟直到这时才明白自己又被耍了一次，知道即使立下战功，副总统恐怕也是一张空头支票，于是指使吴佩孚通电攻击段祺瑞政府，自己则潜回保定大本营。

于是，吴佩孚在前线公然与南方签订停战协定，通电主和，打乱了段祺瑞的军事部署。而除了曹锟，其他任何人无法驾驭或左右吴佩孚。在此情况下，段祺瑞决定不再计较曹锟的出身和资历，对其兑现诺言，帮助他登上副总统的宝座。

然而，此时段祺瑞却失去了对国会的控制能力。虽然安福系对段祺瑞言听计从，但徐世昌为了达到主和目的，想把副总统一职送给南方以示和谈诚意，加上他担心手握重兵的曹锟当上副总统会威胁自己总统之职，因而操纵旧交通系予以坚决抵制。而以冯国璋为首的研究系要选举冯国璋为副总统，自然也表示反对。最终选举以失败告终，曹锟的副总统之梦彻底破碎。

1918 年 10 月 10 日，徐世昌就任大总统。在冯国璋下野的同时，段祺瑞在前方吴佩孚倒戈的军事压力下，又因其"西原借款"被披露不断遭到舆论抨击，被迫辞去总理一职，与冯国璋一同下台，纷扰一年之久的"府院之争"终于落下帷幕。

一将擎天，做了北京"太上皇"

冯国璋下台后，曹锟依靠其军事实力成为直系领袖。此时直皖矛盾非但没有缓和，反而愈演愈烈。段祺瑞由于留任参战督办，手中掌握着安福国会和参战军两张王牌，依旧随心所欲操纵北京政权，人称"督办当国"。而这两张王牌都是由徐树铮具体指挥，到 1919 年 6 月，参战军改为边防军，兵力已达三个师四个混成旅，北京附近的区域已经容纳不下，于是徐树铮出任西北筹边使兼西北边防军总司令，并以"西北王"自居，俨然与四省经略使曹锟、"东北王"张作霖相提并论。

令曹锟与张作霖感到不安的是，徐树铮的三个师四个旅不仅筹建完毕，而且大有扩张之势，对直系与奉系均构成严重威胁。当时在北方军阀中，以曹锟与张作霖兵力最多，实力最雄厚，地位最高。两人由于相互争雄，关系并不融洽。但此时，面对共同的威胁，两人联起手来，结成直隶、江苏、湖北、江西、奉天、吉林、黑龙江七省"反皖同盟"，不久河南也加入了这个同盟。与此同时，驻扎湖南的吴佩孚部坚决要求撤防北上。

吴佩孚撤军北上，将意味着南军随时可以北伐进攻，段祺瑞的"武力统一"将彻底破产，同时对控制中央政权的皖系形成直接威胁。为扭转局势，段祺瑞故伎重演，指使安福系游说曹锟，以补选曹锟为副总统为条件，换取吴佩孚放弃撤防。

曹锟自从当副总统的美梦破灭之后，对段祺瑞的一切幻想也随之消失。面对段祺瑞派来的说客，曹锟郑重表示："我相信安福国会有这个能力，也相信芝泉兄此次的诚意。倘使倒回半年，我会接受芝泉兄的好意。如今世事变迁，我能守住脚下这块地盘就已经很不错了。"

曹锟所指想必对方明白，徐树铮觊觎直隶这块地盘已久，曹锟岂会为了一个空头副总统放弃北归的兵力。在这个军阀混战的年代，有军队便有一切，吴佩孚的精锐部队远在湖南，曹锟处在皖系包围之中，一旦发生什么变化，定然远水不解近渴。

1920 年 5 月 20 日，吴佩孚所部自衡阳起拔，撤军北上。6 月中旬，直军全部撤回中原，因原直隶营址被占，暂驻郑州等地。紧接着，第三师主力进驻保定，迅速在保定、天津一带展开。奉军为策应直军，暗中向京畿附近调兵遣将。原来的反皖联盟也由八省扩大为 13 省。

与此同时，皖系也在积极部署。6 月 17 日，徐树铮从西北返抵北京，京畿一带直皖势力形成对峙局面。

7 月初，皖系在团河成立定国军，以段祺瑞为总司令，徐树铮为参谋长，段芝贵为第一路司令兼京师戒严总司令，曲同丰为第二路司令兼前敌总司令，魏宗瀚为第三路司令。司令部设于团河，司令办事处则设于琉璃河附近。

与此同时，直系在保定成立讨逆军，以曹锟为总司令，吴佩孚为前敌总司令兼西路总指挥，曹锳为东路总指挥。司令部在高碑店，以天津为讨逆军大本营。

由于皖军数量超过直军，且武器装备较直军先进，段祺瑞对战争前景充满乐观，并信心十足地吹嘘：战争开始，只需五天便可攻下保定，消灭曹、吴。段祺瑞知道张作霖与徐树铮不和，也知道张作霖与直系曹锟、吴佩孚、李纯有矛盾，认为张作霖会在直皖战争中保持中立。

然而，7 月 13 日，张作霖通电声明"派兵入关参加助直倒皖战争"，这一消息令段祺瑞惊愕万分，立刻想办法推延战争爆发，但为时已晚。此时直军在高碑店，皖军在涿州、涞水，双方已成对峙之势。

7 月 14 日，段祺瑞迫于形势毅然下达对直军的总攻击令，直皖战争爆发。

直军兵力 5.5 万人，盟军 18 万人；皖军兵力 7 万人，盟军 14 万人。开战当日，西路战场上，皖军第一路司令段芝贵进攻高碑店直军，连吃败仗，吓得狂奔到 30 里外扎营；15 日晚，吴佩孚突袭皖军前敌总部松林店，俘虏前敌司令曲同丰；东路战场上，由于日本护国队从天津赶来为皖系助力，直军一度失利，16 日奉军参战，从右翼插入战场，皖军腹背受敌，大败而逃。17 日，直奉两军自廊坊出击，长驱直入，皖军一路溃败。徐树铮见败局已定，于惊慌失措中化装逃回北京，其部下不战而降。

18 日，直皖战争基本结束。19 日，段祺瑞因战败引咎辞职，北京政权落入以曹锟为首的直系与以张作霖为首的奉系手中。

四天的战事结束后，直奉两军分别接收皖军南北苑营房，奉军将南苑 12 架飞机运回奉天，并将东门里徐树铮库房里的军械、物资席卷一空，同时将其他皖军所遗全部军械、重炮、辎重等物资以及军械技术人员统统运走，并收编了皖军全部军队。

曹锟对此极为不满，发牢骚说："张雨亭真是地道的胡子！"

吴佩孚更是认为张作霖与土匪无异，对直系军人直言："奉军真是强盗行为，吾辈不可效尤！"

联合倒皖刚刚结束，直奉便矛盾凸显，紧接着在政治权利的分配和争夺以及对地盘的扩大与争夺中，直奉之间的争斗就此拉开序幕。28 日，曹锟、张作霖及靳云鹏齐聚天津，召开善后会议，就惩办祸首、解散国会、取消和会等问题基本取得一致意见，但在中央和地方人事安排和地盘分配、军费报销等问题上，三人很难达成一致。

张作霖先是保举他的儿女亲家张勋出任安徽督军，又保举张景惠为山东督军，许兰洲为陕西督军。在保举张勋遭到反对后，又保举另一个儿女亲家鲍贵卿为安徽督军。曹锟对张作霖的贪婪强烈不满，力保直系将领冯玉祥出任安徽督军，由于冯玉祥是安徽人，符合当时安徽民众的要求。但张作霖寸步不让，双方意见难以统一。同时，张作霖为实现问鼎中原的野心，反复要求将热河、察哈尔、绥远三个特区划归奉系。

双方意见不能统一，只能到京拜见大总统徐世昌再做商议。8 月 14 日到京后，北京政府用其他利益做交换，达成以张文生出任安徽督军的协定，总算将安徽督军一事摆平。同时任命曹锟为直、鲁、豫三省巡阅使，吴佩孚任副职，张作霖晋授镇威上将军；并给双方各1000万元的军费报销款，这样，双方各取所需，政治分赃暂告一段落，最后达成曹、张共同执掌中央大权的一致意见。

9月4日，两人同时离开北京到达天津。为了加强两人的亲密关系，携手合作，以确保北京政坛平静，靳云鹏别出心裁，事先对曹、张子女情况进行摸底，然后找到曹锟，提出将其女儿曹士英许配给张作霖儿子张学思，靳云鹏说完之后，特地强调一句："两位大帅做了亲家，往后在一起既可共筹国是，又可论及家事，正是门当户对的一桩好姻缘！"

本来用一桩政治婚姻拴住两人关系倒也未尝不可，但靳云鹏这一句"门当户对"令曹锟皱起了眉头。毕竟曹锟出身正途，堂堂武备学堂弟子，又是小站宿将，对胡匪出身的张作霖难免嗤之以鼻。

"英雄不问出处，张大帅为人四海，讲义气重情义，是个难得的好亲家。"靳云鹏察言观色，赶紧补充一句。曹锟憨厚地笑笑，当即答应："好好好，这门亲戚我认了！"

但实际上，联姻的方式虽在短时间内弥补了两人之间的裂痕，但随着两人利益之争的加剧，以及个人野心的膨胀，最后必然会导致兵戎相见。而这场兵戎相见则以吴佩孚与张作霖之间的龃龉拉开序幕。

平心而论，直皖战争中直系取得胜利，主要是吴佩孚的功劳。奉军只是在大局已定之后才出手援助，或可说奉军之援助可有可无。当时中外报纸争相报道吴佩孚，称赞吴佩孚是中国百年难得一见的将才。在此背景下，8月1日，吴佩孚通电提出召开国民大会，解决国是，并拟定了八条纲领。

但令吴佩孚没有想到的是，张作霖对他这一主张反应十分强烈，在他提出该主张的当天，即针锋相对发表通电，强词驳斥。张作霖认为直皖战争的胜利，主要在于奉军的加入，根本不把吴佩孚放在眼中，而且在多种场合贬低吴佩孚。他曾在接受外国记者采访时说："吴佩孚不过是一个小小的师长，我手下这样的师长就有好几个，哪一个拉出来都不比吴佩孚差，要都让他们出来参政议政，那国家不乱套了！我是与曹经略使合作，岂能与一个小小的师长对话！"

对张作霖的观点，徐世昌与靳云鹏立刻表示赞同与支持，两人对吴佩孚"召开国民大会"的提议十分恐惧，靳云鹏形容为"简直是要革我们的命"。吴佩孚这才意识到自己位卑言轻，目前尚不是自己发表政论的时候，但对张作霖的目中无人、恶意打压极为愤恨，尤其他以儒将自称，对胡匪出身的张作霖一向瞧不起，认为此次直皖之战，奉系只是在直军胜局已定时出来呐喊助威，根本没有在战争中发挥实质性的作用，更不配在战后与曹锟共同执掌中央。

吴佩孚将这笔账记在心里，从此一心一意埋头练兵，努力扩大军事实力，准备在时机成熟时一举击败张作霖。

1921 年底，北京政府在政治纷争与国库空虚加剧的情况下，陷入重重困境之中，靳云鹏被迫辞去国务总理。此时，曾作为袁世凯复辟帝制祸首被通缉的梁士诒企图出面组阁，他找到张作霖，开出保证给奉军多筹军饷、联络南方合作倒直的优厚条件，张作霖当即决定成全其当总理的要求。

而曹锟对总理一职早有自己中意的人选，不赞成张作霖推荐的梁士诒。但梁士诒玩弄当初徐树铮欺骗曹锟的手法，四处放风，说一旦组阁将首先筹发直军军饷，随后便登门拜访曹锟。曹锟问：

"可以给直军筹措 500 万军饷吗？"

"500 万，没问题！"

梁士诒想都没想便一口答应。500 万对当时财政是一个不小的数字，但梁士诒压根儿就没想过兑现，只想当上总理再说，一旦助奉倒直成功，一切空头支票统统作废。但曹锟却是认真的，为了 500 万军饷，硬将梁士诒扶上了台。

岂料梁士诒上台后，对奉系有求必应，对直系虚与委蛇，以各种理由拒绝支付直军军饷，曹锟这才知道上当了。当初被徐树铮欺骗倒也忍了，如今被一个专事玩弄诡计的小人欺骗，曹锟怒不可遏。恰逢华盛顿会议召开，中国代表就胶济铁路赎回自办问题与日本代表针锋相对，据理力争，梁士诒却同意将胶济铁路以中日合办的名义，继续由日本操纵路权。曹锟抓住梁士诒的卖国行径，指使坐镇洛阳的吴佩孚连续通电抨击梁士诒内阁，决意发起倒阁运动，除掉梁士诒。

由于梁士诒的幕后支持者为张作霖，吴佩孚与张作霖嫌隙甚深，于是其抨击矛头直指张作霖。而张作霖出面替梁士诒辩护，使内阁问题很快发展为吴佩孚与张作霖的直接交战，并很快转化为直、奉两系的较量。

自1922年1月起，张作霖一面加紧与皖系残余势力联络，一面派人南下联络孙中山，试图组成张、段、孙"反直三角同盟"。同时大肆扩军，除了在东北招兵外，还派人赴通州招兵。

曹锟没有想到事情闹到这种地步，他也想通过战争打垮张作霖。但直皖大战刚刚结束不久，如若再仓促作战，唯恐难以取胜。于是，曹锟四处放风，称不愿与亲家兵戎相见，并三次派直军第二十三师师长、奉天人王承斌拜见张作霖，表示和奉决心，并于3月8日派胞弟曹锐前往奉天给张作霖拜寿。张作霖的属下孙烈臣对曹锐说：

"大帅就是想知道，究竟是部下亲，还是亲戚亲。"

曹锐返回洛阳后，将张作霖的意思转达给曹锟，但曹锟并没有给张作霖做出答复。4月初，随着"反直三角同盟"的巩固，张作霖开始向关内大举发兵。

吴佩孚对曹锟的"和奉"不以为然，一直在积极备战，主张"抗奉"不曾动摇。接到奉军大举入关的情报后，随即在京汉线上扣留车辆，调军布防，准备应战。曹锟虽然不愿与奉军开战，但随着奉军大兵压境，不得不坚定信念，与奉军决一死战，于是，曹锟给吴佩孚发电称：

"你就是我，我就是你。亲戚虽亲，不如自己亲。你要怎么办，我就怎么办。"

吴佩孚接到电报大为感动，随即加快备战步伐，直奉大战已箭在弦上。

1922年4月29日，第一次直奉战争爆发。张作霖自任奉军总司令，以孙烈臣为副总司令，杨宇霆为参谋长，率四师九旅约12万人，分东、西两路沿津浦、京汉铁路向直军发起进攻。

直军在保定设司令部，以吴佩孚为总司令，率八师七旅约10万人迎战，其10万中三分之一兵力用于巩固后方。论兵力直军不如奉军，论武器直军亦不如奉军，奉军有大炮150门，机关枪200挺，而直军仅有大炮100门，机关枪 100 挺。但论战斗力，奉军一向纪律涣散，平日训练较少，其素质、士气远在直军之下。

双方开战后，一开始难见分晓，5 月 3 日吴佩孚出奇兵绕道攻击奉军后方，使卢沟桥奉军腹背受敌，战况急转直下；加之奉军第十六师战场倒戈，奉军全线溃退。5 日，张作霖败退关外。

自此，以曹锟为首的直系终于独掌北京政坛。

大权旁落，收回全不费功夫

第一次直奉大战后，"直系即中央"成为众所周知的事实，四年前曹锟还为一个副总统的允诺为皖系充当打手，如今大总统唾手可得，曹锟可谓踌躇满志。其弟曹锐、曹锳更是在直系将领中宣布：

"三哥此时不当总统，更待何时？"

有了曹氏兄弟的提示，众将领纷纷劝进。曹锟也想立刻赶走徐世昌，自己登上大总统宝座。但吴佩孚没表态，他不敢贸然行动，于是暗示吴佩孚"肥水不流外人田"。吴佩孚岂能不明白曹锟的意思，但他持反对意见。

"此事不宜操之过急。倘若先恢复国会，让黎元洪复职总统，以此作为过渡，对直系更加有利。"

吴佩孚对曹锟言明自己的观点，曹锟却一时转不过弯来。吴佩孚秀才出身，到底多读了几年书，他耐心地给曹锟解释，根据《中华民国临时约法》，大总统无权解散国会，但 1917 年 7 月张勋复辟前夕，逼迫大总统黎元洪解散了国会。随后段祺瑞镇压了张勋复辟，黎元洪引咎辞职，大总统由冯国璋代理。由于国会已解散，原法统已不存在，段祺瑞与梁启超等人组织临时参议院，成立新政府。这就是段祺瑞的所谓"再造共和"。这无疑遭到革命党人的反对，当年 7 月孙中山发起护法运动，1921 年又发动第二次护法运动。

"恢复法统，不仅可以令护法运动失去依据，还可以使打着'民治'旗号的'联省自治'运动失去依据。同时，1918 年 8 月召开的新国会即安福国会，以及选出的大总统均属非法，如此一来，可以名正言顺地赶徐世昌下台，以黎元洪为过渡时期总统，再利用国会选举名正言顺地当上总统。"

曹锟听着吴佩孚的分析，觉得有些道理，尽管他急切地想当上大总统，不想绕这么大弯子，平心而论他不想这么做。但如今的吴佩孚已今非昔比，吴佩孚的主意他不能不听，因此还是答应按照吴佩孚的计划走。

1922年5月19日，曹锟、吴佩孚携直隶各省督军联名通电，要求恢复旧国会；5月24日，第一届国会继续开会筹备处在天津成立；6月2日，大总统徐世昌被迫辞职；6月11日大总统黎元洪在中南海怀仁堂举行复职典礼。

然而，曹锟很快发现，吴佩孚的"恢复法统"，让他离大总统的宝座越来越远。吴佩孚身为直鲁豫巡阅副使，却从直奉战争之后一直没有回其公署所在地洛阳，而是一直在保定曹锟的公署里发号施令。

关于北京政府的内阁班子，吴佩孚恨不能一手把控起来，他先是举荐其亲信董康出任颜惠庆内阁的财政总长，举荐其秘书长孙丹林做总统府副秘书长兼内务部次长，又举荐其蓬莱同乡高恩洪出任交通部长。但此时曹锟已推荐了高凌蔚做交通部长，吴佩孚便直接找到曹锟，希望他出让交通部长一职。曹锟一向纵容吴佩孚，不愿为了一个交通部长与吴佩孚发生不愉快。但接下来他忽然发现，北京政府的"太上皇"已悄然易主，他已经被晾到了一边。

6月17日，曹锟和吴佩孚正在保定光园谈话，高恩洪、董康突然出现，理直气壮地对曹锟说："我们有要事要向吴大帅报告，请老师暂避。"

此时吴佩孚已称起大帅，此前北洋军阀里只有张勋、曹锟、张作霖三人先后称为大帅。按照北洋军阀的规矩，一般将领做到督军称帅，做到督军以上才称为大帅。如今吴佩孚称大帅，曹锟只好改称老帅。

曹锟知道，颜惠庆内阁遇到问题都要让高恩洪、董康二人请示吴佩孚后再办理，早已把他当成了局外人，本来大权旁落已令他很不高兴，如今高、董竟当着曹锟的面如此嚣张，气得曹锟站起来喊道："总长的命令我哪敢不听？虽然光园是我的地方，让我离开我就得离开！"说完转身就走。

不久后，曹锟在报纸上看到前交通部长曹汝霖被捕的消息，原因是曹汝霖在任时经手的一笔数额高达 2000 万的款项没有底账，涉嫌贪污。其实 17 日高恩洪、董康到光园找吴佩孚，就是请示怎样处理曹汝霖的案子。而如此重要的一宗大案，不仅高、董避开他不谈，吴佩孚竟然也一字不提，令曹锟忍无可忍，立刻派人找吴佩孚来见他。

但此时吴佩孚已经就寝，其手下人都不敢叫醒他。曹锟久等不见回音，心里更加气愤，于是再派人去叫，并叮嘱必须把吴佩孚叫来。这次吴佩孚总算是来了，一进门就说：

"发生了什么事，让老帅这么着急？"

"你现在是大帅了，哪里还把老帅放在眼里！能来理我就该感谢了。"

曹锟脾气一向很好，对吴佩孚更是能忍则忍，今天却一脸怒容，一反常态，吴佩孚知道曹锟这次是真的动怒了，连忙赔着笑脸说：

"老帅不要生气，要是我做错了什么，请老帅拿军棍打我，不要气坏了身子。"

曹锟见吴佩孚赔笑服软，便适可而止，不再追究。吴佩孚知道自己做得过分了，便于 7 月 1 日回到洛阳，表示以后绝不干政。

然而，令曹锟没有想到的是，吴佩孚非但没有放弃干政，反而直接控制了北洋政府，不仅将洛阳变成了北洋政府的重心，也变成了直系的中心，使直系形成保定与洛阳两个中心，直系内部也迅速分化为拥曹与拥吴两派——保派与洛派，而且两派矛盾急剧凸显。

8 月 1 日国会正式复会，颜惠庆下台，黎元洪在得到曹锟、吴佩孚不干预总理人选的情况下，任命唐绍仪为国务总理。岂料吴佩孚出尔反尔，坚决要求由王宠惠出任国务总理，并最终组成受其控制的"好人政府"。

胡适等人认为，中国军阀混战，是因为自命清高的知识分子不愿出来为政，导致坏人当道。只有"好人"组成的政府，才能彻底改变中国的混乱局势。然而，吴佩孚将鼓吹"好人政府"主义的几个"好人"王宠惠、罗文干等人拉入政府，完全是为了借用"好人"的声誉谋取政治资本，同时利用亲信操纵内阁，使"好人政府"为其所用。

令曹锟气愤的是，保派在"好人政府"中只有一名阁员高凌霨，还是被放在一个无关紧要的部门。曹锐提醒曹锟说："他今日能夺取内阁，明日就能夺取总统。"这正是曹锟所担心的。黎元洪当上总统后,曹锟曾问吴佩孚什么时候重新选举总统,吴佩孚说:"让黎黄陂在总统位上再待一段时间,完成南北统一大业再说。"可曹锟如今已经 60 岁,统一却还遥遥无期,要真按吴佩孚说的做,曹锟这辈子就不用指望做总统了。

而吴佩孚由于独断专行,颐指气使,不仅引起保派的不满,也使直系军阀除吴的嫡系外,纷纷投靠保派;而以众议院议长吴景濂、副议长张伯烈为首的许多议员也对吴佩孚不把国会放在眼里产生恶感,与保派结成联盟,首先以吴佩孚控制的"好人政府"为攻击目标,开始了倒阁运动。

倒阁运动的引发点为"罗文干受贿案"。罗文干是财政总长,其受贿案是指内阁擅自签订澳国借款展期合同,在使中国财政遭受巨大损失的同时,内阁拿到债权方交来的补款 8 万英镑,折合华币 60 万元。其中 10 万元用于支付中央政费,50 万元全部拨到洛阳。该合同是王宠惠指令罗文干与澳方代表华义银行代理人签订的,洛派阁员以为神不知鬼不觉,岂料华义银行副经理是曹锟的亲信、保派边守靖的亲戚,此案立刻通过边守靖报到曹锐、吴景濂处。

由于此款是通过交通部划拨的,曹锟得知此案后,立刻派人到交通部查账,竟发现该部半年内向吴佩孚拨付军费 509.9 万元,而只拨给保定方面 242.4 万元。曹锟再无法对吴佩孚的张狂保持沉默,决心向吴佩孚宣战。

11 月 23 日,曹锟发表通电,指斥罗文干犯有五条误国大罪,提出组织特别法庭,彻底追究。紧接着,直系诸将领及直系势力控制下的各省军阀,乃至皖系军阀纷纷发表通电,一致痛斥罗文干丧权卖国,请求北京政府予以严惩。同时警告吴佩孚,若包庇罗文干等罪犯,将以卖国罪群起讨伐。

这种一面倒的局势,让不可一世的吴佩孚一下子成了众矢之的。他自知陷入孤立,对抗下去未必能取胜,且直系分裂对自己无益,于是赶紧通电向曹锟认错屈服,表示一切听从曹锟安排。于是,吴佩孚苦心建立的"好人政府"仅维持了三个月便彻底垮台,保、洛之争最终以保派胜利而告终。

千万贿选，最豪华总统"出笼"

扳倒了"好人政府"，收服了吴佩孚，曹锟一不做二不休，开始向大总统之位冲刺。

1923 年 1 月 4 日，张绍曾内阁成立，张绍曾既倾向于保派，又是吴佩孚的儿女亲家，同时与国会中的吴景濂关系密切，因此很容易获得各方通过。而黎元洪选中他，则是看中了他的主张：先统一后大选。黎元洪企图由张绍曾组阁实现府院合作，共同抵制保派大选，以延长其总统任期。

然而，曹锟岂能坐视黎元洪府院联合推迟大选，新一轮倒阁很快展开，6 月 6 日张绍曾被迫下台。此后黎元洪孤掌难鸣，却仍抓着总统的宝座不肯放手，曹锟干脆从幕后走到前台，亲自导演"逼宫驱黎戏"。

6 月 7 日，陆军检阅使冯玉祥、京畿卫戍司令王怀庆等人率军警 500 人，闯入总统府，围住居仁堂，以内阁无人负责为由，向黎元洪索饷；

6 月 8 日，曹锟的亲信边守靖雇人在天安门前举行所谓的"万人国民大会"，高呼要求黎元洪"即日退位，以让贤路"的口号；

6 月 9 日，北京全体警察罢岗，为黎元洪守卫新华门及东厂胡同的卫戍部队也随之撤走，黎元洪宅邸水电、电话被切断；

6 月 10 日，曹锟授意军警 300 余人，闯入黎元洪东厂胡同私宅索饷，又有"市民请愿团""国民大会"代表千余人在黎元洪住宅门口大喊大叫，逼黎元洪退位；

……

6 月 13 日，黎元洪将 15 颗总统印玺交给正在东交民巷法国医院住院的姨太太黎本危保管，自己出走天津。但他很快被直隶省长王承斌截住，由于拒不交出印玺，在天津新站被困于专列之中，曾试图开枪自杀，被反应灵敏的随身翻译救下。黎元洪当晚 10 时被迫说出印玺的下落，14 日凌晨 4 时在总统自动辞职电稿上签字。于是，"逼宫夺印戏"落幕。不圆满的是，黎元洪恢复自由后，立即将被迫交印与签名过程通告全国，激起全国各界一片唾骂。

但曹锟不管这些，逼走黎元洪，总统印玺到手，大总统宝座已唾手可得。早在年初曹锟便已为出任大总统做准备，特聘愿意为其投票的议员380多人为直鲁豫巡阅使署顾问，当时国会两院议员700余人，其所聘顾问已超过半数。曹锟对这些顾问出手大方，每人每月发给顾问津贴200元，并在春节前赠送议长吴景濂"炭敬"3万元，赠送副议长张伯烈"炭敬"1万元，以期他们为大选出力。

然而，尽管曹锟特聘380多名议员，但此时的国会派系纷争，其中变数颇大，尤其有皖、奉两系军阀以及南方孙中山的阻挠与反对，要想凑齐合法人数并非易事。于是，曹锟主动同诸政敌修好，派曹锐游说段祺瑞，又派张作霖的亲家鲍贵卿到东北讨好张作霖，并表示愿意响应孙中山的号召，召开"南北和会"，同时放出"孙曹携手"的言论。但这些努力毫无效果，段祺瑞与张作霖反应冷淡，孙中山则通电表示"孙曹携手"纯属谣言。

为了抵制曹锟当选大总统，皖系、奉系、孙中山三方开始联手与曹锟争夺议员。如此一来，议员成为双方争相收买的重点，一方为了"贿选"，一方为了"贿不选"。孙中山为了把国民党议员和反直议员拉到上海，特地派人赴京游说；皖系干将、浙江督军卢永祥为了"贿不选"，不仅为南下议员们准备了招待处和办公处，并将上海的纸烟捐、电报收入、烟酒税、盐税余款列为国会专项经费。张作霖则一次拿出70万元，作为赴沪议员的专项津贴，每个赴沪议员每月可领津贴300元，比曹锟的200元顾问津贴多了100元。

议员们为利益驱使，纷纷离开京津南下，曹锟一看十分着急，忙找议长吴景濂讨主意。吴景濂说："我看，只能用贿选的方式了。"

贿选对曹锟来说是一个非常敏感的字眼，早在几年前被徐树铮戏耍几次之后，段祺瑞终于打算兑现一次诺言，于是搞了一场竞选副总统的闹剧，段祺瑞以北京政府预垫经费150万元为曹锟拉票，每张选票2000元，结果议员们都嫌票价太低。于是徐树铮就找到曹锟，希望他本人出些钱。如果他当时肯出钱，或许就能出任副总统了。但当时他确实手头"拮据"，不舍得为这个副总统出钱。如今今非昔比，敛财机会多多，自然手头也就宽裕了许多。自从出任直鲁豫巡阅使以来，其全军军费一直由亲信李彦青掌管。李彦青为曹锟"精打细算"，每次发放军饷每师必克扣 2 万元，当时曹锟手下有 25 个师，仅此一项，曹锟每次就能拿到 50 万元。直皖战争后，徐树铮的西北边业银行被曹锟接收，连其中王揖唐、朱深等人股本 100 万元一并进了曹锟的腰包。但即使有钱了，曹锟还是不舍得，毕竟贿选不是几十万就能解决的。

直隶省长王承斌见曹锟为贿选经费发愁，为了讨好曹锟，便在谋划贿选筹款上下工夫，最终以三种途径获取了经费。第一种，以敲诈贩毒分子的方式，获取经费 500 余万元；第二种，由直系各督军、省长等人摊派；第三种，强行向直隶各县"借"军饷，大县两三万，中县一两万，小县万儿八千。虽说将整个直隶搞得鸡犬不宁，但贿选经费总算筹上来了。

9 月初，吴景濂与曹锟的秘书长王毓芝等人在北京甘石桥设立"议员俱乐部"，作为大选活动机关，开始公开进行贿选事宜。规定每个议员参加一次"宪法会议"，可得出席费 20 元，每周参加常会可得出席费 100 元。此外还有其他名目的奖赏，如"冰敬"(夏季津贴)、"炭敬"(冬季津贴)、"节敬"等。这样，在京议员每月可从贿选方那里得到 600 元津贴，而在沪议员从"贿不选"方那里仅可领到 300 元津贴。

于是，在沪议员立刻离开反曹锟的"贿不选"三角联盟，北上投身贿选行列。一时间，京沪线上议员成群结伙，不绝于途，不几天时间，"议员俱乐部"已收买议员 500 多名。吴景濂等人见形势好转，又提出更优厚的条件：准许议员任期延长一年。如此一来，"贿不选"三角联盟只能甘拜下风。

10 月 1 日，"议员俱乐部"发给每名议员 5000 元支票一张，共发给了576 人，支票在选出大总统的三日后即可兑现。除了 5000 元面额的普通票支票，另有 1 万元及 1 万元以上的特殊票支票。

10 月 5 日是大选之日，清晨，大批军警荷枪实弹，在北自西单牌楼，南至宣武门外大街布置了警戒线，并派保安队来回巡逻。象坊桥众议院更是戒备森严，象坊桥东西两口军警夹道排队，严密审查进入大选会场的议员及参观人员。选举原定于 10 时开始，然而直到下午 1 时多才到会 593 人，终于达到法定人数，可以摇铃开会了。下午 4 时投票完毕，接着点票、唱票，最后由吴景濂报告选举结果：

此次选举共发选票 590 张，收回票数 590 张，票数与人数相符。四分之三票应为 443 票，曹锟得 480 票，超过四分之三，按《大总统选举法》，当选为中华民国大总统。吴景濂话音刚落，台下的"猪仔议员"们即报以雷鸣般的掌声。

此时，曹锟正等候在保定的大本营里，当电话铃声响起时，他不知是怎么跳起来抓住电话听筒的。电话里传来吴景濂报喜的声音，他只记住了最关键的一句话：以 480 票当选总统！

吴景濂还在电话里絮絮叨叨地汇报选举过程，曹锟已放下电话，一把抓住心腹李彦青之手……李彦青见大功告成，立刻跑出去向各有关方面报告喜讯，一时间，恭贺电话纷纷打进曹府，保定城内的军阀政客、社会名流、乡绅巨贾纷纷前往祝贺，曹府门前顿时车水马龙，冠盖如云。

此次贿选，曹锟花费了 1356 万元巨资。在北洋军阀统治时期，运动国会议员贿赂公行，本为司空见惯，不足为奇，但像曹锟这样以 1000 多万巨款贿选总统，实属罕见。

1923 年 10 月 10 日，曹锟在中南海怀仁堂宣誓就职，15 颗总统印玺掌控在手，曹锟终于如愿以偿。

然而，令曹锟没有想到的是，这个大总统当起来却十分艰难。当他还在新任总统的喜悦中没回过神来的时候，一个以反贿选为起点的反直风潮已在各地掀起，皖系的浙江督军卢永祥、奉系张作霖以及云南唐继尧等，纷纷发出讨伐曹锟的通电。这对曹锟来说尚且不重要，因为这种反对一时半会还酿不成直接的军事威胁。首要的威胁来自外国人，当时临城劫车案发生不久，各国公使提出以惩办临案负责长官田中玉等人为庆贺新总统就职的先决条件。

临城劫车案发生在 5 月 5 日，由浦口始发的第二次特别快车在山东临城被土匪孙美瑶截获，劫走中国旅客 71 人，外籍旅客 39 人。虽然此案已在 6 月中旬得以解决，被劫人质全部得以释放。但外交团提出"赔偿损失""将来之保障"等要求。曹锟完全同意前期摄政内阁及外交部对外交团的各项答复，但关于惩办临案负责长官田中玉，曹锟感到十分为难。这明显是列强干涉中国内政，倘若接受此议，肯定令他很丢脸面。而且山东督军田中玉与曹锟是拜把兄弟，曾为曹锟提供贿选经费 40 万元。刚刚上任便拿把兄弟开刀，于情于理均说不过去。

曹锟找来心腹智囊商议，大家一致认为，脸面也罢，把兄弟也罢，都不重要，眼下最重要的是，尽快得到各外国公使的承认和支持。于是，曹锟将田中玉召到北京，派其心腹高凌蔚前去做工作，劝其主动辞职。田中玉原以为办案有功，曹锟就职总统后当给予奖赏，怎么也不会想到是免职，于是对高凌蔚大发其火，表示坚决不辞职。

曹锟无奈，只好亲自出马，但无论怎么劝说，田中玉就是不服气，他质问曹锟：

"临案的最高责任者不是我，这你知道！"

田中玉这话点中曹锟的"死穴"。田中玉只是山东督军，而曹锟是直鲁豫巡按使，最高责任者自然是曹锟。曹锟自知理亏，只好好言求告：

"老弟就委屈一点，给三哥留点面子吧，等应付了外国人，三哥再想办法给老弟补偿。"

"我哪里有那么大面子！三哥如今是大总统了，当然是总统的面子值钱！可总统也该看看，现在还有哪个督军肯服从中央？就我服从了，结果被免职，看以后谁还敢听你指挥！"

尽管田中玉牢骚满腹，但最后还是递交了辞呈，曹锟为了照顾田中玉的面子，又下令提升田中玉等五人为上将军。如此的惩办结果令各国公使十分不满，但各国公使已应邀向曹锟祝贺，承认其大总统地位，曹锟便从此保持缄默，无论外国人怎么不满，尤其对列强要求共管中国路政，曹锟知道出卖国家主权的后果，于是坚决不开口，不表态。最后外交团不再深究，同意了前期摄政内阁及外交部所做的各项答复，中方给被劫人质赔款了事。

摆平了外国人，内阁方面却总也摆不平。当初为了扳倒张绍曾内阁逼走黎元洪，曹锟将国务总理一职许给了张绍曾；此后由内务总长高凌蔚代理摄政内阁的国务总理，曹锟又把未来总理许给了高凌蔚；贿选中需要众议院议长吴景濂实际操刀，曹锟又把未来总理许给了吴景濂。

一女许三家，到底嫁哪个成了问题。张绍曾已失势且早已失去兵权，可以对其毁诺；但高凌蔚与吴景濂都是贿选功臣，又都有一定势力，不等曹锟做出决定，两人已打得头破血流，最后吴景濂被排挤出局，出走天津。在这场争斗中，曹锟明显站在高凌蔚一边，对吴景濂大有"兔死狗烹"之意，一下子将吴景濂推到了对立面。

然而，高凌蔚代理总理之后，认为总理一职非他莫属，一时有恃无恐，为所欲为，尤其发布了改选议员的命令，引起议员们的普遍不满，结果未正式组阁便下台。

新总统上台不能长期没有正式内阁，曹锟权衡利弊之后，突然提出由前清遗老孙宝琦组阁。孙宝琦曾做过山东巡抚，如今在税务督办的位子上过着心满意足的日子，突然天上掉下个大馅饼，令他欣喜若狂，发誓要大显身手，做出一番政绩。岂料他一上任，便就内阁人选在曹锟面前连连碰壁，接着提出"奉行宪法""和平统一"等施政方针，曹锟均不予以支持，孙宝琦赌气提出辞职，要求回去继续做税务督办，被曹锟严词拒绝，并告知就是税务会办也不给他。

其实孙宝琦不过是为了独掌内阁抗争，根本不舍得辞去国务总理。当时曹锟经常患病，又不愿接见宾客，孙宝琦便梦想着曹锟哪天死去后自己摄行总统职权。于是他请来一个算命先生给曹锟算命，算命先生掐指一算，说曹锟不出一月必死无疑。孙宝琦信以为真，以为自己摄行总统职权的日子就要来到。

1924年3月，京城里突然盛传起"曹锟已死，秘不发丧"的消息。国会议员、外国公使纷纷打电话给总统府秘书长王毓芝，询问曹锟的情况。曹锟得知自己的"死讯"后，一时哭笑不得，令王毓芝尽快查明谣言来源，结果查明谣言是从总理孙宝琦府上传出的。原来孙宝琦等了一月未闻曹锟死讯，也未得到曹锟尚在世的任何消息，便断定"曹锟已死，秘不发丧"，为了敦促有关方面公开曹锟已死事实，以便自己摄行总统职权，便把此信息传播出去。

曹锟闻听事情来龙去脉，气得破口大骂："孙宝琦这个老混蛋！"孙宝琦很快得知曹锟的确没死，赶紧登门道歉，曹锟拒而不见，指令下人说：

"你去告诉他，就说我已经死了。"

此后孙宝琦又数次登门拜访，无一不是吃了闭门羹。孙宝琦觉得这个总理真是做不下去了，加上他一直想把曹锟的亲信、财政总长王克敏赶出内阁，而由于曹锟对王的偏袒一直不能如愿，孙宝琦对曹锟的不满越来越大，终于在7月2日提出辞呈，曹锟即刻批准，并令顾维钧代理国务总理。

总理之争折腾了三个月，好不容易产生的孙内阁，在维持半年之后便这样谢幕了，内阁又没了正式总理。此时北京政府已陷入严重财政危机之中，由于财政无着，长期拖欠薪饷，各种索饷事件搅得曹锟焦头烂额。而令他更为头疼的是，他的政令在直系军阀以外根本不起作用，即使在直系军阀的势力范围，也往往不那么管用，直系内部握有军权的大小实力派之间的争斗正在愈演愈烈。

曹锟上台后论功行赏，任命吴佩孚为直鲁豫巡阅使，王承斌为直隶军务督理兼直鲁豫巡阅副使，齐燮元为苏皖赣巡阅使，萧耀南为两湖巡阅使。随后又封冯玉祥、齐燮元、王承斌、王怀庆等六人为上将军，直系大将各得其所，一时间和乐融融。然而，吴佩孚大权独揽、专横霸道，经常干涉直系各将的职权，压制、排挤各将，尤其1924年初又提出统一军权于中央的建议，借机实行削藩，剥夺各省军阀的军权，令直系军阀很快形成以冯玉祥、齐燮元、王承斌为首的反吴"三角同盟"。而曹锟由于一味偏袒吴佩孚，造成他与众将领的隔阂与疏远。

与此同时，被直系打出关外的张作霖经过两年多的整军经武，厉兵秣马，决心一雪两年前兵败之耻。为了稳妥起见，张作霖联络粤、皖，结成"反直三角同盟"，伺机向直系宣战。正在万事俱备只欠东风之时，忽见江浙一带硝烟弥漫，战火已经燃起，张作霖立刻吹起向直系进军的号角。

变生肘腋，都是冯玉祥捣的鬼

江浙战火由直系江苏督军齐燮元点燃。1924年9月3日，齐燮元为收回上海，与皖系军阀浙江督军卢永祥兵戎相见。上海是全国最大的商埠，税收之多居全国之首。齐燮元任江苏督军不久就想把上海从皖系手中夺过来，但受曹锟、吴佩孚的"和皖""联卢"政策掣肘，一直未能如愿。1924年4月，卢永祥收编了受直系孙传芳进攻从福建逃入浙江的皖系臧致平、杨化昭两部，违反了"江浙和平公约"，即不得容留、收编"客军"，而此时粤、奉、皖已结成"反直三角联盟"，"和皖""联卢"成为一句空话，曹锟便默认了齐燮元的攻卢决定。9月8日，曹锟正式下令讨伐卢永祥，江浙战争全面爆发。

但战争初期双方在黄渡进行阵地战，每天早晨开炮，快到中午时双方同时停炮午休，下午3时继续开炮，傍晚停止，夜间各自就寝，从无出击与进攻。直到9月17日直系孙传芳突然进军浙江，战局陡变。卢永祥腹背受敌，于10月17日通电下野，江浙战争结束。

虽然江浙之战只是局限于东南一隅，但为远在关外的张作霖制造了进攻直系的口实。1924年9月4日，张作霖发表讨直通电；9月15日，张作霖组织镇威军，自任总司令，统辖22万大军杀进山海关，第二次直奉战争爆发。

曹锟闻报，一时六神无主，十万火急电召吴佩孚进京主持应战。吴佩孚早有准备，他深知张作霖兵败之后不会善罢甘休，自1923年春便开始向朝阳、赤峰、山海关等地派兵，做了重兵布防、待机出击的军事部署。

9月17日吴佩孚到达北京，曹锟如释重负，旋即下达了对张作霖的讨伐令。9月18日晚，吴佩孚在总统府召开讨逆军总司令部军事会议，自任讨逆军总司令，任命王承斌为副总司令兼直隶筹备司令，然后针对奉军部署排兵布阵。

任彭寿莘为东路第一军总司令，率吴佩孚的主力部队三师约12万人，对付山海关、九门口奉军张学良部；任王怀庆为中路第二军总司令，率一师二旅以热河为根据地，抵制奉军李景林部从朝阳方面进攻；任冯玉祥为西路第三军总司令，率一师三旅出古北口，趋赤峰，对付奉军吴俊升、许兰洲部；任张福来为援军总司令，统率各省援军。

此次战争，直军出动兵力20万，奉军出动兵力22万，堪称中国近代史上空前的大规模战争。双方以山海关一带为主战场，9月28日战事转趋激烈，10 月 8 日，直军丢失九门口，山海关战事告急，尚在北京筹饷的吴佩孚于 10 月 10 日赶赴山海关前线，原拟在敌后寻找登陆点，前后夹击奉军。但此时突破九门口的奉军西进，击退直军占领九门口至石门寨一带，并有可能南下直攻秦皇岛与山海关背后，情况十分危急。吴佩孚随机应变，命令包括第三师在内的部队投入山海关至石门寨一带的战场，与原石门寨直军联合，阻止了奉军南下，并在随后反戈一击，重新夺回九门口。

与此同时，山海关战场的作战也日趋激烈，直军坚守阵地顽强抵抗，奉军久攻不下，双方进入相持状态。

在东路直军于山海关一带与奉军激战时，中路直军王怀庆部与热河守军却很快败下阵来，奉军攻破直军前沿阵地开鲁、朝阳，10 月初直逼凌源、赤峰。但西路冯玉祥一直毫无动静，因进军迟缓一直未与奉军接触。当吴佩孚命冯玉祥火速进军，从侧面牵制奉军，以减轻东路战场的压力时，冯玉祥仍旧不紧不慢，他在等待倒戈回京的时机。

冯玉祥虽是直系重要将领，但由于受吴佩孚压制与排挤，其晋升道路被堵塞。他与同样对吴佩孚心怀不满的直系将领孙岳、胡景翼建立联系，预谋借第二次直奉战争推翻吴佩孚和曹锟。而在此之前，他与孙中山建立了联系，又联合张作霖、段祺瑞，还从张作霖那里得到 140 万军饷资助。10 月 19 日冯玉祥感到时机成熟，决定趁京城空虚回师北京，实施政变。

此时，曹锟在总统府内每日密切关注着前方战事，完全没有料到他的总统生涯即将结束，更是做梦也不会想到，将他赶下总统宝座的竟是他的麾下爱将冯玉祥。

10 月 22 日早上，曹锟像往常一样在延庆楼外的小院里散完步，用过早餐后，来到办公室处理事务。这时，总统府送报员送来一封冯玉祥的电报，内容和前几天的几份电报一样，又是打了胜仗。曹锟见是捷报，顿时笑容满面。一旁的送报员有些胆怯地问道：

"总统，冯将军每次都说打了胜仗，在往前进，可这几封电报怎么都是从古北口发来的？"

"可能司令部跟进得慢吧。"曹锟愣了一下说，"司令部与先头部队保持一定距离很正常。"

话虽如此，曹锟还是拿起最近冯玉祥发的电报看了一遍，果然如送报员所说。但曹锟没有多想，就打发送报员离开了。晚上，曹锟因为冯玉祥的"捷报"，很有兴致，喝了不少酒，早早地便就寝了。就在曹锟做着美梦的时候，冯玉祥按照预先策划里应外合，率部从安定门进城，兵不血刃，一夜之间占领了全城，控制了总统府。不但北京市民毫无察觉，就连曹锟与总统府官员也都不曾被惊醒。

10月23日早晨，曹锟醒来，蓦然发现卫队换了人马，再一问，总统府已被军队包围，电话线也被切断。这时，曹锟想到昨天早上那封电报，这才有些明白眼下的状况，原来一觉醒来，自己已成了冯玉祥的阶下囚。

当天，冯玉祥、胡景翼、孙岳等人联名发出主和通电，并强迫北京政府下令停战、解除吴佩孚直鲁豫巡阅使及第三师师长等职务。11月2日，曹锟被迫辞去大总统之职。当初费尽心血花费1356万元换来的大总统，没想到仅仅当了一年，便落了个阶下囚的下场。想到黎元洪尚且有人身自由，曹锟慨叹自己运道太差。

曹锟被囚后，一直住在总统府内，由冯玉祥派来的一名营长监管，但吃喝不愁，北京警备司令部经常会送来一些食物，其部属与家眷也可前来探望。这时他仍寄希望于吴佩孚，希望吴佩孚能回师攻打北京解救他。有天他的副参谋长王坦前来拜望，他迫不及待地向王坦打听："子玉在哪里？"当王坦告诉曹锟"他已经败逃了"时，曹锟颓坐在椅子上，呆愣半晌，喃喃自语："完了，完了。"

原来，政变发生后，吴佩孚曾于10月25日亲率七八千人回救北京，但冯玉祥早就有所布置，吴佩孚回救未能成功。北京政变打乱了吴佩孚的作战部署，使胜负难定的第二次直奉战争局势豁然开朗。由于变生肘腋，吴佩孚纵有天大才能，也难以挽回败局。走投无路之际，吴佩孚只能率残部南逃。11月3日，第二次直奉战争结束。

北京政变之后，冯玉祥暂时控制了北京政权，他将清逊帝溥仪驱逐出宫，改所部为中华民国国民军，并邀请孙中山进京共商国是，同时邀请段祺瑞出山主持大政。张作霖打败直军后，奉军大举入关。张作霖也主张段祺瑞出山，企图与段祺瑞联手控制北京政府，抵制冯玉祥的国民军。11月10日，张作霖、段祺瑞、冯玉祥等人在天津召开会议，商讨组织临时执政府，由段祺瑞出任临时总执政。11月24日，段祺瑞在北京陆军部礼堂宣誓就职，北京政权落入张作霖与段祺瑞的掌控之中。

然而无论谁掌握政权，对曹锟来说都是一样的，他被囚在总统府内，每日与胞弟曹锐喝酒谈天，回忆做总统时的风光生活。在曹锟的几个弟兄里，与曹锟感情最深厚的就是曹锐，特别是在曹锟一直没有儿子时，曹锐将自己唯一的儿子过继给曹锟，令曹锟非常感动。

11月29日，曹锟正与曹锐在延庆楼里聊天，突然一个团长走进来，说要带曹锐出去问话。曹锟一听要去审讯，认为曹锐这一走一定是凶多吉少，立刻拉住曹锐死活不肯放手。当时曹锟的四太太刘夫人在场，她见那个团长黑着脸，知道阻拦不了，只好连劝带拖地将曹锟拉开了。正如曹锟所料，曹锐这一去，就再没有回来。

曹锐以为冯玉祥要杀他，在离开延庆楼前借换衣服的时间吞下了生鸦片。其实，冯玉祥只是想吓唬他，逼他拿出些钱给国民军发饷。当时拷问的人让他交出全部财产，他不说话。对方便拖出关押在此的李彦青当场鞭打，吓得曹锐当场瘫倒在地人事不省，对方赶紧将他送到医院，他因药性发作结果不治身亡。

得知曹锐的死讯后，曹锟悲痛欲绝，恸哭不止，一连几天茶饭不思，目光呆滞，对前来看望他的旧部不予理睬。不久曹锟的亲信李彦青被处以枪决，曹锟得知后，不免又是一顿伤心，最后难过地说："但愿小李子能在地下服侍好我那可怜的四弟！"

段祺瑞任执政后，与张作霖联合压制国民军。1926年1月，张作霖与吴佩孚达成谅解，联手进攻国民军。4月，国民军退出北京，同时段祺瑞也宣布下台，奉、直两系再次掌握北京政权，曹锟被囚禁一年半后，终于恢复了自由。

恢复自由后，总统府重新热闹起来，前来探望拜访的朋友部属络绎不绝，一些部属又纷纷回到曹锟身边，曹锟认为政变已经结束，他本人也不曾正式通电辞职，本应继续履行总统职务。在他看来，吴佩孚定然不会反对，只是担心张作霖从中作梗。不久张作霖的儿子张学良在王坦的陪同下，与其部属张宗昌、李景林等前来拜见曹锟。

"三大爷，我代表家父给您老赔礼来了，家父说对不起您，一定拥护您复位。"

一见面，张学良先跪在地上给曹锟磕头。曹锟忙扶起张学良，假装推辞说：

"哎，复什么位呀，我老了，又德薄能鲜，不干了。"

"您这样说就是不肯原谅家父了？"

"不是，不是。"曹锟赶紧否认，然后问，"你们看我还能当总统？"

"当然！家父说您尽管复职，有他老在旁边站着，看他们哪个敢闹事！"

见张学良说得真诚，曹锟不再怀疑张作霖支持他复位的态度。但他没有想到，张作霖拥他复位的真实目的，同他原先请出黎元洪一样，不过是想拿他做过渡，然后自己当总统。

相信了张作霖的真心拥戴，曹锟和他身边的人都开始蠢蠢欲动，当然最重要的一坏是取得吴佩孚的支持。自从吴佩孚兵败南下，曹锟一年多来对吴佩孚的情况一无所知，他派王坦南下汉口，去征询吴佩孚的意见。原以为不过是走一下形式，不料事情远没有那么简单。

王坦通报了北京的近况后，将曹锟复位的意思说了一遍，特别强调张作霖已表态拥戴。吴佩孚听了以后沉吟良久，最后说："三爷在前台是唱不好的，这一点你我都清楚，何况现在局势未稳时机不成熟，还是等我把大局搞定再说吧。"

当时一些国会议员都在武汉，王坦事后从吴景濂等人口中得知，吴佩孚不支持曹锟复任，是不想再给自己头上设一个顶头上司。

曹锟见复职无望，于5月1日怅然通电辞职，之后即搬出总统府，住进了羊市大街。但他对吴佩孚的感情并没有因此而减淡，5月31日吴佩孚抵达保定后，曹锟不久便亲自前往保定看望，吴佩孚则专程前往高碑店迎候。当列车停靠在站台，曹锟出现在车门口时，吴佩孚以谒见元首之礼上前恭迎，吴佩孚紧握曹锟双手说：

"三爷，都是子玉无能，这两年让您受惊了。"

曹锟一时感慨万千，心中仅存的一点对吴佩孚的不满也随之烟消云散。同车到达保定后，在车站举行的隆重欢迎仪式，以一种久违的亲切之感令曹锟激动不已，差一点老泪夺眶而出。随后，曹锟在自己的光园别墅里住了下来。

同年 7 月，广东国民革命军誓师北伐，随后以排山倒海之势横扫北洋军阀残余势力，10 月 10 日，吴佩孚的主力被北伐军消灭，失去靠山的曹锟于 1927 年 3 月迁往天津，从此做了津门寓公。

息影津门，两姨太大战迭起

曹锟寓居天津后，开始时居住在英租界 19 号公馆。65 岁的曹锟终于安下心来，享受晚年生活了。但实际上，曹锟不仅治理国家是个失败者，治理家庭也是个失败者，他的几位夫人飞扬跋扈，争风吃醋，儿女们不务正业，令他的晚年生活苦不堪言。

首先是夫人之间的争斗。曹锟的原配夫人郑氏，是其义父郑谦之女。早在推荐曹锟报考北洋武备学堂之前，郑谦便已将女儿许配曹锟为妻。待曹锟武备学堂毕业，两人即举行了婚礼。郑氏知书达理，文静贤淑，但长相一般，无子嗣。郑夫人自知容貌与年龄无法与其他夫人相比，加上素来喜欢安静，处世低调，因此从不与其他夫人争宠，当然也不会参与到曹锟其他夫人们的争斗中。曹锟夫人之间的争斗，主要发生在三夫人与四夫人之间。

曹锟是在痛失二夫人的情况下续娶三夫人的。曹锟的二夫人高氏是津门一位小家碧玉，不仅相貌极美，而且颇有才气，心气极高。虽然曹锟给她夫人的待遇，但一想到自己并非原配，心里便烦闷不已，久而久之抑郁成疾，20 多岁时就去世了。高氏去世后，曹锟深受打击，整日郁郁寡欢。五弟曹钧见状，便给他介绍了一个与高氏同样美貌的女子陈寒蕊。陈寒蕊是徐世昌二姨太的表妹，天津西大沽人，其父母经营生意，算是殷富人家。时年 20 岁的陈寒蕊看不上比自己年长近 30 岁的曹锟，更不愿做小。但她的父母贪慕曹锟的权势，在曹锟允诺明媒正娶的情况下，便做主将她嫁给了曹锟。

陈寒蕊做了三夫人后，曹锟对她百般宠爱，特别是她为曹锟生下长子士岳后，更是对她百依百顺。所以在曹锟娶进四夫人后，陈寒蕊无法承受被冷落的打击，不仅与四夫人争风吃醋，脾气也变得越来越古怪。

四夫人刘凤伟是天津郊区人，出身贫苦人家，从小在戏班里学戏，工老生，艺名"九岁红"，曾在京津一带轰动一时。有次曹锟被七弟曹锳拉去看刘凤伟演出，曹锟为刘凤伟的才艺、姿色所倾倒，看完戏便托人上门说媒。当时曹锟任直隶总督，本以为能看上刘凤伟一个戏子是她莫大的荣耀，没想到刘凤伟性情刚烈，不慕权贵，这更让曹锟对她高看一眼，于是允诺给予夫人待遇，终于将时年19岁的刘凤伟娶回了家。

四夫人刘凤伟进门后，三夫人陈寒蕊从此打翻了醋坛子。而刘凤伟性情刚烈，寸步不让，两人常常把个曹府闹得鸡飞狗跳。曹锟到天津做寓公后，刘凤伟因不愿与陈寒蕊住在同一屋檐下，带着女儿士英、儿子士嵩搬到英租界洛阳道泉山里居住。

刘凤伟搬走后，曹锟的家并没有就此安静下来。曹锟在长子士岳出生前，曾过继曹锐的独生子士藻为嗣子，由原配郑夫人抚养。郑夫人生下长女后再未生育，视士藻为己出。曹锟给士藻取字少珊，对他宠爱有加。曹锟56岁得子后，曹锐仍膝下无子，曹锟曾让少珊归宗。北京政变后曹锐自杀，曹锟便将对曹锐的感情全部转移到少珊身上，将家产大权全部交给他掌管。但少珊很不争气，整日只管花天酒地，吞云吐雾，对曹锟的夫人、子女态度蛮横。曹锟既不忍心责怪少珊，也不忍心家人受委屈，每日在吵吵闹闹中度日，心情越发抑郁。

曹锟常年体弱多病，又患有糖尿病，加上年事已高，生活上得不到很好的照顾，整日又不得心静，身体每况愈下，在英租界19号公馆刚刚住了一年，便觉身体不支，于是给四夫人刘凤伟写信，大倒苦水：

"少珊的心肝坏了，他们没人管我，我在这里心情很差，可能来日无多了。以前我对士英、士嵩管得很少，很对不住你，以后你要照顾好他们。"

刘凤伟见信写得如此悲凉，又心疼又难过，赶紧去19号公馆将曹锟接到泉山里，请来中外名医诊治，细心照料。几个月后，曹锟的病情大有好转，心情也变得开朗起来。曹锟住在四夫人这里，本来生活平静，心情舒畅，没想到仍然摆脱不了家事的烦恼。

刘凤伟闲来无事，有天别出心裁，与女佣对换服装去相面。刘凤伟指着女佣对相面先生说："请给我家小姐算算，今年有无好运。"算命先生从二人的神态、气质中看出二人的真正关系，但他并不说破，而是故弄玄虚道："怪哉！怪哉！这位小姐今年并无好运，倒是你这丫鬟竟有一品夫人的贵相。"几句话说得刘凤伟心花怒放，竟甩下 100 元的赏钱。

不料这事很快传到陈寒蕊的耳朵里，陈寒蕊立刻到泉山里找曹锟告状，恰巧曹锟不在，便对刘凤伟大喊大叫起来："这家产可不是你一个人的，看个相竟然花了 100 块，真是败家子！"

刘凤伟也不示弱，说陈寒蕊"狗拿耗子多管闲事"。吵到激烈处两人竟动起手来，陈寒蕊在别人的地盘上很难讨到好处，最后带着伤大败而归。

陈寒蕊回到家后，一气之下买通英租界工部局职员和巡捕，又花重金雇了一批流氓打手，准备寻机对刘凤伟进行报复。刘凤伟闻讯后如法炮制，很快招揽到一批流氓打手，除了寸步不离贴身护卫，更在住宅周围巡逻警戒，使陈寒蕊无从下手。

两人如此僵持多日，不仅花掉大量钱财，而且闹得满城风雨，尤其京津报纸更是大炒特炒，令曹锟因家丑脸面尽失。但曹锟根本无法左右二人，只好请出五弟曹钧调解。曹钧费尽九牛二虎之力，最后总算平息纷争。

两位夫人引发的家丑平息后，曹锟的生活恢复了平静。不料，几年后曹家又一桩家丑见诸报端，长子士岳又给他捅下一个大娄子。

1937 年，曹士岳娶了袁世凯的第十四女袁祜贞。两位前大总统的子女结合，可谓门当户对，一时传为津门美谈。但两人结婚四个月后的一天，因琐事发生争吵，互不相让，袁祜贞气愤之下，拿起电话要向娘家求助。此前曹士岳曾因此遭到其长兄袁克定的责骂，如今见袁祜贞又来这招，曹士岳情急之下，竟拔出枪朝袁祜贞扣动了扳机。

枪响之后，曹士岳惊呆了，听到袁祜贞的惊叫声才猛然醒悟，赶紧将袁祜贞送往医院，好在击中右臂，无甚大碍。此时袁世凯虽然已去世 21 年，但袁家势力依旧很大，很快，曹士岳被袁家控告，并被拘留。于是，两位前大总统子女的婚变被天津大小报纸炒得沸沸扬扬，曹锟又一次为家事丢尽了脸面。

对高攀已故袁世凯做亲家一事，曹锟非常重视，如今儿子闯下这么大祸，令他痛苦得捶胸顿足，在事发第二天便派侄儿曹士杰的妻子携带3000元前往医院探望，又托故旧到袁家调解，最终因袁祜贞不忍破坏两家情谊，主动提出撤诉，并与曹士岳签订离婚协议，由曹士岳赔偿其医药费、赡养费等6.3万元，袁祜贞的陪嫁也悉数退还，这才平息了一场风波。但曹锟每每想到此事，都觉得对不起袁世凯。

曹锟自1927年息影津门后，十多年不问政事，全民族抗日战争爆发后，他开始关注时局，经常让女儿读报，了解中国军队的抗日战况。岂料，此时日本人正在策划把他拉入汉奸的行列。日本人在北平成立了以王克敏为首的华北伪政权临时政府，在南京成立了以梁鸿志为首的华中伪政权维新政府，决定将这两个伪政权及其他伪组织合并为伪中央政府，而这个伪中央政府的首脑需要有声望的人充当，出任过大总统的曹锟便成为重要候选人之一。

1938年初的一天，几个日本人突然登门造访。日本人以为曹锟贪恋总统宝座，一定愿意重新出山，于是开门见山直接与曹锟谈条件："我们请您出任新政府的首脑，不知您有何要求？"

曹锟一生中在许多事情上表现得不那么聪明，但他绝非无头脑之人，在这件事上，他表现得十分清醒，而且坚决果断。他断然拒绝日本人的提议，令日本人大出意料，连忙允诺更丰厚的条件，曹锟则直截了当地说："不要说了，就算天天喝粥，我也不会给你们日本人做事！"

日本人不死心，就派出曹锟的旧部、已经做了汉奸的齐燮元前往规劝。这一回，曹锟干脆没让齐燮元进门，日本人又派了昔日保派的核心人物、曾为贿选大卖力气的高凌蔚出面，希望能有回旋余地。高凌蔚倒是成功进了曹锟的家门，当时曹锟正躺在床上抽大烟，一看当了汉奸的原亲信进门，立刻气得扔掉烟枪，将高凌蔚狠狠一顿训斥。训完之后，不等高凌蔚开口，便大声嚷道："你给我滚！以后永远别进我的家门！"

1938年4月8日，台儿庄大捷的消息传来，曹锟高兴得手舞足蹈，为了庆贺，晚饭时喝了几杯酒，酒后感觉浑身燥热，睡觉时没注意盖好被子，第二天便患了感冒。由于身体一向不好，患点感冒也就没当回事。

5 月，听说日军从台儿庄败退后，又集结部队包围徐州，中国军队处境危急，曹锟的心情陡地紧张起来。此时感冒未愈，因一时心情烦躁，曹锟忍不住洗了个澡，洗完澡后感冒开始加重，很快发展为肺炎，没想到竟然一病不起了。

5 月 17 日上午 11 时，曹锟在天津英租界泉山里曹府去世，享年 76 岁。

曹锟死后，日本人送来 5000 元治丧费，被刘凤伟断然拒绝。6 月 14 日，国民政府明令褒奖曹锟，追赠陆军一级上将；并就曹锟在威逼利诱面前，正气凛然，坚决不做汉奸，保全民族气节，特颁赠"华胄忠良"匾额一方。

6 月 15 日是曹锟灵柩出殡之日，重庆国民政府、伪政府和日本方面均派人前来致祭。身在北平的吴佩孚听说曹锟去世，大哭一场，由于他恪守不进租界的原则，由夫人张佩兰代表他前来参加葬礼，他本人则在北平披孝遥祭。

曹锟遗体着总统服装，口含珍珠，身旁放有一个赤金的九连环和一柄随身佩带多年的宝剑，身下有绣带，上缀洋钱等物。其棺木由金丝楠木制作，图以大红缎面，上绣不同形状的白色寿字，外罩丝质五色旗。15 日中午 1 时半，以鲜花为罩的灵车从曹府出发，亲属手执灵车两旁白色绸带，家眷、旧部、亲朋好友数百人戴孝护送，前往英国公墓，沿途有数千人观殡。曹锟墓为洋灰造成，工程颇为浩大。

曹锟去世后，刘凤伟受此打击，导致肾病加重，最终于五个月后的 11 月 25 日追随曹锟而去，年仅 40 岁。而陈寒蕊因患上精神病，早在 1936 年去世，年仅 44 岁。

曹锟的四位夫人中，只有原配夫人郑氏得以长寿，于 1939 年 5 月去世，时年 79 岁。然而，因为曹少珊在曹家飞扬跋扈，曹锟子女迁怒于郑夫人，竟不予料理后事。曹少珊长期吸食鸦片重病卧床，对郑氏的死也不闻不问。事实上，曹少珊抽大烟上瘾，在郑夫人死后不久，便在人生盛年死去。郑夫人去世后，其尸体一直停放在天津 10 号路原住所的地下室里。直到 1948 年冬，曹锟长子即陈寒蕊之子曹士岳在朋友的劝说下，才将郑氏的遗体葬入天津极乐园内，郑氏终于在去世九年后入土为安。

✎ 历史评说

说起曹锟，人们首先会想到他"贿选总统"，贿选规模之大，动用资金之巨，堪称民国之最。他因此受到人们的严厉批评与抨击，众多贿选议员也被骂作"猪仔议员"，甚至曹锟本人也因贿选被全盘否定。

实际上，在民主政治的早期阶段，贿选具有一定的普遍性。罗隆基在20世纪40年代的刊文中指出："英国直到17与18世纪，议员依然是买卖品，又何以异于'猪仔'？英国过去选举场中之黑暗龌龊，较中国民初有过之无不及。那都是宪政演进必经之过程。"

曹锟总统就职当天公布了1923年中华民国宪法，由于贿选原因，这部宪法也被舆论称作"贿选宪法""曹锟宪法"，但是，这却是中国历史上第一部成熟的宪法，其内容总结了民国建立以来宪政制度的实践经验，并尝试建立中央与地方在行政、财政等方面的新型合作关系，"综合体现了西方近代宪法理论和宪政原则以及中华民国十年共和历史的政治实践和立法经验"，可以看作是曹锟一生的功绩之一。

曹锟在外交方面也有一定作为，他上任后，立即重启了中苏关于外蒙古问题的谈判，并且顶住了苏联方面的威胁，坚定地支持外长顾维钧，最终迫使苏联在外蒙古问题上做出让步，两国恢复外交关系。

同时，曹锟非常重视专业人才。他重视顾维钧的外交经验，在召开内阁会议时，坚决提出反对直系军人干涉顾维钧的人事安排，顾维钧因此评价曹锟：虽未受过正式教育，但恢宏大度，襟怀开朗，具有领袖的品格。也曾出任过外长的颜惠庆在回忆录中说："对于北洋军阀，人们尽管可以抨击和蔑视，他们政治野心不小，而知识才干贫乏，但是不可否认的是，他们中有些人很有自知之明，对于一些自己不擅长的政务，放心地交给有经验有知识的人去做，从不加以干涉，更不想独断专行。"这一评价也适用于曹锟。

应该说，曹锟无论是军事指挥才能还是政治眼光均属平庸，但是他胸襟宽广，执政风格较为温和，在一些问题上愿意采纳各方建议。难能可贵的是，曹锟晚年在日本人的威胁利诱面前，正气凛然，坚决不做汉奸，保全了民族气节。

奉系军阀张作霖：
大元帅殒命皇姑屯

他出身绿林，却巧妙招利用安华丽转身；他辛亥保皇遭袁世凯猜忌，却灵活应对，终登将军之位；他统一东北后又问鼎中原，在直皖战争中坐收渔利，又联冯倒直，联直攻冯，终做了军政府大元帅；他对日本人觊觎东北软顶硬抗，最终招致杀身之祸。

巧妙招安，杀了朋友认义父

在北洋集团的军阀中，张作霖的出身，既非武备学堂，亦非行伍，而是胡匪。但张作霖的睿智、才干将胡匪这一出身演绎到与武备学堂毕业生异曲同工的效果……

1902 年，是 27 岁的张作霖改变命运的一年。

这年春季的一天，在黑山一带的一条小路上，十几辆豪华马车朝着奉天疾驰而去。在车队的前后两端以及每一辆车的左右，都有骑着高头大马的军官与全副武装的士兵护卫。显然，这些军人护送的是某一高官的眷属。而这一带也是胡匪出没频繁之地，如此达官贵人也是胡匪抢劫的主要目标。因此，行至僻静处，车速愈发加快，护卫官兵愈发高度警戒，丝毫不敢懈怠。

然而，令人遗憾的事情还是发生了，当车队行驶到山口狭窄处，突然几百名胡匪从天而降，转瞬之间便将车队团团围住。全副武装的官兵一枪未发便乖乖被缴械。接着，胡匪将整个车队赶进附近新立屯的一座大宅院里。

令人奇怪的是，胡匪们对满车的箱笼细软仿佛毫无兴趣，这些做了俘虏的士兵护卫也不曾受到虐待，而他们护卫的女主人更是被"奉为上宾"——当瑟瑟发抖的女主人被"请"下车后，胡匪们恭恭敬敬地将她送进宽绰的正房，随后便将两扇厚重的房门紧紧关闭了……

随着"咣当"的关门声，护卫队长的心也跟着"咯噔"一下，因为箱笼细软无所谓，士兵死几个亦无妨，重要的是女主人——盛京将军增祺最宠爱的三姨太沈夫人，不能损失一根汗毛。而胡匪如此厚待女主人，会不会别有用心？一旦漂亮的女主人被胡匪玷污，或者做了压寨夫人，他们这些护卫官兵休想活着回去面见增祺。

当天下午，沈夫人毒瘾发作，一时涕泗横流，胡匪赶紧拿出上好的鸦片送进沈夫人的房间，让沈夫人过足了瘾。连随护官员也都跟着在偏房里吞云吐雾享受了一回。

就在被劫人质个个一头雾水之时，当晚，胡匪头目终于现身，一个身材矮小、眉清目秀的年轻人走进了被劫持女主人的正房，这个年轻人就是辽西绿林中赫赫有名的胡匪张作霖。

张作霖出生于辽宁海城北小洼村，14岁时父亲去世，跟随母亲投奔黑山县赵家庙外公家。为了生存，他卖过包子，学过木匠，开过兽医庄，也投过毅军。毅军撤退后他又重操旧业开起了兽医庄，由于医马结识了不少绿林朋友，便有人风传他是这些盗匪的窝主，张作霖一气之下北走广宁，在董大虎的匪帮里当了"兰把子"，即负责看守人质。由于对绑架妇女极为反感，不久张作霖便脱离匪帮，回到赵家庙组织了一个"保险队"。"保险队"是当时地方豪绅为自保成立的区域性武装，保护一定区域内的百姓不受土匪侵扰。张作霖的"保险队"起初只有20余人，后来到八角台与张景惠的队伍"合股"，加上邻县汤玉麟慕名投奔，以及锦州一带张作相的加入，张作霖的"保险队"一下增至100多人，再经过与其他"保险队"的攻打合并、抢占地盘，最终扩充至400多人，成为霸占一方的匪首。

但张作霖并不满足偏于一隅的盗匪生涯，他要名正言顺称霸辽西。要达到这一目的，只有接受招安，效命于朝廷。就在他为接受招安苦思冥想的时候，忽然听说盛京将军增祺的三姨太、最得宠的沈夫人将途经此地，便决定"智截将军夫人"，冒险一试。

站在沈夫人面前，张作霖先行参拜大礼，然后垂首低眉，恭恭敬敬地说："小的张作霖，不知是夫人途经此地，多有冒犯，请夫人恕罪。"

沈夫人虽说惊魂未定，但见进来一名年轻后生且一副文弱书生模样，便没怎么在意，如今一听"张作霖"三字，顿时瞪大双眼，惊恐万分。张作霖见状，连连称罪："小的让夫人受惊了，小的投身绿林实属被逼无奈……"

在沈夫人惊疑的目光中，张作霖娓娓道来，讲自己的不幸身世，讲投身绿林的经过，也讲自己的"保险队"与其他胡匪不同。由于他曾在毅军当兵，因此训练团丁时其纪律一概仿照官兵的要求，除赌盗案自行处理外，其保险区域内的民事、刑事案件一律送官府裁决，使当权者对他颇有好感。

当时绿林盗匪最令民众痛恨的行为莫过于绑架妇女。妇女被绑架后，不仅家属必须送重金方能赎人，本人更是遭受胡匪奸淫蹂躏。而张作霖明令规定奸淫妇女者处死刑，他的"保险队"即使到了外地，也绝不危害妇女。

张作霖的一番自我表白，不仅令沈夫人从恐惧中安静下来，而且对张作霖有了同情与好感，于是提议说："倘若官府招安，你可愿意弃暗投明？"

张作霖费尽心机劫持沈夫人要的就是这句话，他"扑通"一声跪在地上，给沈夫人行跪拜大礼，诚惶诚恐地表白："若能如此，曾将军与夫人就是小的再生父母。"

当时各"保险队"势力不断膨胀，在辽西一带已形成群雄割据的局面，官府剿杀无力，便决定剿抚并用，将一部分"化盗为良"。沈夫人的招安建议便是在此情况下提出的。第二天，张作霖将沈氏一行人的车马枪械原封不动归还，并奉送厚礼，亲自护送沈氏等人至奉天。

从奉天返回后，张作霖将愿接受招抚一事告诉了八角台商会会长张紫云。由于张作霖的"保险队"确实起到了保境安民作用，他本人也与当地绅商相处融洽，张紫云立即联络十八屯绅商具保向新民知府增韫推荐张作霖，增韫上报盛京将军增祺，此时增祺已采纳沈夫人提议，准备招抚张作霖，于是上报朝廷，并很快得到批准。

1902年11月9日，张作霖被清政府任命为新民府巡警前营马队帮带，由于受抚后表现出色，先后剿灭了十几股匪帮，1903年7月，张作霖又被增韫提升为巡防马队游击队管带。1904年春，在增韫的保举下，张作霖部被列入国家正式军队编制，自此，张作霖从一个胡匪摇身一变成为正规清军的一名军官。

在为朝廷效忠的同时，张作霖还在1904年到1905年的日俄战争中，不惜冒生命危险，同时为日本及俄国做事，获取双方支付的枪械、马匹、粮饷，以壮大自己的势力。日俄战争后，清政府于1906年派张锡銮任奉天巡防处总办，负责处理日俄在东北交战后的事宜以及军备整理。张锡銮途经新民时，张作霖热情迎接殷勤招待，得知张锡銮十分爱马后，张作霖将自己战马中最好的一匹送给了张锡銮。

在一次晚宴上，张作霖利用自己做兽医时学来的相马知识，与张锡銮聊得十分投机。趁张锡銮高兴，张作霖突然跪在张锡銮面前，以"同姓五百年前是一家"为理由，提议认张锡銮为义父。张锡銮十分高兴，爽快答应。在张锡銮离开新民府时，张作霖见其仪仗队场面不够宏大，便从自己的马队中挑选了250名强壮骑兵，护送张锡銮到奉天上任，给张锡銮做足了场面。

张锡銮对张作霖的"孝顺"十分满意，到奉天不久，就将义子张作霖的三个营扩编为五个营，并任命他为巡防五营统带，张作霖一下尝到了认义父的甜头：不仅实力扩张，职位也得到高升。1907年4月20日，徐世昌出任东三省总督，为了博取徐世昌的赏识，获得进一步的升迁，张作霖更是费尽心机。

徐世昌上任后，立即着手整顿东三省胡匪猖獗的现状，他调入和组建新军、整顿旧军，使之投入剿匪，消灭或招降了大量匪帮。然而辽西巨匪杜立三拥有1000多名匪徒，又地处辽阳、新民、海城三地交界处三界沟，山高林密，地形复杂，易守难攻，很难用武力消灭，杜立三又骄横固执，目中无人，让徐世昌大伤脑筋，最后将这个棘手的任务交给了新民知府沈金鉴和张作霖，并派遣发审委员殷鸿寿特地去新民府传达此密令。

张作霖在被招抚之前，曾与杜立三发生冲突，后来经人调解，不仅化干戈为玉帛，还拜了把子，以兄弟相称。如今为了升官发财，张作霖对这个昔日把兄弟便开始磨刀霍霍。他知道对付杜立三用武力不行，此前官府几次派兵进剿都大败而归。杜立三本人武功高强，尤其马上功夫过硬，他双手用枪，百发百中。其城池固若金汤，戒备森严。张作霖与知府沈金鉴商议之后决定智取。

于是，张作霖以把兄弟的名义，给杜立三写了一封信，说奉天省来人招抚杜立三，给的官职比自己的还高，让杜立三速到新民府来面谒省里的招抚大员，然后到奉天向徐世昌致谢。张作霖派亲信将信送到三界沟杜立三手中。

杜立三看信后对张作霖的亲信说："你回去告诉他，他是官，我是匪，我和他兄弟情谊已尽。道不同不相为谋，还是各自好自为之吧。"

此计不成，张作霖又生一计。张作霖的义父可不止张锡銮一人，杜立三的同宗叔叔杜泮林也是张作霖的义父，杜立三从小最听这位叔叔的话，于是张作霖的这位义父便派上了用场。张作霖派人到黑山将杜泮林接到新民府，大摆筵席为义父接风。

在筵席上，张作霖恳切地对义父杜泮林讲："做土匪终究不是出路，如今朝廷招安，杜立三应该抓住机遇，金盆洗手，以他的才干，效力朝廷后还怕得不到高官厚禄吗？如今朝廷是铁了心要剿匪，他若执意不肯接受招安，区区1000人马怎会是朝廷的对手？我是真心替他着想，却无论如何无法说服他，杜立三最听您的话，他的命运和前途，就靠义父您了。"

对义子的话，杜泮林丝毫没有怀疑，特别是张作霖将杜泮林引见给殷鸿寿，证明朝廷是真心实意想要招抚杜立三，杜泮林更是对张作霖的话深信不疑，随后便给杜立三写信说："游侠非终身之事，梁山岂久居之区；一经招安，不仅出人头地，亦且耀祖荣家。"

杜立三看完杜泮林亲笔信，感到叔叔说得有道理，便于1907年6月6日率手下十多人前往新民府接受招安。尽管如此，杜立三仍对张作霖高度警惕，晋见殷鸿寿时，他聪明地选择坐在背墙面对众人的位置，双手始终插在裤子口袋里，紧紧握着枪柄。

殷鸿寿靠在大烟榻上，吞云吐雾，先是对杜立三大加赞美，接着请杜立三到另一张大烟榻上，一起边吸鸦片边聊，杜立三则以从不吸食鸦片为由拒绝了殷鸿寿。

在杜立三晋见殷鸿寿的整个过程中，张作霖一直没有找到机会下手，直到杜立三准备离开时，张作霖心知这是最后的机会了，与殷鸿寿交换一下眼神，殷鸿寿立刻会意，高喊："送客。"门外埋伏的部属听到这声"送客"，立即做好准备，就在杜立三刚刚迈出张府的门槛，准备回身请众人留步的一瞬间，门外埋伏的士兵突然一拥而上，死死抱住杜立三，让他的双手不得动弹，然后将他捆绑起来。杜立三则高声怒吼，示意门口的随从前来帮忙，但他的十多名随从早已被张作霖的人拿下。

当晚，张作霖等人便迫不及待地将杜立三在新民西门外执行枪决，辽西巨匪杜立三就这样命丧张作霖之手。杜立三死后，三界沟土匪失去头领，纷纷自立为王，分裂成几个小匪帮，结果被张作霖的手下张景惠各个击破，全部消灭。在杜立三的老巢里，张作霖缴获了大批财物，仅白银就有几百缸，而金银珠宝、枪械弹药则装了整整十大车。

张作霖因出色完成消灭杜立三匪帮的任务，得到徐世昌赏识，于1907年8月17日被清政府升任奉天省巡防营前路统领，驻防洮南。

1908年初，张作霖又奉徐世昌之命，率部至辽源、洮南一带，追剿被沙俄收买的蒙古叛匪陶克陶胡、白音大赉、牙什等部。这项任务进行了足足一年之久，最终于1909年2月2日，追至陶克陶胡的老窝——冰雪覆盖的索伦山下，生擒牙什、击毙白音大赉，并于1909年春将陶克陶胡逐出国境，取得了追剿蒙古叛匪的胜利。

这次胜利，绝非张作霖以往剿匪之功所能比拟。此间，为了鼓励张作霖，徐世昌将张作霖所部的五个营扩充为七个营，同时将驻洮南的孙烈臣部划给张作霖指挥，使得张作霖部增至3500人，实力大增。

辛亥打手，与袁世凯较高低

如果说接受招安是张作霖发迹的第一步，那么，辛亥革命充当打手，则是他真正崛起的开始。

1911年10月，武昌起义爆发后，关内各省纷纷宣告独立，奉天省内新军协统蓝天蔚及革命党人张榕等响应革命，积极进行独立活动，11月6日下午，蓝天蔚召开新军军官会议，准备发起兵变，胁迫东三省总督赵尔巽退位，宣布奉天独立。

当晚，赵尔巽便得到密报，但由于手中无军队，赵尔巽一时六神无主，第二天紧急召集地方乡绅会议商讨办法，其亲信咨议局副议长袁金铠献计说："有个人可以协助总督挽回局势。"赵尔巽一听忙问这个人是谁，袁金铠回答："巡防营统领张作霖，此人足智多谋，骁勇善战。只要大帅一声号令，张作霖必定可与新军抗衡。"

赵尔巽对张作霖早有耳闻，知此人实力强大，如能为己所用，倒不失为肱股之才。但是，赵尔巽问："张作霖远在洮南，远水不解近渴，这怎么办？"不料，袁金铠的回答令赵尔巽大吃一惊，他说：

"张作霖已经来到！他已经在府门外恭候多时了！"

没有军令擅自离开边疆防区带兵入城，实属大逆不道，若在平时，当以重罪制裁。但眼下情况紧急，赵尔巽便也顾不得那么多了，赶紧让袁金铠宣他进来。张作霖自然知道擅自出兵风险极大，但在省城讲武堂轮训的属下张景惠等人给他送去了消息：新军将在省城发动兵变驱走总督赵尔巽。他认为这是大显身手的好机会，若能在镇压革命军中拯救总督于危难之中，攀上新任总督赵尔巽这棵大树，便可达到问津奉天第一步。俗话说"舍不得孩子套不住狼"，冒点风险又何妨？何况他分析了赵尔巽的处境，此时送上门去，正解其燃眉之急，又何谈风险呢？于是，张作霖率两营马队，策马加鞭昼夜兼程赶到奉天。一进省城便去见了他的文人朋友袁金铠。袁金铠老谋深算，对张作霖面授机宜，亲自导演了这出"举荐贤才"的好戏。

因此，张作霖一进门，便"扑通"一声跪在地下，首先请罪："下官得知省城情况危急，担心总督安全，情急之下擅自带兵前来拱卫省城，还望总督恕罪！"

赵尔巽正处于危难之中，对表示效忠的部下自然来者不拒，当即任命张作霖兼任驻扎省城的中路巡防营统领，张作霖不仅达到了问津奉天的目的，而且所控制兵力骤然间增加一倍之多，达到15个营。

赵尔巽虽有了军事依靠，精神为之大振，但此时许多守旧大臣被激进的革命党人刺杀的消息不断传来，令赵尔巽不寒而栗。11月12日上午，省咨议局议长吴景濂邀请赵尔巽参加咨议局会议，赵尔巽不敢公开露面，便与张作霖商量。当天下午，赵尔巽在张作霖及其部下的保护下前往咨议局会场。

这是革命党实施举事的重要会议，事先已决定在会议上控制赵尔巽，宣布奉天独立。为此，蓝天蔚已经下令调所属部队进城。

会议一开始，革命党人群情激奋，首先是吴景濂以议长身份提出讨论奉天的政治命运，强调革命潮流不可阻挡，台下革命党人立即呼应，要求宣布奉天独立、东三省独立，赵尔巽不由得汗流浃背，只好诺诺作答："东三省地处日俄两列强之间，稍有变动，后果不堪设想。大家还是不要轻举妄动，待时局稳定后再做决议。"

此话一出，立刻遭到革命党人群起而攻之，并有人带头高喊："赵尔巽滚回北京去！"接着一呼百应，整个会场形成一边倒的形势，甚至有激进者从台下跳出，眼看就要上台对赵尔巽进行围攻。赵尔巽吓得脸色蜡黄，浑身发抖。

就在这时，张作霖一手举着一个炸药包，一手举着手枪出现在台上。这个小个子军人的亮相，令全场为之愕然，喧嚣的场面立刻变得鸦雀无声，只有张作霖的吼声在会场里回荡："都给我听好！谁敢动总督一根汗毛，我立马毙了他！你们敢通过独立案，咱们就同归于尽！"

与此同时，张作霖的属下张景惠、汤玉麟、张作相等十几人已全副武装包围了会场。会场中形势骤然间逆转。蓝天蔚虽然已经调兵，但他本人尚不知赵尔巽早已密电北京，夺了他的军权，原部下已经不听他的调遣，他所调动的第二混成协不仅没把炮口对准总督府，反而直接对准了省咨议局。在这种情况下，革命党人谋取奉天和平独立的计划彻底破产。

接下来的会议由咨议局副议长袁金铠主持，按照赵尔巽等人事先准备好的名单，很快选举通过奉天国民保安会会长赵尔巽，副会长吴景濂，总参议长袁金铠，张作霖则当上了保安会军政部副部长，全权负责镇压奉天省内革命军。由于革命党人张榕与袁金铠私交甚好，为了达到拉拢张榕的目的，选举张榕做了参谋部副部长。

然而张榕并不领情，见不能通过和平手段使奉天省宣布独立，便决定付诸武力。11月17日，张榕在奉天成立了联合急进会，派人到庄河、复州、辽阳、凤城、辽中等地发动武装起义。与此同时，张作霖也将所部2500人全部陆续开进省城，增强省城防卫力量。

而此前，蓝天蔚已被逼离奉，远走上海，吴景濂见势不妙也挂冠而去，只剩下了张榕孤军作战。常言说"擒贼先擒王"，赵尔巽与张作霖、袁金铠密谋，决定秘密除掉张榕。于是，袁金铠加紧与好友张榕的往来，并让张榕相信张作霖可能加入革命军阵营，这让张榕看到了革命成功的希望。

1912年1月23日，在袁金铠的怂恿下，张榕邀请张作霖当晚到平康里得意楼一聚。于是，张作霖、袁金铠与张榕坐在一起，把酒言欢。酒过三巡之后，袁金铠借口有约会先行告退。离开前，袁金铠提议二张去蜚红馆好好聊聊，那边人少安静。张榕采纳了袁金铠的建议，与张作霖到蜚红馆找了个幽僻的房间，两人躺在床上，一边吸食烟片，一边"畅所欲言"。

等聊得差不多时，张作霖起身告辞。张榕烟瘾未尽，躺在烟榻上继续喷云吐雾。岂料，张作霖刚刚离去，便有两名军人推门而入。张榕以为是来找张作霖的，并未在意，并说："你们统领刚走。"但话音未落，两名军人突然开枪射击，29岁的张榕当场殒命。这两名军人便是张作霖的手下高金山、于文甲。

随后，于文甲又奉张作霖之命带兵将张榕与其兄长的家搜刮一空，使张家损失财产合银5.3万多两。当晚，联合急进会的重要成员田亚宾也被张作霖的另一手下汤玉麟带人杀害并抄家，张榕的好友宝昆也未能幸免于难。

此后数日，张作霖在奉天省城大肆搜查革命党人，凡是剪了辫子的或者形迹可疑之人，全部抓进大牢，甚至砍头，奉天城内数百人被捕入狱，闹得人心惶惶，市民纷纷外逃。事后，张作霖被清政府任命为关外练兵大臣，赏戴花翎，所部被改为第二十四镇。

为了表示对清政府的忠心，在赵尔巽的提议下，张作霖联合冯麟阁等33名军人，致电内阁总理大臣袁世凯，称东北军人随时可以南下镇压革命军，助袁世凯一臂之力，以效忠朝廷。然而，一向工于心计的张作霖却不知袁世凯此时只想"养敌自重"，有取朝廷而代之的图谋，他的这封电报无疑与袁世凯的政策背道而驰。

不久，张作霖收到袁世凯的一封密函，告之清宣统皇帝退位，朝廷放弃统治权已是大势所趋，除接受革命军要求，改为民主共和政体，别无选择。并许诺"共和政府成立之日任卿为东三省防务督办"。

读了袁世凯的密函，张作霖这才明白袁世凯另有图谋。张作霖对于清政府的拥护，既是出于感恩之心，又是出于对自己既得利益的维护，他认为共和必招大乱，但没想到袁世凯竟然借共和之名行篡夺清朝江山之实。但在袁世凯与清政府的力量对比中，清政府显然已不是对手，为了个人利益，在东三省防务督办的诱惑下，张作霖最终从拥护清政府转向了拥护袁世凯，摇身一变，成为共和制的忠实拥护者，并将赵尔巽也拖入这个阵营。于是，在清朝覆亡之际，东三省没有采取任何行动。

张作霖原以为抱住袁世凯这棵大树，东三省军政大权很快便会落入手中，但他未免太天真了。袁世凯当上总统后，对东三省防务督办绝口不提。1912 年 9 月，袁世凯将奉天地方武装巡防营改编为正规陆军部队，张作霖所部改为第二十七师，张作霖随之成为第二十七师师长，与此前清政府所任命的第二十四镇统制相比并无升迁。由于张作霖曾拥护清政府，袁世凯对他多有猜忌，唯恐他实力扩张，尾大不掉，所以对他的许诺只是一张"空头支票"。

而在此前 7 月，袁世凯为了遏制赵尔巽的势力，撤销东三省总督令赵尔巽改任奉天都督，实际也是对赵尔巽曾经力主保皇所实施的报复。而由于赵尔巽与宗社党有着千丝万缕的联系，又是清朝旧臣，袁世凯对他降职之后仍不放心，干脆借口赵尔巽与一宗杀人案有关，于 1912 年 11 月迫使赵尔巽引咎辞职。

赵尔巽在督奉后期，不仅顶着来自袁世凯的压力，还承受着来自张作霖的架空。张作霖虽仅为一师之长，但重兵在手，又驻防省城，说话便语重气粗，手下文官武将云集，地方豪绅权贵纷纷依附，相比之下，赵尔巽这个奉天总督反而成了光杆司令，甚至要看张作霖的眼色行事，心中不胜悲哀。

赵尔巽辞职后，张作霖以为奉天都督已是其囊中之物，却不料袁世凯另有人选。11 月 16 日，张锡銮走马上任。张锡銮与张作霖原有义父子之情，袁世凯以为，派出张锡銮既可以抵消张作霖的不满，又因此遏制了张作霖的势力迅速膨胀。

但张作霖自有抵制办法，他表面上对这位义父恭恭敬敬，暗地里却不断扩充实力，千方百计排挤张锡銮，以致二十七师大小事务，张锡銮丝毫插不上手，甚至张锡銮公署的军务课长的任免，都要由张作霖做主。张锡銮此时已 70 多岁高龄，为此多次请辞。但袁世凯一时找不到合适人选，又不肯把都督的宝座赏给张作霖，此事便一直拖了下来。

1913 年反袁的"二次革命"爆发，袁世凯为了笼络张作霖稳定边疆，首次召见张作霖。张作霖诚惶诚恐，在中南海对袁世凯行三跪九叩大礼，并对袁世凯说："前清时，雨亭只知有皇上，如今只知有大总统，从前雨亭对皇上行叩拜大礼，如今对总统也应如此"。

尽管张作霖表现得无比忠心，但袁世凯对张作霖仍不放心，镇压"二次革命"后，袁世凯决定使用明升暗降的办法将张作霖调出奉天，解除其兵权。1914 年 8 月，袁世凯授张作霖为护军使衔，调往内蒙古。

张作霖闻讯十分恼怒，自恃手握重兵岂能任人宰割，立刻致电陆军总长段祺瑞，直言大总统江山有他一半的功劳，"皆作霖坐镇北方之力"，如今"鸟尽弓藏，思之寒心"。措辞之强硬，令段祺瑞大为震惊。袁世凯看了此电，也不由得惊出一身冷汗，心想这个小个子胡子真是惹不得碰不得。

与此同时，张作霖在奉天大造舆论，发动名流巨贾上书请愿，强烈要求张作霖留驻奉天。袁世凯考虑驻奉各国官商多年受张作霖庇护，尤其张作霖与日本人关系密切，一来怕引起外国人干涉，二来担心激起张作霖铤而走险，最后调任之事不了了之。

1915 年 7 月，袁世凯再次电召张作霖晋见。张作霖既担心其间有诈，又不敢违抗命令，只好带着一个营的卫队进京护卫。为了麻痹袁世凯，一到北京，张作霖就让随从人员包下八大胡同的所有妓馆，让袁世凯以为他耽于声色犬马，胸无大志。同时带去许多东北特产与黄金白银，先去拜访京城权贵打探风声，在确信不会被暗算的情况下，才请袁世凯的亲信段芝贵等人陪同前往中南海。

一进居仁堂，张作霖跟在段芝贵等人身后一步一挪，最后竟"扑通"跪倒在袁世凯面前，连连说："叩见、叩见、叩见！"倘若是三呼万岁，倒是清朝盛行的拜见皇帝的礼节，但张作霖三呼"叩见"，不伦不类，着实令在场所有人忍俊不禁。

其实张作霖是有意装出一副没登过大雅之堂的粗鄙相，以打消袁世凯的戒心。不料这三个"叩见"在一心想当皇帝的袁世凯看来，却与三呼万岁无异。张作霖胡子出身，大字不识几个，如此推断，此举当在情理之中。于是袁世凯又问张作霖："手下的人在京城玩得可好？"

"好！好！"张作霖来了兴致，"都自己找乐子去了，京城的八大胡同，真叫人大开眼界！"

此话一出，在场所有人都差点笑出声，袁世凯也是忍俊不禁，他早已听说张作霖一到京城就包了八大胡同所有妓馆。由此看来，上次那封措辞强硬的电报想必也是出自他人之手，或受他人指使所为，如此一想，袁世凯也就不予追究了。

张作霖北京晋见袁世凯顺利过关，回到奉天的第二个月袁世凯批准了张锡銮辞职，张作霖觉得大概袁世凯放弃了对他的猜忌，这次要任命他做奉天将军了。但8月22日，袁世凯任命段芝贵为奉天将军，张作霖跺脚怒吼："袁项城，终究有一天我要让你知道，姓张的绝不是好耍弄的！"

这一天很快来到，袁世凯称帝后，护国战争随之爆发。在前线失利，其嫡系将领冯国璋等人已不听调动的情况下，袁世凯于1916年2月电召张作霖进京，希望奉军出兵南下，并许诺说："事成之后封公侯不成问题"。

原来袁世凯称帝后大封天下，张作霖被封为二等子爵，当他得知子爵低伯爵一等，再往上为公为侯时，顿时震怒，随之请假不出以示抗议。但张作霖早已领教过袁世凯的允诺，定然不会再上当，即便如此，倒也不妨"以其人之道，还治其人之身"，当即拍着胸脯表示："雨亭愿率部出征，甘为先驱！"

袁世凯一听大喜，张作霖趁机提出开拔之前需要补充枪支弹药与军饷，袁世凯一口答应。然而，待军饷与军械到手，张作霖便指使当地乡绅名流与商会等团体电请北京政府，强烈要求张作霖留防奉天维持东三省秩序，直到这时袁世凯才知上当。

此时袁世凯已陷入四面楚歌之中，张作霖骗得军饷军械后实力大增，更加有恃无恐，开始反戈一击——驱逐袁世凯的心腹段芝贵。

扫平内乱，奉张升级东北王

1916年3月22日，袁世凯被迫取消帝制，国人纷纷要求惩办帝制祸首段芝贵，张作霖决定趁此机会赶走段芝贵。段芝贵与二十八师师长冯麟阁一向不和，冯麟阁早就想驱赶段芝贵取而代之，张作霖便很义气地表示，赶走段芝贵，由冯麟阁做奉天将军。

冯麟阁年长张作霖八岁，张作霖加入匪帮的时候，冯麟阁已是有名的大土匪。如果从这些人中推举奉天将军，论年龄论资历，冯麟阁都比张作霖更有资格。因此冯麟阁对张作霖的允诺深信不疑，并在随后的密谋中，主动扮演了唱"黑脸"的角色。

按照两人的密谋，首先由张作霖布置士兵夜间开枪闹事，然后张作霖赶到将军府，向段芝贵报告："二十八师正在联络奉天各界团体及二十七师的部分官兵，准备以惩办'帝制祸首'为由，对上将军采取行动！"

段芝贵早就听说冯麟阁要求"奉人治奉"，准备对他采取行动，他手下只有一营卫队，根本不是二十八师的对手，顿时惊恐万分，忙问计于张作霖。张作霖说："硬碰硬闹出事来总是不好，尤其在这个时候，还是稳定局势为上策。"言外之意不是他不愿出兵帮助段芝贵对付冯麟阁，而是不能再给袁世凯添乱，建议他还是暂时躲避一下。

段芝贵立刻电告北京政府，请求去天津养病，同时命手下人从官银号里提取 200 万元巨款，又取军火若干，统统放进京奉铁路局的一列火车上。在段芝贵临走时，张作霖特地携厚重礼品前往相送，并派五十四旅旅长孙烈臣率兵保护段芝贵，令段芝贵深受感动。

然而，段芝贵的专车刚刚开到沟帮子车站停下添煤时，就被冯麟阁二十八师的一个团团团围住，他们是受冯麟阁调遣前来拦截官银与军火的。在冯麟阁的授意下，团长邱恩荣持旅长汲金纯的名片，口里说着"欢送上将军"，手里却递上两封电报，分别是以奉天各界团体名义、省议会和二十八师全体官兵名义拍发的。内容为："卸任上将军段芝贵为帝制祸首，奉天人民正拟处以应得处罚，不料其居然私携官款 200 万元之巨及军火大宗，闻风畏罪潜逃，奉天人民无不发指痛恨，电请汲金纯旅长就近截留，押赴奉天依法处理。"

段芝贵看完电报吓得魂飞魄散，忙请张作霖派来的五十四旅旅长孙烈臣帮忙解围，孙烈臣自然知道这是张作霖所谋划，却装作义愤填膺地说："岂有此理，我下车询问一下情况，看哪个敢动上将军一根汗毛！"

孙烈臣下车转了一圈，不久重新返回车上，沮丧地向段芝贵汇报："二十八师实在强硬，坚决要求截留专车押回奉天。张师长与二十八师婉商多时，终于答应不扣专车，但是官款和军械一定要交回去。"段芝贵此时保命要紧，赶紧点头答应。

就这样，段芝贵仓皇逃出奉天，一到北京就向袁世凯大诉其苦，说尽冯麟阁坏话，极力推荐由张作霖继任奉天将军。1916 年 4 月 23 日，袁世凯终于任命张作霖为奉天盛武将军督理奉天军务兼任奉天巡按使。

接到任命，张作霖一喜一忧，喜的是多年的夙愿得以实现，忧的是冯麟阁不会甘愿俯首称臣。由于他曾经允诺由冯麟阁做奉天将军，为了避免冯麟阁发难，首先大造辞职舆论，发表通电辞职，力荐冯麟阁做奉天将军。此时袁世凯已自顾不暇，对张作霖的多次请辞皆不予批准，张作霖只好"勉为其难"，走马上任。

为了稳住冯麟阁，张作霖请示北京政府批准任命冯麟阁为奉天军事帮办。但冯麟阁并不领情，先是坚辞不就，后在张作霖一次次登门求告后，提出另设帮办公署，其规格与待遇完全与张作霖的将军公署相同，这等于与张作霖平分奉天天下。张作霖不便公开拒绝，只好致电中央调节，袁世凯认为另设帮办公署不伦不类，建议每月可拨 15 万元帮办公费。

但冯麟阁根本看不上 15 万元公费，而是在张作霖一味退让的情况下，公然下令省财政厅拨款 50 万元作为帮办公费；又致电袁世凯，要求在北镇设立帮办公署，并招收新兵七营加强防卫。后来将 50 万元降到 20 万元，但同时向张作霖提出极为苛刻的条件：

一、马上拆除将军署后院新建炮台，严惩鼓动人员；

二、一切行政用人，必须征求冯麟阁同意；

三、奉天军政各项费用不得超出预算，必要时须与冯麟阁商量；

四、由张作霖亲率二十七师营长以上军官，到二十八师办事处正式道歉。

当张作霖的部下吴俊升将冯麟阁的条件转告张作霖时，本以为张作霖会暴跳如雷，不料张作霖听后哈哈大笑，然后大大咧咧地说："没问题，一一照办。"

果然，张作霖带着二十七师营长以上军官到二十八师办事处道歉。张作霖之所以一再退让，完全是为了避免冯麟阁借机挑起军事冲突，造成两败俱伤，更重要的是会引起外国人尤其是日本人的干涉。但两人的矛盾并没有因此得到缓和。

就在张、冯矛盾日益尖锐之时，张作霖又与部下汤玉麟发生冲突，事发于其所用新人王永江。张作霖就任奉天将军后，感到仅凭以前那帮带兵打仗的弟兄已经远远不够，这些人大多出身绿林，对治理地方一窍不通，于是网罗了一批文人谋士为其所用，时任奉督警务处长兼省城警察厅长的王永江便是其中之一。

汤玉麟时任五十三旅旅长兼省城密探队司令，由于与张作霖是患难之交，在奉系发展中立下过汗马功劳，因而有恃无恐，其部下设局赌博、走私贩私、作奸犯科等胡作非为已非一日。以往的警务处长对其所部恶行均睁只眼闭只眼。王永江上任后，为维护省城治安，突击抓捕罪犯，结果许多绿林出身的军人被抓，其中大多是汤玉麟的部下。汤玉麟闻讯暴跳如雷，找到张作霖大吵大闹，声称：

"天下是军人提着脑袋打下来的，姓王的凭什么抓捕军人？"

张作霖一听非常气愤，怒斥道："枪杆子能打天下，不能治天下！这里是省城，不是绿林！"

汤玉麟一看张作霖竟然站在王永江一边，指责张作霖过河拆桥，鸟尽弓藏，一跺脚愤然离去，准备发动兵谏攻打张作霖。

汤、张反目，冯麟阁立刻抓住机会，联合汤玉麟，向张作霖提出任命冯麟阁为省长，汤玉麟为二十七师师长，否则将采取行动，并通电北京政府，要求罢免张作霖奉天督军兼省长的职务。与此同时，两人一边招募土匪，一边策反张作霖的二十七师，并不断派兵到省城作乱。

张作霖为了稳定军心，立即召集二十七师营、团级军官会议，通报汤玉麟作乱情况。此前曾一度附和汤玉麟的孙烈臣等人见汤、张将兵戎相见，纷纷表示拥护张作霖。二十七师集体效忠，使冯、汤的策反宣告失败。

而此时，袁世凯已因病辞世，继任总统黎元洪与国务总理段祺瑞的"府院之争"愈演愈烈。黎元洪支持汤、冯反张，曾派秘书持其亲笔信函到新民县与汤玉麟联系，不料此信被张作霖属下截获，张作霖将此信转交段祺瑞，段祺瑞立刻表示调两个师协助张作霖戡乱。而日本人公开表示支持张作霖戡乱。

在此变化下，冯麟阁自知不是对手，赶紧偃旗息鼓。汤玉麟失去依靠，而手中仅有残兵千余人，只好重又上山落草。张作霖下令免去汤玉麟第五十三旅旅长之职，派兵追剿汤玉麟，汤玉麟被迫逃往徐州投奔张勋，得到一个挂名营务处处长的头衔。

赶走了汤玉麟，还有一个冯麟阁，既然冯麟阁已经宣布休战，张作霖也只好等待时机。令张作霖没有想到的是，不仅机会很快便到了，而且未动一兵一卒，冯麟阁便垮台了。

原来，张勋在策划复辟时，张作霖作为张勋的儿女亲家也曾表示支持，但到复辟开始时，张作霖发现支持者甚少，随即转持中立态度。张勋对此非常气愤，只好电请冯麟阁入京支持复辟，并许诺事成之后任命冯麟阁为东三省总督。冯麟阁接电后欣然前往，并随后调所部二十八师驰援京城复辟。

然而，就在冯麟阁眼见复辟成功，即将被赐黄马褂和在紫禁城内骑马之荣耀时，张勋复辟却在段祺瑞的讨伐中土崩瓦解了。冯麟阁一看情况不妙，赶紧乘车出逃，结果火车行至天津被抓获，押回北京拘禁，后以"背叛共和罪"被罢官，交付法院依法严惩。

张作霖为取得冯部官兵的好感，与二十七师、二十八师全体军官联名致电段祺瑞，要求释放冯麟阁。段祺瑞见张作霖出面求情，遂以"冯参加复辟证据不足"为由，以吸食鸦片罪处以罚金800元后释放。冯麟阁返回奉天后，成了一个无职无权的人物，后于1926年8月悄然离世。

兼并了二十八师，统一了奉天军政，张作霖又将视线放到黑龙江与吉林，由于吉林督军孟恩远经营吉林多年，省内形势稳定，一时难以插手，而黑龙江则内部争斗不断，有乘虚而入的可能，于是张作霖舍近求远，决定先从黑龙江下手。

当时，黑龙江督军毕桂芳因没有实权，处处受到陆军第一师师长许兰洲掣肘，许兰洲在黑龙江经营近十年，又手握兵权，一直觊觎黑龙江督军的宝座。1917年6月，许兰洲与两位旅长英顺和巴英额商定，由他们将毕桂芳拉下督军宝座，事成之后，英顺兼任镇守使，巴英额升任师长。重奖之下，英顺和巴英额直接闯进督军署，以武力逼迫毕桂芳让位。6 月 14 日毕桂芳被迫通电宣布下野，许兰洲在没有获得中央政府任命的情况下，以黑龙江督军兼省长自居，将师长一职给了其亲信旅长任国栋。英顺和巴英额见许兰洲不守承诺，立即将毕桂芳追回，让他在呼兰继续主持督军兼省长的公务，并代为发表通电斥责许兰洲非法夺权的行为，随即宣布与许兰洲脱离关系。许兰洲也怒斥英顺和巴英额叛变，双方大有兵戎相见的架势。

许兰洲与英、巴相争，给张作霖提供了机会。张作霖令其部下孙烈臣以调停名义前往黑龙江，对双方进行拉拢。以张作霖在东三省的地位，双方岂敢对张作霖提出异议，均表示以其马首是瞻。接着，张作霖向国务总理段祺瑞发电，举荐其同乡、老部下、儿女亲家鲍贵卿出任黑龙江督军，段祺瑞当即应允，7 月 26 日，鲍贵卿继任黑龙江督军兼省长。

张作霖知道许兰洲不会善罢甘休，随即与段祺瑞商定，将许兰洲所部五营骑兵、三营步兵调至奉天张作霖麾下，任命许兰洲为东路剿匪总司令，驻屯西丰县。张作霖又抽调驻守东丰、西丰的张鸣九部四营骑兵，调往黑龙江，由鲍贵卿直接指挥。

但调走许兰洲，黑龙江还有英顺、巴英额，鲍贵卿的日子仍不能太平。英顺、巴英额为了获得镇守使和师长的职务，采取武力胁迫的老办法逼迫鲍贵卿就范。张作霖得知后，派出由奉天后路巡防营改编而成的第二十九师，令师长吴俊升以剿匪名义率军进驻黑龙江，进行武装调停。英、巴想继续反抗，中央政府以挟持长官等罪名于 1917 年 12 月 2 日将英、巴免职。至此，黑龙江纷争终于平静下来，鲍贵卿也终于稳稳地坐在了督军位子上。

之后，张作霖又设法扳倒吉林督军孟恩远，迫使孟恩远自动交权，由鲍贵卿继任吉林督军，孙烈臣继任黑龙江督军，达到统一东三省的目的。

直皖大战，张作霖坐收渔利

当上了名副其实的东北王，张作霖开始苦心经营东三省，一心想把东三省建成问鼎中原的大本营。此间，北京政权已因张勋复辟再次易主，大总统由黎元洪换为冯国璋，段祺瑞仍任国务总理。与黎元洪不同的是，冯国璋原任江苏督军，重兵在握，自然不甘心成为段祺瑞的傀儡，因此上任不久便与段祺瑞围绕对南政策——"主和"还是"主战"展开争斗，北洋嫡系很快分裂为以冯国璋为首的直系和以段祺瑞为首的皖系。

1917 年 11 月中旬，在直系"长江三督"等通电主和、前方将领倒戈的情况下，段祺瑞被迫辞去国务总理一职，但直皖争斗并未停止，而且局势很快逆转，冯国璋被迫任命段祺瑞为参战督办，段芝贵为陆军总长，使皖系完全控制了北京政府的兵权。张作霖密切关注北京政局的变化，寻找奉军入关的机会。而段祺瑞的心腹徐树铮，却不失时机地给他送来了这样一个机会。

1918 年 2 月 20 日，徐树铮来到奉天，张作霖派参谋长、徐树铮在日本士官学校的同学杨宇霆到车站迎接，并于当晚设宴款待徐树铮。席间，徐树铮拿出一张证明信，小心翼翼地递给张作霖。张作霖接过一看，顿时喜上眉梢，竟然是陆军部开具的 2.7 万件武器的提取证明。

原来，前不久第十六混成旅旅长冯玉祥在湖南前方通电主和，由于冯玉祥的舅父陆建章是总统府顾问，段祺瑞认为冯玉祥是受其舅父指使，因此迁怒于冯国璋，认为冯国璋破坏其武力统一，情急之中，决定借奉军势力逐冯国璋下台。而这 2.7 万件武器，则是从日本购买，为晋、陕两省和冯国璋扩充嫡系部队准备的。徐树铮为了给直系拆台，自作主张将这批武器送给奉军，以达到阻止冯国璋扩充实力、拉拢奉系出兵关内的双重目的。

而令徐树铮没想到的是，张作霖早已对关内虎视眈眈，即使没有武力援助，他也巴不得有个机会涉足关内。如今既有机会入关，又能得到大批先进武器扩充实力，真是天上掉馅饼的好事。却不料徐树铮犹嫌不够，又抛出一个更为实惠的诱惑：

"大帅，若您愿意以武力为后援恢复段内阁，出兵南征，副总统一职，也是手到擒来。"

张作霖听后哈哈大笑，这回真是占到大便宜了。

2 月 23 日，张作霖派参谋长杨宇霆和旅长张景惠携武器提取证明，率两个步兵营、一个机枪连，以南征军先遣队名义，前往秦皇岛劫收武器。

在拿到2.7万件武器后，张作霖一口气扩编了六个旅，还新建了以张景惠为师长的奉军暂编第一师。3月5日，奉军前队抵达廊坊，冯国璋恐慌不安，赶紧请出东三省政界元老赵尔巽劝说张作霖退兵，张作霖不予理睬；3月7日冯国璋被迫通电辞职；3月16日，张作霖又命令奉军后续部队进关，与此同时，张作霖摆出一副盛气凌人的架势，严词要求北京政府"组织段祺瑞内阁"，"设立东三省巡阅使"，否则将立即诉诸武力。3月23日，段祺瑞重任内阁总理。为了缓和局势，段祺瑞没有同意冯国璋辞职，而是决定"合法驱冯"。

为了回报徐树铮，张作霖于3月12日在天津附近的军粮城设立关内奉军总司令部，自任总司令，任命徐树铮为副总司令代行总司令职务，任命杨宇霆为总参谋长，将军事指挥权毫无保留地交给了徐树铮。

段祺瑞重任国务总理后，继续实行武力统一政策，马上宣布继续对南方用兵，张作霖积极响应，不断通电主战，并令京津附近的奉军全部南下，摆出一副南征的架势，实际上只是为了借机索取武器军饷，扩大实力。

然而，徐树铮却把奉军当成炮灰，在前线战局对皖系不利的情况下，徐树铮将奉军六个混成旅调到湖南战场最前线，并下令孙烈臣等三名奉军师长速到前线指挥作战，他本人则将前敌总指挥部设在汉口，坐镇遥控。张作霖闻讯后极为不满，立即将奉军三名师长调回，同时以中俄边境局势紧张为借口，欲将前线奉军部队全部撤回军粮城，两人为此产生嫌隙。

由于对徐树铮失去信任，张作霖7月末参加在天津召开的督军团会议后，特意留在天津检查徐树铮代行总司令期间的情况，查了徐树铮代行总司令期间的作为。没想到，这一查竟查出了大问题。从3月23日段内阁恢复之后，徐树铮以奉军名义代领军费515万元，但奉军却只收到180万元。剩下的335万元，全部被徐树铮和杨宇霆私下用作编练军队之用，他们私自招募四旅新军，在洛阳和信阳两地秘密练兵。

张作霖这才知道自己小看了徐树铮，而徐树铮许给他的副总统一职，自然也是空头支票。张作霖怒不可遏，立即下令免去徐树铮关内奉军总司令部副总司令一职，逮捕杨宇霆，还告到段祺瑞那里，要回徐树铮编练四个旅的一部分，并为自己争取到东三省巡阅使一职，这才满意而归。

1919 年 6 月，徐树铮出任西北筹边使、西北边防军总司令，不仅有节制内蒙古、新疆、陕西、甘肃军队和官吏的全权，还掌管西北民政、财政的独立大权，其职权显然在张作霖之上，令张作霖心怀不满。此外，内蒙古、新疆实际已是张作霖的势力范围，徐树铮却毫不客气地插手干涉，更是加深了两人的矛盾。徐树铮实力的迅速扩张，不仅威胁到张作霖，还令四川、广东、湖南、江西四省经略使曹锟大为不安。面对相同的敌人，直奉携手，组成七省反皖同盟。

1920 年 5 月，驻守湖南的直系军阀吴佩孚撤防北上，不仅令段祺瑞武力统一计划破产，同时使直皖大战箭在弦上。这一局面令张作霖兴奋不已，他巴不得中原战火骤起，以便乘虚而入问鼎中原。

6 月 7 日，张作霖收到徐世昌的电报，请他到北京"调停时局"。6 月 19 日，张作霖欣然赴京，到达廊坊车站时，遇到前来迎接的徐树铮。张作霖对徐树铮反感至极，只是冷淡地应酬了几句。到了北京，徐树铮已经令财政总长曾毓隽将奉天会馆粉饰一新，请张作霖下榻。但张作霖拒绝接受徐树铮的"好意"，坚持住进设于北京白石桥的奉军司令部。

张作霖以中立的身份到北京"调停"，表示不会偏袒直皖任何一方，但实际上，出于自身利益的考虑，张作霖很自然地偏向直系一方，同直系一同将矛头直指皖系和徐树铮。其间，直系提出五项要求，最重要的一项为第五条，"解除徐树铮之兵权，撤销筹边使官制，边防军改编后归陆军部直辖"。这一项与张作霖的切身利益直接相关，自然极力促成。但此项却是段祺瑞与徐树铮的底线，根本无商量余地。

7 月 1 日直系在保定发表《直军将士告边防军将士书》，声明决心打倒徐树铮扫除安福系。徐树铮控制的安福系针锋相对，于同一天决定请段祺瑞出山再任国务总理，惩办吴佩孚。认为此两条若能顺利实现，便可按直系要求令徐树铮辞职，并解散安福系。

由于早在 1918 年 10 月冯国璋卸任总统时，段祺瑞迫于主战失败辞去国务总理一职，安福系请段祺瑞出山的决定吓坏了倡议和平的大总统徐世昌，徐世昌立刻与张作霖商量予以抵制。直系更是加强舆论攻势，于 7 月 3 日致电张作霖转呈徐世昌，严词要求尽快罢免徐树铮本兼各职。此时张作霖已由调停人站到了直系一边，与曹锟、李纯等人联名通电声讨徐树铮。

徐世昌见直奉联手，顿时有恃无恐，7月4日断然下令撤销西北边防军，将该部交陆军部改编统辖；调任徐树铮为远威将军，留京供职。至此，徐树铮被剥夺兵权，成为无职无权的光杆将军。

此令一出，皖系的愤怒与反抗可想而知，而徐树铮则将这笔账记到了张作霖头上，对张作霖顿起杀机。7月5日，徐树铮以段祺瑞的名义拜访张作霖，态度诚恳地请张作霖到段祺瑞的驻地团河开会，指导皖系下一步行动，张作霖也想借机窥探皖系的对直作战计划，于是一口答应。

7月7日，张作霖准时抵达团河，徐树铮热情迎接并招待张作霖。宴席上，段祺瑞对张作霖提出："若想调停时局，罢免吴佩孚万事皆休！"张作霖回答："这恐怕难以办到！"段祺瑞怒不可遏，冲张作霖吼道："你们办不到，我要办到！你回你的奉天去，不要管我们的事！"

张作霖蓦然一惊，再看段祺瑞，只见他铁青着脸，冷冷瞪视着自己。张作霖一个激灵，仿佛嗅到一股阴冷的杀气。而徐树铮则笑容满面，对张作霖说："芝老心情不好，别在意，来来来，喝酒！"

张作霖立刻意识到自己原来赴了一场鸿门宴，想到徐树铮曾于1918年6月14日邀请总统府高等顾问、陆军上将陆建章到天津奉军司令部会晤，出其不意将陆建章枪杀于后花园中，顿时不寒而栗，知道自己又一次小看了徐树铮。于是，张作霖故作镇定，谈笑间故意大量饮酒，然后装作要呕吐状，叫侍卫将其扶到厕所，迅速借机逃脱。

待徐树铮手下将此消息报告徐树铮后，徐树铮连连顿足，埋怨段祺瑞不该动恻隐之心，并连连叹息："大势去矣！"他猜测张作霖必定直接返回奉天，立刻下令廊坊驻军予以拦截，就地正法。不料这一消息被手下转告了刚刚请辞的国务总理靳云鹏。靳云鹏原为皖系得力干将，后被徐树铮排挤与段祺瑞产生隔阂。他既是徐树铮的死对头，又是张作霖的儿女亲家，因此马上将此消息转告了张作霖。

张作霖闻讯，当即改变行程，于7月8日乔装打扮，携带少数精锐侍卫乘坐货车从北京安然抵达天津，逃过徐树铮埋伏在廊坊车站的精兵。7月9日，张作相率奉军护卫队赶到天津，有了重兵保护，张作霖才稍稍放松，从天津返回奉天。直到抵达奉天，张作霖才松了口气，叹道："我终于又回来了！"

张作霖料想徐树铮不会善罢甘休，虽然回到自己的地盘，仍不敢掉以轻心，果然，张作霖前脚到达奉天，徐树铮的暗杀团后脚便追到奉天。暗杀团共有 13 人，以姚步瀛为首，他们携带 12 万元巨款，打算在土匪中间活动闹事，再趁乱杀掉张作霖。然而，暗杀团刚刚出现在奉天，即被逮捕。

7 月 13 日，张作霖以"清君侧"名义，通电声明"派兵入关参加助直倒皖战争"，7 月 14 日，段祺瑞一声令下，直皖战争爆发。16 日，奉军加入东路与直军共同作战，使皖军腹背受敌，加上西路直军将领吴佩孚的胜利，令东路皖军士气大减，直奉联军很快取得东路胜利。18 日，直皖大战基本结束，北京政权落入直奉两系之手，张作霖通过直皖战争，成功迈出问鼎中原第一步。

直奉大战，冯玉祥釜底抽薪

直皖战争中，奉军出力不大，但战后接收战利品时，奉军比作战时更加拼命。张作霖派兵占领皖军南苑营房，劫走南苑机场 12 架飞机，还率先接收了东直门的军火库房，从中抢走的军用品装了整整 100 多车。

当张作霖的属下听闻直军在北苑附近一个新建军火库中接收军用品时，急率奉军风风火火赶去抢收，后来为了两个空军用的探照灯，与直军大打出手，最终战胜直军，夺取探照灯，扬长而去。同时，奉军将皖军所遗其他军械包括散落于战场的重炮、辎重等物资以及军械技术人员席卷一空，还收编了皖军全部军队。

曹锟得知后，不满地说："张雨亭真是地道的胡子，得到那些东西还不够，连两个灯都不放过。"吴佩孚更是对张作霖的行为所不齿。

接收完皖系军需，便开始了政治分赃。1920 年 7 月 28 日，张作霖、曹锟及靳云鹏齐聚天津，召开善后会议。在政治权力及地盘的争夺中，三人无法达成一致,但由张作霖的儿女亲家、曹锟的把兄弟靳云鹏再次出任国务总理一事,三人取得了一致。

随后,三人又抵达北京,与徐世昌进行进一步磋商,最后就中央与地方的权力分配达成一些协议,使直奉两系军阀掌握了中央政府的实权,徐世昌与靳云鹏成了实际上的傀儡。张作霖除继续任东三省巡阅使外,晋授镇威上将军,并获得北京政府拨付军费1000万元。同时改任曹锟为直鲁豫三省巡阅使,任命吴佩孚为直鲁豫三省巡阅副使。

之后,在靳云鹏的撮合下,张作霖又与曹锟结为儿女亲家,以弥补两人因战后争夺与分赃产生的裂痕。但无论如何弥补裂痕,两方的矛盾与争夺终究无法避免。按照约定,8月12日起,奉军陆续撤军返回奉天,直奉两系各留一师驻京,但后来张作霖又加派了两个旅进驻北京。不仅如此,张作霖还利用操纵北京政权的有利条件,极力扩张势力范围,不仅派兵占据京津要地,而且将其势力迅速扩展到察哈尔、热河、绥远,于1921年5月兼任蒙疆经略使,终于将三特区正式纳入自己版图。与此同时,直系在抢占地盘方面也不含糊,在控制河南之后又抢占了湖北。

就在直奉两系争相扩大地盘的时候,靳云鹏内阁出现危机,一方面财政困难始终无法得到解决,到1921年冬,北京政府已经难以维持运转;另一方面,靳云鹏夹在张作霖和曹锟之间,左右为难,如履薄冰,虽然他尽力做到不得罪任何一方,但因北京政府任命吴佩孚为两湖巡阅使而开罪了张作霖。

1921年12月14日,张作霖向徐世昌提议改组内阁,靳云鹏闻讯后随即请辞。12月24日,在张作霖的推荐下,徐世昌任命亲日派梁士诒出任国务总理。

梁士诒掌握交通银行、盐业银行,在袁世凯任总统时期,便有"财神"之称。但梁士诒很清楚,仅有奉系支持还不够,必须同时获得直系支持才能顺利上台。于是,梁士诒允诺组阁后为直系筹集军费500万元。在这个空口无凭的诱惑下,曹锟将梁士诒捧上了台。然而,梁士诒组阁后,不仅不兑现对曹锟的诺言,而且处处与直系为难,对直系的要求除了拒绝便是拖延不办,对奉系则有求必应,处处唯张作霖之命是听,令曹锟、吴佩孚恼怒不已。此外，梁士诒还根据张作霖的要求，下令赦免了直系政敌——安福系的段芝贵、曲同丰等六人。

此时，张作霖已暗中联系皖系、安福系、交通系与直系对抗。在此情况下，曹锟、吴佩孚决心发起倒阁运动。时值华盛顿会议召开，中国代表就山东胶济铁路赎回自办问题与日本代表针锋相对据理力争之际，梁士诒却与日本驻华公使秘密会谈，同意向日本借款将胶济铁路赎回后，以中日合办的形式继续由日本操纵路权。曹锟、吴佩孚抓住梁士诒这一出卖主权的汉奸行为大张挞伐，1922 年 1 月 5 日，吴佩孚率先通电怒斥梁士诒的卖国行径，接着，直系各省督军也纷纷通电斥责梁士诒。吴佩孚再接再厉，10 日再一次发表通电说："如有敢以梁士诒借日款及共管铁路为是者，其人既甘为梁士诒之谋主，即为全国之公敌。凡我国人，当共弃之。为民请命，敢效前驱。"

张作霖十分清楚，吴佩孚表面是骂梁士诒，实际矛头直指张作霖。他身为梁士诒的靠山，自然不能眼看着梁士诒被直系扳倒，于是出面为梁士诒辩护。如此一来，内阁问题即演变为张作霖和吴佩孚之争，即奉系和直系之争。梁士诒有张作霖支持，不畏惧直系，继续做他的国务总理。

然而，随着全国对梁士诒的声讨愈演愈烈，徐世昌见事态日益严重已无法收场，只好暗示梁士诒下台。梁士诒虽然不舍，但决定到天津一避。梁士诒走后，徐世昌立即令外长颜惠庆署理国务总理。

梁士诒的倒台，令张作霖怒不可遏，他不甘心就此输给吴佩孚，不仅致电指责徐世昌，并且宣称将与直系付诸武力。而张作霖对直系用兵以独霸北京政权的想法由来已久，直皖大战不久后奉系便开始大肆扩军，除在东北招兵外，还派人在通州招兵，为直奉大战做准备，并与皖系残余势力以及孙中山联络，与段祺瑞、孙中山组成"反直三角同盟"。

4 月 19 日，一切准备就绪，张作霖通电宣布，将率兵入关，"以武力为统一的后盾，扫除祸国殃民、结党营私、乱政干纪之分子"。吴佩孚也反唇相讥，列举张作霖十大罪状，辱骂张作霖为"白山黑水之马贼"，表示"佩孚以身许国，为国锄奸，惟有尽我天职，除暴安良，义无反顾"。张作霖立刻反击，历数吴佩孚罪状，将吴佩孚比作安禄山、史思明。

4月29日，张作霖对奉军下达总攻击令，第一次直奉战争爆发。

由于奉军兵力、武器皆在直军之上，最初的战事对奉军有利，特别是东线捷报频传。然而，西线战场上，吴佩孚对奉军实行包抄作战，使奉军背腹受敌，加上奉军第十六师邹芬所部阵前倒戈，西线奉军迅速溃败。

西线战败消息传来，东线奉军士气大减，而吴佩孚也迅速加入到东线作战，使得东线战势骤然逆转。5月4日，张作霖亲赴落垡督战，希望能扭转战局，无奈奉军兵败如山倒，败局已定，张作霖不得不下达了退却令，率兵向关外退去。

奉系兵败撤退后，直系掌握了北京政权。5月10日，徐世昌在吴佩孚的逼迫下，下令解除张作霖东三省巡阅使、蒙疆经略使、奉天督军及省长等本兼各职。张作霖虽然战败，但主力部队并未受到大的创伤，他的声势依然浩大，加上有日本人做后盾，张作霖根本没把中央的命令放在眼里。5月12日，张作霖在滦州宣布独立，19日，东三省宣布实行联省自治，张作霖被推举为东三省保安总司令兼奉天省长。牢牢控制住东三省的张作霖，从战败的第一天起，就开始为下一次进军中原做准备。

第一次直奉大战中，奉军兵力、武器皆在直军之上，在如此优势下迅速溃败，不能不令张作霖深刻反思。奉军素质低下已是不争的事实，而旧的绿林以及行伍出身的军官，是无法带出一支训练有素、能参与到现代化战争中的军队的。于是，张作霖开始招揽人才，重用新派将领，并于1922年秋成立整军经武最高执行机关——东三省陆军整理处，实行"精兵主义"，将奉军重新整编为27个旅，统一名称为东三省陆军。1922年8月，张作霖在东三省保安总司令部下设航警处，后在葫芦岛炮台山建立航警学校，为海军培养和输送人才。1923年春，张作霖又设立东三省航空筹备处，并设立航空学校，积极培养航空人才，选拔优秀青年到国外受训，并从德国、法国花重金购进大批新式飞机。此外，还扩建兵工厂，扩建陆军粮秣厂，制造先进武器和军需用品。

即便这样，张作霖仍旧担心，凭借奉军一己之力，不足以与直系相抗衡，于是积极联络同样仇视直系的皖系段祺瑞、皖系浙江督军卢永祥、南方孙中山，再组"反直三角同盟"。就在这时，曹锟通过贿选当上总统，吴佩孚目空一切，独断专行，到处树敌，张作霖看准直系内部纷争不断，极力拉拢吴佩孚的死对头、受吴佩孚排挤的冯玉祥。

1924年，听闻冯玉祥将与李德全结婚的消息后，张作霖派张学良前去祝贺，并将他拉入"反直三角同盟"。此后，张作霖和冯玉祥多次联络，得知冯玉祥缺乏军饷后，慷慨解囊，秘密资助其140万元，战前两人还达成协定："如两军相遇，均应向天空鸣响。"

1924年9月3日，直系江苏督军齐燮元为从皖系浙江督军卢永祥手中收回上海，发动了江浙之战。张作霖立刻抓住时机，以反对直系发动江浙战争为名，率22万大军向九门口、山海关、热河进军，9月15日，第二次直奉战争爆发。

战争首先在热河地区爆发，因为此地为直军防御最为薄弱之处，趁着直军援军未到，奉军展开迅速而猛烈的进攻，于10月初占领热河全区，使之与山海关、九门口一线持平。在山海关正面战场，奉军投入重兵，对直军发起猛烈进攻。但直军借助有利地形顽强抵抗，奉军始终无法打开突破口。

于是，张作霖令姜登选、韩麟春转而向防守薄弱的九门口发起进攻，于10月8日顺利占领九门口，17日占领石门寨，战局对奉军十分有利。但接下来，由于直军援军抵达前线，战局急转而下，19日，九门口又被直军重新夺回，两军在山海关一带形成对峙局面。

就在两军难分胜负之时，23日，冯玉祥倒戈回京，发动北京政变，吴佩孚离开前线回救北京，张作霖得讯后，立即派人印刷大量传单，用飞机投掷直军阵地。传单上写着："冯玉祥发动北京政变，吴佩孚阵前逃跑，直军退路已被奉军阻断，唯有投降一条途径。"这则消息在直军中掀起轩然大波，直军军心立即溃散，内乱迭起，而奉军则迅速切断直军后路，使得直军全线崩溃。

至此，第二次直奉大战以奉军获胜而结束。应该说，冯玉祥的倒戈成为奉军战胜的关键，但正因如此，张作霖在打败直系后，又面临一个新的敌人——冯玉祥。

松龄倒戈，张作霖后院失火

冯玉祥进入北京后，即控制了北京政权，他将总统曹锟囚禁，驱逐清逊帝溥仪出宫，改所部为中华民国国民军，电请孙中山北上共商国是，并请段祺瑞出面主持时局。

11月10日，张作霖乘专车抵达天津。张作霖取得了直奉战争的胜利，本想独自控制北京政府，没想到冯玉祥率先推举了段祺瑞，心中极为不满。但事已至此，也只好力主推举段祺瑞，希望能与段祺瑞联手抵制冯玉祥。

第二天段祺瑞在天津曹家花园设宴，盛情款待张作霖与冯玉祥。宴会致辞时，张作霖当着几十名作陪的权贵与高级军官，先是谦虚地表示"军人保卫国家是分内事"等，然后话锋一转说："不过咱们收买的人，不能与起义的人相提并论"。

张作霖话音一落，冯玉祥的脸色变得青一阵紫一阵。冯玉祥对张作霖本来心怀不满，据其所说，两人在联合倒直时，张作霖曾有"只要达到和平，奉军也可以不入关"的表示。但早在张作霖到天津之前，奉军已有两个师开进天津驻扎。因此冯玉祥在赴宴之前，特意将胡子剃去。宴席上有人问他怎么将胡子剃掉了，他立即提高音量回答："胡子不能要，非去不可。"

两人一个瞧不起对方倒戈，一个蔑视对方的胡子出身，合作之局尚未开始便已呈针锋相对之势。段祺瑞为了能促使双方坐下来就时局问题举行会议，只好双方劝解，总算使两人表面上做出让步，使天津会议得以召开。但由于三人各打自己的小算盘，在敏感问题上很难达成一致。

冯玉祥原想在政变后以北方为自己的势力范围，借控制北京政权之便利，扩大地盘，发展军事实力，因此不希望奉军入关。但张作霖发动直奉战争的目的就是要问鼎中原，岂有不入关之理？非但如此，张作霖还以根除直系残余势力为借口，表示"一定要进兵长江一线"，一心要将自己的势力扩展到江南。

但段祺瑞出于自身利益的考虑，不希望奉军对直军穷追猛打，企图使直、皖残余势力与奉、冯势力相互并存，使他本人在成为直、皖、奉、冯北洋派唯一领袖的同时，使各派之间相互制衡。最后，此次会议以段祺瑞的意见形成四项决议：

一、奉军在清浦线进至德州为止；

二、不对东南用兵；

三、允许吴佩孚和平下野，不下通缉令；

四、召集全国善后会议讨论组织政府和一切善后问题。

11 月 24 日，段祺瑞在北京宣誓就职中华民国临时总执政，由于临时政府组织条例规定临时政府不设内阁总理，由临时执政主持国务会议，因此段祺瑞成为集总统与总理于一身的政治傀儡。

张作霖进京之后，很快与段祺瑞联手处处排挤冯玉祥。冯玉祥自知不是两人的对手，便以退为进，要求去京西天台山休养。张作霖与段祺瑞假意挽留一番，便任冯玉祥上了天台山，北京政权遂落入张、段两人手中。

随后，奉军大举入关，分驻京津、京奉、津浦各铁路沿线。段祺瑞深知他的执政地位是建立在张、冯军事均势之上的，一旦这种均势被打破，他即刻便会地位不保。为了均衡张、冯势力，他在地盘划分上煞费苦心，终于在张作霖可以接受的情况下，于1925 年春任命冯玉祥为西北边防督办。在张作霖看来，将冯玉祥赶到西北方，为他的扩张扫清了障碍，但冯玉祥的国民军也因此先后取得了察哈尔、绥远、河南、甘肃、陕西以及包括北京在内的京汉线北段为自己的地盘。段祺瑞又任命张作霖为东北边防督办，满足了张作霖从津浦线向长江下游一带扩张的愿望。

之后，段祺瑞任命王揖唐（皖系）为安徽督军、卢永祥（皖系）为苏皖宣抚使兼江苏督军，由奉军护送南下。张作霖为此组织南下宣抚军，任命姜登选、韩麟春为宣抚军正副总司令。由于卢永祥、王揖唐本身已无实力，到任后不得不依赖奉军支持，因此苏皖地盘实际已落入奉系之手。6 月下旬，段祺瑞任命奉系邢士廉为上海警备司令，使奉系触角正式进入东南财富中心。随后，又任命杨宇霆为江苏军务督办，姜登选为安徽军务督办。至此，张作霖在占据东三省、直隶、山东、热河等地的基础上，又先后占据了苏、皖、宁、沪等地，已手握三分之一个中国，声势浩大，他自豪地对左右人说：

"三五年内我不打人，绝没人敢打我"。

然而，张作霖没有想到，江浙巡阅使兼浙江督军孙传芳就敢打他。1925年10月10日，孙传芳以浙、闽、苏、皖、赣五省联军总司令的名义通电讨奉，10月16日，孙传芳率部进攻并占领上海，紧接着进攻江苏、安徽，一路势如破竹，奉军几乎毫无抵抗便缴械投降或溃败逃走。孙传芳仅用五天，就将奉军赶出苏皖地区。1925年11月，孙传芳占领徐州，逼得奉军退至山东，这才停止进攻。

正所谓祸不单行，就在张作霖痛失江南地盘之后，又一个打击接踵而来。

11月22日下午2时，奉系干将郭松龄在滦州车站偏西的一个火柴公司内，召集津榆驻军司令部所属各军师旅长以上军官开会，会场上，郭松龄慷慨陈词，对张作霖及其总参谋长杨宇霆的穷兵黩武表示强烈抗议，并宣布成立东北国民军司令部，全军打回奉天，清除奸佞杨宇霆。他将原属张学良的第三军团改编成五个军，总司令取张学良的名号，自任副总司令。

当日晚，张作霖即在奉天帅府得知此讯，他暴跳如雷，对张学良说："好个郭茂宸（郭松龄字），我就知道他没安好心，只有你这么信任他，把奉军精锐部队全部交给他，这下好了，我看你拿什么和他打！"

张学良无言以对，看着汇报郭松龄倒戈的电报，一时惊愕万分，以致面色苍白，浑身发抖。

张学良与郭松龄的关系非同一般。郭松龄系同盟会会员，武昌起义后曾在奉天响应革命，被张作霖的巡防营逮捕，民国成立后释放。此后，郭松龄投入奉军，任陆军讲武堂教官，与在此学习的张学良相识，深得张学良赏识与敬重。1920年张学良出任巡阅使署卫队旅长，调任郭松龄为卫队旅参谋长；张学良任奉天陆军第三混成旅旅长时，即升郭松龄为第八混成旅旅长。张学良军务繁忙，无暇管理第三旅，索性将第三旅交由郭松龄全权负责，两个旅合称"三八旅"。张学良曾对人说："我即郭茂宸，郭茂宸即我。"在第二次直奉大战之前，张作霖将22万奉军改编为六个军，张学良、郭松龄为第三军正、副军长。

郭松龄治军严谨，东三省陆军整理处出台的各种规章制度，皆出自郭松龄之手，同时他又屡立战功，两次直奉大战中均表现突出。然而战后论功行赏，杨宇霆、张宗昌、姜登选、李景林均被安插在不同的省份，唯独对郭松龄，张作霖借口军事需要，没有给予任何地盘，这让郭松龄心怀不满，遂起反叛之心。

由于冯玉祥对孙传芳驱奉之战给予了支持，张作霖在准备夺回江南地盘的同时，决定先行讨冯。但郭松龄已经厌恶打内战，遂联合数名将领提请张作霖停止内战，退兵北上，保境安民，引起张作霖的警觉。张作霖将奉军组成六个方面军团，在组建第三方面军时，有意压制郭松龄，控制他与张学良事权不分的情况，在任命张学良为军团长时，并没有相应地提升郭松龄为副军团长，而是另任于珍为副军团长，任命郭松龄为该集团军第十军军长，令郭松龄更为不满，遂坚定了反奉决心。

1925 年 10 月，郭松龄代表奉军到日本观操时，趁机与冯玉祥取得联系，迈出反奉第一步。

就在此时，张作霖急召郭松龄返回天津，商议对冯玉祥作战大计，而郭松龄返回天津后，立即代表张学良组织第三方面军司令部，自己大权独揽，对第三方面军所辖第八军、第九军、第十军所有带兵军官进行调整，全部换上自己的亲信，为反奉做好准备。之后，郭松龄即托病住院，并与冯玉祥频繁往来，此时，张作霖对郭松龄的动机有所觉察，拟调回郭松龄以军法处置，或让安徽督办姜登选（此时已被赶出安徽）前去接收兵权，并将其就地正法。

这个消息被郭松龄的妻子韩淑秀得知。韩淑秀因与张作霖的五夫人过从甚密，在张作霖卫士中安插了暗探，得知此讯后，立即以探病为名赶到滦州给丈夫报信。郭松龄感到事不宜迟，立刻与冯玉祥签订反奉密约，并于 22 日召开了滦州会议。

张作霖闻变的第二天，即将郭松龄倒戈消息电告黑龙江军务督办吴俊升、热河都统阚朝玺和热河驻军汤玉麟、穆春等人，召他们即日赴奉商议作战。同时电告山东督办张宗昌：与受国民军压迫的河南赵倜保持联系，今后应负北方大局，吾弟须掌握底队（即最可靠的部队），支持山东局面。

24 日，郭松龄通电倒奉，历数张作霖和杨宇霆罪状，要求张作霖下野，由张学良子承父业。随之，直隶督办李景林通电附和。但当郭松龄兵至锦州后，李景林立刻改变态度，不仅指责郭松龄不忠不孝，而且公开向郭松龄宣战，从背后构成对郭部的威胁，并于 12 月 2 日释放被郭松龄拘押在天津的奉军高级军官，与张宗昌组成直鲁联军，拒绝冯玉祥假道援助郭松龄。为此，冯部向直鲁联军进攻，占领了天津。

郭松龄通电倒奉后，继而通电就任东北国民军总司令，以"清君侧"名义挥师北上。与此同时，张作霖也下令讨伐郭松龄。

奉军先在榆关阻击郭部，接着退守连山—葫芦岛一线。时值天降大雪，气候恶劣，郭部士兵仅着单衣夹鞋，多聚集于民宅取暖。百姓说："郭鬼子（郭松龄绰号）带一帮饿鬼，把我们一年的粮柴吃光烧光了。"张作霖见郭部如此狼狈，忙问卜占课，都说交大雪节令，郭松龄必败亡。然而，12 月 3 日，张作霖却得到连山失守的消息。连山为兵家必争之地，连山防线一破，锦西、锦州接连被攻陷，而锦州距离奉天仅有 200 多公里，冯部已直接威胁到张作霖的老巢。

在连山防线攻破之时，张作霖已做好弃奉天逃往大连的准备，将府中贵重物品装满卡车，同时备好专用汽车，随时准备弃城出逃。更有人说，张作霖已经备妥火油，准备在逃跑时将帅府付诸一炬。此时，奉天城内的市民、商号也纷纷搬家运货，全城一片混乱。

就在这个危急时刻，日本人站了出来，鼎力支持张作霖。日本方面起初没有表示支持任何一方，只是密切关注战事，准备在关键时刻支持有利于日本侵略中国政策的一方。郭松龄占领锦州时，日方派人向郭松龄提出，若他肯割让金州、复州、海城、盖平，日本便为其提供方便，但遭到郭松龄严词拒绝。而杨宇霆在张作霖默许的情况下，与日方签订反郭密约，许诺将会履行"二十一条"中日本在满蒙享受特权的条款。于是，日方以保护南满铁路为借口，向郭松龄发出警告，禁止郭部在南满铁路附属地 20里以内有军事行动。由于南满铁路南起大连北至长春，日方此警告，几乎隔断了郭部入奉天之路。与此同时，日方还调动了关东军守备队予以协助奉军。

日方的介入给张作霖赢得了调兵遣将的时间，奉军士气大增，同因饥寒交迫而厌战的郭部形成鲜明对比。12 月 23 日，吴俊升用飞机侦察到郭部后方空虚，即迂回夜袭郭松龄总司令部所在地白旗堡，使郭部腹背受敌，一时阵脚大乱。张学良看准时机，在正面战场发起猛烈攻击，胜负立见分晓，郭松龄夫妇无奈，只得乔装逃走。24 日凌晨，奉军于菜窖中寻得郭松龄夫妇，在杨宇霆的密令下，将郭氏夫妇就地枪杀。

然而，对于日方的军事援助，胡匪出身的张作霖从未打算履约。1926 年张作霖在专程答谢日本关东军司令时，日方立即提出请张作霖履行讨伐郭松龄时对日方的承诺，张作霖笑笑说："这样重大的事，不经东三省民意通过，我不敢做，做也无效啊。"

日方很不高兴，拿出有杨宇霆亲笔签字、盖有张作霖名章的中日双方协定文件。张作霖又笑笑说："我的名章有三个交给杨宇霆办公用的，分别是：财物用的、人事用的、公文用的，对外签订条约是不起作用的。"

消灭了郭松龄，接下来张作霖要对付的，便是支持郭松龄倒戈的冯玉祥。张作霖将同样憎恨冯玉祥的吴佩孚拉到奉军一方，两人联手讨冯。1926 年 3 月 5 日，奉军占领滦州；13 日，吴佩孚占领河南；23 日，张宗昌与李景林组成的直鲁联军占据天津；4 月 18 日，奉军进占北京，冯玉祥被迫通电下野，国民军撤至南口，张作霖再一次掌控了北京政权。

战败出关，皇姑屯被炸身亡

1926 年 6 月 28 日，张作霖和吴佩孚在北京会晤，二人携手共赴居仁堂，参加杜锡珪内阁的庆功宴，一路上两人有说有笑，神情亲昵，让人无法联想到不久前两人还在为争夺北京政权争吵不休。但当他们意识到，北面冯玉祥虽然下野，却在接受苏联军事援助积极备战；南方国民革命军也在磨刀霍霍，准备誓师北伐，于是，两人立即又抱成一团，达成"军事为先，政治缓议"的共识，决定由海军总长杜锡珪代行国务总理之权。

为了利用吴佩孚打下南口，张作霖对吴佩孚殷勤备至，吴佩孚对张作霖也表现得亲密无间，还对报界说："我和雨亭就像新婚夫妇，偶尔拌几句嘴是免不了的。日子一久，我们的感情就会一天天浓厚起来。"

然而在宴会上，双方却演绎了一出彼此猜忌的戒备战。当时大家都在安静地聆听乐曲，突然不知从什么地方传来"噗"的一声响，两人的随从立即在保护各自主子的同时拔枪相向。这时，顾维钧站起来说："不好意思，是我的礼帽从衣架上掉到了地上。"张、吴的随从这才收起手枪，从双方随从对对方的戒备，足见两人关系的紧张程度。

此次会晤，张作霖和吴佩孚达成协议，双方合兵，由吴佩孚指挥负责进攻南口，再返回汉口向南攻打广东革命根据地；张作霖则继续攻打北方的国民军，之后共分天下。

然而，在吴佩孚攻打南口时，北伐军已迅速攻占湖南，并向湖北进军，吴佩孚只好匆忙挥师南下，由张学良、张宗昌指挥继续攻打南口。8月13日，国民军退至仓头、绥远一带。而吴佩孚在南方战场却接连失利，于9月7日逃往河南，10月6日逃往郑州，不久又逃往四川。张作霖趁机以"援吴"为名，抢占吴佩孚的地盘，于10月1日派兵南下，占领了吴佩孚控制的保定、大名。

北伐军打败吴佩孚后，继而将目标放在孙传芳身上，11月初，孙传芳在江西战场战败，向张作霖紧急求援。张作霖为了直接成为北京政府首脑，同时组织各方面军事力量共同抵制北伐军与国民军的南北夹击，于11月14日在天津蔡家花园召开北洋各派代表参加的会议。在会上见到孙传芳，张作霖早已忘记其联冯反奉的旧怨，当即问：

"你有多少军队？"

孙传芳答："直属部队5万，联军20万。"

张作霖当即表示："我东三省有兵力80万，加上直鲁联军不下百万，我们同心协力，联手'讨赤'！"

11月29日，孙传芳、张宗昌以直、鲁、豫、苏、皖、赣、浙、闽、陕、晋、察、热、绥、吉、黑15省区联名的形式，拥戴张作霖为安国军总司令。12月1日，张作霖在天津蔡园就职，发表"讨赤"宣言，并任命孙传芳为安国军副总司令仍兼苏、皖、赣、闽、浙五省联军总司令，张宗昌为安国军副总司令仍兼直鲁联军总司令，杨宇霆为总参谋，准备南下"讨赤"。

1927 年 1 月 4 日，张作霖打着"援吴"旗号，攻打河南，于 3 月占领河南大部分地区，然而此时北伐军已攻占南京，孙传芳兵败江南，退至长江以北，张作霖军事败势已经凸显。就在这时，蒋介石发动了四一二反革命政变，大肆屠杀共产党人，并在南京建立国民政府，宁、汉两政府展开激烈斗争，北伐军停止北伐，张作霖的危机暂时解除。

6 月 8 日，蒋介石向张作霖提出南北议和，但条件则是张作霖易帜称臣，改安国军为国民革命军，任东北国民革命军总司令，负责维持东北治安。这与张作霖的要求南辕北辙，张作霖自知不是北伐军对手，但绝不会屈居人下，他的目标是与国民政府划江而治。为了形成自己与南方对等议和的地位，张作霖于 6 月 11 日在北京顺承王府召开会议，商讨组织安国军政府、推选最高统帅以及和、战问题。

在 16 日的继续会议上，由杨宇霆、孙传芳提议讨论了最高统帅的名称问题，有的主张叫临时总统，有的主张用临时执政名称，张宗昌则主张用大元帅。由于执政一名不宜取来自用，总统不宜由一部分武人推举，就算可以仍需要参议院等民意机关通过，不如大元帅直截了当，因此获得一致通过。

当日深夜，孙传芳、张宗昌、吴俊升、张作相、褚玉璞、张学良、韩麟春、汤玉麟联名发出通电，拥戴张作霖为安国军政府陆海军大元帅。同时，张作霖也发出"讨赤"通电，表明自己坚定的反共立场，并同时向蒋介石发出联合对抗武汉北伐军之信号。

6 月 18 日，张作霖在怀仁堂就职安国军政府海陆军大元帅，20 日，以大元帅名义任命潘复为第三十二届也是北京政府最后一届国务总理，组成奉系内阁。至此，张作霖终于当上梦寐以求的中国最高统治者，也取得了与南方议和的对等地位。然而，由于帝国主义还没有在当时中国存在的三个政府中抉择出要支持的一个，所以没有承认张作霖的军政府，这成为张作霖就职大元帅的一个遗憾。

1928 年初，蒋介石与李宗仁、阎锡山、冯玉祥组成联合讨伐军，于 4 月 10 日下达了第二次北伐总攻击令。奉军四面受敌，连连溃败。5 月 3 日，张作霖下达总退却令，9 日通电议和，遭到蒋介石拒绝。张作霖明白自己大势已去，准备退回关外。

与此同时，日本人乘虚而入，不断向张作霖施加压力，企图索取更多好处。张作霖虽长期依赖日本人支持，但他对日本人更多的是巧妙周旋和利用，即便做出妥协，也往往事后赖账。张作霖和日本的矛盾，集中于东北铁路问题，对此，他采取"以夷制夷"策略，即利用其他帝国主义国家在东北的利益对抗日本，自建铁路。因此引起日本人强烈不满，双方矛盾不断升级，日本人对张作霖已逐渐失去耐心。5月17日深夜，日本公使芳泽谦吉拜会张作霖，开门见山地说：

"如果大元帅能解决满蒙诸悬案，我方可设法阻止北伐军前进。"

"你们日本人专会挑我危难时刻，卡脖子要好处。我还是那句话，对不起家乡人民的事不干。"张作霖对芳泽所言十分不悦。

"张宗昌的兵在济南杀死几十名日本侨民，你对此应负一切责任。"

芳泽所指即日本在济南制造的五三惨案，明明是日本大肆屠杀中国人，如今却倒打一耙，张作霖怒不可遏，立即从座位上站起来，猛地将手中翡翠嘴旱烟袋砸在地上，"啪"地摔成两段，声色俱厉地对芳泽说：

"此事一无报告，二未调查，叫我负责，真是岂有此理！我这个臭皮囊不要了，也不能做这种叫子子孙孙们抬不起头的事！"说罢丢下芳泽怒气冲冲离开客厅。

"元帅，你可不要后悔！"身后，芳泽恶狠狠地继续威胁，张作霖则充耳不闻。张作霖此举，彻底将日本人开罪，日本人终于动了杀心。

张作霖起程回奉天之前已得到消息，说日本关东军蓄谋将他杀害于返奉途中，同时又收到奉军宪兵司令齐恩铭的密电："南满铁路和京奉铁路的交叉点，日方近来不许行人通过，需提防。"这些都让他相信，此次回奉天，路途凶险。然而，张作霖并没有引起足够重视，他命令张作相和吴俊升派军严密保护北京到榆关、榆关到沈阳的路途，之后又在出京时间上做出变动，即先宣布6月1日起程，接着改为6月2日，而实际是6月3日凌晨1时半离京。他也曾打算改乘汽车回奉天，但想到路途颠簸，也不想让家乡父老看到他抄小路狼狈逃回的样子，最后依旧定为乘坐火车。

专列共22节车厢，张作霖乘坐的是慈禧太后的蓝钢皮专用车第八节，专列前方还有一列压道车。与张作霖一同返回奉天的，除了其卫队、元帅府的工作人员，还有刘哲、何丰林、莫德惠、常荫槐、于国翰等一批高级官员，以及张作霖的六夫人马月清、三公子张学曾及随身医官杜泽先，大家心里都忐忑不安。

3日下午3时，专列抵达山海关，黑龙江督军、东三省留守吴俊升已赶至山海关迎接。吴俊升上车后，张作霖同他寒暄了几句，接着两人同莫德惠、常荫槐等人一起玩牌，几人整整玩了一夜，直到天蒙蒙亮才散去。

4日清晨，列车抵达皇姑屯车站，奉天宪兵司令齐恩铭赶到并登车迎接。接着，列车向奉天车站行进。

在距离皇姑屯200米处乃老道口，继而是三洞桥，这里就是南满铁路和京奉铁路的交叉点，上面是南满铁路，下面是京奉铁路。列车从北京驶来，一路上铁路两侧均有士兵警戒，这让张作霖安心不少，但中国军警不能靠近南满铁路，所以列车行驶至此地时，铁路两旁的警卫已然消失，张作霖内心顿觉惶恐。此时，随车机枪队已做好战斗准备，张作霖也拔出手枪。车厢里除了张作霖和夫人，还有吴俊升、校尉处处长温存善，几人均神情紧张，屏息凝视窗外。

5时23分左右，列车驶过三洞桥，突然"轰"的一声巨响，装置在桥墩两侧的120公斤炸药瞬间爆炸，顿时黑烟滚滚，烈焰腾空。张作霖乘坐的第八节车厢被炸飞，同一车厢的吴俊升头部被刺进一颗钉子，当场死亡，张作霖身负重伤，其他人均受轻伤。温存善急忙爬到张作霖身边，只见张作霖喉咙处有一个深洞，血流不止。他连忙用手绢包扎，接着同张学曾一起将张作霖小心地抬上齐恩铭的汽车，朝着大帅府飞奔而去。

在帅府东院的小青楼上，医生对张作霖实施了紧急抢救，但终无力回天，当日上午9时，张作霖在弥留之际艰难地吐出一句话："我不行了……让小六子快回来……以国家为重，好好干……我这个臭皮囊不算什么……"说完，即撒手人寰。

在张学良回奉天之前，为避免日本人趁机制造事端，奉天省省长刘尚清等人决定隐瞒张作霖去世的消息。6月6日，奉天省公署发表声明："主座由京回奉，路经皇姑屯东南满铁道，桥梁发生爆炸，伤数人，主座亦身受微伤，但精神尚好。"

与此同时，张作霖的五夫人寿懿依旧满面笑容地接待宾客，医官杜泽先则每日为张作霖开方换药，厨房也照常负责张作霖的饮食。这些做法终于迷惑过日本关东军，使之认为张作霖真的没有被炸死，因此没敢轻举妄动。6月18日，张学良抵达奉天，主持东北大局，在做好一切准备后，于21日公开宣布张作霖的死讯。

爆炸发生后，中方经过调查几乎可以断定此事件乃日本人所为，然而日本人却推脱为"南方便衣队投掷炸弹"所致，之后便对此事守口如瓶。直到二战结束后，策划皇姑屯事件的主犯、前关东军高级参谋河本大佐，在远东国际军事法庭经审讯才承认了其谋害张作霖的罪行。

子孝妻贤，大家庭有规有矩

张作霖的家庭也是一个小小的"专制王国"，他在这个"王国"里同样说一不二。张作霖离不开女人，却从不屈从于女人，他的六位夫人从未发生相互倾轧之事。

原配夫人赵春桂是与张作霖外公同村的富家女儿，张作霖丧父后随母亲投奔外公，学兽医时有次赌博欠了债，被人绑在树上抽打，直被打得皮绽肉开，却毫不示弱，嘴里不停大骂。赵春桂的父亲赵占元刚好路过此地，觉得张作霖很有骨气，将来必成大器，便决定将二女儿赵春桂许配给他。张作霖此时穷得叮当响，听闻有人愿意嫁给他，自然乐得合不拢嘴。但这件事遭到赵占元妻子和内弟的坚决反对，只能暂时作罢。

后来张作霖投清军宋庆部当兵，升任哨长，觉得时机成熟，遂一口气请了两个月的婚假，携立功功牌、哨长札委，又买来厚礼，前往赵家看望赵氏夫妇。张作霖没有急着提亲，而是对未来的岳母和舅舅卖力讨好，获取他们的欢心后，才托人提亲。这时，赵占元的妻子和内弟对张作霖的看法大为改观，觉得他前途无量，欢欢喜喜地答应了这门亲事。

赵春桂有斜眼病，是张作霖妻妾中姿色最为平庸的一个，但她性情温和，吃苦耐劳，且明事理识大体，在张作霖白手起家打天下的漫长岁月里，跟随张作霖出生入死，颠沛流离，陪伴张作霖度过了人生中最贫困的日子。张作霖脾气暴躁，一有不顺心就爆粗口，因此很容易得罪身边兄弟，全靠赵春桂从中调和。张作霖的兄弟、部下对赵春桂都十分服气和敬重，张作相常说："大帅能成就大业，多亏我那老嫂子。"汤玉麟也说："嫂子贤德，多少大事，全靠有老嫂子啊！"可见赵春桂对张作霖创业起到不少帮助。

张作霖开始对赵春桂不错，但 1900 年迎娶了美貌的卢寿萱后便渐渐疏远了赵春桂。

卢寿萱是北镇县中安堡一塾师的女儿，不仅人美，还能书会写。当时张作霖正做胡匪，不敢贸然提亲，便以替其帮首提亲的名义拜会了卢寿萱的舅舅，对方自然不会答应把女儿嫁给一个胡子，但为了不得罪张作霖，拒绝后又讨好地说了句："若是像你这样的人，倒还可考虑。"张作霖抓住这句话，对卢寿萱的舅舅大献殷勤，后来索性直接为自己向卢家提亲，卢寿萱的舅舅对先前讨好张作霖所说的那句话后悔不迭，婉拒道："你是有妻子的人，我的外甥女怎么能给人做二房？"岂料张作霖干脆地表示："两头为大，绝不是二房。"卢家再没有拒绝的理由，只好答应。

赵春桂听说张作霖要迎娶卢寿萱，心里十分难过，但是主动操办了这桩婚事。卢寿萱过门后，赵春桂虽受到张作霖冷落，但她不仅没有迁怒于卢寿萱，反而待她如同亲姐妹，卢寿萱感动之余，也将赵春桂视作自己的亲姐姐。

赵春桂为张作霖生下长女张首芳，长子张学良，1908 年又生次子张学铭。1911 年冬天，赵春桂带着三岁的张学铭到奉天找张作霖，晚上张作霖睡里间，赵春桂和学铭睡外间，夜里学铭哭闹，张作霖被吵醒后十分生气，狠狠揍了张学铭一顿。赵春桂见张作霖对儿子如此蛮横无理，与他大吵一架，第二天便回了新民。回到新民不久，赵春桂因心情抑郁患病，于 1912 年 4 月去世。临死前，她对前来看望的卢寿萱说："好妹子，我不行了，学良他们还小，只能托付给你了。"卢寿萱含泪答应。

卢寿萱对赵春桂的三个孩子视如己出。首芳长大成人后被张作霖嫁给黑龙江督军鲍贵卿之子鲍育才，卢寿萱亲自将其送到婆家，怕首芳将来生活不习惯，还特地带上帅府的厨子、丫鬟，让他们继续服侍首芳。张学良与夫人于凤至对卢寿萱也比对其他夫人更为敬重，这让其他夫人们颇为不满，纷纷向张作霖发牢骚，张作霖说："学良11岁失去生母，全靠卢氏照顾，他们怎能忘记这份恩情呢！"

卢寿萱对府中下人也很宽容，有一次张作霖在卢寿萱房中用餐，突然吃出一只苍蝇，顿时暴跳如雷，吼道："这菜是谁做的？把他给我毙了。"卢寿萱赶忙阻止卫兵，对张作霖好言相劝，待张作霖消了气，也就没有再追究厨子的责任。卢寿萱对下人的维护，令她在帅府中极受爱戴。

然而，卢寿萱能照顾赵春桂的三个儿女，能保护府中下人，却无力让自己的两个女儿幸福。由于张作霖喜爱用联姻方式拉拢有利用价值的人，卢寿萱生下的两个女儿张怀英和张怀卿，一个被张作霖嫁给蒙古达尔罕王的儿子包布，一个被嫁给张勋的儿子张梦潮。包布是先天痴呆，张梦潮则患有神经官能症，整日里疯疯癫癫。女儿婚姻的不幸，成为卢寿萱一生的心病，为了排解心情的烦闷，卢寿萱整日念经诵佛，以此为精神依托。九一八事变后，卢寿萱搬到天津，于1974年5月去世。

在张作霖六个夫人中，最美的并非卢寿萱，而是三夫人戴氏。戴氏原是有夫之妇，乃北镇县一捕盗班头的儿媳，其美艳远近驰名，令张作霖垂涎不已。得知她的丈夫爱财如命，张作霖便请义父杜泮林出马，以重金购买戴氏，戴氏的丈夫经过一番讨价还价，果然将戴氏出手。

戴氏一进门，即得专房之宠，这让原本就傲慢骄横的戴氏越发不可一世。她以为仗着自己貌美，可以让张作霖对她言听计从，却不知她的骄横只会让张作霖对她越来越疏远，越来越反感。

1909年，张作霖追剿蒙古叛匪任务顺利完成后，派手下陶历卿护送家眷返回洮南，戴氏因受不了旅途中风餐露宿而心情烦躁，借机把陶历卿臭骂一顿。陶历卿乃张作霖亲信，无故遭到戴氏责骂，气得顺手将一杯茶水泼到戴氏身上，戴氏受了委屈，一路上哭哭啼啼，逢人就骂陶历卿，陶历卿不敢再招惹她，只好躲得远远的。后来戴氏见到张作霖，立马告了陶历卿一状，让张作霖替她将陶历卿教训一顿，哪知张作霖问明原委后，不但没有责怪陶历卿，反而安慰陶历卿："她年轻不懂事，不要和她一般见识。"

1911 年，张作霖进驻奉天，戴氏的胞弟在张作霖府上做警卫，仗着胞姐的关系处世蛮横霸道。一天晚上，他闲来无事在大街上游逛，看着路边一排整齐的路灯，突然心血来潮，拔出手枪对着路灯便是"嘭、嘭、嘭"一阵射击，竟然将整条街的路灯全部击碎。当他为自己的好枪法得意扬扬的时候，没想到张作霖为此事怒不可遏，命令以军法处置，他为此命丧黄泉。

戴氏得知此事后，又哭又闹，无论张作霖如何解释，她都认为是张作霖有意整治她，从此抑郁寡欢，脾气越来越古怪。有次一个丫鬟倒茶时不小心将茶水溅到戴氏衣服上，戴氏一下子火冒三丈，对丫鬟就是一顿毒打。张作霖得知后，竟召集起所有夫人和丫鬟，在众人面前狠狠将戴氏斥责一顿。戴氏受此羞辱，觉得颜面尽失，无法在府中抬起头来，心情更加苦闷，最终削发为尼，1916 年戴氏即抑郁而死。

早在戴氏过门四个月时，张作霖便娶进四夫人许澍锡。许澍锡出生于河北宛平县一个乡村铁匠家中，父亲病死，与母亲相依为命。贫穷的生活让许澍锡没有一件像样的衣服，但破旧衣衫难掩其天生丽质，许澍锡在井台打水时，被路过的张作霖一眼相中，强行娶回家中。

许澍锡过门后，并不为自己的出身而自卑，她不愿在府中碌碌无为虚度时光，急切希望提高自身文化素质，她很快进入奉天省立第一女子师范学校读书。后来，张作霖觉得让自己夫人入洋学堂读书不成体统，禁止她再去学校。许澍锡只好和孩子们一起去私塾读书。

许澍锡勤奋好学，也注重对子女的培养教育。她为张作霖生下二子二女，儿子学曾、学思，女儿怀瞳、怀曦，从孩子懂事起，她就教育他们："张家的家业以后都是你们大哥和二哥的，你们不能争也没有资格争，你们要靠自己的双手去创造财富。"

许澍锡自己不能去外面上学，却坚决要求让孩子去外面正规学校读书，张作霖开始不同意，无奈许澍锡软磨硬泡，最终还是答应了。许澍锡让孩子们脱下绸缎衣裳，换上灰布衣裳，不让他们坐汽车，而是坐马车，并在离学校还有一段距离时就下车步行，培养他们吃苦耐劳的精神。在许澍锡的教育下，其儿女皆学有所成，学曾后来进入联合国总部秘书处任职，学思加入中国共产党。怀瞳、怀曦虽然没有逃过张作霖的包办婚姻，但结局都比较好。怀曦被许给靳云鹏之子，张作霖死后即退婚，跟随母亲移居美国。怀瞳嫁给赵尔巽之子赵天赐，婚姻幸福，后也迁居美国。

许澍锡在七七事变后移居美国，新中国成立后只身回国，1976 年在北京去世，安葬于八宝山革命公墓。

张作霖因读书少，所以中意有文化的女子，1916 年当上督军后，张作霖应邀参加奉天女子中学的毕业典礼，认识了代表全体师生宣读答词的袁寿懿，很快将其娶回家做了五夫人。寿懿乃黑龙江将军袁寿山的外室所生，从小聪明伶俐，随着年龄的增长越来越漂亮大方。袁寿山死后，她与母亲备受歧视和排挤，于是离开将军府，母女相依为命。

寿懿嫁给张作霖后，经常陪伴张作霖去驻地视察，寿懿自然知道自己扮演的角色，她热情地同士兵握手、交谈。其大方的举止，优雅的谈吐令所有人称羡不已，给张作霖挣足了脸面。每次张作霖讲完话后，寿懿也临场发挥讲几句，有时还表示将拿出自己的私房钱给士兵们改善生活，得到士兵们的称赞和拥护，也让张作霖对她更加宠爱。

张作霖一向禁止夫人干政，但对寿懿却打破了这个惯例。张作霖的卫兵清一色高大魁梧，有一次检阅卫兵时，却发现其中一名卫兵身材矮小，显得格格不入，于是皱着眉问卫队长："这个小个子卫兵，是谁让你们用的？"卫队长赶紧回答道："报告，是寿夫人推荐的。"张作霖听后立即改变态度："哦？难怪这么精神，就让他当班长吧。"

寿懿凭借自己的聪明才干，长期受到张作霖的宠爱，帅府内的小青楼就是张作霖特意为她建造的。拥有了寿懿，张作霖本来不再对其他女人感兴趣了，但由于他迷信相面算卦，于 1923 年又在天津娶了最后一位夫人马月清。马月清天庭饱满、鼻直口方，算命先生说她有旺夫相，张作霖为此将马月清纳为六夫人。但张作霖一方面怕寿懿不高兴；一方面自己快 50 岁的人了，娶了 18 岁的马月清，担心遭人非议，所以没有将马月清带回奉天帅府，只是在天津租了处房子让她单独居住。

寿懿得知马月清的存在后，对其顿生怜悯之情，亲自赴天津将马月清接回奉天帅府，以丫鬟的名义将马月清安排在自己身边，对她十分疼爱。1924 年 12 月，马月清为张作霖生下女儿张怀敏，寿懿知道，是该给马月清一个公开的身份的时候了。

1927年3月，在一次盛大的晚宴上，黑龙江省督军吴俊升、吉林省督军张作相都在席间，寿懿见张作霖高兴，站起来当众宣布："大家静一静，我有件喜事告诉大家。"说着，朝门外招招手，马月清面带羞涩地走进来，寿懿继续说，"这位是大帅的六夫人马月清，也是大帅的'福星'呢。"

张作霖的部下们听后立即恭维起马月清，并对张作霖说了许多祝福的话。马月清从入府到生女再到获得公开身份，每一样都是寿懿操办，因此她对寿懿心怀感激。张作霖离世时，马月清刚刚23岁，但她对张作霖有很深的感情，终身没有再嫁。由于她十分依赖寿懿，所以一直跟随寿懿左右。

九一八事变后，寿懿携马月清迁居天津，后于1948年前迁往台湾。1966年寿懿去世于台湾，之后马月清独自孀居，于1975年去世。马月清死后，有台湾报刊评论说："我们不鼓励守节，但能为爱牺牲一切，仍是值得钦佩的。"

张作霖虽然有六位夫人，但正妻始终只有赵春桂一人，即便是他极其宠爱的寿懿，也没有将其扶正，这是因为他对赵春桂始终怀有歉意和敬意。

张作霖死后，灵柩暂厝帅府花园东厢房内，张学良在抚顺之东、浑河之阳选中一处依山临水之地作为元帅陵园。然而元帅陵园尚未完工，便爆发了九一八事变，日本占领东北后，张作霖的灵柩移至株林寺。直到1937年6月，张作霖才被迁至辽西锦县东北驿马坊张家坟茔地，与赵春桂合葬。1984年8月，锦州市人民政府将张作霖茔地列为重点文物保护单位，并在园中竖立一块花岗岩标牌，上面刻有"张作霖墓园"。

✏️ 历史评说

张作霖是军阀中最富争议的人物之一，对他的争议集中体现在他的对日态度上。很多人认为，张作霖依靠日本人扶植才得以稳坐"东北王"，是"卖国求荣的军阀"。实际上，当时正值日本向中国扩张，张作霖作为东北的统治者，与日本人打交道在所难免，而当时的中国处于弱势地位，东北在日俄两大列强压迫下，交涉谈判均处于被动之中，做出妥协让步无可避免。

英国人加文·麦柯马克在《张作霖在东北》里说："日本在东北的势力，在大多数方面，都比张作霖本人的势力更大。只是在自甘冒险时，他才能够不理睬这个事实。"我们应当看到，张作霖在与日本的周旋中，虽然有过屈从，但事后大都以装糊涂、抵赖、不认账等策略进行了抵制，这是张作霖特有的保护人民利益，维护主权的形式。

在对日外交中，张作霖曾发出严禁向日本人出卖、商租土地的法令、训令、命令、密令、通令、指令、取缔令、败诉令、通谋、训示、布告多达359项，最终使"二十一条"成为废纸。张作霖被炸死前，曾被迫与日本签订了满蒙新五路中的延海、洮索以及长大铁路的《承造合同》，张作霖死后，张学良继承其意志，拒绝修建这些铁路，使得所谓满蒙新五路契约成为一纸空文。

应该肯定，张作霖不仅爱国，而且为维护国家主权做出了贡献。

此外，张作霖重视人才培养，他创办的东北大学是当时中国规模最大、经费最多的大学，他还积极主张派遣留学生到先进国家学习。

张作霖对东三省经济发展也做出了贡献。他统治东三省之初，东三省金融、财政状况十分危急，他实行"改行大洋""币制统一"等措施，使得东三省人民生活逐渐充裕。他注重自修铁路，从1921年到1931年，东北自建锦朝等十条铁路，营业里程共计1521.7公里，占1931年东北铁路营业里程的25%，占全中国铁路总长度的10%以上，成为中国现代化建设史中的一个壮举。张作霖还设立纺纱厂，振兴实业，筹开葫芦岛港，促进对内商业往来和对外贸易，重视实行有效的行政管理，使东三省在当时成为我国经济发展较快的地区之一。

但是，张作霖穷兵黩武，一再发动战争，尤其将战火烧到江南，不仅造成对经济的破坏，更将百姓推进苦难的深渊。

直系军阀吴佩孚：

秀才将军『大意失荆州』

作为直系军阀的后起之秀，论带兵打仗进退攻守，民国时期无出吴佩孚之右者。从对南作战到直皖战争、第一次直奉战争，其军事才能尽显无遗；然而他生不逢时，南军北伐十几年，终在这一年势不可当。而他视冯玉祥为『眼中钉』，却小觑了北伐军的实力，终致霸业难成。他一生清廉，拒绝与日本人合作，为世人称道。

秀才当兵，都是大烟惹的祸

19世纪末的山东登州是对外开放的通商口岸，所属城镇烟馆林立，烟鬼遍地。当了登州府水师营学兵的吴佩孚毫无例外地成了烟鬼。而例外的是，吴佩孚一心想走科举之路，终于在1896年考中秀才。科场得意，行事难免有些放肆，一次烟瘾发作，烟馆爆满，而当地豪绅"八大家"之一的翁钦生，独占一雅间，正躺着瞌睡。吴佩孚便想借个位子抽两口就走。

翁钦生听到响声，微微睁开眼睛，见是乡里后生吴佩孚，便问："小二子，有事吗？"吴佩孚排行老二，有一兄长早夭，但人们仍然称呼他为"小二子"。吴佩孚见翁钦生态度温和，原以为好商量，便请求借个地方抽两口，岂料话没说完，翁钦生便怒目圆睁，右腿猛地用力一踹，将一副文弱书生样的吴佩孚踹了一个趔趄，同时一声怒吼："滚！"

吴佩孚双脚一跺，转身就走。他岂能忍受如此屈辱，时隔不久便借翁家老太太做寿之机，联络当地有名的讼棍文痞"十虎"，大闹翁家寿堂，在翁家正在演唱的堂会现场，大骂满座男女"违禁令""助淫风"，将祝寿堂会搅散，令翁钦生大失脸面。翁钦生很快打听出是吴佩孚从中捣乱，立刻联络县衙捉拿查办吴佩孚，吴佩孚闻讯连夜逃往北京。

这是1897年，23岁的吴佩孚从此离开家乡，人生轨迹随之改变。

十年后已升任管带（营长）的吴佩孚在长春火车站偶遇翁钦生，翁钦生当时到长春料理生意，见到一身戎装的吴佩孚，登时吓得汗如雨下。吴佩孚凝视着翁钦生，未曾开口，翁钦生便语无伦次，连连称罪。吴佩孚哈哈一笑说："感谢翁爷一脚把我踹出蓬莱，否则我这辈子也当不上官军的管带！"

但从逃亡到升任管带，吴佩孚可谓历尽艰辛。吴佩孚出生在登州府蓬莱县戚继光的故乡，其父吴可成崇敬戚继光，引用其字"佩玉"，为吴佩孚取名"佩孚"，字"子玉"。吴佩孚逃到北京后，为了糊口，写过春联，摆过算卦摊，后曾投入驻扎天津的淮军聂士成部当兵，又上过孙宝琦的开平武备学堂、袁世凯的保定陆军速成学堂，在日俄战争中为日本人当过间谍……但他发迹的起点，则是 1907 年遇到布贩子出身的北洋第三镇统制曹锟。

1906 年 10 月吴佩孚升任北洋第三镇第十一标第一营管带，1907 年随部调往东北剿匪。此时北洋军阀中已派系林立，各派中相互倾轧，吴佩孚认识到要想迅速升迁，必须寻找靠山。时逢第三镇统制由凤山换为曹锟，曹锟出任统制后，剿匪一事毫无进展，有次一个标（相当于一个团）的兵力中了土匪埋伏，大败而归，曹锟只得问计于各下官，哪个有办法制服悍匪。

土匪大都占据有利地形，神出鬼没，又耳目灵通，在明处的官兵往往遭土匪暗算。因此曹锟问话之后，各下官面面相觑，无一敢主动请缨。就在曹锟大失所望的时候，有一个人站了出来，这个人就是吴佩孚。

"我愿意带兵去剿灭胡子！"吴佩孚说话掷地有声。曹锟打量着这个书生模样的管带，暗暗吃惊，心说凭这个身板也敢与胡子拼？再问吴佩孚准备带多少兵，吴佩孚回答："一个营。"

曹锟又是一惊，这次总算把心里的不信任说了出来："我派了一个团都没取胜，你带一个营，你以为胡匪是那么好打的？"

"我要的一营人需要从各营中精选，再要 20 匹马，100 天剿灭胡子。"

曹锟将信将疑，但既然没有别人请缨，也只好由他一试。

吴佩孚果然出手不凡，他既不去端胡匪的老巢，也不与土匪正面交锋，而是秘密跟踪，一旦胡匪准备作案，立刻出手破坏；待胡匪回击，立刻逃之夭夭。胡匪连续两个月做不成"生意"，不能坐吃山空，只好暂时各自回村，准备等吴佩孚撤了再重新"举事"。吴佩孚早已对这些胡匪的家庭住址做了摸底，并事先派人分别把守。于是，回家一个抓一个，终于将这群胡匪化整为零各个歼灭。

吴佩孚得胜回营，虽然没有立刻得到升迁，但在曹锟那里已经挂上了号。1911 年辛亥革命爆发后，第三镇调防保定，12 月中旬，曹锟奉命率第三镇第一协出兵山西镇压革命军。此间，吴佩孚凭借军人的机敏与警觉，为曹锟又立新功。

当时拟定的进军路线是从石家庄沿正太铁路入晋，第一批出发的是炮兵第三标，吴佩孚是该标第一营管带，按惯例登车时第一营应在列车最前面。但刘标统在出发前将第一营调到列车中间，他本人率部到列车最前端。这一调整引起吴佩孚的警觉。

进军目的地是井陉，与革命军占领的娘子关遥遥相对。列车在夜色中启动，由于载有大炮等重型军械，全车熄灯，在黑暗中前进。当士兵们昏昏睡去之后，吴佩孚仍用手电筒对照列车经过的站牌在地图上做标记。蓦然间，他发现列车驶过井陉站，竟然没有停。

"情况有变，跟我来！"吴佩孚叫醒身边的士兵，向前边车厢摸去，然后扭开车门，只见车厢里十多人全都换上了革命军的服装，其中一人就是刘标统。吴佩孚带领士兵一跃而入，刘标统见情况有变，试图说服吴佩孚弃暗投明，吴佩孚说："对不起标统，我是军人，以服从命令为天职，绝不叛变！"

随即，吴佩孚命令士兵将哗变的革命党捆绑起来，又带人控制了司机，命令司机将车倒回井陉站。此时列车距离娘子关仅有十多里，再有几分钟，这一车重型军械便会送到革命军手中。倘若如此，北方战场形势或许会发生逆转。

列车回到井陉站后，曹锟乘坐的第二列列车也抵达井陉，听了吴佩孚汇报的控制哗变经过，曹锟惊出一身冷汗，拍着吴佩孚的肩膀连连说："多亏了你！多亏了你！你不仅救了第三镇，救了我，还救了直隶一省啊，连皇上和朝廷也都是你救的。以后，你就是炮三标的标统了！"

这是吴佩孚追随曹锟以来第一次提升。1912年2月袁世凯被选举为中华民国临时大总统后，为了抵制去南京就职，其子袁克定授意曹锟制造"兵变"，恐吓前来迎接袁世凯南下的专使。在2月29日的"兵变事件"中，吴佩孚紧密配合曹锟的部署，率领炮三标一马当先开枪、放炮，制造"兵变"假象，发动士兵哄抢商铺、摊贩，制造混乱。北京"兵变"带动了华北各地纷纷效仿，也使列强各国做出强烈反应，南方被迫做出让步，袁世凯在北京宣誓就职。

"兵变事件"将吴佩孚与曹锟的关系又拉近一步，但此时曹锟仍未真正认识到吴佩孚的才干与价值，只觉得吴佩孚不过是点子多，脑瓜灵活。

1914 年 4 月曹锟被任命为长江上游警备总司令后，驻守岳州，提升吴佩孚为师部副官长。吴佩孚对这次提升并不满意，副官长比起炮三团团长来，虽说官衔升了，但失去了带兵的机会。

正当吴佩孚为副官长一职苦恼不堪的时候，1915 年春季的一天，曹锟突然召见吴佩孚，问了他很多政治、军事方面的问题。吴佩孚虽一头雾水，但是认真地做了回答。吴佩孚秀才出身，又先后读过两次武备学堂，且多年在战场上摸爬滚打，无论军事理论还是作战部署都有独到见解，曹锟听后一脸兴奋，连说："好！好！"令吴佩孚丈二和尚摸不着头脑。

原来曹锟因公事到长沙拜会湖南督军汤芗铭，汤芗铭向他借一个人。曹锟感到很奇怪，因为他自己正发愁没有左膀右臂，正在四处寻求打探能够辅助自己的人才，于是赶紧问汤芗铭要借的是哪个。汤芗铭说："放心，不会借你的肱股大将，只借你那闲置的人。"

曹锟想不出有哪个闲置的人会被汤芗铭看上。汤芗铭说："你那个副官长不就是个可有可无的人吗？"真是一语惊醒梦中人，曹锟立刻觉得自己忽略了吴佩孚。吴佩孚仅仅到长沙出席了一个民众团体大会，便被汤芗铭一眼看中，想必有他的与众不同之处。其实曹锟完全没有想到，吴佩孚在那次会上大出风头，他在发言中滔滔不绝地大谈湖南的历史文化，博得台下听众的阵阵掌声；又对汤芗铭督湘的"功绩"大加褒扬，说得汤芗铭心花怒放，最后又对湖南发展提出了具有建设性的意见，令汤芗铭倍加赏识。

曹锟婉言拒绝了汤芗铭，赶紧打道回府召见吴佩孚，他对吴佩孚说："以前是我忽略了你，现在我要任命你为第六旅少将旅长。"

突然受此赏识与提拔，吴佩孚十分激动，当场表示："今后子玉当竭力辅佐，誓死追随，以报知遇之恩。"从此，吴佩孚成为曹锟的心腹干将，两人的命运紧紧连接在一起，一荣俱荣，一损俱损。

前线造反，吴佩孚扳倒段内阁

1916 年初，曹锟奉袁世凯之命督师入川，镇压护国运动，吴佩孚率第六旅作为先遣部队先战綦江，首战告捷；随后援战泸州，打退护国军的进攻。接下来攻占纳溪时，曹锟陷入护国军重围，不仅死伤惨重，而且被困于方圆不足一里的山谷中，生命危在旦夕。

吴佩孚闻讯，决定杀进重围救援曹锟，第十六混成旅旅长冯玉祥对此持反对意见，劝吴佩孚说："攻下纳溪，总司令之围不攻自解。"吴佩孚则不以为然，当时护国军士气正盛，攻克纳溪绝非一朝一夕之事，倘若如冯玉祥所言，恐怕攻下纳溪之时，曹锟早已暴尸荒野了。因此吴佩孚对其亲信说："冯焕章居心叵测，不可轻信。"

吴佩孚率领几十名骑兵，出其不意冒死杀进护国军重围，不等围困曹锟的护国军反应过来，吴佩孚已杀出一条血路，掩护曹锟逃出重围。曹锟逃回泸州后，对吴佩孚感激万分，发誓与吴佩孚共进退。3月上旬，曹锟为吴佩孚向袁世凯请功，吴佩孚被破例授予三等男爵，晋陆军中将衔。

但此时护国运动风起云涌，北洋军内部分崩离析，袁世凯已陷入四面楚歌之中，曹锟为此忧心忡忡。由于他既无地盘亦无防区，担心袁世凯一倒，自己前景黯淡。吴佩孚献策说："以目前形势，最终鹿死谁手难以定夺。但总统的命令不能不听，明公不妨虚与委蛇，表面敷衍，背后联络南方各省，取得谅解。将来若项城失势，便可免除当初赞成帝制之嫌疑；即使义军无成，也维系了与项城的关系，可以继续替其效力。"

曹锟听后大喜，遂采取此一举两全之策，一面敷衍袁世凯，一面与各路反袁军建立联系。6月6日袁世凯去世后，曹锟为保存了实力暗自庆幸。令曹锟没有想到的是，失去袁世凯这个靠山后，他这个没有地盘、没有防区的长江上游警备总司令，竟然出乎意外地得到了国务总理段祺瑞的垂爱，9月16日，曹锟被任命为直隶督军，驻防保定。

袁世凯去世后，北京政权落入国务总理段祺瑞手中，黎元洪出任总统，但不过是段祺瑞手中的傀儡。而北洋军阀内部，段祺瑞与手握重兵的江苏督军冯国璋为执北洋牛耳展开了争夺战。在此情况下被重用，段祺瑞自然是看中了曹锟手中的兵力。而曹锟所统北洋第三师即北洋第三镇，是袁世凯北洋军中最精锐的部队，早在吴佩孚被提升重用后，曹锟便采纳吴佩孚的建议，在长达一年多的时间里，集中精力埋头练兵，将第三师锤炼成为军事技能过硬、纪律严明的队伍。

因此，第三师驻扎保定后，吴佩孚首先提醒曹锟："段合肥如此重视明公，不外乎看中第三师这支武力。但冯河间（冯国璋系河间人）与张少轩的兵力都在我们之上，我们只有抓紧扩军练兵，才可定长久之计。"

曹锟自重用吴佩孚以来，对吴佩孚言听计从，于是开始大肆募兵，并由吴佩孚全权主持练兵事宜，在不到两年的时间里，曹锟的兵力已达6万，无论在拥兵数量上，还是部队作战能力上，均取得了与冯国璋、张勋相抗衡的实力。

1917年7月张勋复辟帝制后，曹锟响应段祺瑞的讨伐令，被任命为"讨逆军"西路军总司令，以吴佩孚为前锋出兵讨伐"辫子军"。但张勋复辟失败后，冯国璋出任代总统，段祺瑞重掌中枢，一个主张"和平统一"，一个主张"武力统一"，令曹锟深感无所适从。曹锟采纳吴佩孚的主张，"联冯防段"，但表面上谁都不得罪，看起来不左不右。

11月中旬，曹锟与直系"长江三督"联名发表主和通电。此前"长江三督"曾通电主和，且前方将领倒戈，使段祺瑞被迫提出辞职。如今加上曹锟，"直隶四督"给了冯国璋强有力的支持，立刻批准段祺瑞的辞呈。但曹锟又担心得罪段祺瑞，赶紧打电话向段祺瑞解释，称此主和通电自己并不知情。段祺瑞从曹锟的态度中看到了希望，立刻派出其心腹大员徐树铮到曹锟处游说，以"副总统"一职相许，使曹锟站到皖系的主战行列，先发表主战通电，后于12月2日在天津召开九省三区由督军、都统、护军使参加的军事会议，为主战摇旗呐喊，表示"请缨率兵南下，直至战斗到最后一人在所不惜！"

此时吴佩孚尚在保定，闻讯后大惊失色，立刻赶到天津对曹锟晓以利弊。曹锟如梦方醒，但心中憧憬副总统的宝座，遂无可奈何地表示："泼出去的水怎好再收回呢？"

吴佩孚献计说："事到如今只好采取先战后和之策了。"所谓"先战后和"，即先与南方一战，挫败其锐气，然后与之议和。曹锟当即表示赞同。

在天津会议的压力下，1918年1月末，北京政府任命曹锟为南征军第一路总司令，兼两湖宣抚使，与第二路张怀芝、张敬尧所率第五师、第七师分两路进攻湖南。1918 年 2 月，曹锟率部南下，在汉口刘园成立了第一路军总司令部，任命吴佩孚为第三师师长兼任前敌总指挥，几乎将全部家当都交给了吴佩孚。

3 月上旬，吴佩孚率第三师及王承斌、阎相文、萧耀南三个混成旅自鄂入湘，3 月 10 日，第一役在鄂湘交界的羊楼司打响，吴佩孚亲临指挥，士气高昂，一举攻下三湘门户羊楼司；接着，挥师南下，接连克通城、临湘、九岭、白葛岭等要塞，重兵压向岳阳。

岳阳是省城长沙的屏障，西南军阀死守岳阳。3 月 17 日吴佩孚率兵攻城，由阎相文打头阵，两军交火，喊杀声震天，一直打到天黑，胜负不见分晓。18 日，吴佩孚先以炮兵猛烈轰炸，在炮火掩护下发起总攻，城内守军大乱。适逢湘粤桂联军发生内讧，湘军纷纷弃城而逃，吴军占据岳阳。

吴佩孚继续率兵南下，接连攻克平江、湘阴，于 26 日占领湖南省府长沙。不足一月，吴军连克数城，捷报频传，吴佩孚声名鹊起，被称作"常胜将军"。

在此次南攻湘战中，皖系将领张怀芝、张敬尧行动缓慢，屡遭失败。若论功行赏，头功当归吴佩孚，湖南督军的职位亦非吴佩孚莫属。而在吴佩孚连打胜仗的时候，曹锟正与皖系一起通电吁请段内阁复职。曹锟的想法很简单，只有段祺瑞重新出山，关于副总统的允诺才能兑现。3 月 23 日，段祺瑞官复原职。段祺瑞甫一复位，立刻任命手无寸功的皖系第七师师长张敬尧为湖南督军兼省长，急电曹锟饬令吴佩孚继续追击湘粤桂联军，直捣两广。

消息传来，吴军将领愤愤不平，吴佩孚更是闻之大怒："好你个段合肥，直系卖命打仗，皖系坐享其成！直捣两广？我让你等着瞧！"

张敬尧的部队开进长沙后，吴佩孚立刻退出，一举攻克衡阳。衡阳乃通往西南的门户，段祺瑞得讯后欣喜若狂，再次命吴佩孚继续南下，扫平两广。而吴佩孚接到命令后，非但按兵不动，而且来了个第三师全体大罢兵。

段祺瑞闻讯急得拍了桌子，但知道自己开罪了吴佩孚，也明白吴佩孚一旦罢战，已取得的一切战果将尽付东流，"武力统一全国"将化为泡影。为安抚曹、吴，他任命曹锟为四川、广东、湖南、江西四省经略使，企图用这打动曹锟，又任命吴佩孚为孚威将军、援粤副总司令，然而为时已晚，吴佩孚根本不予理睬。

6月中旬，吴佩孚指使王承斌、阎相文等五名旅长联名向段祺瑞"请假"，随后又以第三师全体将士的名义通电全国，称"兵疲将惫，不堪再战"。毫无疑问，其"先战后和"策略中的"战"已完成，接下来便是"和"了。罢兵期间，吴佩孚与直系"长江三督"（即江苏督军李纯、江西督军陈光远、湖北督军王占元）等人频频接触，又派代表与南军通气，达成停战协议。

8月7日，吴佩孚发表致江苏督军李纯的"阳电"，猛烈抨击段祺瑞及其所控制的安福国会，称段祺瑞"误听宵小奸谋，坚持武力，得陇望蜀，援粤攻川，直视西南为敌国，竟以和议为逆谋"，指责安福国会"以金钱大肆运动，排除异己……酿成全国叛乱"，并斥责段祺瑞"借款杀同胞，何异于饮鸩止渴"。通电发出后，全国哗然，吴佩孚无疑成为第一个敢如此放肆攻击段政府的人。吴佩孚还主张"文官不要贪污卖国，武官不要争地盘"，并发誓今生"不做督军，不住租界，不结外人，不借外债"，俨然一副爱国将领的形象，博得各方喝彩。

随后，吴佩孚于8月21日发表致冯国璋的"马电"，要求颁布全面停战令；在吴佩孚的倡导下，湖南前线南军将领17人与北军将领12人，于9月26日联名发表通电，共请冯国璋颁布停战令。这是南北将领第一次公开联合起来反对段祺瑞，气得段祺瑞暴跳如雷，皖系人物更是惊呼："吴秀才造反了！"

段祺瑞对吴佩孚无可奈何，却把一腔怒火发泄到直系首领冯国璋身上，利用安福系于1918年10月10日将冯国璋排挤下台。但段祺瑞因吴佩孚前线倒戈，同时其"西原借款"被披露，遭到各方抨击，不得不在冯国璋下台的同时辞职下野。尽管如此，由于国会依然掌握在安福系手中，段祺瑞仍任参战督办，因此仍在背后操纵着北京政权。

冯国璋下台后，曹锟、吴佩孚凭借雄厚的军事实力成为直系新首领。段祺瑞下台不久，其心腹徐树铮出任西北筹边使、西北边防军总司令，在西北地区大练边防军，不仅手握强大兵权，还掌管西北军政、民政、财政的独立大权，不仅威胁直系，也令奉系张作霖颇为不满。于是，在共同的敌人面前，曹锟、吴佩孚与张作霖结为反皖同盟。

为了抵制皖系，吴佩孚于 1919 年 8 月 31 日与南方军政府代表谭延闿签订《救国同盟条约》，1920 年 1 月 30 日，南方军政府秘密拨给吴佩孚开拔费 60 万元，约定共同倒皖，之后组建南方统一政府。3 月上旬直军家属开始北归，5 月 25 日直军正式撤防北上。此举不仅宣告段祺瑞"武力统一"政策的彻底破产，同时预示着直皖大战即将爆发。

段祺瑞于 5 月 17 日在团河召开秘密军事会议，将徐树铮统领的全部边防军火速调至北京附近，准备先发制人，派兵把守京汉路南段，截断直军归路。但张作霖乘机以边防军出动，京畿空虚应"拱卫京师"为借口，调兵入关。段祺瑞担心被奉军抄底，只好改为密令边防军第二师做好进攻德州及侧击郑州的准备。

6 月中旬，直军全部抵达中原，并在郑州到保定的京汉铁路沿线部署完毕，直皖战争一触即发。

与此同时，张作霖应总统徐世昌邀请，以"直皖调停人"身份入京。直系首先向张作霖提出调停要求：罢免安福系三总长、解除徐树铮西北筹边使和西北边防军总司令职务，边防军由陆军部管辖。

段祺瑞闻讯吼道："吴佩孚区区一师长，公然要挟罢免边防大员，此风一开，中央政府威信何在？你们如果要罢免徐树铮，必须同时罢免吴佩孚！"并要张作霖转告曹锟："罢免吴佩孚，万事皆休！吴氏不过一小小师长，若不服，兵戎相见！"

7 月 1 日，曹锟、吴佩孚以全体直军名义发出《宣布徐树铮六大罪状》和《为驱除徐树铮解散安福系致边防军西北军》声明，借"清君侧"打出宣战信号。

皖系立刻在团河成立定国军，段祺瑞自任总司令，徐树铮为参谋长，段芝贵为第一路司令兼京师戒严总司令，曲同丰为第二路司令兼前敌总司令，魏宗瀚为第三路司令。皖系总兵力 7 万人，同盟军 14 万人。司令部设在团河，司令办事处设于琉璃河附近。

直系在保定成立的讨逆军，以曹锟为总司令，吴佩孚为前敌总司令兼西路总指挥，曹瑛为东路总指挥，王承斌为后路总指挥。直系总兵力 5.5 万人，同盟军 18 万人。大本营设于天津，司令部设于高碑店。

14 日，段祺瑞下达总攻击令，直皖大战爆发。

开战伊始，在西路主战场，皖军第二路司令兼前敌总司令曲同丰，率第一师猛攻直军前沿。由于这支部队几乎是新进日式武器装备，吴佩孚所部一时难以招架，沿着琉璃河、固安、涞水一线败退至高碑店。吴佩孚在高碑店指挥第三师对曲同丰进行顽强抗击，最终不敌，退出高碑店。

15 日，曲同丰乘胜追击，与直军在下坡店一带发生激烈战斗。曲同丰以为下坡店是直军主力所在，所以命炮队对其进行猛烈轰击，几乎把下坡店夷为平地，16 日黎明攻克下坡店。然而，直军在下坡店只有一个连的兵力。

吴佩孚退出高碑店后，在下坡店放了一个连的兵力做佯兵，以此牵制皖军曲同丰部，自己则亲率精锐骑兵一部，偷偷朝着高碑店与涿州之间的松林店前进，而曲同丰正坐镇于此。

17 日，曲同丰正在自己的指挥部里扬扬得意，盘算着再接再厉一举占领保定，突然传来一阵枪声。曲同丰起身准备出去看看，却与带兵前来的吴佩孚正面相撞。

"报告老师，您被俘虏了，请您随我上车，前往保定休息。"吴佩孚在曲同丰面前"啪"地立正，敬礼，恭敬地说。

原来吴佩孚在武备学堂读书时，曲同丰曾做过他的老师，故吴佩孚对曲同丰致以弟子之礼。随着曲同丰被俘，皖军在西路全面溃败。而徐树铮率领的东路也因奉军突然加入作战而腹背受敌，加上西线战败消息传来，士气大减，顿时溃不成军，最终宣告失败。

18 日，直皖大战结束。战后，曹锟改任直鲁豫巡阅使，吴佩孚为直鲁豫巡阅副使，张作霖晋授镇威上将军，北京政权落入了以曹锟、吴佩孚为首的直系，与以张作霖为首的奉系手中。

大败奉系，掌控了中央政府

直皖战争结束后，直奉都以胜利者的姿态，从各自利益出发，收编残兵、占领地盘、争夺对北京政府的控制权。而这些争斗，集中体现在吴佩孚和张作霖的争斗上。

张作霖认为，直皖大战中，奉军的助战是决定战争胜负的关键。吴佩孚一个小小师长，根本没有能力左右战局。他曾对《天津西报》的记者说："吴佩孚不过是一个小小的师长，我手下这样的师长就有好几个，哪一个拉出来都不比吴佩孚差，要都让他们出来参政议政，那国家不乱套了！我是与曹经略使合作，国家大事也只与他一人商量，绝不会与一个小小的师长对话！"他还在战后抢夺劫收了皖系大批辎重财物，并公开扬言将会留下部分奉军在北京"保卫总统"。

吴佩孚则认为，直皖战争的胜利全在于他本人指挥得当，尤其是突袭松林店一战，对战局起着关键性作用。奉系是在战争胜负已成定局的情况下出兵相助，张作霖的做法完全是坐收渔利，抢夺不属于他的胜利果实。他对张作霖大量劫收皖系辎重财物的行为十分看不起，直言"奉军真是强盗行为，张作霖真是地道的胡匪"，对张作霖想独霸北京政权的行动更是十分愤怒。

为抵制张作霖独霸北京政权，7月29日，在曹锟与张作霖举行天津分赃会议前一天，吴佩孚召开记者招待会，抢先提出自己的政治主张——组织国民大会。

早在1920年6月13日，直皖战争爆发前，吴佩孚就曾在郑州发表通电，建议召开国民大会，当时造成很大反响，南方各省人民团体以及进步学生对吴佩孚的主张表示赞成与支持，英国人的《字林西报》也对吴佩孚大肆追捧，认为："中国之治，为期或已不远矣！"

然而这种"尊重民意"之举却不为军阀所接受，曹锟对此也颇不赞同，张作霖得知后，更是暴跳如雷："一个小小师长，竟妄想左右时局，不自量力！"当时直皖战争迫在眉睫，吴佩孚又是攻打皖系的主要力量，所以各方军阀对于吴佩孚的狂言也就忍气吞声了。

如今为争夺北京政权，吴佩孚再一次重申召开国民大会的重要性，甚至拿出已经拟好的《召开国民大会，解决国是的具体意见书》宣读，主张"国民自决"。当有记者问："张作霖曾一再表示拥护现任总统徐世昌，吴将军主张总统人选由国民大会决定，这是否与张作霖意见相左？"吴佩孚毫不犹豫地回答："徐世昌就任之初未能获得西南五省的承认，充其量只能算半边总统，鄙人赞成总统，但不赞成半边总统。"

最后，吴佩孚表示为避免军人干政，自己将不会参加国民大会，只是做一个召开国民大会的提案人。但实际上，吴佩孚打着"为民请命"的幌子，目的是建立一个受自己控制的北京政府。

吴佩孚的提案，受到南方各省人民团体的支持，遭到张作霖的强烈反对。张作霖怒气冲冲地找到曹锟，表示如果曹锟支持吴佩孚，自己会立即通电反对。曹锟刚与张作霖结为儿女亲家，还指望与张作霖进行进一步的政治合作，理所当然地站到了张作霖的一边。8 月 3 日，曹锟电召吴佩孚到天津，当面劝他说："我们刚刚打完一仗，不可能再打第二仗。在这个时候要少发表政见，还是镇定些好。"

吴佩孚听后，知道要与张作霖抗衡，并不是想象的那么简单，自己控制北京政府的条件尚未成熟，应该先扩充实力，以武力战胜奉系。于是，8 月 6 日吴佩孚起程返回洛阳，因洛阳"十省通衢，四通八达，地理居中"，将重兵驻扎于此，则"居中可以御外，宜于武力统一全国"，因此将洛阳作为练兵之地。

吴佩孚抵达洛阳当天，被北京政府任命为直鲁豫巡阅副使，吴佩孚便将副使公署设在洛阳，以此作为"振军经武"的大本营，从此一门心思埋头练兵。

经过一年多的扩军练兵，到 1921 年底，吴佩孚已拥有 10 万兵力。此间，吴佩孚被任命为两湖巡阅使，南下平定湘鄂战争，其中岳阳一仗，让远在保定的曹锟高兴得大喊："打得痛快！"也令奉系张作霖倒抽一口凉气，暗叹吴佩孚真是锐不可当。吴佩孚借湘军主力倒鄂督，以援兵之计败湘督，又亲自督阵赶走川军，使湖北地盘纳入直军之手。

就在吴佩孚大力扩张势力的时候，直、奉两系为了控制北京政府，已经就组阁问题由联手合作转为明争暗斗。双方最先达成一致推出国务总理靳云鹏，既是张作霖的儿女亲家，又是曹锟的把兄弟，但靳云鹏在两大势力的夹击中不仅左右为难，而且两头不落好，加上北京政府内外交困、矛盾重重，靳云鹏于 12 月 17 日宣布辞职。随后，张作霖推荐亲日派梁士诒出任国务总理。

梁士诒组阁后，新内阁成为亲日派的奉系内阁，对张作霖处处大开"绿灯"，对曹锟处处搪塞、抵制。当时梁士诒大肆出卖中国主权，遭到全国人民的反对，坐镇洛阳的吴佩孚趁机联络直系各省督军，发起一场声讨梁士诒的"电报战"，明里是抨击梁士诒内阁，实际直指张作霖。当时，正值华盛顿会议召开，在日本欲侵略山东的背景下，梁士诒的亲日内阁注定站不住脚，在遭到各方痛击后，1922 年 1 月 25 日，梁士诒避走天津，总理一职由外交总长颜惠庆暂代。

张作霖得讯后大怒，以为直系倒阁是为了切断奉系与中央的联系，压制奉系。在梁士诒的怂恿下，张作霖与皖系残余势力、孙中山联合，组成"反直三角联盟"，又拉拢对吴佩孚不满的河南督军赵倜，积极备战。

4 月初，奉军开始大举入关，以军粮城为集合地，司令部设于落垡，张作霖亲自任总司令，孙烈臣任副总司令，杨宇霆任参谋长，率四个师九个旅总计 12 万人，兵分两路沿津浦、京汉铁路向直军发起进攻。

直军司令部设在涿州，以吴佩孚为总司令，率八个师七个混成旅总计 10 万人，兵分三路：中路由吴佩孚率领第三师，攻击长辛店，进逼京津；东路以张国榕为司令，沿津浦路北上，攻击奉军在关内的据点；西路以王承斌为司令，侧重防御陇海路，同时联络江苏督军齐燮元，防止安徽督军张文生和浙江督军卢永祥袭击；另以冯玉祥为陇海路方面司令，集中兵力于洛阳、郑州，巩固后方，兼作总预备队。

从双方兵力来看，直军 10 万大军中，有三分之一用于巩固后方，实际参战人数仅有 6 万余人，相当于奉军一半；从武器装备看，直军拥有 100 门大炮，100 挺机关枪，而奉军有 150 门大炮，200 挺机关枪，直军也劣于奉军；在双方兵力、武器皆悬殊甚大的情况下，奉军夸口称："投鞭断长江之流，走马观洛阳之花"。

4 月 29 日，第一次直奉战争爆发。战场分东、西两线，其中西线战场打得尤为激烈，开战当天双方在长辛店、琉璃河一带，先以大炮互轰，再以步兵冲阵，混战相攻，难分伯仲。30 日，吴佩孚亲临西线，直军士气大增。

但奉军以重炮猛击直军阵地，炮火连天，震耳欲聋，直军难以抵御。有士兵怕死退缩，吴佩孚即率卫队上前，当场枪决几名逃兵，杀一儆百，使直军严守长辛店，不得后退半步。奉军重炮轰炸后，又以机枪掩护步兵冲阵。吴佩孚组织士兵拼死抵抗，打退奉军一次又一次冲锋。

直到 5 月 3 日晚，奉军炮声开始稀落，吴佩孚料定奉军弹药已消耗过量，即变更战略，派精兵夜间行动，绕至丰台侧背突袭奉军，同时急调增援部队，配合迂回攻击，实行包抄作战。奉军后方顿时大乱，张景惠弃长辛店溃逃天津，其所属一部邹芬阵前倒戈，西线奉军迅速溃败。

吴佩孚在西线取得胜利后，立即前往东线作战，之前东线奉军接连取得小胜，然而因张学良负伤，无法挥师猛攻，如今又闻西线溃败，士气大减。吴佩孚抵达东线后，发布"赏罚令"：夺得奉军一炮者赏 2000 元，临阵脱逃者杀无赦；并采取包围战术攻打奉军。加上曾任海军总长的萨镇冰从烟台出动两艘军舰，奉军唯恐后路被截断，自动撤退，东线随之溃败。

5 月 5 日，奉军各路开始撤退。6 月 18 日，直、奉双方在秦皇岛海面的英国军舰"克尔富"号上签订停战协议，订立榆关为双方军事分界线。19 日，奉军撤出关外，直军酌留一部分驻防榆关外，大部分撤回洛阳。第一次直奉战争共进行一月有余，直军死伤 2500 余人，奉军死伤逃亡 3 万余人，缴械投降 4 万余人，其损失超过 3000 万元。此次战争以直系的胜利而宣告结束，至此，北京政权全部落入曹锟、吴佩孚为首的直系手中，直系终于实现了独霸中央的梦想。

保洛之争，曹锟稳操胜券

5 月 10 日，吴佩孚凯旋，回到直系大本营保定。当晚，曹锟大摆庆功宴。直系的头头脑脑全部到齐，首位功臣自然是吴佩孚。但庆功宴上的话题似乎只有一个，那便是"直系即中央"。曹锟的弟弟曹锐、曹锳首先提议：

"既然直系即中央，何不把徐世昌拉下台，让三哥荣登总统宝座！"

"三哥此时不当总统，更待何时？"

在座的亲信、将领一听，纷纷附和：

"对呀，肥水不流外人田。"

"这回也该我们直系做大总统了！"

曹锟笑眯眯地扫视着在座的各位，最后把目光落在吴佩孚身上，他知道这事别人说都不管用，"江山"是吴佩孚打下来的，只有他最有发言权。只要他说一句话，曹锟很快就可以上位做总统。而且在他看来，吴佩孚没有理由不同意。

吴佩孚有他自己的想法，如今已与直皖大战之后的形势不同，他完全可以提出召开这样或那样的会议，建立一个合乎自己想法的中央政府。但他很清楚，当时直系的势力只能控制北方几省；奉系占据关外，仍然实力雄厚；广东孙中山的军队已进攻江西，准备由此北伐直系。在此情况下再组织什么国民大会，无论奉系、皖系，还是南方的孙中山，以及西南联治派，怕是都很难同意。于是，他想通过另一途径达到控制中枢的目的。这一途径便是"恢复法统"。

在宴会后召开的将军会议上，吴佩孚提出来自己的观点。

"倘若恢复五年前被张勋解散的国会，让黎元洪复职总统，恢复法统，以此作为过渡，对直系更加有利。一可以打翻南方政府'护法'旗帜；二可以抵制各省掀起的'联省自治'运动；三可以驱逐徐世昌，让恢复的国会和复职的总统成为直系手中傀儡，形成挟天子以令诸侯之局面，确定直系在军阀中合法的统治地位。到时，再利用国会选举，请老帅名正言顺地即位当总统。"

吴佩孚这番话让大家颇感意外，在座的人不由得面面相觑，曹锟更是对此不满，他要的是一步到位，当场表示："现在是直系自己说了算，何必要绕这么大圈子呢？"

"绕这个圈子是为了总统的位子坐得更稳。"吴佩孚解释说，"南北统一的口号已经喊了好几年，武力统一也好，和平统一也罢，为什么都不能达到统一，就在于一个法统问题。如今孙中山北伐已经打过了江西，一旦恢复了法统，孙中山就没有理由对直系用兵，这是和平统一的最好办法。"

曹锟虽然极不情愿，但碍于面子，也只好表示同意。于是，由吴佩孚执导的"恢复法统"拉开了序幕。由于徐世昌是段祺瑞操纵的安福国会选出的总统，因此吴佩孚不承认其总统地位，一直称他为"东海先生"。此后吴佩孚又多次提出召开"国民大会"的主张，危及徐世昌的总统地位，因此徐世昌一直对吴佩孚耿耿于怀。直奉战争时他站在奉系一边，主张由奉军拱卫京畿，奉军战败后又劝张作霖不要退兵，以等待时机。

5月15日，由投靠直系不久的长江上游警备司令孙传芳首先发出逼宫信号，公开提出"恢复法统"，接着由旧国会众议院议长吴景濂、参议院议长王家襄以及直系各省督军、将领开始通电大造舆论与逼宫。6月2日，徐世昌被迫交印辞职，6月11日，黎元洪复职重新出任大总统，任命颜惠庆署理国务总理。至此，吴佩孚完成了组建新政府的第一步。

要想控制北京政权，就要控制内阁，吴佩孚深知这一道理，因此在颜惠庆内阁中，安排多名亲信出任要职：蓬莱同乡高恩洪出任交通总长、亲信董康出任财政总长、其秘书长孙丹林出任总统府副秘书长兼内务部次长。至此，新组建的颜惠庆内阁唯吴佩孚马首是瞻，遇到大事必须由吴佩孚拍板，吴佩孚坐镇保定遥控指挥，俨然成为北京政府的"太上皇"。

但吴佩孚忽略了曹锟的感受，在新成立的内阁里，只有曹锟的一个亲信且被安插在一个无关紧要的位子上，吴佩孚住在曹锟的公署里，任何事情包括一些重大事件均不向曹锟汇报，直到有一天曹锟派手下人找上门来，他才意识到自己做得有些过分。

当时已是6月末，有天晚上吴佩孚已经入睡，曹锟忽然派人上门，要他即刻去曹府相见。下人不敢叫醒刚刚入睡的吴佩孚，一向对吴佩孚宽厚的曹锟终于忍无可忍，发了狠话："不来也得来！"下人不敢再怠慢，赶紧叫醒吴佩孚，吴佩孚虽然很不耐烦，但是仍起身赶往曹府。

吴佩孚一进门，发现曹锟脸色不对，赶紧问："发生了什么事，让老帅这么着急？"由于吴佩孚已称"大帅"，曹锟不得已只好改称"老帅"。

"你现在是大帅了，哪里还把老帅放在眼里，能来理我就该感谢了！"

曹锟对待吴佩孚一向纵容，如此发怒还是第一次。吴佩孚正疑惑间，蓦然发现桌上放着的报纸，"曹汝霖"三个字赫然醒目，吴佩孚立刻明白了曹锟发怒的原因。

原来曹汝霖在交通总长任期内经手的一笔数额高达 2000 万元的款项没有底账，涉嫌贪污。事发后，交通总长高恩洪与财政总长董康曾向吴佩孚请示处理意见，吴佩孚要他们上报总统黎元洪，然后对曹汝霖依法查办。如此重大的一个案件，吴佩孚既没有向曹锟请示处理意见，也没有与曹锟通气，如今曹锟从报上看到曹汝霖被捕的消息，这才如梦方醒：自己已经大权旁落。

吴佩孚赶紧陪着笑脸说："老帅不要生气，要是我做错了什么，请老帅拿军棍打我，不要气坏了身子。"

曹锟本来耳朵根子发软，何况又是对吴佩孚，加上"大权旁落"这种事说出来有失脸面，只好不再追究。吴佩孚也非常识趣，一边给曹锟道歉，一边保证以后不再干政，并表示将返回自己的公署。

7 月 1 日，吴佩孚离开保定返回洛阳，从此他的直鲁豫巡阅副使公署变得熙熙攘攘热闹非凡，不仅内阁成员往来频繁，各省督军、省长前往拜谒，一些外国使节也纷纷造访，洛阳不仅成为直系的西部大本营，而且成了北洋政府的重心。如此一来，在直系内部便形成了保定与洛阳两个中心，加之吴佩孚不仅没有放弃干政，而且更牢固地把控了内阁，使他与曹锟之间的矛盾进一步加深，在直系内部形成了拥曹的"保派"与拥吴的"洛派"。

由于颜惠庆内阁中几个重要人物迟迟不肯就职，加上财政困难，颜惠庆不愿再担此重任，于 8 月 1 日辞职。对于新一任国务总理的人选，吴佩孚表示绝不干涉，但当黎元洪宣布由唐绍仪组阁时，吴佩孚连续致电北京，反对唐绍仪组阁，提出由颜惠庆继续出任总理，如其不愿就任，则由王宠惠代理总理。

吴佩孚的主张，立即得到直系各省军阀附和，黎元洪在吴佩孚的威势下，不得不于 9 月 19 日解除唐绍仪内阁，任命王宠惠署理国务总理。

吴佩孚之所以选中王宠惠，因为王宠惠与其内阁中的教育部长汤尔和、财政总长罗文干都是"好人政府"的鼓吹者，他们与外交部长顾维钧都是没有党派的"好人"，也是英美派人物，因此这届内阁又称为"好人政府"。吴佩孚组织"好人政府"的目的不过是以此"好人"装点门面，为己所用，因为"好人政府"的核心人物便是他的亲信，交通部长高恩洪、内务部长孙丹林。"好人政府"实际上成为受吴佩孚操纵的"洛派政府"。

"好人内阁"一开始运行，首要任务便是为洛阳方面筹措军费。由于财政困难，财政总长罗文干与奥地利银行团代表华义银行经理罗索达·柯索利签订奥国借款展期合同，在使中国财政遭受巨大损失的同时，华义银行支付财政部 8 万英镑补款，折合华币 60 万元。财政部收到此款后，抽出 10 万元用于支付中央政费，其余 50 万元全部拨到洛阳。

对于此项展期借款，罗文干在协商签订合同时，已尽力将对国家的财政损失降到最低。但罗文干办理该合同时未提交国会通过，手续上有所欠缺。"保派"人物吴景濂、张伯烈因对王宠惠内阁的亲洛倾向不满，便以此为突破口，以华义银行支付给财政部的 8 万英镑支票上和财政部公函上罗文干的亲笔签名为受贿书证，以华义银行买办"保派"人物李品一为证人，指控罗文干受贿，胁迫黎元洪下手谕，于 11 月 18 日晚将罗文干等人逮捕。

罗案发生第二天，"洛派"阁员高恩洪与孙丹林立刻打电报向吴佩孚求救，吴佩孚对该项展期借款了如指掌，对黎元洪竟敢下令逮捕罗文干非常气愤，立刻给总统府发电报，以上司对下属的口气对黎元洪大加指责与训斥。黎元洪在上届总统任内虽然是傀儡，但无论段祺瑞还是张勋，都不敢对他公开侮辱。尽管黎元洪气得浑身发抖，但在吴佩孚的高压下，也只好做出让步，将罗文干接到总统府。

罗文干由阶下囚成了总统的座上客，一时有恃无恐，一定要总统给个说法才肯回家。然而，罗文干做梦也不会想到，时隔一天局势突然逆转，吴佩孚再也救不了他。原来，曹锟亲自出马了。

曹锟得知吴佩孚拿到 50 万元而他分文未得，十分气愤，觉得吴佩孚实在欺人太甚。由于此款是经交通部划拨的，立刻派人到交通部查账，竟查出半年时间内，吴佩孚操纵前后两届内阁为其公署拨付军费 509.9 万元，而仅仅拨付保定方面 242.4 万元。一怒之下，曹锟决定推倒"洛派"内阁。

11 月 23 日，曹锟通电公布了罗文干犯下的五条误国大罪，并建议组织特别法庭，对其彻底追究。24 日，直系诸将领及直系势力控制下的各省军阀，乃至皖系军阀纷纷通电支持曹锟，一致痛斥罗文干丧权卖国，请求北京政府予以严惩。同时警告吴佩孚，若包庇罗文干等人，将以卖国罪群起讨伐。"保派"趁机大叫："秀才不倒，大选不成。"大有将吴佩孚拉下马，将曹锟扶上总统宝座之势。

这种一面倒的局势，令吴佩孚嫡系部将萧耀南、张福来等人也不敢替吴佩孚说话，纷纷表示支持曹锟。孤立无援的吴佩孚第一次领教到曹锟的威力，一时间目瞪口呆，急忙对曹锟表示屈服，通电说："对曹使始终服从，对元首始终拥护"，对于罗案"谨遵曹帅主旨，主张依法办理"。

随着吴佩孚的认输，"洛派"内阁随之倒台，"保洛之争"以"洛派"失败而告终。而原本无罪的罗文干成了两派争斗的牺牲品。

祸起萧墙，直奉大战中惨败

吴佩孚认输后，曹锟考虑到以后对付张作霖与孙中山还要依靠吴佩孚，遂顺水推舟表示"保洛是铁一般的关系"，两人很快恢复了"你即是我，我即是你"的关系。此后，一直到1924年第二次直奉大战爆发，吴佩孚虎踞洛阳，度过了人生中的巅峰时期。此时吴佩孚拥兵数十万，掌控直隶、陕西、河南、山东、湖北、湖南、四川等省，洛阳俨然为北方的政治、军事中心，被时人称为"西宫"，设有全国18个省督理、督办代表机构。按曹锟所言："只要洛阳打个喷嚏，北京、天津都要下雨。"

1924年9月8日，吴佩孚以"中国最强者"成为美国《时代》杂志封面上的第一个中国人，上海英文杂志《密勒氏评论报》的主编、美国人约翰·鲍威尔甚至赞誉他："比其他任何人更有可能统一中国。"但就是在吴佩孚的巅峰时期，直系内部争斗不断，为直系的衰落以及吴佩孚的人生衰落埋下了伏笔。

"保洛之争"结束后，曹锟开始贿选总统，于1923年10月10日在中南海怀仁堂宣布就职。曹锟上台后，对直系将领按功封赏，吴佩孚被升为直鲁豫巡阅使，王承斌任直隶军务督理兼直鲁豫巡阅副使，齐燮元任苏皖赣巡阅使，萧耀南任两湖巡阅使，冯玉祥、王怀庆、王承斌、齐燮元、萧耀南、阎锡山等均被提升为上将军。可以说，大家各得其所，本应各司其职，和平相处，然而，由于吴佩孚大权独揽，独断专行，致使一些将领对他心怀不满，其中冯玉祥、王承斌、齐燮元因受到吴佩孚压制或排挤，组成"反吴三角同盟"与之抗衡。

冯玉祥的实力在直系中仅次于吴佩孚，由于冯玉祥数次倒戈，投靠曹锟后又暗中与孙中山联系，因此吴佩孚对他百般防范与压制，以克扣军饷等手段限制他扩军。冯玉祥对此衔恨在心，一直伺机报复。

直奉战争后，冯玉祥出任河南督军，吴佩孚派出冯玉祥的死对头宝德全为河南军务帮办。冯玉祥与宝德全嫌隙甚深，两人曾兵戎相见。吴佩孚以为如此安排可以达到监视、制约冯玉祥的目的，岂料冯玉祥一到开封，便命令手下将前来迎接他的宝德全拖到庄稼地里枪杀了。吴佩孚闻讯后火冒三丈，发电质问冯玉祥，冯玉祥却回电称："没有见到此人前来赴任，可能途中被乱军杀死了。"令吴佩孚既恼火又无可奈何。

由于两人之间成见已深，冯玉祥每次到洛阳谒见吴佩孚，吴佩孚总是顾左右而言他。有一次冯玉祥谈及河南最近发生旱情，应该设法防救。吴佩孚诡异地一笑说："待我卜个卦，算算何时能下雨。"说完便拿出签筒，从里面挑出六个制钱，嘴里嘟嘟哝哝，一连卜了六七卦，然后说："明日午后2时西北方会下雨"。

吴佩孚早年从家乡蓬莱逃到北京后，曾以卜卦为生，后来作战也经常以卜卦算胜负，据说十分灵验。冯玉祥对此不以为然，想看看吴佩孚怎样为自己圆场。第二天下午2时，冯玉祥准时来到吴佩孚的公署，对吴佩孚说："这烈日当头，好像没有要下雨的迹象啊！"

吴佩孚慢悠悠地说："焕章此言差矣，莫斯科此时正在下雨。"吴佩孚以此讽刺冯玉祥正在接受"赤化"。冯玉祥闻之脸色大变，愤然离去。

冯玉祥督豫期间，不仅收编了原河南督军赵倜的旧部，还悄悄募兵扩军。后来曹锟任命冯玉祥为陆军检阅使，在冯玉祥即将赴京上任时，吴佩孚下令只准他带走原部第十一师，督豫期间扩编的五个补充团则交由下任河南督理改编。吴佩孚知道冯玉祥不会乖乖就范，特派其参谋长以照料为名，到郑州监视冯玉祥的部队开拔。

冯玉祥自有办法，他令补充团将士佩戴十一师番号，提前趁夜间登车北上，在吴佩孚的参谋长眼皮底下，将补充团全部送离河南，然后才开始运送十一师将士与辎重。待吴佩孚的参谋长发现时，吴佩孚已是鞭长莫及。

第二十三师师长王承斌，因直奉战争时有通奉嫌疑，也受到吴佩孚的防范和压制。直奉战争后，王承斌任直隶省长，成为"保派"骨干。罗文干受贿案发生后，王承斌第一个跳出来指责吴佩孚。为了控制王承斌，吴佩孚令直隶军务帮办和驻防直隶地区的部队长官，越过王承斌，直接听命于曹锟与他本人；还暗中活动，想要将王承斌调任河南督理，以便就近监视。

至于江苏督理齐燮元，则因为吴佩孚的"和皖"政策，禁止他收回受皖系残余势力控制的上海，而对吴佩孚心怀不满。

就在直系内部一些将领与吴佩孚产生嫌隙的时候，1924年初，吴佩孚又提出统一军权于中央的建议，即各巡阅使和督军等一律不得兼任师长，其师长职务由中央派人接任，各师由陆军部直接管辖。此举等于削了各省军阀的兵权，自然招来一片反对声。但北京政府坚持采纳吴佩孚的建议，强行解除了一些省份督军所兼任的师长职务，不过也做出了一定让步，即同意各师仍驻原省并受该省督军节制。

但有三人不曾解除师长职务，其中便有冯玉祥、齐燮元。这两人对中央的命令坚决不服从，令吴佩孚拿他们毫无办法，只好睁一只眼闭一只眼。与此同时，吴佩孚自己也依旧兼任第三师师长，使得各省军阀对他愈加心怀不满，吴佩孚因此给自己树立了更多的敌人。

尽管直系内部争斗不止，但吴佩孚一时一刻都没有停止练兵备战。他料定张作霖战败之后不会善罢甘休，于1923年春天，在赤峰、朝阳、山海关等地布下重兵设防。事实正如吴佩孚所料，张作霖战败退回关外后，埋头整军经武，决心洗雪一败之耻。

1923年夏，张作霖观看了上海大陆电影公司拍摄的吴佩孚洛阳练兵实况，不禁大为震惊。在吴佩孚"冻不拆屋，饿不扰民"的纪律规范下，直军训练有素，士气高涨，其装备也较此前大有提高。曹锟从外商那里购买了大量军火，质量和性能与之前直军所用的国产军火不可同日而语。这些都让张作霖意识到，仅凭他一人之力，恐怕无法与直系抗衡。于是，他积极联系同样敌视直系的皖系段祺瑞、南方孙中山，与他们再结"反直三角联盟"。

1924 年 9 月 3 日，直系江苏督军齐燮元为收回上海，与皖系军阀浙江督军卢永祥兵戎相见。尽管江浙之战只是局限于东南一隅的局部战争，但给张作霖出兵制造了借口，9 月 15 日，张作霖以反对直系发动江浙战争为由，组织镇威军，自任总司令，率 22 万大军向九门口、山海关、热河扑去，第二次直奉战争爆发。

由于奉军已侦得直军各部防守阵地以及各部力量强弱，所以先发制人，将主力集结至山海关、九门口一线，要在此线给直军决定性打击。

根据奉军部属，7 月 18 日晚 10 时，吴佩孚在中南海四照堂召开讨逆军总司令部军事会议，自任讨逆军总司令，任命王承斌为副总司令兼直隶筹备司令，分东、中、西三路迎击奉军。彭寿莘为第一军司令，王怀庆为第二军司令，冯玉祥为第三军司令，张福来为援军总司令，另有海、空军各一部，总兵力 20 万人，依托长城组织防御。吴佩孚将其嫡系部队三师约 12 万人放在东路抵抗山海关、九门口一线的奉军，他认为奉军备战时间久，已做好充分准备，加上有日本支援，若与之硬拼，恐怕只会白白损失，决定先持守势，以逸待劳，待奉军疲惫、放松警惕时，突然冲出，杀他个措手不及，一举打到奉天，到时日本想要援助奉军，只怕也来不及了。

四照堂点将后，吴佩孚为筹措军饷，没有立即前往前线，而是在北京遥控指挥前线作战。战争首先在热河地区爆发，奉军看准这一路直军力量薄弱，迅速而猛烈地进行攻击，到 10 月初，奉军已经逼近凌源、赤峰，而前来增援的王怀庆的十三师还在行军途中。很快，热河全区被奉军占领。接下来，奉军转向山海关一带作战。

直奉双方都在山海关正面战场投入重兵，战斗极为惨烈，直军借助山洞等有利地势，顽强抵抗奉军猛烈的炮火和飞机轰炸，击退了奉军 40 多次的连续猛扑。奉军见此路不通，寻找其他突破口，在日本提供的情报中，奉军得知山海关左翼要塞——九门口防守薄弱，遂改变进攻点，全力攻打九门口。10 月 8 日，直军丢失九门口，战局立即对直军不利。奉军占据九门口后，西可进攻石门寨，南则威胁山海关。在这种威胁下，吴佩孚调张福来的援军开赴前线，并于 10 月 10 日从北京出发前往山海关督战。他途中多次停车做军事部署，12 日早抵达山海关前线后，直军士气大增。

13 日晨，直军与奉军在石门寨开战，吴佩孚亲临前线指挥，命靳云鹗、杨清臣两师增援石门寨，待局势稍定，根据战局变化，调整兵力分布。尽管吴佩孚在此投入重兵，调入重炮团，交叉掩护，轮番作战，但如果仅仅以陆军作战，直军尚有优势，而奉军投入飞机轰炸，直军的炮队便不是对手了。此时，武器的差距决定了战场局势。17 日，直军弃守石门寨，向秦皇岛败退。

吴佩孚四照堂点将时，心中已形成一个通盘计划：东线山海关由第一军与海军联合进攻奉军，西线由第二军王怀庆防守热河，而第三军冯玉祥则出热河呈迂回态势威胁奉军后方战略要地锦州，使奉军腹背受敌，如此分散奉军主力。如今王怀庆的第二军及热河守军已经被打败，只能寄希望于冯玉祥。吴佩孚看了一下冯玉祥呈报的军事行动报告，显示冯玉祥于 15 日击退奉军，占领赤峰。对此，吴佩孚没有怀疑，立即命总参谋长张方严发电给冯玉祥，命他火速推进，分散奉军主力，以减缓第一军正面作战压力，电报中称："大局转危为安在斯一举"。

然而，电报发出后，迟迟得不到回音，吴佩孚忧心忡忡，不知冯玉祥葫芦里卖的什么药。10 月 23 日，电务处长田怀广突然来报："大帅，总统府电话无法接通，拍发无线电也无人接收。"吴佩孚听后大惊，这时他想到冯玉祥迟迟没有动静，将它们联系到一起，心里顿时生出一股不祥之感："不会是冯焕章在捣鬼……"

果然，不久后即传来冯玉祥通电倒直的消息，10 月 22 日夜，冯玉祥趁京城空虚，率兵返回北京发动北京政变，囚禁总统曹锟。此消息如晴天霹雳在直军中炸开……

起死回生，又遇劲敌北伐军

吴佩孚万万没有想到，自己会从人生巅峰瞬间跌入谷底，而这一切，都源于冯玉祥的倒戈。冯玉祥对吴佩孚的怨恨，吴佩孚心知肚明，但他没有料到冯玉祥会加入"反直三角联盟"，收下张作霖的 140 万元军饷，联合曹锟卫队旅旅长孙岳，以及直系将领胡景翼共同倒直。

吴佩孚战前部署时，将冯玉祥安排至西路，此路途经之地多为荒山僻壤，道路崎岖不利于行军，也不便就地筹措军粮，但此路军队对战局起着极为重要的作用，为避免冯玉祥消极应付，吴佩孚特意令讨逆军副总司令、"保派"军人王承斌做西路监军，不料王承斌早与冯玉祥组成"反吴三角同盟"，虽然没有加入策划倒戈，但没有阻止冯玉祥倒戈，而是睁一只眼闭一只眼，到北京政变成功之后，他便公开站到了冯玉祥一边。

对于京城的拱卫人员，吴佩孚做了精心布置，特意选中第十五混成旅旅长孙岳。孙岳是同盟会会员，曾参加滦州起义，曹锟为了令其躲过袁世凯的杀害，认他做了养子。直皖大战中，孙岳表现出色，被任命为曹锟卫队旅旅长。直奉大战中，孙岳在初战中失利，吴佩孚气急败坏，当着众人的面斥责孙岳"没能力"，孙岳心中恼火，憋着一口气，在接下来的战斗中，亲赴战场指挥作战，很快转败为胜，立下战功。战后，各师旅的大小军官都得到晋升，孙岳却没有得到提升，因此对吴佩孚心怀不满。加上他与冯玉祥是多年好友，一直过从甚密，在冯玉祥发动北京政变时，与之里应外合，打开城门，使得冯军兵不血刃一夜间占领北京。

至于胡景翼，他本是陕西靖国军第四路司令，同盟会会员，后来虽然倒向直系，但吴佩孚认为他是土匪出身，又与南方革命军交好，对其并不重用，胡景翼在直系吃不开，遂与冯玉祥联合倒直。

10 月 15 日冯玉祥给吴佩孚呈报军事行动报告，说已击退奉军占领赤峰，其实这是他与张作霖事先策划，联手搞的骗局，实际奉军是主动撤离赤峰的，两军并未真的发起战争。19 日，冯玉祥收到吴佩孚"大局转危为安在斯一举"的急电，同时看到同盟社发布的战情报道，说直军伤亡惨重，势已不支，认为直军已经必败无疑，遂决定倒戈回京，发动政变，掌握北京政权。

也就在这一天，张福来的援军抵达前线，直军立即扭转战局，重新夺回九门口，倘若冯玉祥能在第一时间得到直军重夺九门口的消息，知道直军还有战胜可能，那么，他或许不会做出倒戈回京的决定。毕竟奉系战胜直系之后，定然会直接控制北京政权，而他自己则会失去直系的庇护。

吴佩孚得知冯玉祥倒戈并发动北京政变的消息后，10月23日上午8时在秦皇岛车站的总司令部召开紧急军事会议，亮明自己的观点：此时前线处于胶着状态，不会发生大的变故，而冯玉祥军队不堪一击，应当先救出总统夺回政权。

对此，吴佩孚的部下提出反对意见："此时情势危急，大帅万万不可离开前线，应当先集中兵力击溃奉军，再挥师南下，解决北京问题。"

吴佩孚却固执己见，对前线将领们表示："你们将各自阵地守好，我回去杀掉冯玉祥。等我回来再直捣黄龙。"于是将山海关战场的军事指挥权交给张福来、彭寿莘两人，当晚率领第三师和第二十六师各一部七八千人赶赴天津，由于此时江浙战争已经结束，为了让江浙两省援军能够顺利增援前线，吴佩孚部署对冯作战的同时，还要保证津浦路线畅通。

然而，吴佩孚没有想到，先回救北京的这一决定，竟成为他此生中最大也是影响他一生命运的失误。这个失误，源于他的求胜心切，一时草率操之过急，也源于他独断专行听不进他人意见，更源于他对冯玉祥的过于轻视。实际上，他率领的七八千人，因刚从前线调下而疲惫不堪，与准备充分、以逸待劳的冯玉祥军队根本无法抗衡。而冯玉祥政变原本已造成军心浮动，他作为主帅在此关键时刻率兵离去，分散兵力暂且不说，对军心、士气的影响也可想而知。

事实正是如此，就在吴佩孚与冯玉祥军队作战连连溃退时，直军前线也因吴佩孚离去而军心涣散，发生内乱。奉军却乘机加强攻势，不出一周，直军全线崩溃，前线将领纷纷溃逃天津。

这一切发生之迅速，令吴佩孚目瞪口呆、无所适从。正所谓墙倒众人推，11月1日，山东郑士琦宣布武装"中立"，毁坏津浦铁路，阻止援军北上及吴佩孚南下，山西阎锡山也于同日宣布"中立"，并出兵石家庄，截断京汉铁路。而冯玉祥和奉军也从三面包围了吴佩孚司令部所在的天津。

11月3日，吴佩孚率残兵2000余人，乘车到达塘沽，后乘"华甲"号轮船南下，打算在青岛登岸，转胶济路、津浦路、陇海路回洛阳重整旗鼓。然而对于吴佩孚这个败军之将，各省督军均避之唯恐不及。"华甲"号驶至青岛时，山东郑士琦不仅拒绝假道，并且拒绝给"华甲"号供应淡水与食物。吴佩孚只好改变计划，乘船南下，经上海入长江，过武汉抵洛阳。然而此时吴佩孚仅有第三师残部 2000 人外加新招募的士兵 1 万人，曾对吴佩孚百般讨好的陕西督军刘镇华见有机可乘，便出兵洛阳。吴佩孚无力抵抗，打算避难武汉萧耀南处，却遭到萧耀南拒绝。

此时，北京政权已落入张作霖与段祺瑞手中，段祺瑞出任了中华民国临时总执政，接连发出"逮捕吴佩孚解京治罪"的通令，冯玉祥也改所部为中华民国国民军，挥师南下，吴佩孚无处可躲，只好于 1925 年 1 月 5 日乘舰南下，暂泊黄州。

就在段祺瑞打算武力劫持吴佩孚的军舰时，吴佩孚突然收到湖南军阀赵恒惕的电报，邀请他进入湖南。在遭遇众叛亲离后，吴佩孚本不指望会有昔日好友收留自己，却不曾想并非旧友的赵恒惕会主动相邀，一时感慨万千。就这样，吴佩孚回到最初的发迹地岳阳，总算找到一处栖身之地。由于湖南是"自治"省，吴佩孚可以毫无顾忌地在此进行政治活动，于是他联络旧部，伺机再起。

机会很快来了。奉系控制北京政权后，以西北边防督办的任命将冯玉祥排挤出北京，同时疯狂扩张，使各省军阀人人自危。浙江督军孙传芳生怕自己的督军之位不保，赶紧与冯玉祥联合抗奉。由于吴佩孚在直系各省中仍具有一定的影响力和号召力，1925 年 10 月，孙传芳通电拥护吴佩孚出山，领导各省军阀讨奉，立即得到湖北萧耀南、福建周荫人以及原江苏督军齐燮元所部师长、旅长等人的通电支持，特别是萧耀南，见吴佩孚又有再起之势，连忙示好，表示愿意继续追随。

吴佩孚自然不会错过这个东山再起的机会，10 月 21 日，在萧耀南的恭迎下，吴佩孚抵达武汉，宣布接受 14 省区将领的联名公推，出任十四省讨贼联军总司令。

讨贼联军征讨的是奉系张作霖，但吴佩孚却对讨奉不怎么热心，他在武汉发表的讨贼言论，全部针对段祺瑞与冯玉祥。此时，吴佩孚接到孙传芳的电报，请他到南京主持攻打徐州的战事，吴佩孚闻讯后大喜，孙传芳此举正好为他攻占河南制造了借口。吴佩孚立即任命靳云鹗为豫东讨贼军第一路总司令，打着协助孙传芳攻打徐州的旗号，向河南督理岳维峻提出借道河南。岳维峻不是傻瓜，自然清楚吴佩孚葫芦里卖的什么药，立即予以回绝。吴佩孚又借协助攻打山东之名，借道河南，再次遭到拒绝。

其实此时，吴佩孚已经与山东督办、奉系张宗昌秘密联手。张宗昌曾派亲信到武汉，对吴佩孚说："国民军攻直隶，直隶最终必归国民军，若再把山东攻下，那么国民军将掌控直、鲁、豫、陕、甘，以及察、热、绥三特区，这些地区联成一气，势不可当！这对奉系自然没有好处，但对直系又有什么好处呢？直系又会遭遇什么下场呢？"张宗昌所言正是吴佩孚所担心的，相对于张作霖，吴佩孚更害怕冯玉祥发展壮大，于是与张宗昌走出直奉联合的第一步。

1925 年 12 月，张作霖和吴佩孚的代表会晤大连，基本达成谅解，1926年 1 月 5 日，吴佩孚收到张作霖的电报，张作霖正式提出直奉联合。吴佩孚知道张作霖并非真心与之联合，只不过想要利用他抵制冯玉祥的壮大，目的达成后，便会卸磨杀驴。但吴佩孚又何尝不是如此，他更害怕张作霖与冯玉祥再度联手，那样他东山再起的希望将彻底破灭。他的首要敌人自然是冯玉祥，他的如意算盘是：与张作霖联手打败冯玉祥后，再与张作霖算旧账。

1926 年 1 月 20 日，吴佩孚通电讨冯，仍然打着"讨贼联军"的旗号。吴佩孚第一个目标自然是河南。他计划兵分三路进攻河南，东路进攻河南东部，以靳云鹗为总司令；西路进攻河南西部，以刘镇华、张治公为总司令；南路进攻信阳，以寇英杰为总司令。1 月底，河南战争爆发。东路靳云鹗很快便攻克归德、兰封，到 2 月 27 日已经占领开封，兵逼郑州。但进攻信阳的寇英杰却是败绩连连，损失惨重，最后竟败退至鄂北广水一带。

原来，驻守信阳的是国民军第二军第十一师，师长蒋士杰是国民军首屈一指的骁将，其手下田生春、杨瑞轩两支劲旅均骁勇善战。在寇英杰攻打信阳屡屡受挫的情况下，吴佩孚决定采用他所拿手的迂回战术，出襄樊、走南阳，绕道左翼进攻信阳侧背。襄樊、南阳镇守使非国民军嫡系，答应给吴佩孚借道。于是，吴佩孚佯装正面攻击信阳，主力部队却绕道北进，2 月下旬北进部队突然出现在信阳侧背，连克确山、驻马店、郾城、漯河、许昌等京汉线要地，令蒋士杰腹背受敌。3 月 13 日，蒋士杰终于被迫放下武器。吴佩孚不禁感慨道："若我有一个蒋士杰，上次战争也不至失败。"当即对蒋士杰、田生春、杨瑞轩三人优礼有加，并委任为总司令部参议。信阳失守后，河南境内国民军很快全军覆没，国民军第二军军长兼河南督理岳维峻也成了俘虏。

3 月初，靳云鹗、寇英杰会师郑州后，兵分两路，一路西进攻克洛阳，再克陕州、潼关；另一路朝保定进攻，直指京津。吴佩孚则重返洛阳，再次成为全国瞩目的风云人物。

河南战争爆发后，奉系张宗昌和李景林的直鲁联军也开始进攻直隶，3 月 23 日占领天津，28 日进占丰台，同时不断发电，请吴佩孚北上主持北京大计。

冯玉祥连遭挫败，自知不是直奉联军的对手，为保住国民军实力，以退为进，宣布下野，将军政大权交予张之江、鹿钟麟。鹿钟麟时任北京警备司令，在冯玉祥的授意下，于 4 月 10 日发动了第二次北京政变，将段祺瑞赶下台，释放曹锟，迎接吴佩孚入京主政，以此讨好吴佩孚并表达归顺之意。但吴佩孚不为所动，4 月 11 日发表通电，称国民军全部退出北京后方有议和可能，同时发电报给张宗昌等奉系将领，称"国民军无和平诚意，请按照原计划从速进兵扫荡赤巢"。15 日，吴佩孚军队抵达西苑，张作霖军队占据通州，国民军被迫退至南口。

段祺瑞下台后，北京政府总统之位悬空，恢复自由的曹锟再次萌生出任总统之想法。于是，曹锟派心腹王坦前来征求吴佩孚的意见。吴佩孚考虑到政局尚未稳定，曹锟因贿选总统一事早已声名狼藉，如今再令他复位总统，只怕张作霖会继续借贿选大做文章，就对王坦说："三爷在前台是唱不好的，这一点你我都清楚，何况现在局势未稳时机不成熟，还是等我把大局搞定再说吧。"

果然，在吴佩孚提出恢复宪法，恢复颜惠庆内阁，由颜内阁摄行总统职权后，张作霖就拿出贿选一事做文章，坚决反对吴佩孚，主张恢复约法，召开新国会，甚至列出了新内阁人选名单，两人为此争执不下。然而，此时的局势已不容二人继续争执，南方国民革命军已在调兵遣将，准备誓师北伐；北方国民军虽退至南口，但实力犹存。冯玉祥虽然下野，却从未停止扩军备战，并接受苏联的军事援助，实力不可小觑。于是，吴佩孚与张作霖达成"军事为先，政治缓议"的共识，商定先联合攻下南口，再由吴佩孚南下攻打广东革命根据地，将北伐军消灭在出征之前。张作霖则北上攻打国民军，之后共分天下。

然而，这一切都只是一个美丽的梦想，吴佩孚再次犯了过于轻敌的错误，使他的东山再起成为昙花一现。

就在吴佩孚进攻南口之时，1926 年 7 月，广东国民革命军以推翻北洋军阀为目标的北伐战争拉开了序幕，但吴佩孚根本没把北伐军放在心上，只管进攻南口，任凭曹锟、孙传芳发电劝他迅速南下，他均不为所动。直到北伐军进军湖南，攻克长沙，直逼武汉，吴佩孚才意识到形势严峻，这才于匆忙中挥师南下。

令吴佩孚没有想到的是，北伐军锐不可当，汀泗桥战役、贺胜桥战役，吴佩孚一败涂地，武昌血战后，吴佩孚兵败两湖，其主力军全部被北伐军消灭。10 月 6 日，吴佩孚逃往郑州。此时吴佩孚已走投无路，只好给四川军阀杨森打电报，称："我已无路可走，不论你允许与否，我都只有入川一途了。"

杨森此前曾受恩于吴佩孚，念及此情，随即迎接吴佩孚入川，并予以庇护。从此，吴佩孚在四川开始了长达四年之久的逃亡生活。他此间曾多次试图东山再起，皆以失败而告终。1931 年春，蒋介石在其政权得以巩固的情况下，终于允许吴佩孚离开四川。

此后，吴佩孚曾前往甘肃，试图在甘肃寻找机会，同样被蒋介石所制止。1931 年末，吴佩孚来到北平，张学良安排他住进东四什锦花园胡同的大宅院，每月赠送其 4000 元生活费。至此，吴佩孚结束了五年之久的流寓生活。

拒做汉奸，命丧日本人之手

吴佩孚携妻妾寓居北平之时，正是日本加紧侵华步伐，想方设法收买汉奸为其服务之际。吴佩孚作为中国政治舞台上一度左右政局的人物，虽然大势已去，但政治野心不死，同时在华北及两湖地区仍有一定号召力，加上他反蒋反共，自然成为日本收买的最佳人选之一。

早在被困四川时，日本海军第一遣外舰队特务长荒城二郎就曾代表日本拜谒吴佩孚，表示愿意奉送"步枪 10 万支、机枪 2000 挺、大炮 500 门、子弹若干、助款百万"，吴佩孚在当时迫切需要武器装备的情况下，尚且坚拒不受。如今到了北平，更不会屈从。

但国民政府对吴佩孚怀有戒心，怕他会与日本人勾结，于 1932 年 4 月聘其为国难会议员，吴佩孚对此置之不理。1933 年 1 月，蒋介石迎段祺瑞南下时，曾两次邀请吴佩孚南下居住，吴佩孚不想受其监视，拒绝前往。

其实吴佩孚在北平东四什锦花园胡同内的巨宅寓所，以及每月 4000 元生活费，都是张学良奉蒋介石之命安排与奉送的。吴佩孚初到北平时，正值九一八事变后，全国抗日情绪高涨，原想凭借张学良的武力东山再起，不料张学良对他执礼甚恭，但绝口不提国家大事。

到 1936 年春，吴佩孚与蒋介石逐渐有所往来。蒋介石在携夫人宋美龄北巡中，曾在外交大楼设宴邀请吴佩孚会晤，吴佩孚欣然前往。吴佩孚欣赏蒋介石的才干，蒋介石佩服吴佩孚的人格。

1938 年 12 月，吴佩孚在东四什锦花园胡同的大宅里接待了一位看似寻常的客人——其旧部、政务处长刘泗英，刘泗英秘密带来重庆国民政府行政院长孔祥熙的亲笔信，令吴佩孚看后精神为之一振。同时，孔祥熙奉蒋介石之命，赠送吴佩孚生活费 10 万元，为吴佩孚解除了生活上的后顾之忧。刘泗英返回重庆时，吴佩孚复信一封，又作诗一首，请刘泗英转呈蒋介石：

> 飒飒西风里，秋声动地哀。
>
> 斯民何所恃，端仗大英才。

但日本人对吴佩孚的策反一刻也没有放松，七七事变后，日本人在北平设立南山庄大迫机关，并派出大迫通贞、川本芳太郎等高级特务游说吴佩孚，特务头子土肥原贤二甚至亲自出马。吴佩孚与日本人大打"太极拳"，最后开出条件：必须建立一支由自己指挥的军队，和一个属于自己的政府。吴佩孚要做的是与日本天皇平起平坐的大总统，这显然是土肥原贤二不能接受的。

土肥原贤二在屡次碰壁之后，便唆使一些汉奸搞所谓"通电拥吴"，散布谣言宣称吴佩孚已答应出任汉奸组织"和平救国委员会""绥靖委员会委员长"的伪职，并邀请130名中外记者为吴佩孚组织记者招待会，并为吴佩孚准备好讲话稿。

对此，吴佩孚一笑置之，他心中自有主张。1939年1月30日，按土肥原的策划，中外记者招待会在吴佩孚的宅邸举行。吴佩孚将土肥原为他准备的讲话稿放在一边，自己从容不迫径自提出中日和平的三个条件：

第一，日本无条件地全面撤兵；

第二，中华民国应保持领土和主权完整；

第三，日本应以在重庆的国民政府为全面议和的交涉对象。

吴佩孚话音未落，中外记者一片哗然，土肥原之前在媒体散播的吴佩孚答应出任"绥靖委员会委员长"的谎言被揭穿，顿时老羞成怒，竟动用军警扣发英、美等国记者的电稿，迫使新闻界不得刊登吴佩孚发言的真实内容，而让通讯社抢先刊发了土肥原准备的讲话稿。但海外及非沦陷区的新闻媒体仍然刊登了此次记者招待会的真相。

尽管如此，土肥原仍不死心，又派川本芳太郎前往吴府游说。川本芳太郎不惜对吴佩孚行三跪九叩大礼，以弟子自称，吴佩孚仍以大打"太极拳"的方式与之周旋。汪精卫也多次到北平，约吴佩孚会晤，但均未能如愿。

吴佩孚虽顶住了日本人的威逼利诱，却没有躲过日本人的暗中报复。1939年11月24日，吴佩孚吃晚饭时，一粒小石子卡到牙齿里，疼痛不已。家人立即打电话到医院，请牙医前来医治，不料来了一个名叫伊东的日本牙医，而吴家人并不知道伊东是受日本派遣军参谋长板垣征四郎的派遣而来的。伊东查看吴佩孚的口腔情况后，用带毒的液体故作"消毒"，在没有用麻药的情况下，将吴佩孚的一颗槽牙连肉带血拔了下来，吴佩孚大叫一声昏死过去。

待吴佩孚从昏迷中醒来，牙床已肿得老高，剧痛不止，这才想起追问："是谁请的那个混账医生，他究竟是什么人？"

第二天，吴佩孚家人又请来中医郭眉臣，郭眉臣为吴佩孚开了药方，但服用几日后不见好转。此时，吴佩孚的病情已发展到左脸肿大，喉咙发炎，莫说进食，连咽一口唾液都是巨大的折磨，并引发全身忽冷忽热，整日困乏不堪。如今只有开刀取脓一途，但为了免遭日伪毒手，吴佩孚坚决拒绝开刀。他忍受着剧痛，病情一拖再拖。

12 月 4 日午饭过后，吴佩孚的秘书帮办张伯伦来到他的卧房，吴佩孚睁眼看到他，努力想挤出一点笑容，却因触动神经疼痛得面容扭曲。张伯伦看到他如此痛苦，想说什么却又怕一开口会带了哭腔。吴佩孚的头不能动，只能斜着眼望着张伯伦，嘴里蠕动好半天，终于艰难地说出几个字："死，死了好，死了好……"

吴佩孚说完这句话，疲惫地闭上眼睛。张伯伦难过得泪流不止，赶紧扭过头去悄悄擦掉，然后凑到吴佩孚跟前，他知道吴佩孚还有话要说。果然，过了一会儿，吴佩孚闭着眼，断断续续地说："将——来——日美——必有—— 一战，中国——定可——雪耻——报仇。"

张伯伦的眼角再次湿润，他猛然想到年初日本派飞机轰炸重庆时，吴佩孚曾说："你们看好了，不出三年，美国飞机一定会轰炸东京！"当时，张伯伦只把这话当作吴佩孚对大家的安慰，如今吴佩孚重申此观点，他才恍然，这是吴佩孚对中日战争的预示，透露着他对中国必将战胜日本的信心。

张伯伦定睛看着吴佩孚，一直到吴佩孚呼吸均匀后，才轻手轻脚地离开。他没有想到，"将来日美必有一战，中国定可雪耻报仇"，竟成为吴佩孚一生中最后一句话。

这天下午 3 时，曾极力策反吴佩孚而屡遭失败的川本芳太郎，携日本军医石田、汉奸齐燮元等人及卫队，来到吴府，不顾吴佩孚家人阻拦，强行为吴佩孚开刀去脓。

吴佩孚躺在床上，被川本芳太郎带来的人按住手脚，原本在床边服侍的吴夫人，被来人挤到床尾，不停地呼喊："你们要做什么？你们要做什么？大帅不开刀！他不开刀！"

吴佩孚的副官、卫士被挡在门外，齐燮元等人对吴夫人和门口的人好言相劝："大帅不开刀是好不了的，川本是大帅的学生，特地带来医生，完全是一片好意，大家放心，过后一定还你们一个健康的大帅。"

这时，石田举起手术刀，准备动手。吴佩孚瞪着眼睛，既愤怒又蔑视地看着他，石田下意识地回头看了看川本，被川本狠狠瞪了一眼。然而，石田的手术刀刚进入吴佩孚嘴中，突然有人大喊："怎么不用麻药？你们怎么不用麻药？"

石田有些尴尬地放下手术刀，为吴佩孚打了麻醉针，再一次将手术刀伸进吴佩孚口中。石田的手有些颤抖，眼睛也不敢看吴佩孚凛冽的目光，他将手术刀握在手中，没有向肿大的齿槽割去，而是停在吴佩孚口腔正中，而后用力向喉咙刺去……

这是 1939 年 12 月 4 日下午 3 时 45 分，吴佩孚的喉咙被刺穿，血如泉涌，转瞬之间气绝身亡，享年 65 岁。

吴佩孚死后，他的真正死因被日本人以高压政策强力封锁，了解内幕的人全部受到日本人警告，在接受记者采访时，均对吴佩孚死因缄口不言。但世上没有不透风的墙，12 月 12 日，重庆国民政府在《中央日报》上称："吴佩孚将军之死，据各方调查，得悉并非因病致死，确系敌威胁利诱，迫其发表拥护'新政权'宣言，被吴拒绝，乘吴牙疾就医致死。"

日本当局则表示：吴佩孚是重庆方面雇佣天津某要人毒杀而死，因为重庆方面害怕吴佩孚出山。参与此事的日本高级特务曾宣称，吴佩孚是患牙病并发败血症而亡。

吴佩孚去世后，其家人到万益祥木厂购买棺材，看中一口金丝老楠木寿材，但一问价钱，1.1 万元，由于囊中羞涩，只好厚着脸皮说："掌柜的，实不相瞒，这棺材是给吴佩孚吴大帅买的，能不能让让？"

掌柜一听是吴佩孚用的，当即表示："吴大帅的清廉谁人不知，这口棺材的木料花费 7500 元，工料等等的就不算了，就卖 7500 元。"但即便是 7500 元，对吴家人来说也是一个不小的数字。而不久前，他们断然拒绝了日伪政权送来的 2 万元治丧费。

吴家人买下棺材后，于 12 月 5 日傍晚 5 时为吴佩孚举行大殓，吴佩孚身着蓝缎道袍，头戴宽沿道帽，入棺后，又盖上红色经被，上绣"西方道引"四字。按照吴佩孚的生前遗言，其殉葬品仅有他一生所获勋章，和道教会的入会纪念章一枚。

由于时处抗战非常时期，不便归葬蓬莱祖茔，吴家人在家守灵 49 天后，将吴佩孚的灵柩暂停于北平鼓楼西拈花寺东跨院武圣祠。1940 年 1 月 24 日是移灵日子，送殡的队伍延绵数里，许多老百姓自发地参加葬礼，沿途街道两旁更是人潮如海，北平民众以此来表达他们的爱国情感和对日本人的愤慨。

当日，陪都重庆也召开追悼大会，国民政府行政院院长孔祥熙称："吴将军是一个爱国者，无论环境怎样恶劣，他始终奋斗，不改初衷。"国民党元老吴稚晖也说："子玉先生的品格，不论你的政见怎样，是该表钦佩的，尤其是他有大节。"国民党中央执行监察委员会公祭祭文的最后几句为："不吴天，盍先朝露，良图永息，道路所悲，惟兹正气，百世可师，侵地待复，魂魄焉依！"

中国共产党对其一生反对外来侵略并保持晚节之举做出了高度评价，董必武当时这样评价：

吴佩孚虽然也是一个军阀，他有两点却和其他的军阀截然不同。第一，他生平崇拜我国历史上伟大的人物关、岳，他在失败时也不出洋，不居租界自失。第二，吴氏做官数十年，统治过几省的地盘，带领过几十万大兵，他没有私蓄，有清廉名，比较他同时的那些军阀腰缠千百万，总算难能可贵。

抗战胜利后，1946 年 12 月 16 日，国民政府在北平西郊玉泉山西麓吴家购买的吴佩孚将军墓茔地，为吴佩孚举行公葬，明令全国下半旗志哀。为表彰吴佩孚保持晚节，追赠他为陆军一级上将。

一生戎马，晚年夫妻守清贫

吴佩孚曾立下誓言："不住租界、不积私财、不纳妾。"前两个"不"，吴佩孚果然做到，然而，他一生却拥有过二妻二妾，或者说是三妻一妾。而事实上，吴佩孚并非见异思迁，有意违背自己的誓言，其纳妾个中均有苦衷。

吴佩孚 14 岁时父亲病逝，母亲为了给家里增添一个干活的帮手，在吴佩孚 15 岁时给他娶了 18 岁的王氏为妻。王氏干活勤快，与吴佩孚感情甚好，但王氏嫁到吴家仅三年，便暴病而亡。王氏死后，吴佩孚痛心不已，曾一度决定终身不娶。无奈不孝有三，无后为大，在吴母的催促下，吴佩孚在 31 岁时回到老家蓬莱，迎娶了 24 岁的李氏。李氏是典型的北方佳人，身材丰腴，长相极美，又是富家千金，独生子女，从小娇生惯养，比起王氏，李氏脾气差了一些，也少了些许温柔，所以吴佩孚对她并没有太多的喜爱。

婚后，李氏与吴母在蓬莱生活，直到 1907 年吴佩孚驻扎关外升任管带后，才将婆媳二人及弟弟吴文孚接到长春生活。终于能与丈夫长相厮守了，李氏十分高兴，但她没有想到，正是他们的到来，为她招来一个情敌，致使她在孤独苦闷中度过了凄凉的后半生。

原来，听说吴佩孚准备将家眷接到长春，其手下便开始为吴佩孚家人张罗房子，最后看中长春商人赵尊贤的一幢深宅大院。赵尊贤平时外出经商，只有赵太太一人在家，其妹张佩兰便搬来与姐姐做伴。姐妹俩听说军中管带要租房子，十分欢喜，开出每月一元大洋的低价。

张佩兰当时 18 岁，第一次见到吴佩孚时，吴佩孚身穿军装，骑着高头大马，英姿勃发，看得张佩兰不由得羞红了脸。可吴佩孚并没有特别注意张佩兰，事实上，吴佩孚对女人从来没有过多的注意。

张佩兰出生于殷实的商人家庭，其兄张百龄是长春有名的商人，其姐夫赵尊贤是长春总商会会长。由于家中有钱无势，家人都希望张佩兰能嫁个官宦人家。听说吴佩孚是管带，家人都十分中意，纷纷为张佩兰出主意，让她从吴母身上下手。于是，张佩兰每天早晚都要到吴母的房间里请安，为吴母捶背按腿，非常讨吴母欢心。

不久，吴母便认张佩兰做了干女儿，于是吴佩孚便成了张佩兰的干哥哥。每天吴佩孚从营地赶回家，张佩兰都要迎上去，一口一个"哥哥"，叫得十分亲热。

就在张佩兰与吴家关系越来越亲密时，李氏与吴母的关系却越来越紧张。早在蓬莱时，李氏就因吴家生活清贫、劳累，抛开婆婆搬回娘家居住，让吴母非常生气。如今到了长春，身边突然多了个勤快体贴的张佩兰，吴母更加讨厌李氏的冷漠与娇气，加上李氏结婚几年一直未孕，吴母对她意见更大。

而李氏因为张佩兰的出现，对吴母也没好气，一天李氏做菜放多了盐，吴母说了几句，李氏立刻拉下脸来，不冷不热地说："既然这样，还是找你干女儿给你做饭吃好了。"吴母听了非常生气，当即反驳一句，婆媳俩便你一句我一句吵了起来。吴母一气之下责备道："我养只母鸡还会下蛋呢，娶你进门三四年连屁都放不出一个来，你看你还有什么用！"

这句话刺痛了李氏的心，她哭哭啼啼跑回房间收拾行李，准备回山东娘家。吴佩孚回家后，好言相劝，但李氏主意已定，吴佩孚无奈，只好于次日送李氏到车站，并派属下送回山东蓬莱李氏娘家。

李氏这一走，张佩兰乐了，更是每日陪伴吴母左右，侍奉茶饭，与吴母如同母女。吴母高兴地慨叹："干女儿真好，要是有这么个儿媳就好了。"张佩兰红着脸没说话。第二天张佩兰的姐姐就找到吴母，替张佩兰说亲。张佩兰毕竟出身富裕人家，肯屈尊做小，吴母自然高兴，当即答应了这门亲事。

但没想到，吴佩孚却坚决不同意纳妾，当老太太将这门亲事告诉他的时候，吴佩孚一口回绝。老太太耐心相劝，又搬出与吴佩孚最要好的同乡绅士，以同乡会会长的名义出面说和。常言说"不孝有三无后为大"，吴佩孚是出了名的孝子，他担不起不孝的罪名，最终同意了母亲的安排，在李氏回家不久便与张佩兰举行了婚礼。

张佩兰长得白白胖胖，虽然不是很漂亮，但称得上端庄。尤其她的丰腴大脸，在吴母看来很有宜男之相，张家人丁兴旺，吴母期望她能给吴家带来子孙满堂。加上张佩兰勤快孝顺，婚后婆媳和睦，夫妻恩爱。但吴佩孚总觉得对不起李氏，不久便返回蓬莱将李氏接到长春。

李氏的回归，使这个家庭在经过短暂的风平浪静之后，重新陷入了吵闹之中。同一个屋檐下的妻妾二人开始尚能和睦相处，时间长了便开始有了矛盾，而吴母也总是站在张佩兰一边。李氏性格内向而固执，对待事物不容易看开，久而久之积郁成疾，神经也变得不太正常，于是，吴佩孚便夜夜守在她身边。

1911 年辛亥革命爆发后，北洋第三镇奉命开拔，此时吴母已于 1910 年去世，吴佩孚将一妻一妾留在长春，自己随部出征。1914 年吴佩孚升任第三师师部副官长，驻防湖南岳州，李氏却怎么也不让吴佩孚再度离开长春。当时吴佩孚已成为曹锟的亲信，曹锟夫人出面调解，将保定光园里一栋漂亮别墅送给李氏居住养病，并将曹府佣人拨数名侍奉李氏，吴佩孚又将每月薪俸的大部分即 300 块大洋拿出给李氏做生活费。当时李氏已染上毒瘾，300 块大洋往往不够，还要由曹锟夫人接济。

但无论吴佩孚还是李氏，都没有想到这是夫妻二人分居的开始。李氏整日里一榻横陈，吞云吐雾，吴佩孚即使到了保定，也没有再踏进李氏卧室一步。后来李氏身体越来越差，于 1921 年 9 月 9 日去世，终年 41 岁。

吴佩孚安顿了李氏，仍然将张佩兰留在长春，自己轻装上阵南下岳州。但张佩兰性格开朗明事理，全不像李氏那样刻板固执，消极被动，在吴佩孚南下岳州不久，便携带大批酒肉、罐头等南下劳军。此举给吴佩孚挣足了面子，不仅博得"吴夫人犒劳将士"的美名，而且从此与吴佩孚不离左右，成了名副其实的随军夫人。只是吴佩孚对李氏深怀愧疚，直到李氏去世后仍不肯给张佩兰扶正。

由于吴佩孚身居高位，正房虚位以待，便有开放女性公开追求吴佩孚，其中还有一位德国人露娜。露娜在德国驻北京大使馆任职，长相漂亮，气质不凡。她对吴佩孚在直皖战争与第一次直奉战争中运筹帷幄极为崇拜，借公事之名前往洛阳拜会吴佩孚，见面后更是被吴佩孚的风度所折服。此后露娜对吴佩孚频频相邀，爱慕之情溢于言表，但吴佩孚根本没有在意，让露娜十分失望。

露娜回京后仍不死心，不断给吴佩孚写信，吴佩孚看后只是随手一扔。露娜久等不见回音，于是用德文给吴佩孚写了一封信，这封信只有一行字。收发将信交给译员，译员看信后大吃一惊，不敢将信交给吴佩孚，便向吴佩孚的秘书长即吴佩孚的拜把兄弟郭梁丞请教，郭梁丞看后佯装生气地说："你有几颗脑袋，敢扣留大帅的情书！"待译员离开后却哈哈大笑，等着看吴佩孚的好戏。

译员被郭梁丞的话吓坏了，立即将信交给吴佩孚，吴佩孚打开一看，只见上面写着："吴大帅，我爱你，你爱我吗？"吴佩孚哭笑不得，提笔写下"老妻尚在"四个字，令译员复信。

回到吴府，吴佩孚将此事当作笑话告诉张佩兰，张佩兰见吴佩孚高兴，乘机说："都是因为你迟迟不将我扶正，所以才会惹出这些笑话来。"吴佩孚觉得有道理，当即决定将张佩兰扶为正室，并于当晚即1923年4月21日晚在公馆大摆筵席，邀好友、同僚、部属赴宴庆贺。

然而，吴佩孚还面临一个问题，就是他一直没有子嗣，他听说"带子"能带来自己生子，就将弟弟吴文孚的儿子吴道时过继为嗣，但直到1929年，张佩兰仍未怀孕生子。此时张佩兰已40多岁，自知已无力为吴家传承子嗣，便做主将自己的丫鬟小桃给吴佩孚纳为侧室，却仍没有为吴佩孚生下一男半女。

吴佩孚被日本人杀害后，张佩兰与嗣子吴道时夫妇相依为命。吴道时谨遵"不当汉奸"的遗训，因疾病缠身，自此赋闲在家。1949年10月15日张佩兰去世，与吴佩孚合葬于玉泉山墓地。

✎ 历史评说

1924年9月8日，吴佩孚以"中国最强者"成为美国《时代》杂志封面上的第一个中国人。上海英文杂志《密勒氏评论报》主编、美国人约翰·鲍威尔曾断言："吴佩孚比其他任何人更有可能统一中国。"

作为直系军阀的后起之秀，从对南作战迅速占领湖南，到直皖战争中以偷袭俘虏皖军第二路总司令，取得战争决定性胜利，到直奉战争出奇制胜、以少胜多，吴佩孚的卓越军事才能展露无遗。可以说，在民国时期，论带兵作战无出其右者。

吴佩孚一生作战有两次重大失误：1.北京政变后匆忙返回天津平息冯玉祥政变，使得前线军心大乱，造成第二次直奉战争迅速溃败，失去对北京政权的掌控；2.执着于南口攻打国民军，而忽视了两湖北伐军的进攻，使得最终其主力部队被北伐军全部消灭。这两个失误对吴佩孚一生产生决定性影响，使其最终无缘于统一中国之大业。

吴佩孚的练兵在当时也是首屈一指。苏联特使越飞曾在给苏联拍发的

"绝密"级电报中说，洛阳有着最完美的军事秩序：秩序和纪律极其严整，操练和训练比赞许的还要好……陈公博在《苦笑录》中写道，吴佩孚的军队是真正不吸鸦片的军队，吴佩孚因少年时吸鸦片而惹祸，以至于离乡避祸，沦落在北京开摊算卦，因此痛恨鸦片，故不允许部下抽鸦片，唯独对两个人例外，一个是他的恩人、伯乐郭绪栋，一个是苦守信阳的蒋士杰（号称双枪将——手枪和烟枪）。

吴佩孚的爱国情操也应予以肯定，吴佩孚军队的军歌就是他亲自作词的《满江红》，中心思想为"北上抗日"。至于吴佩孚壮志未酬，是因为他在1926年便大势已去。晚年吴佩孚坚决不落水做汉奸，值得称颂。

董必武在《日本企图搬新傀儡》一书中对吴佩孚的人品做出了中肯评价：作为军阀，吴佩孚"有两点却和其他的军阀截然不同。第一，他生平崇拜我国历史上伟大的人物关（羽）、岳（飞），他在失败时，也不出洋，不居租界自失。第二，吴氏做官数十年，统治过几省的地盘，带领过几十万的大兵，他没有私蓄，也没置田产，有清廉名，比较他同时的那些军阀腰缠千百万，总算难能可贵"。国民党元老吴稚晖曾赞誉他："子玉先生的品格，不论你政见怎样，都是应该表示钦佩的。"

东南军阀孙传芳：
五省联帅放下屠刀难成佛

他以寄人篱下一师长转战闽浙，乘势而起，大有赶走奉系之势。却在大败张宗昌后一时狂傲，杀掉被俘高级将领施从滨，为自己埋下生命隐患；也因过于狂傲睥睨北伐军，拒绝与蒋介石合作，结果败逃关外。他坐镇地方公开财政，减裁捐税，颇为民称道。

寄人篱下，孙传芳大展宏图

在近代山东，先后有三个影响颇大的军阀登上民国政治舞台，这三人便是出身山东蓬莱的直系军阀吴佩孚，出身山东掖县的奉系军阀张宗昌，另一个便是出身山东泰安的五省联帅孙传芳。孙传芳能跻身军阀行列，契机却是从其三姐的出嫁。

在19世纪末的济南大明湖畔，有一处颇具气派的官邸，宅院里回廊照壁，曲径通幽，假山花园，泉水叮咚，十几间青砖瓦房，显示着主人身份的非同一般。这里便是山东巡抚袁世凯的武卫右军执法营务处总办王英楷的家。

1899年一个莺飞草长的日子，宅院里张灯结彩，王英楷迎来了他的第二房太太孙氏。虽说是纳妾，但由于原配夫人患有疯癫症久治不愈，孙氏进门后即与正房夫人无异。与通常情况不同的是，孙氏并非一人进门，而是带来了她的母亲王氏和弟弟孙传芳。

孙传芳时年14岁，由于父亲早逝，母亲带着他和三个姐姐寄居在叔父家，受尽了婶婶的虐待，一家五口只好离开泰安老家到济南谋生。由于生活无着，孙传芳的大姐、二姐都早早出嫁。随后十岁的孙传芳跟着母亲和三姐寄居在商河大姐家。义和团在山东兴起，为避战乱，母亲带着一双儿女回到济南，以摆茶摊和给人做些缝补活计度日。如今三姐出嫁，王氏嫁女提出的条件是：供养母子二人。

这是孙传芳命运的转折点——不仅再无衣食之忧，而且有了读书的机会，尤其重要的是，王英楷为孙传芳铺就了日后晋升之路。

王英楷是与王士珍、段祺瑞、冯国璋、曹锟等人同届的北洋武备学堂毕业生，又同时跟随袁世凯在小站编练新兵。而在当时袁世凯的武卫右军中，王英楷的地位在段祺瑞、冯国璋、曹锟之上，仅次于参谋营务处总办徐世昌。

王英楷时年37岁，对18岁的孙氏十分宠爱。或许是爱屋及乌，也或许由于孙传芳聪明伶俐，讨人喜欢，一进王家门，14岁的孙传芳便开始接受启蒙教育。虽然仍是寄人篱下，但毕竟孙传芳的生活之路从此改变。应该说，没有王英楷，就不会有日后的孙传芳。

1901年末，袁世凯升任直隶总督，调驻保定，孙传芳母子也随王英楷一家移居保定。1902年夏，袁世凯创办常备军，在保定东关外设陆军练官营，冯国璋为教练处总办。8月练官营招生，孙传芳闻讯，立刻找到王英楷，要求去练官营当学兵。

王英楷正有此意，但又担心孙传芳不是当兵的料。此时孙传芳虽已年满17岁，但由于个头不高，又身材瘦削，缺少军人的英武之气，于是王英楷试探地说："投军是要吃苦头的，比不得走科举之路。"

孙传芳接受教育晚，自然知道科举之路行不通。对他来说，投军才是步入仕途的捷径，尤其有王英楷这个特殊关系，因此孙传芳态度坚决："姐夫，我想好了，就投军！"

"好！"见孙传芳下了决心，王英楷很高兴，"你脑子灵光，嘴巴灵活，到哪都不会吃亏。但习武靠的是真枪真刀地干，你可要好好摔打摔打。"

经王英楷举荐，孙传芳顺利进入练官营步兵科第三班。由于他天资聪颖，学习刻苦，各科成绩均名列前茅。毕业后，与其好友杨文恺一起被保送到北洋武备速成学堂深造。1904年毕业时，适逢清政府选派陆军学生赴日留学深造，孙传芳与同时参加考试的杨文恺、周荫人、卢香亭等人被录取，这几人后来均成为孙传芳的得力助手。其他各地被录取后来成为著名人物的，有阎锡山、李烈钧、徐树铮、唐继尧、赵恒惕等人。

1908年12月，孙传芳从东京陆军士官学校毕业，1909年3月回国，8月陆军部在京举行留日士官生考试，王英楷此时已升任陆军部右侍郎，任副考官。孙传芳本来成绩好，又有姐夫任副考官，考场上便轻松了许多，发榜后名列上等，被授步兵科举人，并授协军校，派往北洋陆军第二镇第三协第五标任教练官。

陆军第二镇第三协协统是王占元，王占元是王英楷的老下级，王英楷任第二镇统制时，王占元在他手下任标统。如今王英楷的小舅子来到自己帐下，自然会多加关照。而且王占元也是山东人，其间又多了一份乡谊，而孙传芳留过洋见多识广，又健谈，擅交际，与人相处融洽，极得王占元赏识。

这一切，都为孙传芳的仕途通达做好了铺垫。尤其王占元自辛亥年南下镇压革命后一路升迁，由第二镇统制、第二师师长，到湖北军务帮办、两湖巡阅使兼湖北督军，孙传芳也跟着一路高升，由教官升至团长、旅长、师长。在王占元经营湖北的八年时间里，孙传芳也因其独特的才干，成为王占元不可缺少的智囊与左膀右臂，甚至一些军政大事都由孙传芳做主。

然而，就在孙传芳跟着王占元步步高升如鱼得水的时候，王占元却结结实实栽了一个大跟头，使孙传芳顿时失去了靠山。

由于王占元统治湖北期间，横征暴敛、强取豪夺，并且大肆任用山东老乡，形成"鲁人治鄂"的局面，引起湖北各界的强烈不满。湖北籍绅商代表蒋作宾、施洋等人联络湖南军阀赵恒惕组织援鄂军，企图以武力赶走王占元。恰在此时，王占元因挪用大批军费用于个人购置地产及存入海外银行，而导致欠饷不发，连续引发两起兵变。1921年6月4日驻宜昌第二混成旅第一团哗变，由孙传芳前往镇压而得以平息；6月7日驻武昌第二师第四旅七、八两团官兵发生更大规模兵变，两团官兵占据电话局与电灯公司后，在全城打砸抢劫，武昌陷入一片混乱之中。

这场兵变成为"驱王运动"爆发的导火索。7月，湘军以援鄂驱逐王占元为名，以赵恒惕为总司令，兵分三路向湖北进攻。由于鄂军实力较弱，王占元毫无取胜把握，立即向直系首领吴佩孚求救。岂料这位山东老乡早有图鄂之心，乘机以"鄂人治鄂"为借口，举荐其亲信鄂籍夏寿康为湖北省长。

消息传来，王占元惊愕万分，这明摆着是剥夺他的鄂省行政权，以后筹措粮饷、扩军备战都将受其掣肘。王占元赶紧找来孙传芳商量计策。孙传芳与吴佩孚素有交谊，但在大是大非面前绝不含糊，他对王占元说："看来吴子玉意在控制湖北，如不加以抵制，后果不堪设想。"

王占元不是不想抵制，只是怕因此得罪吴佩孚。当时直皖大战结束不久，皖系下台后直奉两系共同把控北京政府，吴佩孚气焰熏天，这一点王占元十分清楚。但在湘军进攻面前，除了吴佩孚无处求援，王占元因此左右为难。

孙传芳态度十分明朗："是福不是祸，是祸躲不过。与其养痈遗患，不如先把他赶跑再说。"孙传芳在湖北将领中素有较高威望，又深为王占元所信赖，王占元当即表示："好吧，这事交给你全权处理。"

此时夏寿康已到武昌，正准备走马上任。孙传芳立刻领衔湖北诸将领给夏寿康写了一封信，派师部书记长王铸民带着信到贡院街行辕与夏寿康交涉，并特地交代王铸民："无论如何要想办法让夏寿康今晚离开武昌。"

然而，夏寿康有吴佩孚做后台，根本不把孙传芳等湖北将领放在眼里，表示自己是北京政府委任的省长，没有北京政府的调离令是不会离开湖北的。王铸民只好直言相告："就怕湖北将领不答应，你毕竟没有部队，万一发生意外……"

话说到这份上，夏寿康已经明白这个省长不是好当的，省长的职位终究不如生命更重要，立刻表示接受孙传芳等诸将意见，当晚便离开了武汉。孙传芳料定吴佩孚会大为震怒，但尚不至于因此演化为兵戎相见，毕竟在直皖大战中王占元支持曹、吴并为其立有大功。

赶走了夏寿康，王占元开始部署对湘军的防范与抵御。7月22日，王占元任命孙传芳为中路前敌总指挥，率部担任正面防守，在蒲圻设立司令部，于羊楼司、蒲圻、咸宁布置三道防线。另派刘跃龙为左路司令，守通城一线；王都庆为右路司令，守石首、公安一线。

但除了孙传芳的部队，鄂军其他部队毫无战斗力。7月28日双方开战后，鄂军左右两路很快溃败，尤其右路王都庆部刚刚经历兵变，一上战场即望风而逃，湘军长驱直入。唯有中路孙传芳顽强抵抗，令湘军出乎意料且措手不及。

从7月28日到8月5日，孙传芳在羊楼司至赵李桥一线与湘军展开激烈搏杀，羊楼司、赵李桥曾几度易手，致使湘军一直无法前进。

此时曹锟、吴佩孚派出的援鄂大军已抵达汉口，并在武汉三镇布防，同时占领了汉阳兵工厂。孙传芳急需增援，更急需粮草弹药，援鄂大军非但按兵不动，而且拒绝由汉阳兵工厂发放枪支弹药。孙传芳由此猜测吴佩孚援鄂是假，抢占湖北地盘是真。

当时援鄂大军以第二十五师师长萧耀南为总司令，以靳云鹗的第六旅为前驱。为探得实底，孙传芳派出与靳云鹗有乡谊关系的三人代表，赴靳云鹗驻地请求增援。靳云鹗对老乡表示："没有吴大帅的命令，援鄂军一律不得参加战斗。军令如山，兄弟实在无能为力。"

既是援鄂又不肯增援，可见吴佩孚援鄂目的实为趁火打劫，待湘、鄂两军两败俱伤后坐收渔利。孙传芳当即决定撤军以保存实力，但尚未来得及下达撤军令，便遇到了 8 月 6 日的大风天气。湘军见南风大作，借顺风以炮火猛攻鄂军。尽管逆风不利防守，孙传芳仍率部顽强抵抗，致使湘军死伤 2000 余人，方才下令撤退。湘军将领鲁涤平叹道："没想到王占元手下，竟有这样一个敢打硬仗的将领。"

王占元见大势已去，只好致电北京政府请辞，同时将第二师交给吴佩孚统辖，然后北上天津做了寓公。王占元下野后，吴佩孚的军队大举南下，湘军很快退出湖北。北京政府于 8 月 9 日任命吴佩孚为两湖巡阅使，任命萧耀南为湖北督军。

孙传芳失去靠山，只好手握重兵静观其变，并以患病为托词躲进医院。孙、吴两人原有私交，吴佩孚以为孙传芳会主动投靠，没想到孙传芳消极抵抗，有心予以制裁，无奈湖北局势未稳，同时孙传芳时任第十八师师长与第二师师长，掌握两个师的兵力，不可小觑。于是采取拉拢手段，向北京政府保举孙传芳为长江上游警备总司令。

孙传芳考虑再三，如不趁吴佩孚礼遇之际俯首称臣，后果将不堪设想，于是决定摒弃一切顾虑，接受吴佩孚的安排。吴佩孚抵汉后，孙传芳应邀前往拜见，吴佩孚热情地说："馨远，王老头走了，今后咱们一起好好干。"

孙传芳当即表示："今后一切事情，定唯巡帅马首是瞻。"至此，孙传芳投入吴佩孚麾下。

投靠曹吴，"后娘的孩子"没地盘

孙传芳就任长江上游警备总司令后，移驻宜昌。但这个听起来官职不小的总司令并无自己的辖区，没有地盘就没法聚敛财富，没有财富就没法招兵买马，在当时军阀混战中，地盘和军队一样重要。于是，孙传芳决定主动出击抢占一块地盘。

机会很快来了。1922 年 5 月，江西省代省长刘世钧和曲同丰来到宜昌拜见孙传芳。原来驻萍乡的张宗昌部与湘军因故发生战乱，赣人不胜其扰。加之北洋军阀盘踞江西专搞鸦片，而新任命的督军蔡成勋原为察哈尔都统，在察哈尔以种罂粟闻名，因此特地邀请孙传芳先行带兵入赣，防止蔡成勋入赣就职，同时震慑张宗昌部。

刘世钧讲完赣省情况，强调说："只要总司令率部锄毒安赣，便可先入为主，拒绝蔡成勋到任，然后军民分治。"也就是说，孙传芳平定江西后即可任江西督军。对此等天上掉馅饼的好事，孙传芳当即应允。

双方条件谈妥，刘世钧表示回赣后即拨付孙部开拔费用。刘、曲离鄂后，孙传芳随即将此事报告湖北督军萧耀南，萧耀南正为孙传芳以二师兵力盘踞湖北而耿耿于怀，如今不费一文便可翦除异己，当即欣然同意。

孰料，刘世钧的开拔费却迟迟未到。刘世钧回赣后即向日商银行借款，却因故久未达成协议，孙传芳没有开拔费无法启程，其间不慎走漏风声，尚在察哈尔的蔡成勋闻讯，立刻率一师兵力火速南下。刘世钧等措手不及，仓皇出逃。孙传芳赴赣之约未能成行，而离鄂之言却已出口，因此进退两难，处境十分尴尬。

但没过多久，又一个机会降临。1922 年第一次直奉大战结束后，奉系被赶到关外，直系控制了北京中央政权，但此时川、粤、闽、浙等省份均不在直系手中，尤其福建、浙江仍控制在皖系手中，令曹锟、吴佩孚如鲠在喉。12 月，曹、吴任孙传芳为援闽总司令，任命驻赣的第十二师师长周荫人为援闽前敌总司令，率部攻闽。

开拔前，孙传芳从鄂省财政厅领到 30 万元开拔费，又从汉阳兵工厂领到价值 7 万元军火。吴佩孚暗示孙传芳，要想办法将浙江也划入直系势力范围。孙传芳会意，先到九江与周荫人商议攻闽计划，然后前往南京，与江苏督军齐燮元商定，在适当时机夹击浙江督军卢永祥。

1923 年 1 月 7 日，孙传芳率部抵达南昌，准备与周荫人同时进攻福建。

福建原本为直系李厚基督政，后皖系王永泉联合粤军驱逐李厚基，控制了福建。而王永泉手下并无多少兵力，自知不是孙传芳的对手，赶紧向同是皖系的浙江督军卢永祥求助。卢永祥答应援助王永泉弹药若干，这才让王永泉松了口气。然而弹药运到后，王永泉大失所望。原来王部所用枪支为六五口径，而卢永祥援助的子弹为七九口径，根本派不上用场。

面对直军压境，旅长刘春台给王永泉出主意，改拒孙为迎孙，以解燃眉之急。由于王永泉与孙传芳、周荫人为同期日本陆军士官学校毕业生，有同窗之谊，王永泉觉得此计可行，遂派刘春台赴江西南城拜见孙传芳。

刘春台说明来意后，孙传芳满腹狐疑，尤其对王永泉"愿竭诚听候驱策，戴罪立功"的表示，更觉不可轻信。但由于部队长途跋涉，旅途劳顿，战斗力减弱，正需要做些休整，便表示欣然接受，并就入闽细节做了商定。

刘春台返回福州后，王永泉即如约为孙、周两部沿途设置兵站，接济粮饷。直军以周荫人部为先锋，孙传芳部殿后，兵不血刃地进入福建。如此一来，在孙、周顺利入闽的同时，王永泉也得到由直系把控的北京政府的认可，3 月 20 日，北京政府在任命孙传芳为福建督理、周荫人为闽北护军使的同时，任命王永泉为福建军务帮办兼闽南护军使，驻泉州；周荫人驻延华。

4 月 12 日，孙传芳进驻福州。乍看之下，孙传芳终于有了属于自己的地盘，但实际上，他不过成了王永泉的傀儡。王永泉的辖地在泉州，但他不仅赖在福州不走，而且仍把持着福建省的军政大权，到处发号施令，完全没把孙传芳这个督理放在眼里。

俗话说"有钱能使鬼推磨"，王永泉早在迎接孙、周入闽之前，便派心腹接管全省税务，将财政大权一手把控起来。孙、周到任后，军饷只能靠王永泉施舍，时多时少。而孙传芳作为闽省督理，根本指挥不动闽南地区的粤军和地方民军，可谓"外被群雄所困，内又见扼于王（永泉）"。

孙传芳这时才明白，王永泉在兵力不敌直军的情况下假意投直，换取直系好感，然后凭借以往对福建的经营，掌握福建军政实权。但孙传芳并非等闲之辈，岂能听任王永泉长期在福州发号施令，遂下决心除掉王永泉。

1923 年春末，皖系首领段祺瑞的妻弟吴光新来到福建，对王永泉投降直军大加谴责，一方面劝王永泉继续为皖系服务，一方面找到孙传芳，对孙传芳进行游说。由于 1920 年直皖战争中王占元支持直系，将时任长江上游总司令的吴光新骗到武昌软禁，然后解除吴部武装，将其部队收编，为直系立了一大功，而最终王占元为直系赶走，吴光新认为这是游说孙传芳弃直投皖的最好例证，于是旧话重提，对孙传芳说：

"王子春（即王占元）为了讨好直系，不惜卖友求荣，最后怎么样，还不是让吴子玉赶走了？王子春就是你的一面镜子。你们都是段督办培养起来的，段督办有马厂起义恢复共和及对德宣战的功勋，曹、吴有什么？现在段督办虽然下野，孙中山对他依然尊重，东北军虽退出关外，实力仍不可小觑，孙、段、张即将联盟讨伐曹、吴，直系灭亡已为时不远，你们还替他卖什么力呢？一旦臧致平（盘踞厦门）进兵闽南，卢永祥进兵闽北，你们的外援在哪里呢？你还是好好想想，不要走错路。"

孙传芳听后，自然不为所动，但出于打探反直同盟虚实的目的，佯作认真思考的样子，边点头边表示："言之有理，我会认真考虑的。"

待吴光新离开后，孙传芳立刻向吴佩孚汇报。按照吴佩孚的指示，孙传芳在吴光新面前表现出动摇的样子，大有投皖反直的架势。吴光新在福州停留 20 多天，临走时约孙传芳去上海面见卢永祥。到上海后，吴光新带孙传芳与皖系中坚分子数次会面，但正准备约见卢永祥时，孙传芳不辞而别，乔装北上，分别到洛阳与保定向吴佩孚、曹锟汇报情况，请示机宜，然后到天津小住。

孙传芳迟迟不归，福建盛传孙将被提升另有任命，这让王永泉喜出望外，以为孙传芳不再回闽。但 1923 年 7 月，孙传芳突然归来，并要求面见王永泉。孙传芳对王永泉说："曹锟、吴佩孚、卢永祥等人，都不是明智的长官，我并不甘心臣服，本拟归田，但因第二师的袍泽情深，只得再做冯妇，回旧部与之同甘共苦，只求以后不再为军饷粮草发愁，其他事都可不问，如果有机会就向外发展。"

孙传芳态度消极，神情恭敬，令王永泉不由得信以为真。此后孙传芳对王永泉更是处处退让，军政大事一概不予过问，令王永泉完全相信孙传芳已心灰意冷，完全放松了对他的防范。殊知，孙传芳此举正是为了麻痹王永泉，此时他已开始了驱逐王永泉的准备工作。

1924 年 2 月初，孙传芳突然得到密报，称王永泉购买了直隶督军王承斌三个师的装备，同时派人到外省招募新兵五六千人。孙传芳和周荫人认为，王永泉此举意在图谋不轨，伺机举事，于是决定以平息江西内乱为名，声东击西，先退后进，剪除王永泉。

2 月中旬，孙传芳找到王永泉，对他说："北京政府密令我率兵入赣，我打算留两个旅协助帮办镇守福州，其余部队全部带到江西平乱。督理一职就请帮办代理，今后若另有任用，定会保荐帮办继任督理。"

王永泉一听，以为孙传芳将另有高就了，否则不会把话说到这个份上，代理督理，明摆着督理的位子非他莫属了，顿时喜出望外。但孙传芳话锋一转，又说："只是目前经费困难，缺少 75 万元开拔费，若筹不到这笔款，恐怕无法实行援赣计划，不知帮办有没有办法解决。"

福建多贫瘠地区，财政一向紧张，加上最近王永泉招兵买马，购买军械，根本拿不出 75 万元巨款。但他想到花这笔钱就能将孙传芳赶走，倒也值得，当即表示应允，随即派人到闽南地区借款，借不到就想办法从百姓身上搜刮。2 月下旬，王永泉终于将 75 万元筹集到位，如数交给孙传芳。3 月 3 日，孙传芳、周荫人的部队开拔。王永泉终于送走了孙传芳，开始代理督理之职，顿时感到轻松自在。

然而，孙传芳的部队虽撤出了福州，却并没有离开福建。孙传芳的第一步，就是截获王永泉购置的那批军械，他令周荫人的第十二师苏埏团沿闽江布防。3 月 4 日，当王永泉的副官长丁鸿谟运送军械的船队途经延平时，周荫人亲自出面，盛情款待丁鸿谟。丁鸿谟尚不知周荫人已宣布从闽撤军，酒足饭饱后启程之前，还给王永泉发了电报，报告军械安全。但启程不久即在夏道附近遭到苏埏团的江面攻击，双方战斗三小时，丁鸿谟被击毙，船队投降。

接着，孙传芳进行第二步计划，命留守福州市郊的卢香亭、李生春部攻占福州，占领福州后，李生春即致电王永泉："伯川（王永泉字）帮办钧鉴：我公罪大恶极请即离闽，以免糜烂地方。"

就在此时，王永泉又得到军械被截的消息，紧接着又收到卢香亭逼他自行撤退的致电，这才明白中了孙传芳的圈套。由于王永泉此时手中只有海军陆战队一团，根本不是孙传芳的对手，不得不宣布离去。他给孙传芳致电："攫城而战，徒贻地方之害，愿接劝告，赴泉（州）待命。"于3月7日凌晨，仓皇离去。

王永泉逃跑后，他手下大将杨化昭统领其残部，与盘踞厦门的臧致平合兵编成闽军三师，共1.7万余人，臧致平自任闽军总司令，杨化昭任副总司令，宣称联合孙中山、卢永祥、张作霖，反对直系。孙传芳得讯后，调第二师、第十二师各两个主力团，由周荫人统率，前往讨伐闽军。闽军不敌，逃往浙江投到卢永祥麾下。

卢永祥收编了臧致平、杨化昭两部，违反了"江浙和平公约"，即不得容留、收编"客军"，江苏齐燮元早就想将卢永祥掌控的上海据为己有，卢永祥此举，为直系出兵制造了借口。9月8日，曹锟正式下令讨伐卢永祥，江浙战争全面爆发。

孙传芳在援闽之前便与齐燮元约定，选择适当时机夹击皖系卢永祥，在8月江浙战争一触即发之时，孙传芳便已做好出兵浙江的准备，并将其计划告知周荫人。原来，孙、周夺得福建后，周荫人因位居孙传芳之下心怀不满，与孙传芳矛盾迭生。为避免与周荫人两败俱伤，同时孙传芳也不满足于偏居福建一隅，遂向曹锟、吴佩孚力陈周荫人援闽之功，保举其为福建督理。

5月13日，北京政府免去孙传芳督理一职，任命周荫人为福建军务督理，6月14日，任命孙传芳为闽粤边防督办。如今，孙传芳出兵浙江，周荫人一方面怀着报恩心理，一方面也希望孙传芳的部队离开福建，当即表示将以福建全部人力、物力支援孙传芳攻浙。

于是，战争打响之后，孙传芳以闽浙联军总司令名义挥师北上，令士兵穿短裤，着草鞋，戴斗笠，乔装成流民、乞丐，秘密进军闽浙交界处——仙霞岭。

此时，江浙战争的参战双方在沪宁沿线的黄渡、浏河一带进行阵地战，拂晓时分开炮，中午停炮午休，下午继续开炮，傍晚再次停炮，夜间各自就寝。就在双方优雅、悠闲地战斗时，孙传芳以驻守仙霞岭的张国威为内应，顺利进入仙霞岭，直逼杭州，使卢永祥腹背受敌。

9月18日，卢永祥宣布放弃省城，退守上海。9月20日，孙传芳被任命为浙江督理兼闽浙巡阅使。进驻杭州后，孙传芳即与齐燮元继续攻打卢永祥。10月17日卢永祥被迫通电下野，江浙战争结束。

在这次战争中，孙传芳既没有遇到大的抵抗，也没有受到什么损失，便顺利占领杭州，并抢先进驻卢永祥残军所在——上海龙华，收编了卢永祥二师一混成旅，可谓收获甚丰，成为此次战争的最大赢家。督浙后，孙传芳广纳卢永祥所部降将，大力扩编军队，到1924年底，已拥有三个师七个混成旅和一个混成团，总兵力5万余人，成为直系军事集团中屈指可数的实力派首领。

相机反奉，五省联帅战徐州

就在孙传芳被任命为浙江督理的第五天，即1924年9月25日，孙传芳的部队进入杭州城，就在这一天，耸立在西子湖畔的雷峰塔轰然倒塌。虽然它的倒塌系人为盗取塔脚砖所致，但仍有不少人认为，孙传芳进驻杭州是个不祥之兆。

果然，10月23日，突然传来冯玉祥发动北京政变，囚禁总统曹锟的消息。此时正值第二次直奉大战进行时，吴佩孚为解除后方威胁，从前线赶回镇压冯玉祥，却导致前线军心涣散，直系溃败。

这个消息对刚刚当上浙江督理的孙传芳来说，无异于晴天霹雳。后台已倒，意味着自己浙江督理的地位有可能不保。11月24日，在冯玉祥与奉系张作霖的恭迎下，皖系首领段祺瑞重新出山，出任中华民国临时执政。

12 月 11 日，江苏督军齐燮元被免职，卢永祥被任命为苏皖宣抚使，奉系张宗昌以护送卢永祥为名，奉命率师南下。

消息传来，孙传芳对自己的前景不无担忧，随即叫来他的高参杨文恺商议对策。杨文恺说："依我看，来者不善。明摆着护送是假，趁机染指长江流域是真，我们要早做防范才是。"

可问题是怎样防范，两人商量后决定，由杨文恺去北京面见段祺瑞，就出兵讨伐卢永祥一事做出解释。所谓解释，无非是将责任推到曹、吴身上，以求得段祺瑞的谅解，表示今后愿听段祺瑞调遣，希望他能够从中与奉系调停。同时派人与张作霖说情，希望奉系不对浙江出兵。但孙传芳并没有把希望寄托于此，他一面积极布防，一面与齐燮元联手，于 1925 年 1 月 11 日组成江浙联军，做好抵抗奉军的准备。

段祺瑞政府为了分化江浙联军，孤立齐燮元，于 1 月 16 日任命孙传芳为浙江督办，卢永祥兼江苏督办，并宣布上海永不驻兵。如此一来，孙传芳由直系中央任命的浙江督理变为奉系中央任命的浙江督办，官职没变，危机解除。孙传芳暗暗得意，对杨文恺说："看来你的北京之行收效甚大，段执政果然没把江浙战争的账记在我们头上。不过，这并不代表奉系不会对我们用兵。"

杨文恺说："从目前情况看，奉张以力挺卢永祥为借口抢占地盘，第一个目标应该是江苏，然后是上海。至于浙江，有时间上的缓冲，便可事在人为，毕竟奉张人地生疏，会有诸多被动。"

两人分析时局后一致认为，既然奉系志在灭齐，就没有必要与齐燮元绑在一起。倘若奉军大举南下，江浙联军也未必是其对手，不如保存实力，随机应变。于是，1 月 20 日，孙传芳将派往无锡助齐抗奉的一旅人马撤回。齐燮元孤立无援，败逃上海，于 28 日通电下野，29 日张宗昌率部进入上海，齐卢战争宣告结束。

奉军进入上海的时候，孙传芳在龙华的部队尚未撤走。为了抵制奉军，他将部队退到松江、莘庄加强防御，因此上海各界一片恐慌。为避免上海成为浙奉战场，吴光新出面斡旋，孙传芳也担心不是张宗昌的对手，想缓和与张宗昌的关系。在吴光新的牵线和撮合下，2 月 3 日，孙传芳从杭州赴上海与张宗昌会晤，签订了互不侵犯的《和平公约》，达成双方退兵协议。为了进一步缓和关系，孙传芳投其所好，陪着张宗昌逛妓院下赌场，玩得不亦乐乎。见两人高兴，吴光新又提出交换兰谱，于是，两人结拜金兰，成了异姓兄弟。

有一天孙传芳请张宗昌到长三堂子吃花酒，席间，属下送来一封电报，张宗昌看后哈哈大笑，并随手递给孙传芳。

孙传芳一看，惊出一身冷汗，原来是张宗昌的秘书王翰鸣打来的，请示攻打浙江事宜，看来攻打浙江原是在张宗昌计划之中的。孙传芳强作笑脸，故作轻松，用开玩笑的口吻说："那你也该给他个答复啊？"

张宗昌满不在乎地说："答复啥，让他葫芦里闷着去吧。"

随后，孙传芳如约从上海撤兵，张宗昌虽未对浙江用兵，但未履行上海撤兵条约。孙传芳发觉受骗，一面大骂张宗昌，一面电请段祺瑞催促奉军从上海撤兵。后来张宗昌被任命为山东督办北归，上海局势一度缓和，但奉军仍未完全从上海撤兵。不久，五卅惨案发生，张作霖借口调查五卅案于6月13日派兵进驻上海，任命邢士廉为上海警备司令，奉系正式进入东南财富中心。随后，奉系杨宇霆出任江苏督办、姜登选出任安徽督办。至此，张作霖在长江流域已经占据了苏、宁、皖、沪等地。

面对张作霖的步步紧逼，孙传芳只好应变逢源，相机行事，为浙江争取到一段时间的安定，背地里积极备战。他首先派杨文恺赴张家口面见冯玉祥。此前，冯玉祥因被张作霖以西北边防督办名义排挤出北京，决意反奉，曾派人到天津请孙传芳的老师张绍曾联系孙传芳，共谋反奉大计。孙传芳自然乐得多一个帮手，于是遵照张绍曾的意思，让杨文恺携带他的兰谱拜会冯玉祥，表达了联冯反奉的决心。冯玉祥对杨文恺说："我比馨远年长三岁，我为兄，馨远为弟，从此义结金兰，风雨同舟，患难与共。"

后来，孙传芳又在杭州会见了张绍曾的弟弟张绍程，对他说："老师的策划，是为我和焕章（冯玉祥字）免除祸害，现在我的处境是我不攻人，人亦攻我，一场血战在所难免。我已决定在八月十五中秋那天发动反攻。你回去转达焕章兄，让他做好准备，到时出兵攻取直隶，我们南北夹击，将奉军赶到关外。将来拿下直隶、山东，归西北军统辖，江苏、安徽由我负责办理善后。"

不久，冯玉祥回信表示将全力支持与配合孙传芳的反奉行动。与此同时，孙传芳还与河南督办岳维峻、江苏第四师师长陈调元、江西督办方本仁和赣北镇守使邓如琢等地方势力建立合作关系。还拉拢张謇、唐文治等江苏士绅、名流，制造反奉舆论，煽动反奉请愿游行，为出兵讨奉制造借口。而奉系在江南的统治不得人心，也为孙传芳反奉创造了条件。

10月8日，孙传芳召集浙、闽、苏、皖、赣五省代表在杭州举行秘密会议，达成五省联盟，15日通电宣布成立五省联军，孙传芳自任五省联军总司令，向奉军宣战。16日，孙传芳与周荫人联名发表通电，指斥奉军破坏"上海永不驻兵"的协议，镇压工人运动，宣布五路大军进攻上海。

江苏督办杨宇霆猝不及防，由于奉军在江苏只有两个师，邢士廉师守护上海，丁春喜师守护南京，根本无法与孙传芳相抗衡。所以早在14日得知孙传芳将进攻上海时，杨宇霆便令邢士廉部撤出淞沪。然而，杨宇霆没料到陈调元已秘密加入五省联军，还以为可以依靠。岂料，16日孙传芳宣布进攻上海后，陈调元即令其第四师占领电报局，控制了电信。并将丁春喜师全部缴械，杨宇霆也被陈调元的军队堵在督署内。

当时杨宇霆正在召开紧急军事会议，他分析了一下当前局势，认为南有孙传芳的进攻，北有冯玉祥的随时出击，主张保存实力，撤退北归。陈调元说："督办所言极是，不如我们现在就为督办送行吧。"

杨宇霆故作镇定，笑笑说："好，我洗个澡，马上就走。"不料杨宇霆这个澡足足洗了一个多小时，陈调元实在等不及了，推门一看，哪里还有杨宇霆，他早已从浴室水道进入河道溜走。

于是，16日一天，孙传芳即占领了松江、上海、南京。而安徽督办姜登选手中无军队，只能钻进装甲车逃离蚌埠，孙传芳轻轻松松即将奉军赶出了苏皖地区。

10月18日，孙传芳通电拥护吴佩孚出山，领导各省军阀讨奉，两天后，吴佩孚在武汉宣布就任十四省讨贼联军总司令。虽然孙传芳与吴佩孚、冯玉祥结盟，约定共同讨奉，但当孙传芳兵分三路向徐州发起总攻的时候，吴佩孚与冯玉祥都没有履行诺言。

11月2日，孙军与奉军在固镇、任桥一带相遇，孙传芳以卢香亭师的马葆珩团为先头部队，向奉军展开攻击。张宗昌以施从滨部的白俄军为前锋向孙军反扑。孙军虽训练有素，但面对乘坐铁甲车进攻凶猛的大个子白俄军，难免心生胆怯，不久便现颓势，从任桥一直退到固镇以南，其间一度被白俄军包围，一部分人被俘。白俄军杀人手法残暴，他们用挖眼睛、割鼻子等残忍手段杀害了马葆珩团50人，马葆珩团的士兵被激怒，冲出包围后不要命地猛扑白俄军，结果活捉白俄兵300多名，以同样残忍的手段将其杀害，旅长李俊义与团长马葆珩赶到后，才制止了这场报复行动。

就在白俄军与马葆珩团厮杀时，施从滨乘坐铁甲车率部攻进蚌埠。这时，孙军发现施从滨的铁甲车虽然跑得快，但和后续部队拉开了一段距离。于是孙军看准时机，绕到敌军背后，破坏铁路，阻断敌军后路，并以卢香亭师、谢鸿勋师两部呈钳状包围蚌埠三面，包围了身在蚌埠的施从滨部。

如此一来，施从滨部和白俄军很快便弹尽粮绝，在蚌埠以北作战的白俄军见败局已定，将煤油浇在铁甲车上，连人带车全部付之一炬。施从滨则跳进铁甲车，全速向北撤退，他的铁甲车刚通过固镇桥便因铁路被毁，出轨翻车，孙军立即将其团团围住，施从滨被俘。

孙传芳此时正在总司令部——一列火车上指挥作战，副官将施从滨被俘的消息告诉他时，说："谢师长带话说希望优待施从滨。"孙传芳却没有理会这句话，而是冷冷地说："将他带上来。"

施从滨时年59岁，乃北洋宿将，虽然被俘，依旧神色自若。他见到孙传芳后，以标准的姿势行了一个军礼，他本以为以他的身份会受到礼遇，但孙传芳此时已被一连串的胜利冲昏了头脑，变得目中无人，不可一世，加上他因白俄军残忍杀害属下50人而迁怒于施从滨，便以轻蔑的口吻说道："施老，您好啊，听说您是来当安徽督办的，那么就请您去上任吧！"接着一个手势，示意手下将其拖出去杀掉。

杨文恺此时正在孙传芳身边，见状赶紧劝阻道："谢师长请您优待施从滨，您怎么要杀他呢？施老身居高位，不宜杀掉，还是将他押至南京监禁吧。"

但孙传芳不理会杨文恺。于是，施从滨被拖到蚌埠车站南边的空旷处枪杀，并斩断头颅，分两处掩埋。孙传芳此时万万不会想到，十年后他为这个固执的决定付出了生命的代价。

1925 年 11 月，孙传芳占领徐州，奉军被逼退至山东。11 月 23 日，孙传芳凯旋南京，25 日正式成立五省联军，并自任五省联军总司令兼江苏总司令。至此，孙传芳在三年的时间里，由鄂到闽，由闽到浙，由浙到苏皖，成为皖、赣、苏、闽、浙五省霸主，东南地区的实际统治者，拥兵 20 余万，达到他一生的顶峰。

与蒋斗法，都是狂傲惹的祸

拥有了东南半壁江山，孙传芳一方面开始对上海渗透与蚕食；另一方面觊觎北京政权，预谋颠覆奉系控制的段政府，另组"直系中央"。1925 年 11 月，孙传芳亲赴南通拜谒江苏巨绅张謇，企图借助张謇在江南乃至在全国的名望组织临时政府。张謇喜出望外，盛情款待孙传芳，两人为此合影留念。

然而，全国形势发展之快令这位直系后起之秀措手不及，1926 年，南方国民革命军北伐在即，北方冯玉祥利用奉系郭松龄倒戈之机，新败奉系直督李景林。面对共同的对手冯玉祥，原与孙传芳有合作之约的吴佩孚转而与张作霖二度合作，打乱了孙传芳控制北京政府的计划。

1926 年 7 月，北伐战争拉开序幕，地处两湖的吴佩孚成为北伐军的第一个目标。此时吴佩孚正在南口与冯玉祥对打，加上对北伐军的轻视，没有及时南下作战，直到北伐军攻占湖南，吴佩孚才匆匆南下，向孙传芳连发急电，请求支援。尤其吴佩孚退守武汉后，孙传芳的支援可谓举足轻重，连北伐军总司令蒋介石也认为，此时"孙的态度足以影响大局"。

但任凭吴佩孚十万火急，求援的电报一日数次，孙传芳却隔岸观火，不为所动。他的部下曾提出不同意见："玉帅（吴佩孚）眼看力不能支，大帅若不出兵相助，恐怕北伐军会各个击破。"孙传芳则不以为然地回答："南军负隅两广，就好像紧紧卷成一团的绳子，用刀来砍砍不断，如今他们从珠江流域跑到长江流域，就把绳子拉长了，一节一节地剪就容易多了。所以，玉帅那边就算挺不住，也会使南军受到创伤，到时我们只需将他们一段一段地剪断，还能顺便捞得两湖，何乐而不为？"

所以，当蒋介石极力拉拢孙传芳，从 1926 年 5 月到 8 月，先后派出蒋尊簋、张继、张群等人对孙传芳进行游说时，孙传芳根本没把北伐军放在眼里，蒋尊簋差点被其部属卢香亭杀掉，张继也是备受奚落。只有张群得以与孙传芳公开讨论了和战问题。

张群与孙传芳同是日本陆军士官学校毕业生，虽不是一届，但通过以前的同学，很容易与孙传芳搭上线，并在南京会晤，他给孙传芳提出三种选择：

一、响应北伐，发兵北攻，那便是功臣；

二、保持中立，不妨碍北伐军的行动，那便是朋友；

三、反抗北伐，那便是兵戎相见了。

由于孙传芳对北伐军实力认识不足，仍认为他的主要敌人是北方的奉系，因此不想与北伐军敌对，于是表明了"人不犯我，我不犯人"的中立态度。但张群不满足，非要将孙传芳拉入北伐军阵营才肯罢休，可无论他如何动之以情晓之以理，孙传芳依旧不为所动，情急之下，张群说："军人大都爽朗果断，我看你不像是个军人，倒像个政客。"

孙传芳听后怫然作色，反唇相讥："我可不是什么政客，也不会让我的儿子当政客，我最讨厌政客。政客都是些朝三暮四与迎新送旧的妓女无异的下流货色，我是一个地地道道的军阀。"张群是新政学系首领，典型的政客，孙传芳的一番话无异于别有用心的辱骂，令张群面红耳赤，尴尬异常。

8 月上旬，北伐军一部进入江西，孙传芳得讯后大惊，立刻认识到蒋介石对他的拉拢，只是防止他和吴佩孚联手对抗北伐军，一旦蒋介石打败吴佩孚，他必然会成为下一个目标。于是，孙传芳急忙调兵遣将，在江西布防，以备不测。

蒋介石正在准备会攻武汉，生怕孙传芳出兵援助吴佩孚，立刻发电劝慰孙传芳，称："对于全国军人，力求团结，共负救国责任，绝不忍为自相残杀举动，志同道合，直可联为一体，岂仅各不相犯而已。兄以苏、浙、皖、赣、闽五省之治安自任，若能顺应革命潮流，以保五省人民之幸福，中正必请于政府，承认兄为五省之总司令。"蒋介石的劝慰，令孙传芳放松了警惕。

8月底，在北伐军与吴佩孚的汀泗桥战斗中，孙传芳一日之内收到吴佩孚数封来电，乞求他出兵援助。孙传芳从吴佩孚的一路溃败中认识到北伐军的实力不容小觑，决定派第十师援助吴佩孚。恰在此时，孙传芳在日本陆军士官学校的同学蒋方震偕丁文江前来拜会，两人正是受蒋介石之命前来阻止孙传芳出兵的。结果，两人一番劝说，孙传芳放弃援助吴佩孚的打算，致使吴佩孚在汀泗桥战斗中惨败。

9月初，吴佩孚主力基本被消灭，败局已定，北伐军随即将枪口对准江西，分别由南雄、茶陵、萍乡三路向江西进攻。与此同时，蒋介石在上海组织特务委员会，破坏孙传芳的后方安定。

孙传芳对此早有准备，他将五省军队按地域编为五方面军，第一方面军总司令邓如琢；第二方面军总司令郑俊彦；第三方面军总司令卢香亭，率本部一师及谢鸿勋、周凤岐各一师，李俊义、杨震东各一混成旅；第四方面军总司令周荫人；第五方面军总司令陈调元。

其中第一方面军负责到赣西大庾、赣南萍乡布防；第二方面军沿南浔路推进；第三方面军是孙传芳的主力军，负责全军总攻击，目标是武汉，以卢香亭为援鄂军总司令，率各部驻守南浔路沿线，以谢鸿勋部出修水、铜鼓进攻赣西北的北伐军；第五方面军则由孙传芳亲率至九江和武穴，接受下一步指挥。

9月3日，战争首先在赣南拉开序幕。此时孙传芳仍未将北伐军放在眼里，仍将夺取长沙、武汉作为战略目标，他把联军总部设在水上便是准备顺水路进入武汉三镇。因此，战争开始后，孙传芳耀武扬威，不可一世，公开扬言："北伐军之所以战胜吴军，皆因吴军除刘玉春一部能打仗外，其他杂牌军皆乌合之众，根本不具战斗力。而五省联军训练有素，能征善战，锐不可当，绝对有把握尽快将北伐军赶回广东。"

然而，十几天过去，孙传芳在江西战场上连连败北，到9月中旬，北伐军除左路李宗仁部尚未入赣，其他两路均已进入江西腹地，直逼南昌。直到这时，孙传芳才感到北伐军并非他想象的那么简单。为了赢得时间做出进一步调整，孙传芳于 9 月 15 日向蒋介石致电呼吁"和平"，称："传芳本意，始终不愿加入战争漩涡，惊扰吾民，但彼军不谅，业已侵入赣境修水、萍乡等处，为保境安民计，自当严予制止，彼等不退，势无可避。"

蒋介石岂会上当，于 17 日复电孙传芳，要求其先撤援赣之兵，方可谈论和平。孙传芳非但不会撤军，而且决定亲自赶赴前线督战，此前一直由卢香亭在前线代理指挥作战。临行前，孙传芳对江浙士绅们表示："北伐军没有什么可怕的，吴玉帅的失败全在于军队战斗力差，我现在就是要叫他们尝尝我们联军的厉害，我很快就会率部凯旋，大家等我的好消息吧。"

9 月 21 日，孙传芳乘招商局的"江新"轮由南京赶赴九江，其总司令部就设在"江新"轮上。由于第二阶段战事主要围绕南昌、九江争夺战展开，而此前南昌已经失守，孙传芳 22 日入赣后，一方面令谢鸿勋率所部第四师及杨震东的第二十四混成旅进攻修水、铜鼓；另一方面令邓如琢夺回于 9 月 19 日被北伐军占领的南昌，同时令郑俊彦配合邓如琢从南北两个方向夹击南昌。

在孙传芳的部署下，9 月 24 日，邓如琢、郑俊彦夺回南昌。9 月 26 日，谢鸿勋以杨振东为先锋，进攻铜鼓、修水，由于国民革命军的自行撤退，杨振东兵不血刃占领两城，随即迎接师长谢鸿勋进城，并在城内大肆庆祝。

却不料，北伐军不仅对孙军设下了包围圈，而且在城内留下便衣队及时与城外部队联络，计划好里应外合。10 月 1 日夜，就在谢鸿勋、杨振东躺在烟榻上大饱口福的时候，忽闻杀声震天，两人急忙从烟榻上爬起来向城外逃跑。谢鸿勋在路上被流弹射中，被部下送到上海公济医院后抢救无效死亡。

消息传到"江新"轮上，孙传芳呆愣半晌，喃喃自语："为什么会这样？为什么会这样？"谢鸿勋一向以作战勇猛剽悍而著称，为孙传芳军中之精华，他的死对孙传芳打击甚大，对军心也颇有影响。

10 月 10 日，吴佩孚主力被灭，北伐军后方稳定，援军陆续开到，而孙传芳的后方却因浙江省长夏超的公然叛变而军心不稳。与此同时，五省联军内部也是一团糟。陈调元、周凤岐秘密与北伐军建立联系，拒不服从孙传芳调遣。卢香亭也与孙传芳意见不一，孙传芳主张由两路军队进攻武汉，卢香亭却对进攻武汉丝毫不感兴趣，主张防守为主，所以在每次击退北伐军后便回兵整顿休息，流露出厌战情绪。加上援赣之人大多是江浙人士，在江西作战自然不愿拼命，因此士气低落。

与此同时，北伐军入闽后，福建周荫人几乎未经什么大战便迅速溃败，连连后退，以致影响江西战场士气。

10 月底，北伐军将主力集结于南浔路沿线，以夺取南昌为目标，对孙军发动了总攻。到 11 月 5 日，孙传芳已先后失德安、马回岭、九江，至此，南浔路北段以及长江水道尽失，孙传芳归路被截，败局已定。10 月 6 日，孙传芳乘坐"决川"号逃回南京。在南昌抵抗北伐军李宗仁、白崇禧的卢香亭、郑俊彦部也随孙传芳撤退，10 月 8 日，南昌失守，江西战争以孙传芳失败告终，而福州也在 12 月上旬被北伐军占领。

孙传芳连失赣、闽，五省联军内部土崩瓦解，令孙传芳领教了蒋介石的厉害，再不敢小看北伐军。他终于看清形势，知道北洋派必须团结到一起，才有可能击败北伐军。因此，一逃回南京，他便联系吴佩孚、段祺瑞到南京开会，想要成立北洋三角同盟。然而，会议第一天，段祺瑞的代表靳云鹏在发表讲话时，公然责骂吴佩孚发动直皖战争，吴佩孚的代表熊炳琦立刻拉下脸反唇相讥，二人唇枪舌剑，骂得不可开交，孙传芳劝阻不住，只能散会。于是，北洋三角同盟顷刻间化作泡影。

孙传芳失去了与吴佩孚、段祺瑞的合作不足为惜，毕竟此时北洋军阀中最具实力的当属奉系。早在江西战争爆发之时，孙传芳即派杨文恺分别到济南、天津拜会张宗昌、张作霖，以期与奉系达成谅解。在北有冯玉祥的国民军虎视眈眈，南有北伐军锐不可当的情况下，张作霖自然要以大局为重，与孙传芳冰释前嫌，表示对过去的事既往不咎。11 月 14 日，张作霖在天津蔡家花园召开会议，北洋各派代表均列席参加，孙传芳则亲自前往面见张作霖。

在与张作霖的会面中，孙传芳先是深深鞠了一躬，接着充满歉意地说："对不起，大帅。"张作霖立即眉开眼笑："过去的事情，就不要提它了。"

接着，张作霖问孙传芳有多少军队，孙传芳如实相告："直属部队 5 万，联军 20 万。"

张作霖听后高兴得一拍手，夸口他东三省有兵力 80 万，加上张宗昌的直鲁联军不下百万，并强调："我们要齐心协力一起干，就是退到哈尔滨，剩下一团人，也要干到底。"

一切谈妥，张作霖在蔡家花园设宴款待孙传芳后，孙传芳便心满意足地回到他在天津的住处，途中恰巧碰到一报童，正高声叫喊："号外！号外！孙传芳拜山！"孙传芳尴尬一笑，事到如今哪还顾得世人如何看待他的所作所为。

11 月 29 日，孙传芳、张宗昌以直、鲁、豫、苏、皖、赣、浙、闽、陕、晋、察、热、绥、吉、黑 15 省区联名的形式，推举张作霖为安国军总司令。12 月 1 日，孙传芳被任命为安国军副总司令仍兼苏皖赣闽浙五省联军总司令；张宗昌被任命为安国军副总司令兼直鲁联军总司令，杨宇霆为总参谋，大家齐心协力，准备南下"讨赤"。

联奉反蒋，龙潭大战定生死

与奉系达成合作之局后，孙传芳在 1927 年初近一个月的时间里得以重振士气。即 1927 年 1 月，孙、奉关系调整成功，张宗昌的直鲁军大举南下接防，孙传芳全力以赴应付浙江战场，将北伐军自杭州近郊一直逼迫到浙境南陲之衢县。

然而，孙传芳尚未来得及庆贺，北伐军便于 1 月 29 日开始反攻，仅仅半月时间便逼近杭州。在此情况下，孙传芳不得不下令弃守杭州，撤往嘉兴一带布防。在北伐军凌厉的攻势下，孙传芳的下属纷纷倒戈。2 月，浙江省长陈仪打开杭州城门归降北伐军；3 月，安徽省长陈调元公开就任国民革命军第三十七军军长。此时孙传芳的部队已成惊弓之鸟，他不得不将浙江防线和南京、上海交给张宗昌的直鲁联军防守，他本人率部退守扬州一线。但张宗昌的直鲁军也未能挽回败局，3 月下旬，上海、南京先后被北伐军占领。

随着直鲁军的节节败退，孙传芳率部由扬州退往淮阴，后又退往瓜州、泰兴一带。

就在直鲁联军反攻失败，孙、奉联盟败局已定的时候，4月12日，蒋介石发动反革命政变，大肆屠杀共产党人，在南京另设国民政府，宁汉分裂致使北伐搁浅，使孙传芳获得喘息的机会。

5月，处于内外交困之中的蒋介石再次想到联合孙传芳，以扩大外部合作实力，抗击党内政敌。于是，张群约杨文恺到南京会晤，洽谈孙、蒋合作。张群带来蒋介石的亲口允诺："若孙联帅与蒋委员长合作，南京国民政府即任命孙联帅为国民革命军副总司令兼华北联军总司令，蒋委员长则以国民革命军总司令兼任华南联军总司令。"

张群以为，孙传芳作为北伐军的手下败将，能得此重用应是摆脱败局的最好机会，杨文恺也深以为然。岂料孙传芳一口回绝，由于与奉系合作愉快，又得此休整机会，孙传芳认为匡复江南当为期不远，无须弃奉投蒋。

倘若孙传芳此时投向蒋介石，其结局定然大不一样。但孙传芳执迷不悟，错过了最后挽救败局的机会。蒋介石因多次寻求与孙传芳合作不果，积怨也越来越深。

6月中旬，孙传芳参加张作霖在北京召开的军事会议，参与策划了张作霖成立的安国军政府。6月18日，张作霖通电就任中华民国军政府大元帅，孙传芳被任命为安国军第一军团军团长。

7月初，孙传芳、张宗昌趁蒋介石自顾不暇之机进行反攻，先后夺回徐州、蚌埠、淮阴等地，蒋军退至长江南岸。8月13日，就在孙传芳为连打胜仗得意之时，又一个喜讯传来：蒋介石宣布下野了。此时，孙传芳已被暂时的胜利冲昏了头脑，认为蒋介石被迫下野，南京政府即陷入无政府的瘫痪状态，正好是攻打南京的好机会，当即对总参谋长孟星奎、秘书长万鸿图说："好，我们就趁此机会，发动6万大军强渡长江！"

孟星奎、万鸿图表示赞同。加上蒋介石占领江浙后，既要扩军，又要建立政府机构，各种捐税比孙传芳统治时期加重，引起江浙人民不满。他们组织了一个人民代表请愿团，到蚌埠请孙传芳出兵江浙，救江浙人民于水火之中。孙传芳听后大喜，认为出兵江浙是民心所向，必定大获成功。

8月24日，孙传芳宣布兵分三路强渡长江，其中第一路总指挥为郑俊彦，目标是抢渡长江，进攻下关，占领南京；第二路总指挥为刘士林，目标是占领龙潭车站附近的高地，掩护大军渡江，再会攻南京；第三路总指挥为马玉仁，目标是由扬州攻镇江，牵制上海敌军。

首先行动的是郑俊彦部，选定大胜桥进行偷渡，然而此时正逢国民党第七军军长李宗仁乘"浚蜀"号炮舰，从九江驶往南京，李宗仁途中拿望远镜看到一群可疑的民船，用旗语招呼，对方毫无反应，待靠近，才发现船内坐满士兵，李宗仁立刻下令朝民船开火。郑俊彦部所乘民船哪里敌得过"浚蜀"号的炮火攻击，只能原路返回。

孙传芳亲赴浦口为第一路督阵，正巧碰到郑俊彦部被李宗仁击退，心中十分不快，好在孙传芳很快得到消息，第二路刘士林部于26日清晨顺利占领龙潭车站，这才稍稍放心。

龙潭镇北临长江，东南背靠宝华、汤山和栖霞山，距南京30公里，是南京的唯一屏障。抢占此地，即可阻断南京对外交通。所以龙潭被占，引起南京军事委员会高度重视，白崇禧立刻电令驻扎宁杭一带的国民革命军第一军卫立煌部、刘峙部火速增援，在国民革命军的夹击下，刘士林部不得不暂时放弃龙潭。

27日，刘士林部再次向国民革命军发起猛烈攻击，终于在28日复占龙潭。29日，在南京海军狙击下，孙军5万多兵力冲破阻力强渡成功，聚集于龙潭、栖霞山一线，孙传芳本人也随军前往，在龙潭水泥厂坐镇指挥。为激发士气，孙传芳下令："凡运兵完毕之船只一律调回长江北岸由大刀队看管。"颇有背水一战、破釜沉舟之气魄，其夺回江南之决心可见一斑。

此时，李宗仁的第七军与何应钦的第一军也纷纷赶赴龙潭。于30日清晨从东西两个方向会攻龙潭，逐步从东、西、南三个方向包围孙军，到下午5时，孙军先后从龙山、虎头山、七里观溃败，6时，龙潭被国民革命军夺回。31日清晨，孙传芳再一次发起猛烈进攻，企图夺回龙潭，白崇禧、何应钦配合无间，孙传芳与之激战三小时，未能重夺龙潭，加上国民革命军从侧面攻击，孙军逐渐不支，于下午2时全线溃退。

孙传芳见难以挽回败局，于战斗结束前便设法脱身，带左右亲信及小部人马乘小火轮渡江逃走。主将刘士林、段承泽、上官云相等人也先后乘坐小划子及小火轮逃回北岸，只有第十一师师长马葆珩还率部与国民革命军中的桂军搏杀，当他得知第二路总指挥刘士林和各师、旅长已全部撤走时，立刻突出重围。

但此时已是大队人马全线撤退中，江边拥挤不堪，由于船少人多，很多人在抢着上船时落水，上了船的也很难幸免于难，有的因船只重心失衡而翻船落水，有的因船只超载而翻船落水；有的船被落水者扒翻，有的船被北伐军海军开炮打翻，有的相互撞沉。

马葆珩总算挤上了船，但因船小人多无法开动，岸上又有追兵机枪扫射，不得已跳入江中，身穿背心短裤拼命向江北游去。上岸后已是夜色深重，马葆珩疲惫不堪，看到附近有一座庙，只好先进去休息，在廊下随便找了个稻草堆便躺下睡着了。

此时，刘士林就睡在后面的屋里。刘士林身为渡江总指挥，在撤退时率先逃跑，导致上万人葬身长江，自觉无颜面见孙传芳，便决定天亮前逃走。不料在廊下看到马葆珩和另两名军官睡在稻草中，感到十分惭愧，便留下了自己的黑马。马葆珩醒后看到刘士林的坐骑，再一问庙里人，遂明白了怎么回事。

孙传芳听说马葆珩回来了，顿时悲喜交加。待见到马葆珩的落魄模样，竟流着眼泪说："你能回来真是太好了！我们正准备为你开追悼会呢。"随后送给马葆珩 5 万块钱，并派专人送马葆珩去天津休养。

龙潭之役是孙传芳一生中最为惨重的一次失败，战后江中浮尸拥挤不堪，排成数里长阵，延绵漂流；龙潭高地上更是尸横遍野，臭气熏天。此役孙军"计阵亡、淹死两万多人，缴械被俘两万多人，陆续归队的一万多人"，国民革命军亦伤亡 8000 多人。

放下屠刀，居士林遭遇女杀手

孙传芳退回江北后，仍不甘心失败，在张作霖的经济援助及武器支援下，继续招兵买马，并于 1928 年春出任鲁西前线总指挥，轻松收复济宁后与冯玉祥在十里铺展开拉锯战，本打算击败冯军再进攻徐州，但由于张宗昌在津浦路上的溃败，导致他后路空虚，不得不随张宗昌向济南撤退。

4 月上旬，由蒋、桂、冯、阎组成的北伐军开始了二次北伐。4 月下旬，北伐军连克肥城、泰安、平阴、长清。龟缩在济南的孙传芳担心张宗昌会不告而别，留他一人独守孤城，以方便联络为借口，将其外甥、五省联军军需总监程登科派到张宗昌总部，监视张宗昌的动向，以便及时报告。

4 月 30 日中午，孙传芳正与马葆珩一起吃午饭，突然程登科来电，说张宗昌已经逃离济南。孙传芳闻讯震怒，气得将未吃完的馒头狠狠扔到桌上，对马葆珩说："早知道这小子会有此举，咱们也赶紧走！"

说完，孙传芳拿出一顶宽沿帽子扣在头上，将帽檐拉低，带着几名随从佯装去白马山视察军队的样子，一路上骑马慢行，有说有笑，巧妙躲过张宗昌防区的耳目，最后赶到洛口桥马葆珩指挥部，商议撤军计划。当晚，孙传芳将自己的部队撤出济南，向北逃去。

5 月下旬，北伐军相继占领沧州、保定等地，张作霖见败局已定，决定离京回奉。孙传芳遂决定跟随张作霖出关，但他手下的主要将领马葆珩等人，均不愿随胡子出身的张作霖退居关外，见孙传芳大势已去，纷纷倒戈投降，孙传芳因此成了光杆司令。

6 月 4 日，张作霖在退回奉天途中于皇姑屯被日军炸死。孙传芳逃到沈阳后，被张学良待为上宾，礼遇有加，并在帅府为他设置了办公室，他也每日必到办公室上班。两人看起来关系密切，从时局政治到家庭琐事无话不谈，但政治主张却大相径庭。他主张张学良以日本人为靠山，割据东北，发展实力，一旦时机成熟，便可挥师入关，与蒋介石争夺天下。他知道如若张作霖在世，一定持这种观点。但当他每每与张学良提起自己的主张，张学良都不置可否，令他十分不快。

孙传芳的主张，与奉系元老杨宇霆不谋而合，而张学良与其父重用的杨宇霆多有隔膜，鉴于此，孙传芳不得不小心地周旋于张学良与杨宇霆之间，两面讨好。

1928 年 12 月 29 日，张学良毅然宣布东北易帜，服从南京国民政府，令孙传芳大出意料，大失所望，感到利用奉军东山再起的希望破灭。而令孙传芳更为震惊的是，1929年1月10日，张学良突然枪杀了拒不服从他领导的杨宇霆与常荫槐，孙传芳震惊之余不寒而栗，大有兔死狐悲之感，为明哲保身，对张学良连连称赞："杀得好！杨宇霆咎由自取，死有余辜。"

为避免因与杨宇霆关系密切而祸及己身，孙传芳借口另一位夫人身体不适，仓皇离开奉天，出走大连。尽管如此，孙传芳仍未死心，1930年4月中原大战爆发后，孙传芳兴奋异常，决定投入阎、冯、桂反蒋联盟，但苦于手无寸兵，只有利用奉军方可达到目的，于是劝说张学良站到反蒋行列。怎奈张学良自有主张，任凭他磨破嘴皮，始终不为其左右，并于当年9月出兵助蒋，使反蒋派大败而归。至此，孙传芳东山再起的希望彻底破灭。

1931年九一八事变之后，孙传芳举家迁往天津，住在英租界。孙传芳之所以选择天津，一方面他的好友、僚属杨文恺、卢香亭、周荫人等人，老上司王占元，老师靳云鹏、张绍曾等都居住于此；另一方面，这里离南京较远，加上住在租界，可以躲避蒋介石的监视与控制。

然而，孙传芳到天津后和青年党人来往密切，青年党党魁曾琦鼓吹"国家主义"，和蒋介石大唱反调，孙传芳因与他们接近而招致国民党的注意。与此同时，日本人经常骚扰孙传芳，想要拉他主持华北伪政权。孙传芳虽然拒绝，但仍旧遭到蒋介石的猜疑。

为了避免蒋介石对自己采取报复行动，同时为了消磨时光，慰藉空虚的心灵，孙传芳在靳云鹏的提议下，与当时很多无所事事的军阀一起，皈依佛门，并取法号"智园"。自1933年起，孙传芳每日念经诵佛，闭门谢客，再不理世俗之事。孙传芳还和靳云鹏在东南角一带的草厂庵合办了天津佛教居士林，靳云鹏任林长，孙传芳任理事长。

自从居士林开办，孙传芳逢人便劝其入林，居士林也确实吸引了不少达官贵人，很快便发展到近2000人。有一天遇到原直隶省议长边守靖，孙传芳随口劝其到居士林念念佛。不想边守靖嘲弄似地回答："你是五省联军大元帅，连年征战，官兵捐躯者不可胜数，一将成名万骨枯，今日念经祈祷理所当然。我乃文人，未历戎行，不皈依恐怕如来佛也不会见怪的。"

换做以前，听到这么刺耳的话，孙传芳可能会勃然大怒，反唇相讥。

但他皈依佛门以后，心境大为改变，对边守靖的话只是一笑而过。

这年夏天开始，孙传芳在自家宅院门口常备绿豆汤，供路人饮用，一时传为美谈。中秋之夜，一个盗米贼光顾了孙府，被孙传芳的佣人逮住，孙传芳见窃贼年纪小，问他为什么偷米，窃贼说家里已经揭不开锅，不得已才出来偷窃。孙传芳听罢，不仅没有责罚窃贼，反而送给他一大袋好米。此事很快在报上刊出，题为：孙公馆缉贼赏米，中秋夜乐善好施。

孙传芳的这些做法，让人们以为，他真的是放下屠刀，立地成佛了。然而，孙传芳没有因此躲过仇家的追杀。

自从 1925 年孙传芳杀害施从滨后，施从滨的女儿、时年 20 岁的施谷兰便开始计划为父复仇，她自己没有能力杀掉孙传芳，只能寄希望于父亲的养子、堂兄施中诚。然而施中诚迟迟不肯行动，在施谷兰的催促下，只是答复："报仇时机未到，怎可轻抛生命。"施谷兰认为他是贪生怕死，遂给他写信道："没有你，他的女儿也照样能报仇，你等着看吧！"

1929 年，施谷兰到太原与施靖公结婚，施靖公是第三集团军谍报股股长，施谷兰婚前提出让施靖公为其父报仇，施靖公满口应允，然而六年过去后，施靖公已升至旅长，仍是不肯兑现当年诺言。施谷兰一气之下，决定自己动手，她给丈夫留下一首诗，云：

> 一再牺牲为父仇，年年不报使人愁。
>
> 痴心愿望求人助，结果仍须自出头。

然后她带着儿子施大利赶到天津，将儿子送进幼儿园，便开始打探孙传芳的下落。由于孙传芳此时正潜心修佛，拒绝出席任何政治活动，给施谷兰追寻其踪迹带来一定困难。然而，让施谷兰没有想到的是，她的儿子竟与孙传芳女儿孙家敏就读于同一所幼儿园。寻着这条线索，施谷兰很快找到孙传芳的住处——英租界 20 号，并打听到孙传芳是居士林的理事长，每逢周三、周六必亲率居士"领拜"。

施谷兰得知这些情况后，感到为父报仇终于有了希望，即改名为"施剑翘"，"剑翘"二字取自"翘首望明月，拔剑问青天"，并特地到南京与其弟施中杰研究行刺方式，从施中杰处获得一把勃朗宁手枪外加 20 发子弹。准备好一切后，施剑翘返回天津，以"董慧"之名加入居士林，伺机而动。

1935 年 11 月 13 日，又到了靳云鹏、孙传芳率居士"领拜"的日子，这天天降小雨，道路泥泞，孙传芳的夫人劝他不要去居士林了，但孙传芳没有听从夫人的话，执意前往。

孙传芳的到来，让施剑翘大喜过望，因天气不好，这天来居士林听经的人格外少，是施剑翘行刺的大好时机，施剑翘一手握着大衣口袋里的手枪，一手攥着大衣里另一只口袋里的一摞宣传单和"告国人书"，上面写着施剑翘刺杀孙传芳的原因，列举了孙传芳的种种罪状，以及因要血溅佛堂而对居士林所有先生、道长的歉意，准备在杀掉孙传芳后发放给众人。

施剑翘坐在女居士的第三排，而孙传芳就在女居士的第一排。下午 3 时 1 刻，孙传芳正在虔诚诵经之时，施剑翘突然掏出手枪，冲着孙传芳后脑就是一枪，子弹瞬间就从孙传芳前额射出，孙传芳立刻倒地，脑髓溅流。施剑翘又对准孙传芳的右太阳穴开了一枪，子弹从左额穿出，接着再对准孙传芳腰部开一枪，子弹从前胸透出。接连三枪，孙传芳当场毙命，终年 50 岁。

琴瑟和鸣，馨帅家庭多温馨

孙传芳一生共有一妻一妾。1909 年，孙传芳从日本留学归来后，在三姐的安排下，在济南娶了原配夫人张氏。张氏原名张兰君，孙传芳后为其改名张贵馨。张贵馨比孙传芳小两岁，相貌端正，粗通文墨，擅长女红，婚后二人虽相处和谐，但聚少离多。

孙传芳投靠王占元后，经常出入王府，王夫人身边有个十来岁的漂亮小丫头，孙传芳十分喜欢，经常逗着她玩。王夫人见后，曾开玩笑说："等这小美人长大了，你就把她讨回家。"孙传芳听后当了真，从此对这个小丫头十分上心。

六年过去了，小丫头出落成美丽动人的大姑娘，由于她爱穿白色裙衫，走在王府里如同仙女下凡，王夫人便给她起名何洁仙。孙传芳不再像以前那样逗何洁仙玩，但每逢进王府，何洁仙给他递水时，便趁机用手指在她手心挠一下，每次都能看到何洁仙满脸通红的羞涩表情。

然而，就在孙传芳寻思如何同王占元开口，纳何洁仙为妾时，他发现王占元竟对何洁仙图谋不轨，若不是王夫人管得严，恐怕何洁仙早就成了王占元的姨太。孙传芳无奈，为了之后仕途暂时抛开娶何洁仙的念头。

王占元兼任两湖巡阅使后辞掉第二师师长，孙传芳原以为自己将是第二师师长的不二人选，不料王占元将第二师交给了各方面都不如孙传芳的王金镜，让孙传芳非常不满。湘鄂战争之初，孙传芳索性称病不出，而王金镜屡屡败退，王占元急得如热锅上的蚂蚁，请不动孙传芳，只好将何洁仙送给孙传芳，希望孙传芳能够出面带兵，挽救危局。如此一来，孙传芳终于圆了多年的凤愿，娶回何洁仙。

何洁仙当惯了丫头，在与孙传芳入洞房时，端来一水盆要侍候孙传芳洗漱。孙传芳一把接过水盆，放到地上，搂住何洁仙说："你已经是孙夫人了，该轮到别人伺候你了，这些事以后就交给下人去做。"

孙传芳对何洁仙百般宠爱，却不想何洁仙竟患上痨病，嫁给孙传芳不足一年便撒手人寰。孙传芳痛哭流涕，亲手埋葬了何洁仙，并将何洁仙生前最爱的一块白丝帕留下，随身携带，以示与何洁仙永不分离。

1922年，孙传芳驻扎宜昌，被邀请出席宜昌女子师范学校的毕业典礼，并负责为优秀毕业生颁奖。宜昌女子师范学校校长得知孙传芳的姨太太过世，便劝他留意师范学校的女生，若有喜欢的，一定帮忙做媒。

孙传芳在给优秀学生颁奖时，念道"周佩馨"后，一个二八女子翩然上台，她端庄典雅的气质一下子吸引了孙传芳，这时校长在旁边介绍："周佩馨琴棋书画样样精通，尤其擅长丹青工笔。"周佩馨名字中的一个"馨"字，更让孙传芳相信她是自己命中注定之人，当即决定讨她做姨太太。于是，孙传芳并拢双脚，向周佩馨敬了一个军礼，微笑着说道："周小姐，请你嫁给我。"

周佩馨被孙传芳这一举动吓坏了，立马哭着跑了出去。当日，孙传芳便在校长的带领下，来到周家求婚。孙传芳文武双全，威名赫赫，周家羡慕孙传芳的权势，一口答应了这门婚事。后来孙传芳将周佩馨送到天津，与原配夫人张贵馨住在一起，但两人相处不和，时有争吵，孙传芳只好另购宅院，将两人分开。

1925 年，孙传芳任皖、赣、苏、闽、浙五省联军总司令兼江苏总司令时，又将周佩馨接到南京同住。这一时期，孙传芳除了禁止模特儿，还禁止女性穿旗袍，认为旗袍露胳膊露腿，实在有伤风化。但周佩馨是新女性，认为孙传芳思想守旧，不可理喻，并公开与他唱反调，穿着旗袍大摇大摆地到杭州灵隐寺进香。

周佩馨此举立刻被支持刘海粟聘用人体模特儿的人拿来大做文章，并在上海《小公报》上嘲讽孙传芳："以五省总司令赫赫权威，与几个穷苦女子、无力文人刘海粟作对，以虎搏兔，胜之不武……这次刘先生纵然被其征服，封禁模特儿，恐怕他的尊夫人援旗袍之旧例，给他来个反加提倡，或者以身作则，本身先做个模特儿，给他一人看不算稀奇，还要供大家鉴赏。嗨，那才好玩得很，看孙大司令还维持旧礼教不？"

孙传芳对周佩馨虽然气恼，但终究没有责怪她，反而不再禁止女性穿旗袍。

1931 年孙传芳到天津定居后，原配夫人张贵馨不久因病去世，经他的外甥程登科周旋，孙传芳将周佩馨扶正。在孙传芳人生的最后几年里，他与周佩馨夫唱妇随，生活美满。

孙传芳被杀当日，噩耗传到英租界 20 号咪多士道孙宅，周佩馨犹闻晴天霹雳，顿时呆若木鸡。待孙传芳尸体运回宅邸，周佩馨抚尸痛哭，几度昏厥。孙传芳在山东齐鲁大学执教的次子孙家震、在燕京大学就读的三子孙家钧闻讯后，都在第一时间赶回家中。

1935 年 11 月 14 日，也就是孙传芳去世第二天，孙府举行了大殓。孙传芳身穿红缎绣花僧袍，并配以佛珠，头戴僧冠，尸体枪伤处均被缚以红绸。孙传芳的寿材是孙家从曾任北京军政府国务院总理潘复家临时购置的，该寿材原为潘复为其父所备，孙家花 8000 元买到。寿材为金丝楠木打制，相当考究。孙传芳入殓时，举宅肃立，在哀乐声里，孙家把孙传芳盛殓在金丝楠木的棺材中，孙府男女老幼哭成一片。

孙传芳遇刺后，平津各大报纸纷纷以头版头条竞相报道。11 月 15 日，靳云鹏在天津《大公报》发表声明："馨远系余劝其学佛，平时作功夫甚为认真，诚心忏悔。除每星期一、三、五来林诵经外，在家作功夫更勤，每日必三次拜佛，每日必行大拜（二十四拜）。所以两年以来神色大变，与前判若两人。其夫人作功亦甚勤。立志悔过，专心忏悔而犹遭此惨变，殊出人意料之外，几使人改过无由，自新也不可得……此风万不可长，人非圣贤谁能无过，贵在知过改过，若努力犹遭不测，则无路可想，孙传芳遭遇若是，靳云鹏伤类之感如斯。"

随后，卢香亭也以孙部旧日袍泽和属员对新闻界讲述了当年浙奉战争经过："凡两军对垒又有胜者生，败者死的成例，孙、施之战，非一家一乡之事，施之死于战争乃为兵家常事，仇字既不成立，恨之更谈不上。施从滨为战而死，非其一人，则数十年来为职务而打死之人，更不知有多少。若被施打死者之子女群起寻施报仇，恐千百施从滨不足偿此孽债。国有法度，不仅率兵将者可以杀人致死，即司法机关，亦有杀人之权，若系冤枉，尽可据情控告，自有国法制裁，乃不此之图。假若是风一开，不仅为国家者人人自危，而国法亦等于无用。"

孙家则向报界表示："孙家虽有子嗣，无意报复施家，特向舆论界声明。"但请求官方严惩杀人凶手施剑翘。

在天津地方法院的开庭审讯中，孙家聘请的律师孙观圻从三方面分析施剑翘的罪行：其一，无视国法；其二，孙、施两家结仇于十年前两军交战之际，施败而孙胜，败而不降，当诛勿论，何况两军相争，难分曲直，以此结怨，杀人报仇，实不可悯恕；其三，施剑翘暗自策划刺杀孙传芳出于冷酷，手段残忍，犯罪之后，非但不自惭，反以胆量过人自炫，蛊惑民心。孙观圻强调，如果不重判施剑翘，势必助长暗杀之风与报复之悲剧。

孙观圻言毕，施家聘请的律师余棨昌即反驳道：两军交战，不可虐杀俘虏，自古皆然，何况现代战争？孙传芳一不听部下进劝，二不将俘虏交军事法庭审判，擅自做主，杀人取乐，实属不该……

由于社会大多数人同情"侠女""孝女"施剑翘，呼吁轻判或特赦施剑翘，最终，施剑翘被判处七年有期徒刑，并在服刑 11 个月后被国民政府特赦，恢复自由。孙传芳家人及好友、僚属本来对于七年有期徒刑的轻判就心怀不满，如今施剑翘又被国民政府特赦，更是怨恨不已，但是无能为力。

孙家儿女无法为父亲报仇，只能以厚葬方式弥补和自我安慰。他们出资16万元，花费三年多时间，在孙传芳生前于北平西山卧佛寺旁购置的茔地上，建造起孙氏祠堂和孙氏陵墓。1939年3月7日，孙传芳与原配夫人张贵馨，继配夫人周佩馨同葬于孙氏陵墓。

孙传芳生前曾对子女提起，死后一定要与何洁仙同葬一穴，但孙家子女并没有照办，何洁仙独自被埋在孙氏陵园最后面的北墙脚下，这是一座土坟，碑上写着：少亡人何洁仙之墓。

✏ 历史评说

说起孙传芳，很多人视他于湘鄂战争后改换门庭为投机，认为他在福建赶走王永泉为不义，其过程更是体现了他的狡诈。但笔者认为，此看法未免有失公允。

在湘鄂战争中，鄂军实力较湘军相差甚远，孙传芳也曾尽力一搏，但败退在所难免。而王占元辞职后，孙传芳手握两师兵力，既不能与湘军对抗，又不能与吴佩孚抗衡，而其上司王占元已下野，改换门庭势在必行，投靠吴佩孚并非是对王占元的背叛，无可厚非。

在孙传芳占领福建的过程中，虽然王永泉的投降使他兵不血刃进入福建，但王永泉的目的是以投直换取直系好感，然后将孙传芳架空。而孙传芳实力在王永泉之上，自然不能接受给王永泉当傀儡。可以说，正是因为王永泉把握着军政大权不放，使得孙传芳"外被群雄所困，内又见扼于王（永泉）"，因此决定翦除王永泉。他对王永泉表面欺骗，背后杀了个回马枪，作为军阀用兵之计谋，亦无可厚非。

孙传芳占领福建后，周荫人因不满位居其下，不断与之发生摩擦，孙传芳为避免与周荫人兵戎相见，导致两败俱伤，主动将福建督理让给周荫人，自己承担边防事务，因此得到周荫人的臣服。从这一点看，孙传芳待人宽容，不拘小节，颇有远见。

此外，孙传芳坐镇东南时，公开财政，并由地方推广到军队，由于监管有力很少发生弊端，"这种开诚布公制度在晚近治军者多未曾见"；

"废除苛捐杂税"，明文规定"苛捐杂税有害商民者，恶除之"，使得"苏省首裁附加捐税，民誉大起，农民以负担减轻而涨地价，闻最贵者每亩价一百五十元"。同时他善于用人，善于听取多方意见。

孙传芳一生有两个大的失误，其一，为出任五省联军总司令达到人生顶峰时，过于狂妄自大，轻易杀掉被俘高级将领施从滨，为此付出生命代价；其二，对奉战争的胜利使他目空一切，对北伐军不屑一顾，错失与吴佩孚合作之良机。而对蒋介石的合作要求置之不理，最终在40多岁的盛年被迫退出民国政治舞台。

在天津做寓公时，孙传芳面对日本人的威逼利诱，坚决不做汉奸，值得肯定。

孙传芳是北洋后起军阀中最有纵横之才者，而他风光于军阀消亡阶段，这就注定他难有大的作为，颇有生不逢时之感。倘若他最后投向蒋介石，结局定然会大不一样。

直鲁军阀张宗昌：
『三不知』将军的是与非

他以『三不知』将军而著称，尤其不知妻妾多少，传为笑柄；他忠诚于上司，唯因命部下行刺陈其美懊悔终生，而追随奉张初衷不改，却为此失去投蒋时机；他对部下宽容、宽厚、一掷千金，所带之兵勇猛善战，却军纪败坏；他为人豪爽，却因此轻信他人遇刺身亡。

投机革命，一步登天当团长

在北洋军阀中，张宗昌的情况可谓独一无二。首先他的发迹方式与众不同，他既没有进过武备学堂，更没有读过日本士官学校，甚至不曾投身行伍。很多人认为他土匪出身，但他不曾占山为王或落草为寇；其次，在他发迹后很长一段时间里，由于没有地盘，他的队伍甚至无处领饷。由于四处碰壁，他几度成为光杆司令，几度东山再起。

这一切，开始于 1911 年 12 月一个特殊的日子。

这天下午，在海参崴华商总会附近的金角旅馆里，革命党人李征五从华商总会四楼开完会，刚刚走进自己住宿的房间，便有下人来报，说华商总会商团团长张宗昌求见。一听是华商总会的人，李征五忙说："请进！"

下人刚刚转身离去，便有一个身高六尺，块头硕大的年轻人走进来，未曾开口便"扑通"一声双膝跪地，大声说："张效坤拜见五爷！"

李征五见张宗昌行此跪拜大礼，赶忙起身将他扶起来，连连说："效坤弟不必见外。"

革命党人本不兴这套旧礼节，但李征五虽参加了革命党，却也是上海的青帮头子，很是看重帮会礼节。因此张宗昌这一拜，令李征五倍感亲切，忙问张宗昌有什么事。

"我想参加革命军！"张宗昌大大咧咧地说。

"好！好！"李征五连连说，"不过，你是想一个人参加，还是……"

"我可以拉起一支四五百人的队伍。"张宗昌直接说。

"你能召集起那么多人？"

"没问题！"张宗昌拍着胸脯说。

张宗昌来自山东掖县祝家庄，由于家贫，14 岁时开始闯关东，在码头上扛过大包，在赌场里做过守门看管，在抚顺下过煤窑，在俄国人开的赌场里当过门卫，后来带着一帮山东老乡到绥芬河一带给俄国人修铁路。由于他会俄语，又身材魁梧肯卖力气，能担责任，不仅在工友中人缘好，也得到俄国工程师的赏识，被提拔为工长，开始单独包工修路。他善待工友，乐善好施，有一次一个老乡家中失火找他接济，他一甩手就将一个月的薪水都给了老乡，当时工友中流传着"只要跟着张宗昌，遇有困难不用慌"的顺口溜。

但是，张宗昌并不满足于仅仅做个包工头，1904 年日俄战争爆发后，他召集手下 100 多名民工，又招收了一些马贼，日夜兼程赶到沈阳，面见俄国统率，被任命为助战别动队统领，他带来的民工与马贼也都成为别动队队员，冒着枪林弹雨为俄国军队运输辎重，或者参加外围战斗。俄国人在东北失势后，张宗昌带着几名亲信来到海参崴，在俄国人的推荐下做了华商总会商团团长，即华商会的保安头目。

从此，张宗昌利用自身有利条件，广交朋友，对老乡更是慷慨相助，过去绥芬河旧部以及别动队旧部纷纷前来投靠，他都给予照应。而他就任商团团长后，防区从未出现过闪失，深受华商总会会长的信任，加上他与俄国军警亲密合作，势力越来越大，当地一般中小商人、走贩都要托庇于他，不久他便成为海参崴一带中国黑社会中炙手可热的人物。然而，张宗昌不满足于黑社会这种不见天日的勾当，在四处寻找名正言顺、飞黄腾达的机会。就在这个时候，南方革命党招兵买马来到海参崴，张宗昌闻讯后，觉得这是一个名正言顺改头换面的机会。但革命党人的首选目标是颇具影响力的马贼刘弹子一伙，于是，张宗昌决定捷足先登，立刻赶来拜见李征五。

讲完了自己的身世，张宗昌强调说："我带过兵，打过仗，骑马射击样样精通，愿投到五爷门下，为革命出力！"

李征五没想到这个看起来不过 30 岁的年轻人竟有如此丰富的阅历，当下答应了张宗昌的要求，然后问："你知道什么是革命，什么是三民主义吗？"

张宗昌回答不上李征五的问题，只好实话实说："俺只念过一年私塾，大道理懂得少，但俺知道服从命令，效忠上司。一旦参加革命，绝不在乎身家性命，手下部属大多参加过日俄战争，拉上战场都是不怕死的角色。"

见张宗昌胸无城府，说话直来直去，而且掷地有声，李征五心里很高兴，又交代了一些需注意的事情，让张宗昌回去组织队伍。

张宗昌回到华商总会，立刻和几名亲信商议具体措施，然后分头行动，很快便拉起一支400多人的队伍。当时武昌起义在海参崴的华商中震动很大，很多华商都想参加或者支持国内革命，听说张宗昌将率领队伍回国参加革命，华商总会与华商私人纷纷捐款、捐赠武器，为张宗昌拉起的这支队伍奠定了物质基础。

然而，张宗昌此行却冒着极大风险，尽管李征五同意他带队回国参加革命，但最早前来联络招兵买马的张西曼却持不同意见，张西曼坚持与马贼刘弹子签订协议书，许给刘弹子回国后担任上海光复军骑兵团团长职务，对张宗昌则没有任何承诺。

为了到上海后能够争得一席之地，在南下上海途中，张宗昌在李征五等人面前极力表现，一方面在船上发表演说，陈述回国革命之重要性，号召属下破釜沉舟，置生死于度外；另一方面严格要求属下遵守纪律，令船上华、俄员工大为赞赏。而刘弹子的队伍则完全是一副土匪做派，不仅买东西不付钱，而且酗酒猜拳耍酒疯，令船上华、俄员工大为惊骇。

到上海后，李征五在面见上海都督陈其美时，对张宗昌的部队大加赞赏。陈其美随后传见张宗昌，张宗昌表现得忠心耿耿，令陈其美改变初衷，在将招来的兵马编为上海光复军骑兵团的同时，任命张宗昌为团长，而任命刘弹子为营长。

刘弹子是有约在先，在革命党允诺团长职务并签有协议的情况下，才出山南下的。如今只当个营长，心里愤愤不平，又气又悔，想要返回海参崴继续做马贼，可俄国人早就对他们这伙马贼深恶痛绝，如今见他们自动撤离了，随即在码头港口布下便衣军警，严加防范，禁止他们返回。刘弹子派人给留在海参崴的张西曼送信，指责革命党人言而无信，诱骗自己下山，张西曼得知后立即给陈其美等人发去信函，请他们遵守协议，任刘弹子为团长。但因路途遥远，等这封信送到陈其美手中，早已时过境迁。刘弹子不久抑郁而终。

骑兵团编组之后，换上正式陆军服装，驻扎上海闸北。当时上海光复不久，秩序混乱，张宗昌率部昼夜巡逻，负责闸北治安。南北议和后，上海光复军被改编，张宗昌的部队被编为江苏陆军第三师骑兵团，驻守南京附近。

1913 年 7 月，"二次革命"爆发，袁世凯发兵镇压，派直隶都督冯国璋和"辫帅"张勋向南京进攻。张宗昌奉命率骑兵团作为先头部队，向徐州进军，迎击北军。在徐州以南的二郎山，张宗昌的骑兵团与张勋的"辫子军"交战。

这是张宗昌参加革命军以来第一次作战，正如张宗昌对李征五所说，一旦参加革命，绝不在乎身家性命，他的属下拉上战场都是不怕死的角色，张宗昌率部冲锋陷阵，敢打敢冲，部队士气高涨，仅半天工夫，就将"辫子军"赶出其阵地 100 多里。然而，张宗昌虽作战勇猛，却缺少了些智谋，不顾后果地进攻，犯了孤军深入的兵家大忌，结果被"辫子军"团团包围，加上其部队缺少正规训练，一时间四处逃窜，张宗昌也只能弃兵逃跑。

张宗昌率残部突出重围后，首先去找陆军第三师师长冷御秋。但冷御秋见张宗昌的先头部队被击溃，早已被"辫子军"吓得望风而逃。他也想过投奔李烈钧，但 7 月 25 日湖口失守后，传来李烈钧正在后撤的消息。7 月 29 日，黄兴离开南京去了日本，第三师师长冷御秋闻讯随即弃军出走，两名旅长也随即不辞而别，作为讨袁主力的第三师群龙无首。张宗昌参加革命本来就是阴差阳错，时势使然，如今见革命军前途渺茫，自然要寻找新的靠山，而北洋军阀势头正盛，于是决定投靠北洋军。

张宗昌脱下军装，换上长袍马褂，来到徐州张勋的司令部，见到张勋，便"扑通"一声跪倒在地上，对张勋说："大帅，我是来投死的。"

他知道张勋一心效忠清政府，所以特意着长袍，行跪拜大礼以换取张勋好感。张勋果然吃这一套，摆摆手让张宗昌起来，然后说："你的骑兵团杀了我那么多人，你到我这里来自然是投死。不过，我若是留你性命呢？"

张宗昌赶紧回答："张效坤一定效忠'辫帅'，万死不辞。"张勋点点头，收下张宗昌。但张宗昌毕竟是从革命党阵营投靠过来的，又杀过"辫子军"，张勋在短时间内不敢重用他，所以他整日无所事事，心灰意懒。

不久冯国璋到徐州开会，听说张宗昌在此处未被安置，随即向张勋提出见见张宗昌。张宗昌闻讯后大喜，立即乐颠颠地跑去拜见冯国璋，一见面便恭恭敬敬地说："大人，我是来投生的。"

当时在场多人，包括张勋，闻听此言无不惊讶错愕，唯有冯国璋淡然一笑，不露声色地点了点头。

原来，袁世凯的家庭女教师，即二次革命结束后冯国璋迎娶的夫人周砥，有个表叔叫李重禄，与张宗昌是好朋友。二次革命爆发后，李重禄曾代表冯国璋策动张宗昌倒戈，张宗昌虽然没有答应，但一直与李重禄保持联络。张宗昌明白，凭借这层关系，冯国璋一定不会难为他。而他所说的投生，就是表明他今后将竭力为冯国璋效力，加上他身强体壮，说话爽朗，无不获得冯国璋的好感。

果然，冯国璋向张勋要走了张宗昌。

出卖恩公，做了大总统亲信

冯国璋回到南京不久，便特许张宗昌一个团的番号，令他自行召集人马，张宗昌感恩戴德，对冯国璋更加唯命是从。革命失败后，张宗昌曾经的部下都各奔东西，如今他重组军队，这些人闻讯立刻前来投奔，很快拉起一支几百人的队伍。张宗昌从前的亲信程国瑞、祝仞千也在其中，张宗昌还在机缘巧合下得到一名得力部下。

这天，张宗昌正和部下在酒馆里喝酒，突然一人持枪闯进，这人见张宗昌一副军官打扮，身强体壮，气势不凡，赶紧跑过来跪在张宗昌面前，气喘吁吁地说："长官救命！后面有清兵追赶，请长官救小的一命！"说完便使劲叩头。

张宗昌连忙站起身将来人扶起，说："别急，坐下说话。你叫什么名字？"来人惊魂未定，回答说："在下褚玉璞。"张宗昌听后愣了一下，接着哈哈大笑，他对褚玉璞早有耳闻。此次招兵，还特派亲信到附近土匪聚集地招募土匪，听说褚玉璞手下有近百名匪众，本就有意拉拢，如今他自动送上门来，可见缘分匪浅。

"来来来，坐下吃酒。你只管放心，有事我顶着。"张宗昌让褚玉璞坐在自己身边，两人对饮起来。待追兵来到，张宗昌三言两语便将他们打发走了。随后，褚玉璞带领近百名部下投到张宗昌军中，从此成为张宗昌手下的主要干将。

8 月底，张宗昌率领这支刚刚组编的部队奉命攻打南京，江苏战事结束后，冯国璋改任江苏都督，张宗昌调任江苏军官教育团监理（即团长），后来张宗昌组织陆军第六混成旅时，其主要力量除部分来自原骑兵团外，大多出自教育团。

张宗昌出任江苏军官教育团监理后，日子过得十分舒适，校务交给教育长赵瑞龙负责，自己住在中正街一处宽敞的侯府内，常举办堂会，召集学生及闲散旧部观看，日常开支很大，全部由冯国璋贴补维持。

冯国璋如此厚待张宗昌，主要是看张宗昌为人实诚，打仗勇猛，尤其是效忠上司，日后必有用得着的地方。果然，1916 年春天，一项重要任务落到了张宗昌头上。冯国璋将张宗昌叫到将军府，一脸严肃地说：

"效坤，你到我这里快三年了，觉得还满意吧？"

"大人对我恩重如山，若有什么吩咐尽管开口，就算赴汤蹈火，效坤在所不辞。"

"好，眼下确实有一件棘手的事，袁大总统亲自点名由你去办。依我看，除了你别人怕是也办不成。"

但当冯国璋说出那件事之后，张宗昌却大吃一惊，而且感到十分为难。冯国璋要他去杀一个人，这个人不是别人，竟是陈其美。

原来，陈其美是国民党在上海的主要领导人，二次革命失败后，仍在上海从事反袁军事活动，不仅成功炸死袁世凯的忠实部下、上海镇守使郑汝成，而且在袁世凯称帝后，蔡锷等人在云南发起反袁的护国运动，陈其美在上海积极响应，使得东南和西南连成一气，对袁世凯的统治造成巨大威胁，袁世凯对他恨之入骨，必欲除之而后快。冯国璋坐镇江苏，也感到来自陈其美的威胁，因此对袁世凯的预谋表示赞同。袁世凯之所以选中张宗昌，正是因为他曾在辛亥革命中被陈其美任命为沪军团长，因此有机会接近陈其美。

见张宗昌有些犹豫，冯国璋说："如果你觉得很为难的话，我建议总统另找他人。毕竟你是从革命军过来的，总之还是会有些感情的。"

冯国璋这话的弦外之音分明就是说张宗昌对北洋军有二心，其实他心里完全明白，张宗昌之所以为难，完全因为陈其美是他原来的上司，他知道非用此激将法不能为张宗昌排除顾虑。张宗昌果然上钩，一听冯国璋对他有猜忌，立刻拍着胸脯说："没有没有，这个任务就交给我了，我若不能完成使命，任凭大人发落。"

冯国璋满意地笑了，就注意事项叮嘱一番后，拿出70万元活动经费交给张宗昌。张宗昌回到侯府，对他的亲信程国瑞、祝彻千和褚玉璞等人讲了这件特殊任务，大家一时面面相觑，默默无语。因为陈其美不仅曾是上海沪军都督，而且以青帮大亨而著称，其势力非寻常人可比，除掉他绝非易事。

终于，程国瑞站出来说："大哥，这件事就交给小弟代劳吧。"

程国瑞与张宗昌同为山东掖县人，两人在海参崴相遇并结为异姓兄弟，张宗昌为人仗义，程国瑞追随多年并成为其主要干将。但二次革命失败后，程国瑞离开了张宗昌。其间张宗昌回山东老家省亲，特地到几个亲信家中拜访，不仅对其父母磕头，并每家赠送三五百元，程国瑞的父母自然也在其中。程国瑞从父母口中得知此事后，甚为感动，所以一听说张宗昌在冯国璋手下当了团长，便立刻前来投靠。

张宗昌相信程国瑞的能力，当下表示赞同。经过一番准备，1916年春，程国瑞与朱光明、许国霖等人秘密潜往上海，特地开办了一家鸿丰煤矿公司，以做矿产生意为名，收买了陈其美的部下李海秋、副官宿英武。宿英武与程国瑞同为掖县老乡，程国瑞通过他们与陈其美建立了联系，谎称鸿丰煤矿有一块矿地想抵押给日本人，用以借款，如果陈其美能从中促成此事，将拿出十分之四的借款赞助革命。陈其美此时正缺少革命经费，与程国瑞接触几次后，见此人出手阔绰，确是一副做大生意的派头，在没做任何调查的情况下，便与程国瑞定于5月18日下午签订合同。

是日下午，李海秋带着程国瑞等人如约来到法租界陈其美的寓所，大家在客厅里落座。就在陈其美准备在合同上签字的时候，李海秋突然说："糟糕，忘把合同底稿带来了，各位稍等，我去去就回。"李海秋说完转身离去。

按事先约定，等候在门口的凶手以李海秋出门为信号。因此李海秋迈出门口的同时，便有两名凶手冲进客厅，举起勃朗宁手枪对陈其美连发数枪，陈其美当场殒命。事后，程国瑞等人顺利逃走，许国霖与宿英武被法捕房抓获，监禁数年后获释，出狱后投奔了张宗昌。

成功刺杀陈其美后，张宗昌为冯国璋立下一大功劳，从此更得冯国璋信任。1917 年 8 月，冯国璋入京任代理大总统，任命张宗昌为总统府侍从武官长。

出任了这个类似清朝皇帝卫队长的职务，张宗昌顿时感到身价倍增，荣耀显赫。在京的军政大员、士绅名流等也都对他礼遇有加。但日子一久，张宗昌发现，侍从武官长听起来好听，终究是个伺候人的角色，还要注意许多礼节，这让无拘无束惯了的张宗昌感觉束手束脚，十分难受。更重要的是，这一职务没有实权，只能指挥几十名小兵，实在无趣。于是，1918年援湘战争即将开始时，张宗昌借机向冯国璋提出，辞去侍从武官长职务，要求外放。

冯国璋很是不舍，但考虑到张宗昌鲁莽不文，带兵打仗冲锋陷阵倒是一把好手，不如让他手握重兵，将来有个什么变故也好多个帮手，遂给了张宗昌一个少将旅长的职务。但这个旅长却是个光杆司令，因为北京是国务总理段祺瑞的地盘，总统的人要想从陆军部得到兵员和装备是不可能的。冯国璋对张宗昌说：

"效坤啊，你知道我这个总统在北京说话是不算数的，你去江苏招兵买马吧，那里是咱控制的地盘。"

"请总统放心，我一定干出个名堂，报答总统的大恩大德。"张宗昌信心十足，当场表态。

张宗昌带着一帮亲信回到南京后，原来的旧部纷纷前来投奔，又任用了一些南京军官教育团的毕业生与北京陆大毕业学员，士兵除了从徐州、蚌埠等地新招募的，还有各旧部带来的人马以及以前招抚的绿林匪帮数百人，很快拉起了一支 6000 多人的队伍，被编为陆军第六混成旅，辖三个团，团长分别是贾得臣、王万金、程国瑞。

征战疆场，又成了光杆司令

张宗昌拉起军队后，便开始参与镇压护法运动。1917年11月，护法军攻占长沙，1918年1月，北京政府任命直系曹锟为南征军第一路总司令，张怀芝为第二路总司令，率施从滨的山东第一师，张宗昌的江苏第六混成旅和其他队伍，进攻湖南。张宗昌率部从南京出发，在下关乘轮船直赴九江，再改乘南浔铁路火车抵达江西南昌，然后徒步行军进入湖南，与第二陆军主力会合。

张宗昌第一次带领这么多军队，一时斗志昂扬，决心要在湖南战场立下战功。3月中旬，第一路军吴佩孚打退护法军，占领长沙。借着其胜利余威，第二路军向攸县进击湘军刘建藩部，施从滨负责正面作战，张宗昌则负责右翼作战。战斗开始后，双方势均力敌，渐呈胶着状态。但攸县地处丘陵，此时又是梅雨季节，羊肠小路，泥泞难走，加上树木繁茂，烟雾罩人，看不清路辨不清方向。北军官兵又多为北方人，对这里的气候环境极不适应，向攸县正面进攻的施从滨的第一师不久渐呈败势。

此时右翼张宗昌部正与湘军展开激战，忽然属下来报："后面有一支送葬队伍……"张宗昌攻击正面敌人心切，对属下报告毫不在意，不等属下说完，便气急败坏地喊道，"老子还没死呢！"喊完之后又回头朝后方看了看，果然有一群人抬着一口大棺材在后面的山坡上行进，随口说，"算了，不管他，咱打仗要紧。"

然而没过多久，突然从后方传来机枪扫射声，张宗昌大惊，这才看清后面山头上出现了十几个人，正架着机枪对着这边扫射，这些人正是刚才那支送葬队伍的人。如此一来，张宗昌的队伍被前后夹击，一时阵脚大乱。就在此时，不知从什么地方传来一阵喊叫声："施从滨兵败撤退了！施从滨兵败撤退了！"

张宗昌的部队听后士气一落千丈，张宗昌只好下令撤退。一日之内，张宗昌的部队溃逃180里，晚上进入了醴陵县。然而，张宗昌前脚进入醴陵，刘建藩部后脚就将醴陵团团包围，张宗昌急了眼，赶紧召开会议，商讨对策。

张宗昌问时任营长的褚玉璞有什么好对策，褚玉璞想了想说："要说突围，用'牦牛阵'尚可一试。"陆大毕业的毕庶澄对此不屑一顾，讥讽说："还'牦牛'呢？牛毛也没有啊！"张宗昌受了启发，大掌一拍叫道："好主意！我们没有牦牛，但我们有毛驴。就用'毛驴阵'代替'牦牛阵'！"

于是，褚玉璞将做运输用的100多头毛驴聚拢来，将它们以"人"字排开，每条毛驴屁股后面都有一个士兵，拿着铁刺对准毛驴屁股。凌晨两时，张宗昌一声令下，士兵们同时用铁刺猛刺毛驴屁股，毛驴立刻不要命似地向前奔跑，很快冲散了刘建藩的阵地，张宗昌率领大部队紧急跟进，终于顺利突围，然后朝着长沙没命地逃去。此次突围，张旅官兵基本没有伤亡，只是100多头小毛驴全部阵亡。

在湖南作战中，第一路军在吴佩孚的率领下所向披靡，第二路军在张怀芝的率领下节节败退，士兵们四处逃窜，北京政府决定以军法处置张怀芝和张宗昌，好在冯国璋出面庇护，张宗昌才得到一个戴罪立功的机会。

由于对湘作战，直系吴佩孚立有头功，但皖系段祺瑞却把湖南督军一职给了其亲信张敬尧，吴佩孚心怀不满，处处与张敬尧作对。张敬尧也想证明一下自己的实力，当时第二路主力部队基本被击溃，只有张宗昌的第六旅实力尚存，于是张敬尧借兵给张宗昌，并提供粮饷、武器，还送给张宗昌一面"张"字大旗，巴望着张宗昌能转败为胜，击败湘军刘建藩。

张宗昌对这面"张"字大旗情有独钟，他抱着旗子问大家："大家还能继续打吗？"

官兵们士气高昂，齐声喊道："能！"

"有信心打胜仗吗？"

"有！"

张宗昌大受感动，当场跪在地上："我张宗昌没什么能报答大家的，只能磕个头了。"说完即结结实实磕了个响头，官兵见状也都纷纷跪地。

夜晚，张宗昌率部来到刘建藩阵地对面，张宗昌一手掐腰，一手抱住"张"字大旗，突然大喊一声："冲啊！"

他身后的士兵立即朝着刘建藩阵地扑去。刘建藩部突然受袭，又无法探知对方人马，顿时人心惶惶，阵脚大乱。这时，刘部一团长向刘建藩提议撤退，刘建藩一听怒不可遏，当即以扰乱军心为由将该团长杀掉。岂料该团长一心腹闻讯，为给上司报仇，又将刘建藩杀掉。刘军丧失头领，纷纷溃逃。张宗昌则长驱直入，直追到茶陵以南才停下脚步。

张宗昌反败为胜，不仅令张敬尧为之一振，在北京的冯国璋得知后也对张宗昌大加赞赏，立刻将其陆军第六混成旅扩编为暂编第一师，张宗昌升任中将师长。由于冯国璋对暂编第一师的重视，第一师官兵待遇装备、吃的用的都是最好的，张宗昌也自豪地将其师称为"天下第一师"。

然而好景不长，1918 年 10 月 10 日，冯国璋被段祺瑞逼下台，一年后即撒手人寰。失去靠山，张宗昌军饷难以按时领到，其部下又多为土匪出身，便在所驻扎的湘东地区大肆抢掠。1920 年春，直皖战争爆发在即，5 月，吴佩孚自湖南撤兵北上，暗中将湖南防地交给湘军赵恒惕接防，并怂恿湘军驱逐属于皖系的张敬尧。张宗昌既不属于皖系，也不属于直系，在湘军相继占领衡阳、邵阳，张敬尧无力支撑大局的情况下，作为"客军"的张宗昌只能另谋出路。6 月初，张宗昌率部撤出湘东，移驻江西萍乡、袁州一带。

张宗昌移驻江西后，生怕引起江西督军陈光远的排斥，一再声明只是暂时找个安身之地。岂料陈光远非但没有排斥，反而对张宗昌部客居赣省表现出极大的热情与欢迎。张宗昌部刚刚安营扎寨完毕，即收到陈光远的盛情邀请，请他到南昌一游。

张宗昌并没多想便欣然前往，到了南昌，陈光远带他逛遍南昌的赌场、妓院，一连数日花天酒地，张宗昌玩得十分尽兴，对陈光远的热情款待非常感激。但令他更为感兴趣的事还在后边，一天晚宴后，众人正准备离席，忽然一个婀娜多姿的女子出现在门口，随即面带羞涩地走到张宗昌跟前，张宗昌眼前一亮，却是一脸的困惑。

陈光远立刻笑着问："怎么，不认识了？"张宗昌哈哈笑起来，忙说："认识，认识，哪能不认识呢！"

原来，前几日张宗昌随陈光远到剧院看戏，踩软索的杂技表演引起张宗昌的浓厚兴趣，准确说是表演杂技的女子引起张宗昌的兴趣，表演一结束便大声喝彩，还赏了这个女子 100 块大洋。而眼前这位女子，正是那位杂技演员。

"效坤啊，你的妻妾不在身边，难免寂寞，那日见你对这女子有好感，我便派人花重金将她买了来，就算为兄的一点心意吧，不知你是否满意？"

"满意，满意，陈兄真是细心，为我添一房姨太，那我就不客气啦！"张宗昌连忙表示。

就这样，这位杂技演员成了张宗昌的第九房姨太太，张宗昌抛开部队全然不顾，每日沉浸在温柔乡里。陈光远却趁此机会，将张宗昌的部队从东、西、南、北四个方向全面实施警戒。陈光远表面对张宗昌的到来表示欢迎，背后却担心张宗昌抢走江西，因此在张宗昌到达江西之初便开始筹划将他赶走。此后又从内部瓦解张宗昌的部队，花重金收买了张宗昌的两个团长王康福与褚玉璞。

而冯国璋下台后，张宗昌从北京陆军部索饷越来越困难。没有军饷，部队客居江西又不便直接向商民横征暴敛，因此不仅经常发不出饷，而且到换季时官兵也不能及时换装，甚至一度军中只能吃盐水泡饭，连咸菜都吃不上。为解决部队穿衣吃饭问题，张宗昌在向邻近各县借粮的同时，擅自发行军用票，以本路军需处做押，军需票票面价格与银圆相等，在张宗昌部驻军的七个县内自由通用，如果商民拒收军用票，将以军法论处。张宗昌共发行数十万元军需票，使当地百姓与地方政府均受到损失，陈光远为此派人专程到北京告状。

1920 年冬张宗昌赴京索饷，与时任国务总理兼陆军总长的山东老乡靳云鹏秘密商定驱逐陈光远占据江西的计划，返回后立即着手准备驱陈行动。但一向大大咧咧的张宗昌根本不会想到其亲信已被收买，他的一举一动都被团长王康福秘密呈报陈光远。因此，陈光远针对其进攻计划做出相应军事部署，张宗昌尚未出兵便已注定了失败的命运。

1921 年 1 月，张宗昌兵分三路向南昌进攻。陈光远派四路大军进行拦截。与此同时，以其弟陈光远率主力部队于分宜县迎战张宗昌的主力部队，双方激战二日，张宗昌主力在前后夹击下最终溃败。

此时，王康福已率部倒戈，褚玉璞部一直按兵不动，张宗昌对此满腹疑惑，便带了几名随从前往褚玉璞驻地查看，这一查看才发现，该团使用的口令早已私自改换。一听口令不对，张宗昌气得破口大骂，这一骂便暴露了身份，话音未落便有子弹朝他射来，好在他跑得快，没被击中，一边跑一边骂："老子真是瞎了眼，看错了人！"

亲信属下被收买，败局已定，张宗昌知道在江西待不下去了，于3月29日化装出走，独自逃往北京。张宗昌一走，褚玉璞立刻向陈光远接洽投诚事宜，陈光远虽愿接收，仍以褚玉璞为团长。但收买褚玉璞的陈光远却不同意，最终缴械遣散，令褚玉璞失望万分。其他部队也都被缴械，或收编，或遣散，张宗昌逃到北京时，再次成了光杆司令。

四处碰壁，千里迢迢投奉张

张宗昌回到北京，首先去见靳云鹏。一见面，靳云鹏就说："陈光远在陆军部和总统那里狠狠告了你一状，要不是我从中斡旋，你早被缉拿严办了，不过你的残部都被遣散和改编了。你知道我这个总理没有实权，你若想东山再起，只能去找曹仲珊（曹锟）。"

靳云鹏虽不能帮张宗昌重掌兵权，但帮他索回了20万军饷，张宗昌对此感激不已。有了钱就有了底气，张宗昌决定按靳云鹏所说从曹锟那里下手。此时直皖大战已经结束，皖系段祺瑞兵败，北京政权被直系曹锟和奉系张作霖共同执掌。适逢曹锟60大寿，张宗昌素知曹锟爱财，竟将手头所有的20万元拿出来，打造了八只金寿星，前往保定给曹锟祝寿。

这一天保定曹府冠盖如云，高朋满座。而张宗昌一个败军之将，手无寸兵，身无分文，他的到来令曹锟心中颇为不悦。但当张宗昌的寿礼呈上来，不仅曹锟瞪大了双眼，在场所有军政界高层无不个个目瞪口呆：八只光芒四射的纯金寿星，令所有达官贵人的寿礼相形见绌。

曹锟立刻眉笑颜开，他自然知道张宗昌如此破费的目的，随后决定拨给张宗昌一个师的装备。张宗昌如愿以偿，赶紧四处召集人马，但由于从前部队大多被收编，无法再将他们聚集到自己身边，所以这次招兵费了些时日。

张宗昌本以为装备的事不会有变动，却不料在他招兵买马的这段时间里，他的老乡吴佩孚得知此事后从中阻挠，使他即将到手的一师人马的装备泡汤，20万军饷打了水漂。

张宗昌气愤之余，决定投靠奉系张作霖。他离京之前，与张作霖关系甚好的焦子静为张宗昌写了一封推荐信，并叮嘱他："雨亭（张作霖字）身边多小人，切记此信要当面交给他。"

张作霖对张宗昌早有耳闻，由于张宗昌有着东北人的豪爽，张作霖对他很有好感，加上焦子静的推荐，初次见面，两人相谈十分投机，张作霖当即对张宗昌说："你先到杨总参议（杨宇霆）那里出任个高参，过后我会再给你别的委派。"

随即，张宗昌被安排住进奉天大北关榆林胡同的一座公寓，他带来的亲信旧部一二百人分散住在附近，由军需处按各人原来的军阶发饷。

安顿好张宗昌与他的随员，张作霖即设宴款待张宗昌。作陪的除张作霖的心腹杨宇霆外，还特地请来辽源镇守使张海鹏。之所以请来张海鹏，一则一笔写不出两个"张"字，二则张海鹏与张宗昌同是山东莱阳人。

事实看起来也正是如此，宴席上张海鹏对张宗昌亲热至极，令张宗昌觉得这奉天真是来对了。然而就在张宗昌出恭之时，张海鹏却悄悄对张作霖和杨宇霆说："此人我最知底，万万不能重用！"接着大肆渲染了张宗昌此前的种种劣迹。杨宇霆本来嫉贤妒能，生怕张作霖重用他人，也以"外来人不可靠"为由予以抵制。如此一来，张作霖对张宗昌的热情减淡了许多，并放弃委任他重职的想法。

于是，张宗昌在奉天左等右盼，也没得到其他委任，便决定主动争取。1922年春节来临之际，张宗昌带着厚礼到张府看望张作霖。他所谓的厚礼，其实与其他人的礼品没什么两样，无非就是新鲜水果、珠宝绸缎，所不同的是礼品的包装。别人的礼品都有精美的外包装，唯独张宗昌的礼品装在两只抬筐里，一只盛水果，一只盛珠宝绸缎。

张宗昌也不用随从下人，而是亲自提着抬筐，一手一只，走进了张府大门。当张府下人们看到张宗昌将两只抬筐摆到客厅里的时候，都被这寒碜的抬筐弄糊涂了，继而窃窃私语，然后是一阵阵讥笑。张作霖虽出身绿林，却是粗中有细，明白张宗昌此举的寓意，是表示愿为他效力，但需付权柄。

想到张宗昌一介武夫，竟能想出这样的点子，真是难为他了。春节一过，张作霖便给了张宗昌一个任命。没想到这个任命却让张宗昌大跌眼镜，原来张作霖任命张宗昌这个师长级军官为宪兵营长。张宗昌背后大发牢骚："我张效坤从进关那天起，一出山就是团长，就算不给师长、旅长，起码也要给个团长干干吧？如今费尽心思竟然弄了个营长，真是丢尽颜面，不干了不干了！"

同张宗昌一起来奉天的许琨赶紧好言相劝："人在屋檐下，不得不低头，况且咱们现在要兵没兵，要钱没钱，不干了能去哪儿？在这儿起码有人养着，剩下的，就靠咱们努力争取吧。"张宗昌想想有道理，只好委屈地当了这个宪兵营长。

张宗昌旧部程国瑞、祝仞千听说张宗昌投靠了奉张，千里迢迢出关前来投奔。紧接着，受陈光远排挤的褚玉璞也来到奉天，进到宪兵营，双膝跪在张宗昌面前表示忏悔。这时，有人小声提醒张宗昌不要收留褚玉璞，以免再遭暗算，张宗昌却不以为然，双手扶起褚玉璞，对周围人说："不是有句话，叫'浪子回头金不换'么，如今蕴山（褚玉璞字）回头了，大家还是好兄弟，以前的事谁都不准再提。"

于是，张宗昌带着他们在宪兵营里养精蓄锐，伺机再起。

1922年4月，直奉大战爆发，张宗昌投靠奉系之后第一次有了任务，被任命为苏鲁别动队司令，率部深入直军后方，即徐州、海州一带，骚扰直军后方，切断津浦铁路，以达成两面夹击直军的态势。

这一差事是费力不讨好的，路途遥远且艰险，稍有不慎便会一去不复返。即便历尽艰险取得成功，头功仍属于正面战场。为了鼓励张宗昌，张作霖允诺战胜直军后，将山东划给他做地盘。张宗昌信以为真，立刻打起精神，向山东进军。

张宗昌没有受到什么阻碍，便来到苏鲁边境的大兴镇，这里官兵控制较弱，张宗昌因此放松警惕，开始憧憬未来。他对部下说："等打败了吴佩孚，我就是山东督理了，到时，竞武（程国瑞字）就当登州镇守使，蕴山做临沂镇守使……"

然而，就在张宗昌及其部下做美梦时，大兴镇已被江苏省赣榆县县长王小辫率兵悄悄包围，好在王小辫只有400人，张宗昌部不仅顺利突围，还调过头来将王小辫包围，打得王小辫部落花流水。

张宗昌见好就收，打败王小辫即率部向郯城方向进发，走着走着，他发现王小辫重整队伍又跟了上来，便加快脚步，王小辫见张宗昌跑得快，也就放弃了。出了大兴镇，张宗昌才得知，正面战场的奉军已溃败，吴佩孚命苏、鲁、津驻军截击张宗昌，张宗昌的别动队一共千余人，根本不是对手。面对围追堵截的直军，张宗昌的部下各自逃命，张宗昌仅带两名亲信逃到青岛，后乘船返回奉天。

张宗昌抵达奉天后，又成了光杆司令，到帅府面见张作霖的时候心里极其忐忑，还没进门就远远看到站在张作霖身边的杨宇霆，心里暗叫不妙。杨宇霆果然冷着脸蔑视地看着张宗昌，张宗昌一脚门里一脚门外时就开始下跪，对张作霖说："效坤不才，有辱使命，请大帅赐我一死，来生还为大帅效力。"

张作霖自然明白张宗昌的失败是大势所趋，连忙摆摆手让他起来说话。张宗昌见张作霖无意怪罪自己，大大松了口气，又抱拳说："听说高、卢叛乱，我愿率兵平定叛乱，将功赎罪。"

原来奉军在关内前线失利的时候，自家后院起火，由非奉系的原吉林督军孟恩远引起。孟恩远于1919年被张作霖免职，其婿吉林省第一师师长高士傧同时去职，其下属卢永贵做了山里匪首。直奉大战爆发前，吴佩孚看到高士傧可以利用，便委任他为吉林讨逆军总司令，卢永贵为副总司令。直奉大战爆发后，高、卢趁乱自中东铁路终点绥芬河向哈尔滨进军。

如今张作霖从关内败退，兵疲将惫，一时找不到合适人选前去平定高、卢叛乱，张宗昌自告奋勇，正好解了张作霖的燃眉之急。因为张宗昌地理熟悉，又有股子冲锋陷阵的猛劲，张作霖觉得胜算把握极大，就算败了奉军也没什么损失，于是对张宗昌说：

"你去平乱可以，只是没有军队给你。"

"我用原先旧部几百人就行，但请大帅拨给一门山炮，再电告黑龙江当局，说张宗昌率四个师前去平乱，请准备充足给养。"

张作霖一一答应，此后另外拨给张宗昌步枪200支，短枪若干。于是，张宗昌召集起旧部300余人，向哈尔滨进军。为了壮大声势，张宗昌令他的部队登上开往哈尔滨的火车后，全部挤在窗口和车门处，让不知内情的人以为张宗昌人马众多，张宗昌还做了一面印有"奉天陆军第一师"的大旗，插在火车头上。一路上，火车每到大站必停，张宗昌的亲信们便会下车招募士兵，到达哈尔滨时，张宗昌的队伍已经增加至1000余人。

兵力有了，武器远远不够，张宗昌只好向黑龙江督军吴俊升寻求武器支援。吴俊升虽然生在东北，但祖籍山东，和张宗昌算是半个老乡，张宗昌知道吴俊升爱马，特意从奉天购得两匹良马带来，取悦吴俊升。而吴俊升考虑到高、卢叛乱会威胁到他在黑龙江的统治，如今不用自己出兵，只需给张宗昌提供武器便可解除危机，实在划算，于是大方地拨给张宗昌300支铅弹子步枪，三挺重机枪，山炮一门，子弹以及粮草给养若干。

这次两门大炮帮了张宗昌大忙，张宗昌与卢永贵的部队在中东路九站附近相遇，卢军兵力明显在张宗昌之上，又有火车源源不断运送军需物资，火力防守严密，一时难分胜负。正在双方激战中，忽见对方一列军用火车自东呼啸而来，张宗昌立刻大喊："开炮！"

这支刚刚拼凑起来的部队大多没上过战场，听张宗昌喊过之后，几名炮兵才明白是怎么回事，赶紧开炮，竟然两炮将火车打翻了。卢军官兵也是乌合之众，哪里见过这么厉害的大炮，一时阵脚大乱。加上卢军中多是在沿途召集起来的农民、工人，其中不乏山东人，甚至有些人曾跟随张宗昌修过铁路，受过张宗昌恩惠，如今见张宗昌声势浩大，有的倒戈，有的则吓得四处逃窜，战场上一片混乱。高、卢见大势已去，只好撤退。

张宗昌乘胜追击，接下来连破八站、七站、六站、五站，击溃高、卢全部据点，这才给张作霖发去捷报。张作霖没想到张宗昌带着300人的杂牌军出发，竟能在如此短的时间内平定高、卢叛乱，遂任命张宗昌为绥宁镇守使，兼吉林防军第三混成旅旅长和中东铁路护路军副司令。

重整旗鼓，直奉大战中崛起

张宗昌岂会满足于一旅兵力，如今有了正式名分，便开始四处招兵，一方面在东北设立新兵招募机构，大量招募在东北的山东人从军；另一方面派人到山东招募兵源。1922年冬，苏俄红军进攻海参崴，海参崴的白军不敌，纷纷向中俄边境溃退。这些白俄军武器精良，被张宗昌看中。在得到张作霖的应允后，张宗昌给了白俄军一笔钱，获得6000支水连珠七七步枪，48挺机关枪，13门七七山、陆炮以及其他枪支弹药、通信器材，等等，并且收编了500名白俄兵。

张宗昌对这支白俄军极其偏爱，当时中国士兵只吃高粱面就咸菜或菜汤，白俄士兵却每天都是牛肉、面包，白俄军官更是大酒大肉，极其奢华。当时许多中国人向白俄士兵开玩笑问："你爸爸是谁？"白俄士兵均回答："我爸爸是张宗昌。"作战时友军向白俄兵问口令，白俄兵也只会说："张宗昌的老毛子。"可见这些白俄兵心中只有张宗昌。

由于张宗昌的个性作风与这些骁勇善战但纪律散荡的白俄兵不谋而合，白俄兵对张宗昌唯命是从，即使上刀山下火海也在所不辞。有了这支精锐部队与先进的武器装备，张宗昌的部队如虎添翼。

第三混成旅编成后，张宗昌的总兵力已超过1万人。由于严重超员，单靠张作霖拨给的粮饷远远不能维持，张宗昌从第二年开始在辖区大量开垦荒地，以种粮为名大量种植鸦片，不仅解决了粮饷问题，而且属下大多数军官以及张宗昌本人都因此富得流油。

由于张宗昌一举平定高、卢叛乱，在张作霖心目中地位倍增，如今又是实力大增，令杨宇霆、张海鹏等人气得眼红，他们看不惯张宗昌一个外来人在他们的地盘上耀武扬威，更不能容忍张宗昌与他们平起平坐，屡次在张作霖面前诋毁张宗昌，说张宗昌"在绥芬河一带遍种鸦片，搞得百姓赤贫，尸骨成山。不出几年，那里将无可以御敌之兵"。其目的就是劝张作霖遣散张宗昌的这支队伍。

张作霖对张宗昌种植鸦片一事早有耳闻，但并未在意，如今听杨宇霆提到"不出几年，那里将无可以御敌之兵"，一下子提起警觉，官兵都成了大烟鬼，还谈什么御敌呢！适逢 1923 年奉系陆军在怀德举行秋操，张宗昌的吉林防军第三混成旅也在检阅范围内，杨宇霆等奉系嫡系人士极力主张通过这次秋操将张宗昌赶走，张作霖不置可否，对校阅委员说："每年花 100 多万，就为了养这群种鸦片烟的杂牌军，太不像话，你们若是看着他们不行，就把他们遣散好了。"

张宗昌虽不知张作霖对他态度的变化，但他清楚这次秋操的重要性，他要好好表现，让奉系的人对他刮目相看。

检阅分为三部分，分别是检阅军队装备、基本技能和野外攻防能力。负责检阅装备的是张学良和李景林。张学良见张宗昌军队中竟有 500 多部电报机，惊讶地问：

"这是从哪儿弄来的？"

"白俄军送的。"张宗昌回答。

"那这些田瓜式手榴弹呢？"

"这是买的，两块大洋一个。"

张学良对张宗昌搞了这么多先进装备非常吃惊和赞赏，对张宗昌的豪爽与才干更是有了一个好印象。于是，在张学良的坚持下，张宗昌顺利通过第一项检阅。

张宗昌部队的基本技能训练都是由许锟负责，许锟是教育团教官，训练军队是行家里手，无论平时训练还是表演，都做得严格规范，一丝不苟，使第二项检阅顺利过关。

第三项检阅内容是最困难的，而负责该项检查的是郭松龄。郭松龄对张宗昌成见更深，对他百般刁难。检阅开始，首先由张宗昌部渡河攻击对岸的李景林部。此时正值深秋，关外已经非常寒冷，温度在零摄氏度左右，河水冰冷刺骨，士兵们冲到河边后，迟疑着不肯下水。程国瑞一看急了，照着一个在河边发愣的士兵"嘭"地就是一枪，接着率先跳下河去。而张宗昌与参谋长王翰鸣就在后边举枪而立，士兵们见状哪里还敢怠慢，一个个争先恐后往水里跳，拼命地向对岸扑去。

上岸后，张宗昌部叫喊着杀进李景林的阵地，李景林部早就被张宗昌部的气势吓倒，很快溃败而逃。占领了李景林部阵地，张宗昌部士气愈发高涨。岂料，冲锋号响起后，前面一片收割后的高粱地让张宗昌部大遭其殃。

本来乘胜追击是比较顺利的演习，但追到一片收割后的高粱地后，高粱茬子坚挺地戳在地面上，偏偏下过一场大雪，数尺深的大雪将所有高粱茬子覆盖，锋利的茬子尖隐藏在白雪下面。士兵们冲进高粱地，踩在尖锐的茬子尖上，顿时响起一片"哇哇"惨叫。偏偏又传来"原地卧倒"的号令，这一卧，所有人都趴在了高粱茬子上，惨叫声此起彼伏。如此奔跑、卧倒反复多次，士兵们个个落得浑身是伤。

受此虐待，张宗昌心里非常气愤。休息时，张宗昌和参谋长王翰鸣等人到附近的土屋里暂避风雪，张宗昌拿出烧酒，一边喝一边大发牢骚："这是哪个龟孙子的计划，把我们害成这样！"

这时郭松龄推门而入，怒视着张宗昌问："你骂谁？"

张宗昌愣了一下，喝口烧酒说："我没骂谁，这是我的口头语。"

郭松龄大发雷霆，怒气冲冲地大骂。

张宗昌被激怒，双眼瞪得溜圆，脸色由红到黑，看上去已忍无可忍。他扔下烧酒瓶子，一跃而起，一步跨到郭松龄跟前。大家都为张宗昌捏了把汗，因为他一旦动手或者开枪，不仅他本人将大祸临头，就是他手下这万把人马也将后果不堪设想。

就在这一瞬间，张宗昌忽然换上一副笑脸，对郭松龄说："郭二大爷，你就是俺的亲爸爸，还有什么说的？"

郭松龄确实无话可说，只好拂袖而去。

事后，在李景林的劝说下，张宗昌和郭松龄表面上握手言和，张宗昌、郭松龄、李景林还和张学良结拜为兄弟，决定以后同心协力，为奉系效力。但郭松龄事后却说："和效坤那小子结拜，并非我本意。"由此可见，两人矛盾并未消除。

张作霖对张宗昌此次表现非常赞赏，认为张宗昌的部队讲义气，能打硬仗，具有正规军所没有的气魄，从此将张宗昌部视为亲兵，不仅补发了张部四个月的军饷，还提供了大量枪支、军需品，并将其番号改为奉军陆军第三混成旅。

1924 年 9 月 15 日，第二次直奉大战爆发，张作霖自任镇威军总司令，率 22 万大军向九门口、山海关、热河扑来。张宗昌充当先锋军，首先进军热河地区。由于此地是直军防御最为薄弱之处，趁着直军援军未到，张宗昌顺利而迅速地完成使命，为奉军在此次战争中开了个好头，并因功被提升为奉天暂编第二师师长。

接下来，张宗昌继续南下，向长城冷口方向前进，于 10 月初在玉麟山遭遇直系董政国部的阻拦。玉麟山地势险要，易守难攻，董政国部又是直军中精锐部队，士兵对战法都有研究，显然这是一场硬仗。好在张宗昌部实力雄厚，不仅拥有王翰鸣等一批优秀参谋人员，还有日本军事顾问为他出谋划策。加上张宗昌的武器先进，拥有 13 门七七山陆炮、一门七五山炮、20 门八二迫击炮以及几门土炮等。凭借这些，张宗昌与董政国部激战十多个昼夜，终于攻克玉麟山。其间，参谋长王翰鸣在箭不容发之际，以一纸密令调兵解除后路危机，为玉麟山之战的最后胜利奠定了基础。

下一个目标就是冷口了，此地位于直军后方，若能攻下此地，便能对直军形成前后夹击之势。张宗昌率部急行军四五日，已经饿得前胸贴后背，此时正好看到几片羊群，立刻扑上去，一通宰杀烤熟，接着便是狼吞虎咽。

此时董政国部已抢先在冷口构筑了纵深七八里的防御工事，最前面是地雷区，接着是鹿寨、铁丝网，后面是外壕、盖沟，加上长城高不可攀，不可能强攻，一时间张宗昌的参谋都默默无语地吃着羊肉，思考着如何智取。

张宗昌突然想到什么，他看看手里的羊腿，又朝着羊群眨巴眨巴眼睛，兴奋地说："有办法了！"接着叫来几名羊倌问："从现在起，我们不再吃你们的羊，你们把我的部队送过长城，我就让你们带着剩下的羊回家，好不好？"羊倌儿们赶紧点点头，张宗昌见他们答应，咧着嘴笑起来。

于是，在几名羊倌的带领下，程国瑞的两个营从冷口西边偷越长城，于夜里偷袭董政国部驻防的建昌营。董政国没有想到是张宗昌部越过长城偷袭，以为是正面战场上的奉军主力从山海关方向冲杀过来，仓皇向西南逃去，张宗昌智取冷口成功。

第二天天一亮，张宗昌部便登上长城，白俄军们大多第一次见到长城，叽里呱啦说个不停，还间杂地发出赞叹声，白俄军问张宗昌："长城是什么时候建的，为什么而建？"张宗昌眨眨眼，支吾道："唔，这个，什么时候建的……参谋长，参谋长呢？"王翰鸣听到张宗昌的声音赶紧跑了来，这才解答了白俄军的疑问。

攻下冷口后，张宗昌又谋划攻占滦州。10月23日，冯玉祥倒戈回京，发动北京政变，吴佩孚回京镇压，造成前线军心动摇。10月27日，张宗昌的部队抢占滦州车站，切断路轨后分头截击直军。此时直军已全线溃败，张宗昌几乎不费一枪一弹便占领滦州，并缴获大批战利品，发了一笔小财。

此间颇耐人寻味的是，当部队占领车站后，张宗昌走进直军的电话室，正巧电话铃声大作，张宗昌随手拿起耳机，问：

"你是哪里？"

"总指挥部。"

对方所说的自然是直军的总指挥部，但张宗昌已经听出声音很耳熟了，又问：

"你是哪位？"

"我是李参谋长。"

果然不出所料，直军总司令彭寿莘的参谋长，正是张宗昌任第一师师长驻扎江西时的参谋长李藻麟。张宗昌在江西失败时，李投身于直系，当了彭寿莘的参谋长，正是冷口战役中指挥彭部对张宗昌部作战之人。张宗昌饶有兴趣地说：

"你是李伯仁吧？"

"是！"对方很干脆地回答，又问："你是谁，现在哪里？"

"我是张宗昌，现在滦州车站。"

这个回答，等于告诉李藻麟，直军已经兵败撤退，奉军已经占据滦州。尤其张宗昌是李的老上司，令李十分尴尬，随后挂断了电话。

张宗昌一直认为李藻麟是个人才，冷口之战后即指示参谋长王翰鸣："到天津后，你设法找到李伯仁，一定把他拉到我们这个阵营里来。"

王翰鸣理解张宗昌求贤若渴，不念旧恶，但身边很多人持反对意见，认为张宗昌不该如此宽厚大度。后来王翰鸣派人去北京找到李藻麟，说明来意，李藻麟怀着愧疚不安的心情来到天津，面见张宗昌，张宗昌即任命他为随军参谋长。李藻麟从此忠心耿耿为张宗昌出谋划策，立下了汗马功劳。

占领滦州后，张宗昌挥兵向南追击，攻克芦台后，经昌黎、军粮城，直抵天津。其间，张宗昌不仅一口气接收了直军彭寿莘、董政国两部共六七万人，而且沿途大量接收直军其他投降部队及散兵游勇，一时间实力大增，控制天津后，张宗昌的部队已达 10 万人之多。

督鲁三年，督办的位子不稳

由于立下赫赫战功，张宗昌因此深受张作霖青睐，被很快提升为第一军军长，所有从征人员全部晋升一级，中下级军官均升为将校级，其部下们都乐得飘飘然起来，张宗昌率先控制天津，自认为直隶督办非他莫属，更是喜滋滋地对部下们许诺说："等我当了直隶督办，给你们一人一个镇守使干，到时候，你们都可以享清福了。"

然而，尽管张作霖对张宗昌青睐有加，却仍然不能任命张宗昌为直隶督办。这不仅因为他非嫡系出身，重要的是摆不平李景林与杨宇霆，何况张宗昌的部队桀骜不驯，勇猛有余，却给地方上骚扰过甚，京津地区比不得其他地方，惹出争端非同小可。于是任命李景林为直隶督办。

张宗昌拼命立下头功，却没能得到一块地盘，气得破口大骂。这时，王翰鸣从旁边提醒他说："咱们军队军纪一向败坏，此番进津更是抢了一路，被百姓们称作'三光'部队，也难怪不让你当督办。"张宗昌听后，闭嘴不骂了。

没有地盘，10 万多人的军队无从安置和发展，张宗昌采取李藻麟的建议，先与李景林联合，求得暂时安身。本来李景林督办之位尚未坐稳，担心张宗昌不服气会采取武力行动，没想到张宗昌凭借强大的军事后盾，帮助赶走处处掣肘他的直隶省长杨亦德，因此对张宗昌心怀感激。

尽管如此，寄人篱下终究不是长久之计。正当张宗昌巴望着争取一块地盘的时候，张作霖便给他送来了一个机会。其实张作霖对此不是没有考虑，但为了向南扩张，离不开张宗昌这支劲旅给他冲锋陷阵。直系战败后，张作霖等人请出皖系段祺瑞出任临时执政，1924 年 12 月 11 日，直系江苏督军齐燮元被免职，皖系卢永祥被任命为苏皖宣抚使，张作霖令张宗昌护送卢永祥南下就职，然而护送是假，张作霖想要染指长江流域是真，张宗昌的任务便是打退齐燮元，借机扩张。

张宗昌以为争取地盘的机会终于来到，异常兴奋。由于山东督办郑士琦为皖系人物，因此张宗昌护送皖系卢永祥非常顺利。通过山东后，接下来就要过徐州，徐州镇守使陈调元是直系齐燮元手下大将，但与张宗昌为莫逆之交。当年张宗昌在冯国璋的江苏都督府任职时，陈调元是冯的宪兵司令，张宗昌为朋友向来挥金如土，其间为陈出钱娶了上海名妓花四宝做姨太，两人交情匪浅。闻听张宗昌南下，陈调元立刻将军队调出徐州，退往砀山、丰沛一带。张宗昌遂得以兵不血刃占领南京的门户——徐州。

接下来，张宗昌以白俄军为先锋。白俄军坐在铁甲战车里，一手拿枪一手拿酒，不要命地向前冲，齐燮元部没多做抵抗便弃城而逃。1925 年元旦，张宗昌进入南京，随后一路势如破竹，直攻到无锡。1925 年 1 月 28 日，齐燮元通电下野，29 日，张宗昌即进驻了上海。

张宗昌本以为这次江苏督办非他莫属，于是在上海等待张作霖控制的段祺瑞政府的委任。然而，张宗昌被任命为苏皖鲁剿匪总司令，驻扎徐州。这意味着他再次与督办无缘。张宗昌的部下顿时乱成一锅粥，表示对这一任命的不满。

但这次，张宗昌的反应令所有人大出意外。他不仅没有破口大骂，反而表现得异常平静，老老实实地整顿队伍开赴徐州。张宗昌一到徐州，便带着厚礼前往奉天，看望张作霖。一进门，张宗昌即立正行礼："报告，苏皖鲁剿匪总司令张宗昌到。"

张宗昌向来大大咧咧，粗鲁不文，尤其不喜欢繁文缛节，而在张作霖面前如此有规有矩，完全是三年前张作霖调教的结果。当时张宗昌平定高、卢叛乱后回到奉天，还没到张作霖的办公室就大声喊道："老爷子，效坤回来了……"张作霖见他如此没有规矩，不由得拍案而起："出去，你还算个军人吗？当在你家呢？给我重进！"张宗昌蓦然一惊，赶紧立正、转身、出门，然而再立正、转身、进门，进门后又立正、行礼，一板一眼地说："报告，张宗昌到。"

从此，张宗昌到张作霖的办公室，一直沿用这一模式。但眼下，张作霖反倒希望张宗昌随意一些，像在家人至亲面前无拘无束。张宗昌一次次建立战功，却一次次没有得到地盘，但依旧对张作霖忠心耿耿，令张作霖心怀愧疚，如今又见张宗昌带厚礼来见，更有些不好意思。

张作霖热情地将张宗昌迎进屋里，说道："唉，这几个月委屈你了，我也有难处。我已经想好了，把山东给你，怎么样？"张宗昌没料到事情进展得这么顺利，立刻喜上眉梢，对张作霖千恩万谢。

1925年5月7日，张宗昌抵达济南就职，至此，张宗昌费尽周折，终于圆了督办梦，在这块好不容易争取来的地盘上，张宗昌尽情地安插亲信，横征暴敛。

但好日子没过多久，战事又起。6月13日，张作霖借口上海发生五卅惨案，派奉军进驻上海，任命邢士廉为上海警备司令，8月25日又任命杨宇霆为江苏督办、姜登选为安徽督办。如此一来，已获得浙闽两地的浙江督办孙传芳的利益受到威胁。10月15日，孙传芳通电宣布成立浙、闽、苏、皖、赣五省联军，自任五省联军总司令，向奉系宣战。

由于奉系在江苏只有两师兵力，杨宇霆主动北撤，孙传芳只用一天便占领了上海、南京。为了抵抗气势汹汹的孙传芳，张作霖任命张宗昌为直、鲁、苏、皖防御总司令，南下阻击孙传芳。10月21日张宗昌率部赴徐州，部署三道防线抵御孙传芳。10月31日，孙传芳针对张宗昌的防御，向蚌埠、宿迁、永城以北扑来。

久未经历败仗的张宗昌此次遇到了劲敌。战争开始时，张宗昌以第二军军长施从滨为前敌总司令，乘铁甲车亲自指挥作战，以白俄军为前锋，与孙军马葆珩团在任桥、固镇一带相遇并发生激战，白俄军凶猛残暴，将马葆珩团包围后，以挖眼睛、割鼻子等残忍手段杀害了马葆珩团50人，不料此举激发了马葆珩团的潜力，他们拼命地攻击白俄军，最终活捉了300

多名白俄军。

与此同时，孙传芳还绕到奉军后面，破坏铁路，阻断奉军后路，使得奉军腹背受敌，最终施从滨被杀，而张宗昌引以为傲的白俄军全军覆没。张宗昌对孙传芳恨得咬牙切齿，他决心为施从滨和白俄军报仇，然而几次亲临前线指挥，均不能挽回败局，不得不于 11 月 6 日挥泪撤回山东，孙传芳占领徐州后，也停止了前进。

回到济南后，张宗昌仍不得安宁，先是吴佩孚派靳云鹗与驻防河南的国民军岳维峻部趁张宗昌兵败徐州之际，夹击山东；接着在山东不得势的夏蒲斋等人联系青岛胶澳护军使张怀斌等人意图趁乱取张宗昌而代之，张宗昌好不容易击退外敌，平定内乱，重新坐稳山东督办之位。

这时，西北边防督办冯玉祥的国民军进军天津，直隶督办李景林丢了天津后跑到济南向张宗昌求援，张宗昌立即同李景林组成直鲁联军，杀进天津。1926 年 3 月下旬，张宗昌的部队占领天津，其部下褚玉璞被任命为直隶督军，张宗昌被封为"义威上将军"。

当张宗昌终于巩固了山东督办之位，用心经营着山东地盘的时候，1926 年 7 月，北伐战争爆发，张宗昌的噩梦也随之开始了。

北伐军一路势如破竹，横扫着北洋军阀的残余势力，吴佩孚兵败逃往四川，一些地方军阀纷纷倒戈投靠蒋介石。当北伐军将枪口对准孙传芳的时候，张宗昌与张作霖同样感到面临的危机。为了对抗北伐军，张宗昌与孙传芳不得不冰释前嫌，联手合作。11 月 29 日，孙传芳、张宗昌以直、鲁、豫、苏、皖、赣、浙、闽、陕、晋、察、热、绥、吉、黑 15 省区联名的形式，推戴张作霖为安国军总司令。12 月 1 日，张作霖在天津蔡园就职，任命张宗昌、孙传芳为安国军副总司令，同时命令张宗昌南下援助孙传芳。

此时，孙传芳的部队因为连吃败仗，已被北伐军吓破了胆，几乎完全失去了战斗力。张宗昌调集 17 万大军，于 1927 年初南下，兵分两路接替孙传芳部。一路由褚玉璞率领，进驻沪宁一带；一路由张宗昌亲自率领攻占安徽。然而，张宗昌的直鲁联军仍然没有摆脱孙传芳连吃败仗的命运，沪宁一带先后被北伐军攻下，张宗昌在安徽与已倒戈的马祥斌部激战三个月，未取得进展。最后马祥斌在北伐军的配合下，挫败张宗昌的进攻。张宗昌不得不退回济南，以直鲁联军全面溃败结束了此次南下作战。

蒋介石发动反革命政变后，宁汉分裂，随后发生武装冲突，蒋介石不得不抽调兵力与武汉方面对抗。张宗昌、孙传芳乘机反攻，一举收复藤县、临城、台儿庄等地。6月18日，张作霖在怀仁堂就任安国军政府海陆军大元帅，任命张宗昌为第二军团军团长，孙传芳为安国军第一军团军团长，两人乘胜追击，7月连克徐州、蚌埠、浦口，将北伐军逐回长江南岸。8月，孙传芳渡江南下，准备进攻南京。张宗昌在陇海线上与冯玉祥展开恶战。然而好景不长，8月底孙传芳在龙潭战役中一败涂地，10月底，张宗昌在兰封一带大败而归。

遭遇北伐，错失了投诚良机

1928年4月，二次北伐开始后，北伐军很快逼近济南，张宗昌不得不放弃山东这块地盘，向直隶逃去。张宗昌以为褚玉璞是他的手下，褚玉璞的地盘就是他的地盘，所以到达直隶后对褚玉璞说："我把山东赔光了，来到你们直隶，我是在这里吃劳金。"

劳金是买卖人的口语，意思就是自己的商号倒闭了，到联号吃伙友，和吃自己的劳动力一样。张宗昌到了直隶仍摆出上司的架势，令褚玉璞很不高兴。常言说"一山难容二虎"，两人在权力和财政上难免发生争执。有一回，褚玉璞打算出门，刚上车便遇到王翰鸣来访，他把王翰鸣拉到车里，问："你看督办会不会枪毙我？"王翰鸣赶紧说："哪有这回事，你不要听信谣言。"由此可见，张宗昌与褚玉璞关系之紧张。

随着奉军前线连连溃败，张作霖于5月下旬在北京召开会议，决定撤离北京。会上，张作霖令张宗昌退守热河，张宗昌一听不让他进东三省，心中顿生一股火气，负气说："我不退，我掩护大军，死守京津。"

不管张作霖做此决定是出于何种考虑，在张宗昌看来，都是对他不信任的表现。他对张作霖忠心耿耿，为他出生入死，仍不能换取他的信任，心中无比愤懑与悲哀，冲动之下，为表示自己的忠心，大义凛然地提出掩护奉军后撤，死守京津。但事后很是后悔，无奈话已出口，也只能硬着头皮干下去。也正是这一冲动，加速了他的最终灭亡。

就在这个时候，张宗昌的老上司李征五突然来到天津，登门拜会张宗昌。自从1911年跟随李征五从海参崴回到内地，张宗昌对这位老上司历来敬重有加，甚至是言听计从。他亲自到车站迎接李征五，并设盛宴热情款待。席间，李征五道出此次来访的目的。

"我是受蒋委员长之托而来，蒋委员长对我承诺，只要你愿意接受南京国民政府的改编，改悬青天白日旗，直鲁两省仍归你统辖。事到如今，你可要抓住这个机会！"

张宗昌沉默半晌，他知道这是个扭转败局的机会，尤其在张作霖不信任的情况下，他本应借机投蒋，但是，这个一辈子大大咧咧的粗人，在这个特殊的时候想问题却十分细心，他说：

"我这一辈子做过很多错事，最让我后悔的一件，就是背叛陈英士……我在落魄中投靠了张老帅，这些年我的一切都是张老帅给的，不管最后结局怎样，我都不能背叛他。"

"我了解你的为人，可这不是个人恩怨问题，是顺应潮流，许多人都走了这条路。"

李征五仍试图说服他，但张宗昌主意已定，李征五只好无功而返。

1928年6月3日凌晨，张作霖乘火车返回奉天，张宗昌亲自到北京送行，对张作霖的离去十分眷恋。前程渺茫，不知出路在哪里，怀着沉重的心情登上张作霖的火车，到天津才下车。他恋恋不舍地望着火车驶出天津站，却不料在6月4日凌晨抵达奉天前，张作霖的专列在皇姑屯车站附近被炸。

消息传来，张宗昌为之大恸。虽当时据传张作霖只是身受微伤，精神尚好，但在张宗昌看来，就凭张作霖那样一个小身板，即使那一震，怕也是难以抵挡。6月21日，果然噩耗传来，张宗昌忍不住痛哭失声。

此时张宗昌已经退出天津，向山海关方向行进。离开天津时，张宗昌的一些部下拒绝开拔，选择了投靠蒋介石。抵达滦州时，张宗昌的队伍只剩下4万人。在如此众叛亲离的处境下，张宗昌越发万念俱灰，深感自己已是英雄末路。抵达滦州后，张宗昌为张作霖搭设祭堂，披麻戴孝，天天上祭，痛哭不止。

恰在此时，张宗昌得知张学良决定东北易帜，立刻致电张学良，表示愿意加入东北易帜，请求返回东北。然而，张学良对张宗昌并不信任，生怕他回到奉天对自己在东北的统治造成威胁，回电说军饷紧张，只能给他一个师的编制，师长为褚玉璞。

"这明摆着是让我离开部队，我为他张氏父子出生入死，如今山穷水尽，他竟然不肯收留我，真是忘恩负义的小人！"张宗昌盛怒之下，开口大骂。

但张宗昌不能眼睁睁看着自己4万军队走向灭亡，只好再次请求张学良，给他四个师的编制，将他的4万军队全部收编。张学良不仅坚决拒绝，同时加强了对张宗昌部的军事防御。张宗昌极度愤怒之下，表示将以武力抗争。属下将领个个摩拳擦掌，表示要与张学良拼个你死我活，上下同仇敌忾，向山海关的奉军展开猛烈进攻。

此时，国民革命军白崇禧正对张宗昌虎视眈眈，积极备战，准备一举拿下滦州。9月2日，白崇禧在天津誓师东征，使得张宗昌背腹受敌，走投无路之下，张宗昌派代表到唐山晋谒白崇禧，提出投诚的请求，但为时已晚，白崇禧不予理睬。张宗昌只好又向张学良请求停战，表示答应张学良之前的改编要求，但最终因张宗昌和褚玉璞部下意见不统一，未能实现。

9月19日，白崇禧部与奉军对张宗昌发起全线总攻，张宗昌部在两面大军的夹击下，斗志全无，很快溃不成军。张宗昌见大势已去，于9月21日带亲信数人来到滦河边，掏出随身携带的一颗汉代图章，反复抚摸上面的"宗昌"二字。这枚图章跟随张宗昌多年，每当下达军事命令时，张宗昌都会用它盖一个印，这是张宗昌使用多年的军事专用章。但现在，在悲愤绝望之中，他将这枚汉印远远地抛进滦河。

随后，张宗昌与亲信换上便衣，乘一只小渔船，渡海潜往大连。此后，张宗昌的直鲁联军被白崇禧收编，至此，张宗昌一生的基业毁于一旦。

张宗昌逃到大连后，不甘心最后的失败，开始联络旧部，伺机东山再起。年底，蒋介石、冯玉祥、阎锡山聚集平津，胶东半岛成为空虚地带，张宗昌旧部纷纷返回山东，蠢蠢欲动。段祺瑞企图利用张宗昌在山东的优势，控制山东全部，再图大举，派亲信赴大连与张宗昌联络，任命张宗昌为"入鲁军第一统帅"。

1929 年 3 月，张宗昌率纠集起来的旧部，从烟台登陆杀回山东，企图利用山东旧部东山再起，但最终失败，他多年的部下褚玉璞也在此战中被杀，张宗昌再次逃回大连。由于蒋介石两度命令全国通缉张宗昌，1929 年夏秋之际，张宗昌不得不东渡日本，过起流亡生活。

张宗昌以每月 2000 多元日元的价格租住下日本别府的昭和园别墅，别墅位于温泉区中，依山面海，景色宜人，适合休养身心。但张宗昌在此却屡受打扰，日本朝野人士纷纷上门对其进行收买拉拢，表示只要张宗昌愿意同日本合作，便协助他回国东山再起。张宗昌虽然想东山再起，但不想做汉奸，只好与日本人周旋。在与日本人接触中，张宗昌得知一些日军侵略东北的军事秘密，暗地里将这些情报报告给张学良，希望对东北抗日有所帮助。

张宗昌一向喜聚不喜散，对朋友、部下出手阔绰，挥金如土。自己又全无金钱概念，而他本人并没有什么积蓄。东渡日本时本来追随者甚多，后来又有许多人去看他，这些人在日本的一切开支全部由他支付，因此，他在日本第一年便花去上百万元。

后来张宗昌的生活全靠朋友、部下接济，张作相、陈调元、孙殿英等全都给予过大量资助，张宗昌的日子过得依然十分窘迫。有一次张宗昌向老朋友许锟求助，而许锟的钱全掌控在他家老太太手里，很难要出，最后总算勉强凑了 3 万元给张宗昌汇去救急，张宗昌曾感叹道："许锟这 3 万元，是我平生花得最珍贵的一笔钱。"

1931 年九一八事变前，张宗昌的母亲变卖了部分家产，凑够 10 万元，亲自到日本将张宗昌接回大连。此时张学良驻节北平，张宗昌逃亡时被南京政府查封的两处房产，在张学良的帮助下已物归原主。为了感谢张学良，张宗昌令参谋长李藻麟陪同母亲到北平面见张学良，此行还有一个更重要目的，即提醒张学良密切注意日军动向，因为张宗昌通过与日本人交往，感到日军正蠢蠢欲动，欲对东北采取军事行动。

1931 年 9 月 8 日，张母和李藻麟抵达北平，住到张学良安排的六国饭店，直到 9 月 18 日中午，才得以面见张学良。张学良与夫人于凤至设宴招待二人，同时请来张作相夫妇、万福麟夫妇作陪。

席间，先是张母对张学良为张宗昌要回房子表示感谢，接着，李藻麟说明来意："效坤让我转告您，日军近期可能会对东北出兵，请您务必提高警惕。最近大连街上多了许多穿和服的年轻人，这些人换上军装就是兵，我们怀疑他们正是日本人增派到中国的军队。"

张学良听了却不以为然，说："小小日本，何足为患，有国联组织存在，它敢出兵东北！就算真的吞掉东北，国联也会让它乖乖吐出来。"

但令张学良始料未及的是，当天晚上，日军便在奉天制造了九一八事变。

九一八事变爆发后，身在大连的张宗昌被怀疑同日本人达成合作，为了打破流言，在取得张学良同意的情况下，张宗昌于 11 月 3 日离开大连，前往北平。途中，无论在天津塘沽港口，还是在天津火车站、北平的火车站，张宗昌都受到社会各界人士的热烈欢迎。军政界的欢迎自不必说，民众团体尤其是学界人士的欢迎，令张宗昌深感意外。张宗昌以实际行动表明自己绝不当汉奸，因此得到抗日情绪高涨的民众的热烈欢迎，他们甚至强力推荐张宗昌出任华北抗日联军总司令。

拒绝"落水"，却落入谋杀陷阱

1932 年 2 月，东北四省中已有三省首脑投靠日本人，日军见时机成熟，在长春建立伪满洲国，并着手准备对热河省主席汤玉麟进行收买拉拢。此时，热河是东北军的最后阵地，守住热河，即守住了关内外之间"大门"，进可收失地，退可保华北，为了保住热河，张学良于 1932 年夏在北平召开华北各省高级将领军事会议，张宗昌、东北边防司令长官张作相、山东省政府主席韩复榘等人均到场。张学良有意令张作相负责保卫热河，但张作相手中无军队，便令张宗昌率驻扎山东的孙殿英部协助张作相，同时让山东省主席韩复榘负责解决孙殿英部的军械问题。

韩复榘作为山东省主席，一直密切关注着张宗昌的动向，生怕张宗昌到山东与自己抢地盘。当时韩复榘的老上司冯玉祥正在泰山隐居，两人经常往来。冯玉祥多次与张宗昌作战，虽有胜有败，但对张记恨颇深，他对韩复榘说："如果张宗昌当上抗日联军总司令，他拉着队伍南下，你在济南还能待住吗？"怂恿韩复榘除掉张宗昌。

冯玉祥之言正是韩复榘之忌，如今张宗昌要重掌孙殿英部，孙殿英本就是张宗昌部下，后被蒋介石收编，这让韩复榘对张宗昌更加防范和仇视。

实际上，张宗昌并无觊觎山东之想。一方面，蒋介石已统一中国，张宗昌与蒋介石之间素有芥蒂，蒋介石对他的通缉令尚在，绝不会容许他东山再起；另一方面，他两手空空，既无军队也无钱，怎可能妄想回到山东，以卵击石？加上此时国难当头，他心无旁骛，只为抗战。尤其此任务是张学良所派，他更要尽心尽力做好。

张宗昌知道韩复榘对他心存顾虑，在韩复榘赴张府拜访时，他一再向韩复榘表示："我这回出山完全为了抗日，绝无觊觎山东地盘的野心。"

韩复榘则装作相信。为了与张宗昌套近乎，韩复榘拜张母为干娘，与张宗昌结拜为把兄弟，两人的关系一下子热络起来。张宗昌此时经济拮据，想到济南交通银行曾扣下他的 40 万元存款，便问韩复榘能否将其提出，作为孙殿英部开拔费用。韩复榘听后大喜，正好以此为借口诱张宗昌赴济，他说："小事一桩，但要劳烦效坤兄亲自跑一趟济南，就当是回家乡看一看吧。"张宗昌当即答应抽空赴济。

韩复榘回到济南后不久，即发来电报，请张宗昌赴济共商抗战事宜，同时办理提款。张宗昌感到盛情难却，决定赴济。但他身边的人纷纷提出反对，李藻麟第一个站出来阻止说："济南万万不能去，韩向方（韩复榘字）诡计多端、心狠手辣，早已把你视作他称霸山东的障碍，此次约你赴济，恐怕没安好心。"

张宗昌的母亲也不同意张宗昌前往，求助于在北平居住的吴佩孚，以及寓居天津的孙传芳，请他们劝阻张宗昌。吴佩孚当即来到张府，直言不讳地说："韩复榘阴险，所以济南不能去，去了只有死路一条。"

张宗昌根本没想到事情有那么复杂，他满不在乎地说："向方是我兄弟，为什么要害我呢？"

却不知冯玉祥和韩复榘此时已经谋划好除掉张宗昌的计划，并征求了蒋介石的同意。蒋介石虽没想过杀掉张宗昌，但不反对冯玉祥和韩复榘除掉他。

吴佩孚一连几次上门劝阻张宗昌，孙传芳也从天津赶来，张宗昌见众人劝阻，索性带上金寿良、刘怀周、程伯容、徐晓楼几名亲信悄悄离开了北平。

一看张宗昌离开了北平，张母立刻给张学良打电话，张学良又打电话联系了张宗昌的心腹部下、居住在天津的林宪祖，请他务必阻拦张宗昌。于是，张宗昌抵达天津时，便有林宪祖上车劝阻一幕，但张宗昌却不耐烦地说："你跟随我多年，还不知道我的脾气，去趟济南有什么大惊小怪的。"

林宪祖劝阻不成，赶紧回报张学良。张母得知后气得直跺脚，想来想去只有一个办法——让人立刻给济南发电，称：老太太急病速归。张宗昌是个大孝子，张母知道张宗昌收到电报后一定会立刻返回北平，却不知能否使张宗昌幸免于难。

9月2日，张宗昌一行人抵达济南，韩复榘派代表程希贤、石友三前去迎接。在二人的陪同下，张宗昌与韩复榘会面。此时，张宗昌已接到张母来电，虽猜到母亲可能是骗他，仍决定3日返回北平，所以一见到韩复榘便进入正题。两人的会谈进行十分顺利，当天便商定好一切。

9月3日，张宗昌决定乘坐下午6时25分的京浦202次快车离开济南，韩复榘中午又设宴款待张宗昌。宴席上，石友三对张宗昌随身携带的一支最新式德国造左轮手枪表现出极大兴趣，张宗昌二话不说便将手枪赠予石友三，却不知这正中了韩复榘的圈套。

下午6时许，张宗昌一行人赶到济南车站，6时22分张宗昌登上火车，当他回身与送行之人挥手道别时，人群中突然一声枪响，一颗子弹落到张宗昌身旁的车门框上，张宗昌大叫一声："有刺客！"即向车厢内跑去。

杀手紧接着跳上火车，向车厢内追去。张宗昌想拔枪回击，这才想到手枪已送给了石友三，一时懊恼莫及。张宗昌跳下车，杀手也跟着跳下车，刘怀周带着几名卫士紧随其后。这时，躲在车站暗处的另一名杀手向张宗昌射击，却一枪将刘怀周击毙。

张宗昌仍在夺路而逃，他做梦也不会想到，火车站上到处埋伏着士兵，他已插翅难飞。当他逃到三站台第七岔道时，被预伏在四周的士兵用一阵乱枪击倒在地，其中一颗子弹击中头部。

张宗昌倒地后，尚有一丝气息，其亲信金寿良赶到，抚着张宗昌的躯体，一边哭，一边上气不接下气地吩咐随从："快，快给济南医院打电话，叫他立即派救护车来！"

然而张宗昌身中数枪，很快便断气了。张宗昌的尸体被运送到医院后，医生为他取出子弹，缠上纱布，只留出面部。

张宗昌被刺杀的消息很快传到北平张府，府里上上下下哭声一片。张家人为张宗昌订制了价格昂贵的楠木棺材，由张宗昌以前的承启处处长王金钰与他的大太太袁书娥等人赶赴济南，将张宗昌的遗体入殓。他们给张宗昌缠满纱布的遗体穿上大将军制服，套上马靴。又在棺底撒上含有沉香的锯末，铺上丝绵，丝绵上覆盖紫色缎褥，一头放上缎枕，将张宗昌的遗体移入棺内。张宗昌一只手握玉器，一只手握空枪，身上覆盖紫色缎被，然后才盖上棺盖，但没有钉死，直到张宗昌的遗体运抵北平，张家人见过张宗昌最后一面，才叫人钉上棺盖。

张家人在香山购置一块墓地，请来北平负有盛名的永盛杠房为张宗昌料理后事。永盛杠房用48人抬棺，为张宗昌举行了颇具声势的葬礼。张宗昌下葬后，张家人在墓地周围植满松柏树，建起石牌坊，并建造了三间房屋，雇佣当地一对夫妇在此守墓。

张宗昌在济南车站被刺后，韩复榘立刻假惺惺地派人将车站包围，而两名杀人凶手（张宗昌并非死在这两人枪下）根本没逃，其中一个人高声喊着："我是郑继成，我是郑金声之子，我杀张宗昌，是为父报仇！"

郑继成的叔父郑金声是冯玉祥的部下，曾被褚玉璞杀害。而郑继成从这一刻起，也就变成了郑金声的儿子。就算真的是为叔父报仇，张宗昌仅来济南一天，郑继成又如何得知张宗昌离济的准确时间呢？

这正是冯玉祥与韩复榘的精心策划，用30万元的报酬，将郑继成变成了郑金声之子，也变成了刺杀张宗昌的凶手。是冯玉祥帮韩复榘选定的这个人物，让他打着替父报仇的名义刺杀张宗昌，以便在事后争取社会舆论的同情。

而与郑继成站在一起的另一名杀手，则是青帮中人陈凤山。刺杀张宗昌的第一枪，就是陈凤山射出的，击毙刘怀周的那一枪是郑继成射出的。此次暗杀活动由济南警备司令程希贤为总指挥，而程希贤与韩复榘都曾是冯玉祥的部下，同是冯玉祥的十三太保之一。

郑继成被抓捕前后，大肆宣扬张宗昌的"劣迹"，树立自己为父报仇的孝子形象和为民除害的光辉形象。他曾发表《杀死国贼为父报仇》《刺杀张宗昌之经过》等诸多文章，其中编造的张宗昌因被国人唾弃，死后尸体停放火车站，给5000元无人肯抬的这一情节，至今仍被当作事实流传。

与此同时，一本《郑继成为父报仇》的小册子，将大肆捏造的"劣迹"当作事实扣在张宗昌头上，使之广为流传。韩复榘手下纷纷四处宣扬张宗昌祸鲁事实，拒不承认冯、韩二人策划谋刺案。曾被张宗昌杀害的进步记者胡信之的女儿胡玉华也借机为父报仇，以舆论攻击张宗昌，称："张宗昌祸鲁三年，翻北海之波不足洗其恶，伐南山之竹不足罄其罪……"据说，胡玉华骂张宗昌的文章不下百篇。

正所谓"三人成虎"，加上韩复榘等人控制着官方舆论，一时间，张宗昌成为人民公敌，他的"劣迹"被各大报纸竞相渲染，真相被掩盖，造假的信息铺天盖地，一些过去不曾有过的民谣，如："也有葱，也有蒜，锅里煮着张督办"，如雨后春笋，应运而生，这些正是张宗昌日后臭名昭著的原因。

妻妾成群，难耐寂寞多下堂

张宗昌一生奇闻趣事颇多，这与他的性格特点与外貌特征不无关系，他也因此被人取了不少外号，比如他身材高大魁梧，坐在汽车里要蜷起身子，由于腿特别长，人送外号"张长腿"；又由于嗜赌，尤其喜欢玩推牌九，北方人称推牌九为"吃狗肉"，于是又得绰号"狗肉将军"；张宗昌性情豪爽，出手大方，对人对事都大大咧咧，不愿费脑子多想，他甚至懒得细究军队、钱财、妻妾有多少，又被称之为"三不知将军"。

不知妻妾有多少，听起来是个笑话，但张宗昌的女人确实不好计算，他每到一处都要找女人，且大多是妓女，这些妓女见他挥金如土便请求为她们赎身，张宗昌认为"连一个弱女子都救不了，怎能称得起男子汉大丈夫"，于是将她们纳为姨太太养起来，但对她们并无多少感情，往往过后不再过问，于是一些姨太太不甘寂寞，或离婚或出走，所以张宗昌也搞不清自己到底有多少姨太太。

在张宗昌家中排得上号的女人，有一妻25妾。原配夫人贾氏是张宗昌的同乡茔里村贾永泉之女，张宗昌14岁时，便由家人做主与贾氏定亲，但张宗昌对贾氏并无感情。1916年，张宗昌在南京遭人刺杀，他本人侥幸逃脱，贾氏却遇害身亡。

张宗昌真正意义上的正室夫人是大姨太袁书娥。袁书娥是奉天人，身高一米七，身材苗条，相貌出众，漂亮大方。张宗昌闯关东后与袁书娥相识，1903年与贾氏结婚不久，便与袁书娥成亲，婚后两人感情极好，张宗昌每次外出回家，第一件事就是喊袁书娥的名字，待袁书娥迎出来，两人便要热情拥抱，张家人称其是"见面抱三抱"。这一时期，张宗昌情感稳定，眼里只有袁书娥一个女人。

袁书娥过门后，她的妹妹袁中娥经常到姐姐家玩，一来二去，袁中娥竟喜欢上高大威猛的姐夫张宗昌。袁中娥比袁书娥小三岁，长相不如姐姐，但性格泼辣，主动追求张宗昌。张宗昌本无意袁中娥，但最终与袁中娥行了床第之事。

事发后，袁书娥恼怒万分，不许袁中娥再来张家走动，但袁中娥迷恋张宗昌，发誓非张宗昌不嫁，并以绝食七日相威胁。后来，袁中娥发现怀有身孕，不久生下一女，取名春兰。事已至此，张宗昌只得将袁中娥纳为二姨太。

袁中娥的到来，让袁书娥无法忍受，她的脾气越来越暴躁，经常与袁中娥发生争吵，张宗昌眼不见心不烦，干脆不回家。也就是从这一时期开始，张宗昌四处寻花问柳。趁张宗昌不在家，一个姓贾的瘸子猛烈追求袁书娥，袁书娥正因张宗昌和袁中娥的事气恼，见贾瘸子眉清目秀，索性和他好上，还为他生下一女张春梅。

张宗昌得知此事后，有意捉奸，一次外出后，突然于夜间返回家中，正好捉到袁书娥和贾瘸子行苟且之事。贾瘸子见到张宗昌，吓得魂不附体，落荒而逃，张宗昌在他身后开了一枪，贾瘸子更是吓得抱头哇哇大叫。张宗昌枪法奇准，有"神枪手"之称，这一枪故意不打中，是为了吓唬贾瘸子，果然贾瘸子从此再没敢招惹过张家人。

贾瘸子逃走后，张宗昌没有责怪袁书娥，袁书娥仍然掌管家事，做她实际意义上的正室夫人，但两人的感情已无法挽回。张宗昌虽未追究袁书娥，但其后放弃了对家庭的责任，从此变得风流放荡，而且纳妾无数。袁书娥受此冷落，性情变得越来越古怪，她痛恨周围所有人，特别是张宗昌后来纳的姨太太和她们的子女。袁书娥为张宗昌生下二男二女。张宗昌死后，袁书娥失魂落魄地带着自己的子女回到奉天居住，于1944年病故。

张宗昌的第三到第七姨太，多是妓女出身，后来均向张宗昌提出离婚，再嫁与他人。

其中四姨太雅仙极得张宗昌宠爱。雅仙是青楼名妓，不仅人长得极美，而且善于揣摩男人心理，讨好奉承，因此把张宗昌哄得团团转。雅仙曾对张宗昌发誓，将一生一世跟随张宗昌，张宗昌感动之余，也对她付出了真情。但雅仙是看上了张宗昌的钱财，过门后使尽一切手段聚敛钱财，当1928年张宗昌走下坡路时，雅仙毅然提出离婚。张宗昌虽然不舍，但是随她去了。

张宗昌的六姨太是其老乡的女儿，这位老乡见张宗昌发了财，非要把女儿嫁给他，被拒绝后，竟然施计将张宗昌灌醉，让女儿躺在张宗昌怀里睡觉。张宗昌醒来后大发雷霆，但发过脾气后还是将此女收做六姨太，从此便不管不问。六姨太受不了守活寡的日子，向张宗昌要了一笔钱回老家去了。

七姨太是青楼女子，长得小巧玲珑，皮肤晶莹剔透，很会讨张宗昌的欢心。张宗昌因此对她极其宠爱，送给她许多珠宝首饰。七姨太在1927年提出离婚，张宗昌难过之余只好成全。后来七姨太嫁给天津国民饭店的老板，与之相携至老。

八姨太安淑义是朝鲜民族英雄安重根的本族侄女，被人贩子拐卖，到张家做了侍女。张宗昌得知她的身世后，将她纳为八姨太。安淑义身高一米五八，相貌端庄，性格温柔，待人宽容。安淑义为张宗昌生下一女春绥，张宗昌死后，她和女儿被治丧善后委员会安置在石老娘胡同的宅子里居住，靠做女红为生，经常被人欺负，她则处处忍让。安淑义重视女儿的教育，即便食不果腹，也要出钱让女儿读书。1943 年 3 月 13 日，安淑义在贫病交加中去世。

张宗昌的九姨太富贵儿是个杂技艺人，一米五八的个头，小巧轻盈，是张宗昌在江西时，江西督军陈光远买后赠送的。当时张宗昌身边无其他妻妾，富贵儿一时独受专宠。张宗昌死后，治丧善后委员会分给她 3000 块大洋，因她一生无子女，应自谋出路。但她手中积蓄颇多，随后定居天津，与一名男子同居。但这名男子对富贵儿的首饰起了歹心，富贵儿发觉后决定与他分手。

此时，富贵儿认识了一个 30 多岁的男子，该男子上过大学，为人善良正派，两人相爱不久，被富贵儿原先同居的男子得知。为了报复富贵儿，这名男子用硝镪水朝富贵儿脸上泼去。好在富贵儿眼疾手快，用枕头挡住了眼睛以下的地方，但脸侧面仍有大面积烧伤。随后，这名男子将富贵儿家中值钱物品席卷一空，扬长而去。而那位大学生男子不仅没有嫌弃富贵儿，还献出自己大腿上的两块皮，供富贵儿植皮。伤好之后，他们到北平找到八姨太安氏，在石老娘胡同与八姨太同住了一年，然后才迁到别处居住，两人感情稳定，相携至老。

十姨太祁氏，河北霸县人，因家境贫困被卖到北京八大胡同的妓院，但她卖艺不卖身。遇到张宗昌后，觉得此人乐善好施，便请张宗昌为她赎身。张宗昌一掷千金将祁氏赎回家，排名为十姨太。她为张宗昌生下第三子张盛乐。她脑子聪明口才好，特别喜欢讲故事，张宗昌的子女们都爱围在她身边，听她讲各种各样的有趣故事。

张宗昌遇刺身亡后，她和儿子被安置在石老娘胡同居住。她平时除了有抽大烟的嗜好，生活十分节俭。1941 年除夕，日本宪兵闯进她的家里，将 19 岁的张盛乐抓走，一年后，张盛乐又被送回家中。然而，他走进家门时，祁氏被他的模样吓呆了，他身上、脸上全是泥污，耳朵里、鼻子里还有辣椒面的残迹，两只手肿得老高，手指根部发黑溃烂，这是被电击后的表现。祁氏见儿子被日本人折磨成这样，抱着儿子痛哭不止，却发现儿子只会傻笑，竟然已经疯了。遭此变故，祁氏忧愤成疾，于1944年病故。

十一姨太的情况和六姨太有些相似，只不过她是东北人家的女儿，她父亲的手段比六姨太的父亲更甚。当时张宗昌公干路过她家，她父亲便缠上张宗昌，非要把17岁的女儿嫁给张宗昌。可当他把女儿叫出来一看，只见她又扁又尖的脑袋没有后脑勺，一对三角眼上横着两道八字眉，嘴角耷拉着嘴唇外翻，奇丑无比，张宗昌吓得夺门而去。

张宗昌本以为跑掉就没事了，不料他任山东督办后，这对父女竟然追到济南，硬说张宗昌和丑姑娘有了夫妻之实，他们三次找到张府，最后一次其父将丑姑娘扔下就跑。张宗昌啼笑皆非，最终还是收下了丑姑娘。丑姑娘虽然做了张宗昌的第十一姨太，但有名无实，张宗昌从没进过她的门，她只能独守空房，她人丑心眼儿也坏，张家上下都很讨厌她。张宗昌去世后，她拿到3000块大洋后回了东北老家。

十二姨太与十三姨太在张家待的时间都极短，十二姨太是一位艺人，嫁给张宗昌后耐不住寂寞，一两个月后就要下堂，另嫁他人。十三姨太到张家后不到一个月就要求下堂，自己另谋出路去了。

十四姨太是北京人，是被张宗昌赎身的妓女，美丽单纯，平日里就爱买买衣服，梳妆打扮，后来在张宗昌的帮助下，找到失散已久的母亲和弟弟，对张宗昌十分感激。然而红颜薄命，1931年她因患肺结核去世。

十五姨太在张家待的时间很短，不久就下堂另嫁他人。

十六姨太是一个唱京剧的武生，为人忠厚老实，张宗昌的母亲对她十分喜爱，让她随侍左右。十六姨太没有孩子，张宗昌死后，拿着治丧善后委员会分给的3000块大洋改嫁，后夫为一布贩，出身贫苦，二人勤俭持家，得以善终。

十七姨太、十八姨太都是怀孕时过门的，她们的孩子均非张宗昌骨肉。其中十七姨太生有一女，取名春宵；十八姨太生了一对双胞胎，她们的孩子均列在张宗昌名下。十八姨太是上海人，所以都称她是上海姨太。上海姨太长得很普通，牙齿向外凸。张宗昌死后，十七姨太带着女儿改嫁，十八姨太带着孩子回上海居住，对孩子们隐瞒了父亲是张宗昌的事实。

十九姨太、二十姨太都是张宗昌属下所送。十九姨太卢辅义，瘦瘦高高，五官精致，为张宗昌生有一子张昭乐。张宗昌死时，十九姨太只有19岁，后来嫁给进步人士胡光麃，为胡光麃生下二子后与其离婚，再嫁后，于2000年底去世。二十姨太满脸青春痘，张宗昌由于嫌恶，从未与她同过房。

二十一姨太朱宝霞，是张宗昌妻妾中最有名的一个，她祖籍唐山，1914年出生，被唱三花脸的朱景贤买来做了养女，随罗万盛、张福堂学习评剧，工旦角。她六岁登台演出，12岁便可出任大戏的主角，在山东、河北一带享誉盛名。她14岁带班到上海演出，将评剧带入江南地区。

14岁的朱宝霞灵气逼人，可爱至极，被张宗昌看中，并以一箱珠宝和1万块大洋从她养父那里买来做了二十一姨太。

入洞房那晚，朱宝霞由于害怕，抱着被子钻进床底下藏起来，害得张宗昌进屋找不见她，便发动全家人寻找，最后从床下找出她时，笑得张宗昌前仰后合。

张宗昌很宠朱宝霞，朱宝霞想识字想学画画，张宗昌就找最好的老师教她，只要朱宝霞高兴，张宗昌做什么都愿意。自从朱宝霞过门，无论走到哪儿，见客、打仗、游玩，张宗昌都会带上朱宝霞。有一回，朱宝霞悄悄拿起张宗昌的手枪把玩，失手打死了张宗昌的爱马，朱宝霞吓得大哭起来，张宗昌赶紧跑来把她抱在怀里安慰，又搂着她，手把手教她怎么瞄准射击。

张宗昌的宠爱让朱宝霞越来越依赖他，朱宝霞曾形容张宗昌，"有着戳天高的个子，手大脚大，把活人当糖人捏"。她经常学着张宗昌的山东口音，将张宗昌对她说的话反过来对张宗昌说："你是俺的小玩意儿。"不高兴时，朱宝霞便会一头钻进张宗昌怀里又打又踢，张宗昌则搂着她呵呵直笑。

朱宝霞曾让张宗昌发誓，绝不再到外面寻花问柳，绝不再讨小，张宗昌一一点头答应，张宗昌曾被封为"义威上将军"，就封朱宝霞为"镇威上将军"，说她是专门镇张宗昌这个"义威上将军"的。张宗昌还特意铸造了镇威金牌给朱宝霞，对她说："你官大，我官小，小的得听大的话。"

因为张宗昌的过分宠爱，朱宝霞养成一副坏脾气，但学到张宗昌的爽快、大方和讲义气。张宗昌死后，她重新登台，在20世纪30年代，获得"评剧皇后"的美誉。后来，她嫁给唱老生的王寿贤。1951年山西临汾县工会联合会新光义工团请朱宝霞到剧团挑大梁，朱宝霞当即应允，但王寿贤不屑去小地方，两人因此闹翻。一年后，王寿贤另结新欢，并特意在端午节到山西找朱宝霞离婚，朱宝霞感到人格受辱，当场昏厥，当晚去世，终年38岁。

张宗昌虽曾对朱宝霞发誓不再讨小，但是在朱宝霞之后又纳了二十二姨太和二十三姨太。二十二姨太是日本人，是张宗昌逃亡日本时别人送的，由于盛情难却，张宗昌只好收下做了第二十二姨太。1931年张宗昌回到大连后，二十二姨太因不习惯中国生活，不足20天便回日本了。

二十三姨太李艳红，是一位唱梨花大鼓的女艺人，1931年张宗昌在一次大宴上与李艳红相遇，遂纳之为二十三姨太。李艳红为人善良安分，梳着一条又黑又粗、长过膝盖的大辫子，以至于人称"大辫子"。李到张家时，年方20岁左右。张宗昌死后，李艳红得到3000元后改嫁。

张宗昌的妻妾来自全国各地、五湖四海，有东北夫人、北京夫人、天津夫人、苏州夫人、杭州夫人、徐州夫人、朝鲜夫人、日本夫人等。她们过门后有一半与张宗昌离婚，张宗昌曾为此感叹："我这个人有什么可爱的，除了腿长还有什么？"言外之意便是这些女子是看上了他的权势与钱财。

张宗昌生前没有什么积蓄，到北平后，靠张学良每月提供的4000元钱生活。他本人对吃穿从不挑剔，但4000元远不够一大家子的开支。张宗昌死后，只留下北平铁狮子胡同和石老娘胡同的两处房产，除此之外再无遗产。张学良、张作相等人为了妥善处理张宗昌家人，成立了治丧善后委员会，在张宗昌母亲的同意下，将石老娘胡同张府东跨院儿当给北平聚兴诚银行，铁狮子胡同张府则由张学良收购，这样，张家人获得了8万元钱，用来安置张宗昌的姨太太和子女。

治丧善后委员会规定，凡未生育姨太每人可以获得3000元遣散费，有子女者可得5000元，但这笔钱存在北平聚兴诚银行，只能支取利息，以保证子女今后的学习费用。有些姨太太在张宗昌生前聚敛了大量钱财，如今便拿 3000 元远走高飞。没有积蓄的姨太太和张宗昌的母亲住在石老娘西跨院，吃的是馒头、白菜、豆腐等。偶尔嘴馋时，她们就买些小吃改善生活，比如纸盒罐头、肉松、鸭肝、鸡胗、花生肉酱等。后来，随着物价不断上涨，北平聚兴诚银行里的存款不断贬值，张宗昌的姨太太们只能靠做女红，糊火柴盒，雕刻雨伞柄等来糊口。

张宗昌重女轻男，极其宠爱他的四个女儿，然而她们大都早逝。其中大女儿张春娇，爱上张宗昌的一名警卫，但她的母亲袁书娥认为警卫身份太低，有辱家门，活生生将二人拆散，张春娇愤而自杀，死时只有 18 岁；二女儿张春兰，因体弱多病，十几岁时便开始吸食鸦片烟，她嫁给陆宗舆的次子，1947 年二人先后去世；三女儿张春婷长相极美，是张宗昌最宠爱的女儿，她嫁给开滦煤矿高级职员栾某，然因婚姻不幸而离婚，后来死于肺结核；四女儿张春绶是结局最好的一个，她出生于 1922 年，曾在北京大学就读，但读到大三时因家贫肄业，后来参军，转业后成为国企干部。

张宗昌的孙辈们主要生活在京津、广东、云南、檀香山、澳大利亚、新西兰等地，他们凭借个人的奋斗，活跃于政界、工商界，事业均各有所成。

✎ 历史评说

张宗昌在北洋军阀中，并不占据十分重要的地位，但极具特色、极富争议。张宗昌以"三不知"将军而著称，不知军队多少，不知金钱多少，不知妻妾多少。听起来足够昏庸，但若了解当时情况及张宗昌个性，便会不足为奇了。

当时军队中普遍存在吃空额现象，张宗昌部队中尤为严重，以张氏大大咧咧性格不知军队多少，似在情理之中；张宗昌花钱如流水，为朋友、部下一掷千金，全无金钱概念，不知钱财多少似乎也不足为奇；而他的姨太太下堂的不在少数，很多为妓女，被赎身后离去者有之，硬塞给他不曾同房离去者有之，耐不住寂寞要求下堂者有之，不知其数似乎也可以理解了。

当时，一夫一妻制的新式婚姻盛行，军阀们虽仍为一夫多妻，但都遮遮掩掩，避免公开纳妾，张宗昌公然纳妾达 25 人之多，必然成为舆论攻击的焦点。张学良曾评价张宗昌："交女朋友未尝不可以，但像张效坤那种作风，未免太下流。"张学良的观点具有一定代表性。但从另一个角度看，张宗昌对每一个女人负责到底，给她们名分把她们养起来，对她们的去留不做干涉，似乎并不下流。

张宗昌忠实于上司，不像有些军阀，受到排挤或见上司大势已去便改换门庭甚至临阵倒戈。他唯一一次不忠是命部下刺杀陈其美，这件事令他一生痛悔。他对张作霖的从一而终，则使他失去投蒋的最佳时机。

张宗昌对部下不仅出手阔绰，而且宽厚、宽容，即使倒戈，只要归来便不计前嫌。也正由于他对部下过于宽容、纵容，致使他的军队军纪极差，为害地方。这是他一生中最主要的劣迹，但不能因此将他全盘否定。他死后被宣传的斑斑劣迹，许多并不属实。首先他并非土匪出身，也并没有投靠日本人当汉奸，而杀害他的郑继成因此被宣传为抗日英雄并不属实。

究其斑斑劣迹来源，概出自张被谋杀之后，《郑继成为父报仇》的小册子中将大肆捏造的劣迹扣在张宗昌头上，使之广为流传；而韩复榘的下属四处宣扬张宗昌"祸鲁事实"；曾被张宗昌杀害的进步记者胡信之的女儿胡玉华也借机为父报仇，以舆论攻击张宗昌。正所谓众口铄金，张宗昌的劣迹被夸大，使之失去了本来面目。

山东军阀韩复榘：
『草莽英雄』被诱杀谁之过

他是冯玉祥一手带起来的将领，却两度背叛冯玉祥；又投蒋而后叛蒋，盘踞山东联日抗蒋；他虽拒绝做汉奸，却采取不抵抗政策，将大半个山东让给日本人；值此抗战时刻又蓄意制造内战，被蒋介石诱杀当属罪有应得。

背离恩公，错走了一步棋

提起韩复榘，很多人首先会想到他的著名诗句：

大明湖，明湖大，

大明湖里有荷花。

荷花上面有蛤蟆，

一戳一蹦达。

如果你据此便以为韩复榘是个没文化的大老粗，那实在是大错特错了。得了其父是私塾先生的先天优势，韩复榘不仅自幼入私塾读书，即使后来家遭变故被迫辍学，仍跟在父亲身边就读。韩复榘15岁到县衙任"帖写"——一种抄写文字的差役，相当于现在的文书，起码也算得上文化人了。

然而，一介文弱书生何以成为威名赫赫的军阀呢？

一切都是从1910年春节前夕开始的。

这天上午，直隶霸县县衙户房里挤满了人，大家围着"稿公"（文稿起草人）王佐舟七嘴八舌地索债，喧闹声响成一片：

"我的五吊钱，年关前一定要还！"

"欠我八吊，马上还！"

"欠我20吊，今天不还清，我就不走了！"

面对讨债的人群，王佐舟耐心地解释："大家请放心，欠债还钱是天经地义的事，我会督促他尽快还清各位的钱。"

王佐舟所说的他，就是其弟子韩复榘。韩复榘的老家东台山村子不大，却开了几家赌场，韩复榘到县衙做事之前便染上了赌瘾。当时韩复榘15岁，被送到县衙户房拜王佐舟为师，做了文字差役，曾一度戒赌。但每日出入威严的县衙，自感神气风光，不久便飘飘然起来，行为也就放任了许多，在社会上结识一些朋友后，开始寻花问柳吃喝嫖赌。1909年冬，韩复榘在赌场又输掉十几吊钱，加上以往为赌博所借债务与赌债，已有数百吊。这无论对身为小职员的韩复榘来说，还是对他教私塾的父亲来说，都无疑是一个天文数字。

当晚，王佐舟将韩复榘叫到家中。王佐舟的家，韩复榘常来常往，也常留下吃饭。与以往不同的是，王佐舟备下一桌丰盛的宴席，令身为弟子的韩复榘惶恐不安。

"吃吧，今晚为你饯行。"王佐舟说，"常言说人走账清，事到如今，也只有三十六计走为上了。"

韩复榘没有说话，仔细想想，这确是摆脱困境的唯一办法。晚宴过后，王佐舟拿出两吊钱作为资助韩复榘的川资，临别时叮嘱说："常言说浪子回头金不换，你以后要好自为之。"

离开了王佐舟的家，韩复榘当即找到做理发师的好友梁海文，梁海文也赞成他外出躲债，并资助路费四吊五百钱。韩复榘回到东台山村后，妻子高艺珍变卖了一些嫁奁，总算凑齐一宗川资。

1910年正月下旬，20岁的韩复榘悄悄离开家乡，下关东投奔其长兄韩复森去了。然而，韩复榘并不知道大哥在东北什么地方，辗转月余也未打听到大哥的下落，所带盘缠却已经全部花光。走投无路之际，在新民府大街上遇到一个算命先生，韩复榘心血来潮，心想：何不算算自己未来命运如何？算命先生将韩复榘上下打量一番，呵呵笑着说："小老弟，吃粮当兵，我看你还是先去兵营解决吃饭问题吧。"

韩复榘从未想过投身行伍，但经算命先生这么一说，倒也觉得未必不是一条出路。尤其想到那些由当兵而飞黄腾达的故事，心里更是激动不已。但是当兵也需要有门路，连兵营的门都摸不到，上哪里去当兵呢？不料算命先生却胸有成竹："放心，我会给你引见的。"

原来新民府有清军兵营，算命先生常给官兵占卜，对兵营很熟。经算命先生引见，韩复榘成为清军第二十镇第四十协第八十标第三营的一名新兵。当时第三营管带（营长）是冯玉祥，冯玉祥见韩复榘眉清目秀，相貌英俊，又写得一手好字，就让他当了司书生。

1911年韩复榘随冯玉祥参加滦州起义，起义失败后冯玉祥、韩复榘皆被捕，后被遣散回乡。1912年，袁世凯重新编练军队，冯玉祥的舅舅陆建章被任命为左路备补军统领，冯玉祥受舅舅提携东山再起，被委任为前营营长。韩复榘闻讯后再次投靠，此后一直到 1920 年，韩复榘跟随冯玉祥左右，从营司务长，历经排长、连长、营副、营长、团副，直至擢升团长。

第二次直奉大战爆发前，冯玉祥作为直系重要将领，与直系将领胡景翼、曹锟卫队旅旅长孙岳密谋倒戈。1924 年 9 月直奉大战爆发后，冯玉祥为第三军司令出兵热河，却在直奉正面战场山海关一带激战之时，趁京城空虚之机，战场倒戈，回师北京，与胡景翼、孙岳相配合，兵不血刃地进入北京，发动北京政变。在政变中，韩复榘率部迅速占领了北京电报局、电话局、车站等重要地点与主要街道，迫使总统府卫兵缴械，囚禁总统曹锟，在冯玉祥随后成立的国民军中晋升第一师第一旅旅长，1925 年春擢升师长。

此时，韩复榘已跟随冯玉祥十几年，由一个普通士兵成为国民军中实力派将领，并作为冯玉祥的亲信，与石友三、孙良诚、孙连仲、刘汝明等 13 人并称为冯玉祥的"十三太保"。

北京政变致使直系前线军心浮动，导致吴佩孚兵败南逃，北京政权落入冯玉祥与奉系张作霖手中。而冯玉祥与张作霖由于争夺地盘结怨，张作霖转而联络直系吴佩孚，联手抗冯。此时吴佩孚已在武汉召集旧部，组成十四省讨贼联军，自任总司令。他虽在第二次直奉战争中败给奉张，但他更恨倒戈的冯玉祥，因此与张作霖一拍即合，又联系山西阎锡山，于 1926 年 1 月组成讨贼联军，准备共同讨伐占据京津、直隶、河南等地的冯玉祥。

冯玉祥自知不是讨贼联军的对手，于 1926 年 1 月 1 日通电下野，将国民军交给其属下张之江、鹿钟麟代理，自己去平地泉休养，随后又于 3 月 20 日出国考察去了苏联。

然而，冯玉祥的下野并不能阻止战争的发生，4 月 15 日，吴佩孚的军队进抵西苑，张作霖的军队占据通州，国民军放弃北京，退至南口。韩复榘部与另一师长石友三部驻守居庸关附近的关公岭一带。

此地山势险峻，条件恶劣，不仅昼夜温差极大，而且饮水困难，韩复榘属下将士颇有怨言，都想早日离开这个地方。为此，韩复榘多次向张之江要求轮换，张之江以各种理由搪塞、拒绝。韩复榘对张之江掌握国民军军政大权原本不服气，如今更是心生怨恨，逢人便说："冯先生不在国内，张之江哪有能力统率全军！"

5月初，阎锡山出兵雁北，乘机在冯部通往后方的命脉——京绥铁路大同、天镇一带捣毁铁路，切断国民军退路。张之江随即改变南口部署，令宋哲元率韩复榘、石友三、孙连仲等部开赴雁北对抗晋军。为了保证京绥铁路畅通，宋哲元率各部猛攻大同、天镇，但始终未能攻下，仅仅将晋军压迫到大同、天镇城内，使他们不得出来破坏和骚扰铁路。

在攻打大同的战役中，韩复榘部作战勇猛，先后攻克胜堡、洪寺堡、孤山、镇川堡等地，没想到大同屡攻不下，令韩复榘一时信心全无。后来南口不守，8月15日张之江下令总撤退，令韩复榘、石友三、陈希圣断后。此时国民军损失甚大，军饷、给养均无着落，加上沿京绥铁路向西溃退，经包头、五原退往甘肃，沿途都是贫困荒凉之地，韩复榘断后任务完成后，行至绥远、包头一带，不愿再往西撤。

恰在此时，韩复榘的结拜兄弟石友三来访，石友三对韩复榘说："如今国民军败局已定，我们若随它西撤，恐怕供养不足，要活活饿死。"

这也正是韩复榘所担忧的，随即问计于石友三，石友三成竹在胸，那便是"另寻靠山，以保全实力"。并提议说："晋军总指挥商启予（商震字）是我的老师，你看，我们能不能投靠他？"

其实，韩复榘两次攻打大同失败时，就曾收到驻守大同的晋军师长傅汝钧的来信，希望韩复榘能与晋军和好，当时韩复榘认为再打下去也只是图增伤亡，尤其弹药奇缺，根本无取胜可能，便暗中与傅汝钧约定，两方互不进攻，相安无事。

从那时起，韩复榘就已经心生投晋想法。如今战场败局已定，国民军已撤出南口，自己又与张之江不和，留在国民军里也没意思。他唯一的顾虑便是冯玉祥，颇有些为难地对石友三说："不好吧，咱们跟了冯先生这么多年……"

"冯先生已经下野，我们现在投晋，背叛的是张之江和鹿钟麟，和冯先生没关系。"石友三言毕，话锋一转，"再说，冯先生自己不也是如此吗？

何况，我们也没做对不起国民军的事，我想他会理解的。"

韩复榘觉得石友三说得有道理，当机立断，立刻致信商震、傅汝钧，与之商议投晋事宜。于是，韩复榘、石友三投了晋军，受商震节制，随即由晋军供应粮饷，摆脱了弹尽粮绝的困境。

冯玉祥在苏联得知国民军失败的消息后，于9月16日匆匆回国，经库伦到达五原，收拾残部，与9月17日在五原誓师，响应蒋介石北伐。

为给自己重新树立威信，冯玉祥将南口大战失败的责任全部推到张之江、鹿钟麟身上，并称韩复榘、石友三投晋是在张之江、鹿钟麟统军时期，是对张之江、鹿钟麟的背叛，而并不是背叛冯玉祥，请他们速速回归国民军。

韩复榘得知此讯，见国民军有望复兴，有意回归，但又担心冯玉祥怪罪，不敢贸然前往，便让石友三面见冯玉祥以探虚实。当时冯玉祥已到包头，见到石友三即说："你们之出此，乃形势所迫，不得已而为之。赶快回归吧，还等着你们帮我复兴大业呢！"

石友三将冯玉祥的话转告韩复榘后，韩复榘仍有些犹豫，生怕冯玉祥秋后算账。就在这时，冯玉祥的电话打了过来，电话里冯玉祥对他问长问短，又重复了对石友三说的那些话，让韩复榘放下疑虑，尽快回归。事已至此，韩复榘只好保证说："先生，我一定听您的命令！"

冯玉祥仍不放心，又和晋军商震通电话，要他催促韩复榘迅速西开。随后，韩复榘开始安排部队北上，向国民军靠拢。当他的炮队在归绥上车时，却遭到晋军拦截，韩复榘亲自率手枪队前往车站，气势汹汹地对晋军说：

"你们若再阻拦，休怪我不客气！"临走时又对晋军说："我们上个月投降，是因为没盘缠了，所以来借个盘缠，你们当我们是真投降吗？"

韩复榘率部到达包头后，冯玉祥亲自迎接，热情款待，令韩复榘深感意外。冯玉祥在军队中历来实行家长式统治，这热情让韩复榘的心骤然变冷：这明摆着是在做戏，说明冯玉祥内心已对他产生嫌隙。

但韩复榘还是希望能挽回冯玉祥对自己的信任，而最好的办法也是唯一的途径，便是卖力地为冯玉祥打仗。韩复榘暗下决心，要做出个样子给冯玉祥看。

被迫投蒋，却是歪打正着

1927 年 5 月，韩复榘率部出征河南，先参加讨伐靳云鹗之役，又于 11 月打败张宗昌的直鲁联军和孙传芳的五省联军，使蒋介石的部队得以取得徐州。1928 年春，韩复榘率部在河南彰德与奉军张学良部展开激战，虽损失惨重，但最终取得胜利。接着蒋介石、冯玉祥、阎锡山和李宗仁联合对奉系张作霖发起进攻，韩复榘奉冯玉祥之命，飞速向北京进军，先后攻克石门、正定、保定，最终于 6 月 6 日进抵北京南苑，成为第一支到达北京的北伐军。

这次战争可以说是韩复榘一生中最光辉的一战，使他一时成为全国瞩目的风云人物，各报皆赞誉他为"飞将军"。

韩复榘拼命进军北京，除了奉冯玉祥之命外，更重要的是觊觎直隶这块地盘。但实际上，蒋介石已决定将直隶省和京津地区划给阎锡山，冯玉祥表面上表示赞同，暗地里指使韩复榘率兵接收北京，韩复榘以为冯玉祥有意将北京或直隶中的一块地盘给他，却不料奉军留守部队和北京维持会王士珍根本不让冯玉祥的人接收。最终，韩复榘没有得到直隶或京津的任何一处地盘，心中十分不快。

此时，韩复榘环顾左右同僚，宋哲元任陕西省主席、孙良诚任山东省主席、刘郁芬任甘肃省主席、邓哲熙代理河南省主席，鹿钟麟则到南京代理军政部部长，韩复榘认为这些人和自己资历不相上下，如今都能得到一块地盘，而自己拼死拼活立下战功，却一无所获，越发感到冯玉祥对他不公正，感到在冯玉祥手下不会再有前途。

然而，1928 年 12 月，国民党中央政治局会议任命韩复榘为河南省政府主席，而这个任命，正是在冯玉祥的举荐下做出的。韩复榘得知后，对冯玉祥充满感激。

当上了河南省主席，韩复榘乐不可支，以为终于重新获得冯玉祥的信任。然而上任后才发现，他做的不过是一个空头主席。此职早前原是冯玉祥本人代理的，各厅厅长都是冯玉祥时期的原班人马，他不仅一个动不得，甚至一个都指挥不动。

不仅如此，更坏的消息接踵而来——不久，冯玉祥接连来电，指责韩复榘的军队——第二十师军纪败坏等，韩复榘心中一种不祥的预感油然而生。

果然，时隔不久，冯玉祥下令免去韩复榘二十师师长之职，由冯玉祥的总参谋长石敬亭兼任。闻此之变，韩复榘如遭晴天霹雳。直到这时韩复榘才恍然大悟，原来冯玉祥根本不是信任他，而是借提拔之机，用明升暗降的办法剥夺他的兵权。没有军队做保障，省主席这个"土皇帝"便会朝不保夕，更何况他做的是一个有名无实的空头主席。

令韩复榘更为痛心的是，石敬亭接任二十师师长后，痛骂二十师军纪败坏，说韩复榘将二十师带成了土匪，而且借机撤换韩复榘的亲信。有一天二十师十六旅旅长兼郑州警备司令赵仁泉突然从郑州来到开封，见到韩复榘便是一番哭诉：

"前两天石敬亭要到郑州视察部队，我接到消息后亲自率部队到车站迎接，谁知左等右等都等不到，就先回司令部，本想打听到具体到达时间再去迎接，结果我刚回到司令部，他就到郑州了，见我没去迎接，立刻借机将我撤职。"

"他这是故意找茬，欲加之罪！就算你接到他，后果还不是一样？"韩复榘十分恼怒，因为不只是赵仁泉，他在二十师中的所有亲信，几乎已被石敬亭全部撤职。让韩复榘更加无法接受的是，他身为一省之长，却无权在自己的地盘上安插任何亲信。对于被撤职的部下，他除了口头安慰几句，只能束手无策。

为了排解心中愤懑，韩复榘开始消极抵抗，从此不再过问省府之事，天天在外寻欢作乐，并经常去河南省民团司令何其慎家中享乐。哪曾想，这导致何其慎被冯玉祥突然扣押，何其慎丈二和尚摸不着头脑，韩复榘却心知肚明，知道冯玉祥是冲着他来的，只是他没办法为何其慎开脱。

不仅如此，冯玉祥又在将领、士兵大集会时，大骂不务正业之人，很多人都知道冯玉祥所指何人，令在场的韩复榘十分难堪，心里对冯玉祥更加怨恨。

韩复榘虽然失去了第二十师这支军队，但有一支精锐手枪队，负责保卫他的人身安全。冯玉祥自然不会放过这支手枪队，下令将韩复榘这支手枪队调到洛阳。韩复榘从前虽然对冯玉祥心怀不满，但从不违抗冯玉祥的命令。但这次，他认为冯玉祥做得太过分了，愤怒之余，公开抵抗，拒不执行。

冯玉祥见韩复榘拒不服从命令，顿时恼羞成怒，立刻派人把他带到洛阳。一见面，冯玉祥就对韩复榘气急败坏地吼道：

"怎么着，现在当上主席了，可以不服从命令了！你看看你，在家有人守卫，出门有人保驾，你气派不小啊！我这都没人守卫，既然不愿意把你的手枪队调来，你就亲自给我站岗去吧。"

韩复榘敢怒不敢言，只好乖乖地到司令部门口，给冯玉祥站岗两个多小时。

石友三的日子比韩复榘更不好过，韩复榘好歹当上个河南省主席，石友三却什么都没有得到。令石友三更为气愤的是，在北伐中他与韩复榘都战功甚高，但冯玉祥从未给予过公开表彰，每次表扬战功，总是把孙良诚放在第一位，称孙良诚为常胜将军，称孙的部队为铁军，对韩复榘、石友三的战功视而不见。于是，两个同样受排挤的人便经常凑到一起，除了发牢骚之外，也在谋划新的出路。

1929 年 3 月，蒋桂大战爆发，冯玉祥由于嫉恨蒋介石之前将河北和京津地区划给阎锡山，打算借机会反蒋；但同时又觊觎桂系控制的湖北地盘，想借机夺取湖北，将湖北与河南连成一片。

于是，能打硬仗的韩复榘又派上了用场，冯玉祥令他重掌第二十师，率部到湖北坐山观虎斗，待蒋桂两败俱伤时再出来收拾残局。却不料蒋介石花重金收买桂军将领李明瑞，李明瑞临阵倒戈，致使桂系迅速溃败，蒋桂战争旋即结束。冯玉祥夺取湖北计划落空，不仅如此，他还为韩复榘投蒋提供了机会。

蒋介石胜利后来到武汉，特地召韩复榘见面，与夫人宋美龄设宴款待韩复榘和他的大姨太纪甘青。席间，蒋介石对韩复榘在北伐中的战功赞不绝口，口口声声称"向方兄战功卓著"，令韩复榘非常感动。临别时，蒋介石又赠送韩复榘数十万元劳军费，令他受宠若惊，投蒋的想法也随之而生。韩复榘告别蒋介石后，对他身边的人说：

"我跟随冯焕章近 20 年，没有功劳也有苦劳，可他对我招之即来挥之即去，打仗拼命有份，当官受赏无名，好不容易给个省长干，还剥夺了我的兵权，稍有不顺他意，轻则训斥重则罚站，一点面子都不给，跟着他不仅没有出头之日，还要受尽屈辱，而蒋先生礼贤下士，才是真正可以投靠之人。"

此后，韩复榘和蒋介石保持联络，两人的感情日益浓厚起来。

1929 年 5 月，冯玉祥在华阴召开军事会议，宣布讨蒋，为指挥方便，决定令驻山东和河南的部队西撤至陕西和河南西部。韩复榘身为河南省主席，自然不愿意放弃河南省大部分地区，当即表示反对："西北地方的穷困，我们亲身经历所以深有体会，如今又闹灾荒，几十万人退回西北，意味着要被活活饿死。"

"西北饿不死你！"冯玉祥厉声怒斥道，"小孩子，谁让你多嘴！"

但韩复榘仍不死心，继续说："我认为无须军队调动，你给我 10 万人马，包打武汉；给孙良诚 10 万人马，包打南京；给石友三 30 万人马，两边策应，这样以三路攻打蒋介石即可。"

"是你指挥还是我指挥？"冯玉祥火更大了，呵斥道："到院子里给我跪下。"

韩复榘堂堂河南省主席，被唤作"小孩子"不说，居然被罚跪，韩复榘心里十分恼怒，但不得不跪。只是这一跪，更坚定了叛冯投蒋的决心。会议结束后，韩复榘立刻离开华阴，前往二十师的驻地陕州。此时二十师师长是李兴中，但旅长以下仍有一些韩复榘的旧部，愿意效忠韩复榘，韩复榘将他们召集起来，密谋叛冯。

1929 年 5 月 22 日，韩复榘、石友三、马鸿逵等人发出"养"电，表示"维护和平，拥护中央"，23 日给蒋介石发出"梗电"，表示拥护之意。蒋介石本来见冯玉祥大军西撤，感到冯要对付他，却不知冯为什么要撤军。

正疑惑间，接到韩复榘的电报，如获至宝，立即发表"嘉电"，任命韩复榘为西北军总指挥，令所有驻豫、陕、甘等省部队归韩复榘指挥，同时仍兼任河南省主席，并送军饷100万元。

5月23日，蒋介石下令开除冯玉祥党籍，5月24日下令通缉冯玉祥，5月25日下令讨伐冯玉祥。而韩、石的通电，给了冯玉祥沉重打击。5月27日，冯玉祥通电下野。

韩复榘投靠蒋介石后，率部东进。但西有孙良诚追击，东有庞炳勋阻截，一路上困难重重，损失惨重，各旅先后到达开封后，韩复榘的第二十师已是残存无多了。幸亏石友三率部在郑州与之相会，才得以摆脱危局。

韩复榘到郑州后，蒋介石派宋子文为代表前往慰问，随后宋美龄带大量慰问品到河南劳军，谈话中，宋美龄以"常胜将军"称呼韩复榘，令韩复榘异常感动。事后，韩复榘对亲信说："蒋夫人每次都唤我'常胜将军'，从不喊我名字，对我非常尊敬，而冯焕章则'韩复榘'长'韩复榘'短地喊我，甚至连'向方'都不肯叫，在他手下做军官，和奴才无异。"

然而，蒋介石对韩复榘并不信任，韩复榘企图将石友三部以及同样叛冯投蒋的马鸿逵部拉到自己麾下，以壮大实力，蒋介石却采取分而治之的办法，任命石友三为第十三路军总指挥，马鸿逵为第十五路军总司令，将他们从韩复榘身边调开。在军饷问题上，对韩复榘实行点名发饷，令他无法暗中扩张实力。

韩复榘对蒋介石疑心重这一特点心知肚明，他看出蒋介石对他只是暂时的利用，不会信任并重用他，所以对蒋介石也不完全效忠。他暗中拉拢各方势力，比如山西阎锡山、东北张学良、山东陈调元和河北商震等，对于点名发饷公然反对，在军政和人事方面，也并不服从蒋介石的命令。

1930年，国民党内汪精卫联合阎锡山、冯玉祥、李宗仁等人发起对蒋介石的中原大战，蒋介石担心韩复榘联合石友三等人做出对他不利的事，打算将他调到山东，使之远离西北军阵地。对此，韩复榘十分乐意，他本就不想与西北军对战，加上河南地区相对贫穷，如今能调到山东，未尝不是好事。

4月8日，蒋介石在徐州召开军事会议，韩复榘被任命为第一军团总指挥，驻防鲁北，扼守黄河南岸，阻止津浦路晋军南下，并将山东陈调元的第二十六军、胶东刘珍年的第二十一师以及马鸿逵的第十五路军，全部交给韩复榘指挥，蒋介石对韩复榘诚恳地说："今后关于山东方面的军政事务，即请向方兄全权处理。"

由于蒋介石此次敌人较多，并将主力放在陇海一线，企图一举击溃冯玉祥、阎锡山主力，所以明知韩复榘不可靠，仍不得不重用韩复榘，用尽一切手段进行笼络，使他为自己效力。而韩复榘为了保存实力，在最初鲁北的几次战役中，均应付了事，最终导致他被迫不断东退的局势，一直退到胶东。由于阎锡山用四个军对付韩复榘，韩复榘疲于应付，一度萌生下野的想法，还曾对部下说："我们能打就打，不能打就上山（沂蒙山区）当土匪。"

此间，冯玉祥不断致电韩复榘，希望他能调转枪口，对付蒋介石。韩复榘先是回复说："待与阎总司令妥商后再行宣布。"不久又说："俟领得本月份饷项即行发动。"企图以此缓和晋军攻势，但没有成功。在蒋介石的百般安抚下，韩复榘最终没有下野，也没有上山落草。

7月31日，津浦线开始反攻，韩复榘的处境终于开始好转。8月3日，李韫珩师在青岛登陆，韩复榘即配合其对济南进行反攻。8月8日，韩军与晋军展开激战；8月10日，晋军全线溃退，韩复榘亲赴前线督战，进驻潍县，命所部乘胜追击。8月21日，蒋介石亲抵济南，任命韩复榘为北路军总指挥，此后，两军在黄河两岸对峙。9月18日，东北张学良通电拥蒋，派兵入关，晋军、冯军等反蒋军全线崩溃，韩复榘得以进驻黄河以北。最终，中原大战以蒋介石的胜利而告终。

由于韩复榘在中原大战中，力求保存实力，不尽力作战，东撤后还流露通电下野或上山为匪的意愿，加上他与冯玉祥藕断丝连，蒋介石一度不想令韩复榘占据山东，但因有言在先，曾将山东许给韩复榘，最终于9月5日不情愿地任命韩复榘为山东省政府主席。自此，韩复榘开始了对山东省长达七年的统治。

清除障碍，稳坐齐鲁江山

韩复榘主政山东之初，其统治地位并不稳定，一方面蒋介石对他并不信任，总想收回山东；另一方面控制华北的张学良在占据青岛的同时，又觊觎山东；而盘踞胶东的刘珍年更是时刻想吞并整个山东。上任伊始，韩复榘就着手解决这些顾虑，首先要做的，便是扩充军队，扩大实力。

由于山东土匪猖獗，给韩复榘提供了很好的兵源，靠着收编土匪和征兵两条途径，至 1930 年底，韩复榘的兵力迅速增长为 6 万人。此外，韩复榘还组织了五个民团军，至全民族抗日战争前夕，其兵力达到 10 万人。然而，如韩复榘所料，蒋介石在中原大战后，为了削弱地方军阀势力，下令各军阀缩小编制，根据蒋介石的规定，韩复榘要削去 2 万人。韩复榘自然不会乖乖听命，他以"编余军官过多"等各种理由抵制蒋介石的命令，最终于 1931 年 2 月完成"缩编"，但兵力并无多少变化。9 月，韩复榘还收编了石友三的军队。

蒋介石为了达到保存中央军实力，消除异己的目的，下令各地方杂牌军攻打红军。1931 年 1 月，蒋介石命韩复榘率军入赣"围剿"红军，韩复榘既不想入赣，又不想与蒋介石闹僵，便杀掉于 1928 年、1929 年被捕的共产党员邓恩铭、刘谦初等人，以此换取蒋介石的好感。经过一番周旋，蒋介石终于放弃调韩入赣的决定。7 月，韩复榘出任鲁豫"清乡"督办，大肆搜捕共产党人。

摆平了与蒋介石的关系，韩复榘陈兵胶州湾，准备驱逐张学良的部队。九一八事变后，张学良因丢失沈阳乃至整个东北，其势力大受打击，自知无力与韩复榘作战，乃无条件做出退让，电请韩复榘接收青岛。后几经磋商，为了给张学良留一点面子，韩复榘最后同意暂由东北海军司令沈鸿烈代理青岛市长，但青岛税收各得一半，韩张争夺山东地盘的斗争始告结束。

接下来要做的，便是驱逐刘珍年。刘珍年最初是奉系李景林的部属，后来成为张宗昌的部下，1928 年张宗昌兵败山东，刘珍年便投靠蒋介石，被任命为国民革命军暂编第一军军长，后改部队番号为陆军第十一师，驻掖县、平度、莱阳、蓬莱、招远、文登、荣城等 12 个县，拥兵 3 万。

早在 1930 年 7 月，韩复榘在胶东与晋军鏖战时，刘珍年曾企图在背后袭击韩军，幸亏韩复榘及时发现，否则后果不堪设想。韩复榘就任山东省主席后，曾对刘珍年提出三项要求：一、每月向省府解款 50 万元；二、拨五六县归省府管理；三、交还各县统税局，税收归财政部征收。但刘珍年对此置若罔闻，仍自行其是，自行收税，税收除一部分上缴南京国民政府，其余全部留作自用。而胶东是山东的富庶地区，税收丰厚，韩复榘得不到这块肥肉，自然不肯罢休。因此，对于南京国民政府每月拨给山东的 60 万军饷，韩复榘仅拨给刘珍年 7 万。刘珍年不满，曾为此大肆争吵，最终每月增至 12 万元。人事方面，韩复榘曾想将自己的人安插到刘珍年占据的 12 个县中，却始终未能如愿。

不仅如此，刘珍年还谋划从内部瓦解韩复榘的部署，更坚定了韩复榘除掉刘珍年的决心。而刘珍年也随时准备冲出胶东，取韩复榘而代之。

1932 年 8 月，胶东土匪暴动，韩复榘看准时机，致电刘珍年，称要派兵进入其防区，与之共同剿匪。刘珍年知道韩复榘没安好心，断然拒绝。9 月，韩复榘陆陆续续向胶东派出军队，刘珍年也积极布防，到 9 月 15 日，韩复榘在潍县、高密一带已聚集 5 万余人，韩刘战争一触即发。

9 月 16 日，韩复榘亲临潍县督师，刘珍年也在昌邑、平度、沙河一带完成布防。9 月 17 日，韩复榘首先向昌邑进攻，韩刘战争爆发。

9 月 18 日，韩复榘才向南京政府发表通电，历数刘珍年在胶东的种种暴行，称对刘作战是"为民请命"。韩复榘之所以"先斩后奏"，是因为刘珍年乃蒋介石所收编，蒋介石将他放在胶东就是为了让他牵制韩复榘，又怎么可能赞成韩复榘对刘作战呢？

蒋介石收到韩复榘来电后，果然大发雷霆，立刻发电令韩复榘、刘珍年停止战争，"静候中央处置"。韩复榘置之不理，蒋介石更加怒火中烧，派刘峙部、商震部分别从徐州、河北向韩复榘进攻。然而就在此时，张学良在北平表示站在韩复榘一边，并支援韩复榘一个炮兵团，蒋介石怕战事扩大，立刻收回派军增援刘珍年的命令，转而寻求和平解决韩刘战争，令其驻济南的代表蒋伯诚从中调停。

9 月 23 日，韩刘两军在掖县、龙口之间的七星坪激战，蒋伯诚抵达沙河，劝韩复榘停止战争。韩复榘表面答应，将一部分军队撤离前线，还向蒋介石发电称对刘作战是"应胶东人民之请命，兼为国家弭此乱源，仓促间，实出万不得已"，并"自请处分"。而就在发电当天，刘珍年撤出烟台，将部队聚集在易守难攻的栖霞，韩复榘乘机出兵占领烟台，委任了胶东八县县长，使得刘珍年手中只剩四县。

韩复榘的"自请处分"只是表面文章，他希冀蒋介石能下令调走刘珍年，但这完全是痴人说梦，与蒋介石所想大相径庭。见蒋介石没有要调走刘珍年的意思，韩复榘便继续进攻刘珍年，于 10 月初包围掖县，10 月 2 日进驻蓬莱，打算从蓬莱进攻栖霞。

10 月 19 日，南京政府宣布解决韩刘战争的四条办法，令韩复榘撤回潍河以西原驻地；令刘珍年进驻福山、掖县、莱阳、栖霞、牟平五县及龙口；剩下的七县暂不驻兵；移防后静候中央处置。

这个看似折中的方案，却是重重地偏向刘珍年一方。韩部已控制栖霞等四县以外的全部胶东地区，如今撤出等于前功尽弃；而为刘部划出的防区，包括韩部已占领的烟台（福山）、龙口等。韩复榘岂能接受，愤然之下于 21 日通电辞职。

韩的辞职电发出后，在社会上引起强烈反响，各界人士唯恐山东战事扩大，为日本侵略中国制造借口，纷纷站出来替韩复榘说话，主张息争罢战，山东商民代表苗世远等人致电南京国民政府，称："中央自不惜一韩主席，独不为山东地方计乎？即不为山东地方计，独不为大局计乎？"在舆论形势一边倒的情况下，南京政府不得不考虑调走刘珍年，而刘珍年也感到大势已去，于 10 月 25 日电请调离山东，南京国民政府被迫应允。

韩复榘愤然辞职自然不是真的要放弃山东，他不过是以退为进，如今见目的达到，便不再提辞职之事。11 月 22 日，刘珍年部撤离山东，韩复榘终于如愿以偿。

在驱逐刘珍年的同时，韩复榘还解决了来自另一方的威胁，除掉了曾督鲁三年的鲁籍军阀张宗昌。

1931 年九一八事变前，张宗昌由日本返回中国，不久即至北平居住。

由于张宗昌是山东掖县人，并于 1925 年 5 月至 1928 年 5 月任山东督办，在山东颇具势力。而他被北伐军赶出山东后，曾于 1929 年一度杀回山东，结果失败而去，逃亡日本。如今国外归来，他岂能心甘情愿做寓公？在韩复榘看来，如若他企图东山再起，第一个目标应该就是山东，所以他的回国引起韩复榘的极度不安。

中原大战结束后，冯玉祥因战败被蒋介石通缉，避居泰山。韩复榘虽曾背叛冯玉祥，但因此而愧疚，尤其中原大战中不打西北军，使双方矛盾得以缓和。他不仅为冯玉祥及他带来的一营人安排生活住宿，还经常到泰山看望冯玉祥。关于张宗昌的事情，他曾多次同冯玉祥讨论，而冯玉祥和韩复榘意见相同，认为张宗昌不可不除。冯玉祥对韩复榘说：

"听说很多人都在推荐张宗昌出任华北抗日联军总司令，如果他真的出任了此职，拉着队伍南下，你在济南还能待得住吗？"

这也正是韩复榘所担心的。此时张宗昌手中无一兵一卒，似乎不足为惧，但他坚决抗日的态度受到社会各界的推崇，一旦他拉起军队，首要的问题就是在哪里驻防。当时刘珍年尚在胶东蠢蠢欲动，而刘原本是张宗昌的部下，万一两人联合，后果不堪设想。

于是，在冯玉祥的支持下，韩复榘决定先下手为强，除掉张宗昌。做出决定后，二人便商议如何除掉张宗昌。冯玉祥又出主意说："把他引到济南，让郑继成出面。"

郑继成是山东省政府参议，他的叔父郑金声是冯玉祥手下的军长，于 1927 年被张宗昌的部下褚玉璞俘虏并杀害。冯玉祥之所以选定郑继成，是想借助这层关系，让他打着替父报仇的名义刺杀张宗昌，以便在事后争取社会舆论的同情。

由于郑继成"自幼受先父庭训，乃长又得冯总司令教练"，对冯玉祥感情颇为深厚，得知冯玉祥有意让他出面刺杀张宗昌，二话不说，立马答应下来。如此一来，韩复榘谋害张宗昌已是万事俱备，他现在要做的，便是引诱张宗昌入济。

1932 年夏，张学良在北平召开华北各省高级将领军事会议，韩复榘、石友三等人均参加会议。会议决定由张宗昌率驻扎山东的孙殿英部，协助东北边防司令张作相负责保卫热河。而孙殿英部的军械问题，则交给韩复榘负责。这正给韩复榘提供了接近张宗昌的机会。

7月24日，韩复榘、石友三等人前往东城铁狮子胡同张宗昌的宅邸，拜见张宗昌，受到张宗昌的热情款待。张宗昌性情直率，席间，他一个劲和韩复榘说："我这回出山完全为了抗日，绝无觊觎山东地盘的野心。"

但这话在韩复榘听来，却是欲盖弥彰，韩复榘装作诚恳地对张宗昌说："效坤兄，无需多言，我自然知道效坤兄为人，我们眼下要做的，就是团结一致，共御外敌。"

见张宗昌高兴，韩复榘又提出与张宗昌义结金兰，张宗昌一口答应，立即与韩复榘交换兰谱，结为异姓兄弟。于是，韩复榘马上以兄弟名义邀请张宗昌到济南做客，张宗昌点头答应。回到济南后不久，韩复榘便给张宗昌发电，请他回家乡看看，顺便共商御敌大事。张宗昌胸无城府，见韩复榘如此热情，便一口答应。韩复榘大喜，赶紧着手准备迎接和刺杀事宜。

由于张宗昌周围的人均对韩复榘心怀疑虑，千方百计阻止张宗昌赴济，所以直到9月2日，张宗昌才携带几名亲信悄悄离开北平。张宗昌此时经济拮据，惦记着他被济南交通银行扣下的40万元存款，此次赴济，也是为了将这笔钱取出，以解决孙殿英部开拔费用。

9月2日，张宗昌一行人抵达济南，韩复榘派石友三等人前去迎接。然而，张宗昌抵达济南不久，即接到家中来电，说他母亲病危，令他急速返回北平。张宗昌当即决定第二天即3日下午，乘坐6时25分的京浦202次快车返回北平。韩复榘闻听此讯，立即做好一切准备。

9月3日下午6时22分，张宗昌抵达济南火车站，登上火车，回身与送行队伍告别。刺杀行动就在这一瞬间开始了，韩复榘预先安排的杀手陈凤山首先开枪，但没射中。张宗昌立即朝车厢内跑去，陈凤山紧跟在后。由于韩复榘在车站附近埋伏了一个排的兵力，张宗昌插翅难飞，最终在他跳下火车，跑到三站台第七岔道时，被预伏在四周的军队乱枪打死。

事后，郑继成即从暗处站出来，声称自己是郑金声的嗣子，为父报仇，以此掩盖韩复榘、冯玉祥预谋诱杀张宗昌的事实。

至此，韩复榘清除了对他有威胁的各方面力量，坐稳了山东主席的宝座。

主鲁七年，轶闻笑话多多

韩复榘主政山东之初，为达到长治久安的目的，首先提出四项行政计划，即"澄清吏治""根本清乡""严禁毒品""普及教育"。为了加强统治，韩复榘在"求治"之中将"吏治"放在首位，制定了严格的公务员制度，规定了标准的工作时间：省府各机关一律早5时半起床，晚9时熄灯。省府各机关每周举行三次朝会，朝会在上班前举行。三次内容分别为：星期一为进德会，举行"总理纪念周"，星期三为勉励会，星期五为军事训练。每次朝会要唱《早起歌》与《为政箴言歌》。

前者歌词中有："黑夜过去天破晓，朝日上升人起早。革命旗，高飞扬，看青天白日，满地红照耀。"

后者歌词中有："革命成功光明显，革新政治不容缓。清慎勤，莫违反，把从前陋习，一律除铲。"

韩复榘对朝会极其重视，严格规定点名制度，凡点名不到者，一律予以处罚。1931年1月6日，韩复榘为了检查朝会情况，没打招呼便突然来到济南市政府点名，结果朝会铃响过后，到会者没有几人，他一怒之下将点名册上的人全部划掉，在上面批了"解散市政府"五个大字，然后拂袖而去。随后，市长及以下所有公务员被革职，市府各局由省府接管。此后又于3月5日重新组织市政府。

韩复榘上任后，经常到各地视察，称之为"视察民间疾苦"。1931年7月韩复榘视察禹城，受到禹城各界人士迎接欢迎。进城途中，忽然有一名50多岁的老妇人从路边冲出来，跪在韩复榘面前，声泪俱下地说："韩青天韩大人，我儿子因贩毒被公安局抓走，不仅罚了200元钱，还被判刑。没有儿子养活，我也快活不下去了，还请青天大老爷做主啊！"

韩复榘一听"青天大老爷"，心里美滋滋的，也不询问罚钱判刑经过，便虎着脸对迎接队伍中的禹城公安局长朱淑彬说："不错啊，抓个人就罚200元，你这个局长在禹城发财了吧，但老百姓受不了啊，你还是趁早别干了。"又转头对老妇人说："公安局长已经被我撤了，你儿子很快就回家，你走吧。"

视察完禹城，韩复榘准备返回济南，在送行队伍中，忽然又看到朱淑彬的身影，便问他："怎么你还在这儿？"朱淑彬诚惶诚恐地说："我来送主席。"韩复榘的副官赶紧说："主席，之前那个老妇人告朱局长对她儿子罚款判刑一事，并不是朱局长所为，是公安局抓人后解送到县法院，由县法院罚款判罪的。"

原来，朱淑彬私下里已经买通了这位副官，韩复榘如何能看不出？但他也没多问，对朱淑彬说："既然这样，你就继续做你的局长吧。"朱淑彬因此官复原职。

1932年11月，韩复榘去鲁西各县视察，定于28日下午到达平阴县。平阴县接到省府通知后，便开始商议如何接待韩复榘一行。县长王珊多曾任过西北军二十八师的书记官，自认为了解韩复榘的为人。他对县里各级官员发表讲话说："我在西北军中任职多年，知道韩主席的脾气，咱们不招待他，他会很高兴，认为咱们节约爱民，若是招待了，他反而不高兴，认为我们贪污腐败。况且省府的公文里也写着不需要招待，我们遵命办理，最为稳妥。"

于是当即决定，安排韩复榘一行住宿茂源盐公店，派一位庶务人员前去支应。

韩复榘一行下午4时到达平阴后，先去县政府各机关及监狱视察一番，此时已近黄昏，辛苦了半天，肚子里早已饿得咕咕直叫，来到王珊多为他们安排的盐店，本想饱餐一顿，一看县政府给他们准备的东西，只有茶水和蜡烛。等了半天迟迟不见有备饭的征兆，副官便去县政府探听消息。

接待室的一个官员陪他说话，听出他还没吃晚饭，便去隔壁请示县长。县长漫不经心地说："给他买点点心吃吧。"

由于接待室与县长办公室只隔了一层木板墙，县长的话副官全听到了。后来县长过来说请他吃点心，他没好气地说："不用麻烦了，我自己会想办法的。"

县政府既然没给安排晚饭，韩复榘一行人只好去城里的饭馆填饱肚子。

其实，韩复榘一直反对地方上铺张浪费，三令五申要崇尚节俭，他下乡视察也都穿得很俭朴，常常穿一件旧蓝布大褂，吃得也很简单，多是馒头、白菜、豆腐。1932 年 7 月 18 日他到金乡视察，县长李世传让地方上备酒宴招待，结果韩复榘拒绝用餐，对县长斥责一通后记过一次。但这位王县长连家常便饭都不准备，令韩复榘心中十分不快。特别他的随从们，更是心怀不满，趁韩复榘在院子里散步之机，在屋里故意装作没看见，说了王珊多许多坏话。韩复榘越听越生气，决定撤掉他县长一职。

第二天，韩复榘早早地来到县府大礼堂，打算视察朝会，却只看到财政科长丁世恭及第一区长何传新。原来，王珊多又自作聪明，认为让官员们早到，有刻意表演之嫌，所以令官员们按时即 6 时 50 分以后到，却不料韩复榘会起个大早前来视察。韩复榘见礼堂里空空荡荡，怒火中烧，等王珊多姗姗来迟时，故意问身边的随员：

"现在几点了？"

"回主席，7 点 12 分。"

王珊多一听，赶紧纠正道："我的表是 6 点 56 分。"韩复榘说："我的表早过了，我的表和青岛的标准时间是一致的。"接着让迟到者跪下，后边进来的跪不开了，全部站在一侧，让随员将他们身上公务员徽章摘下，等于就地免职。接着，韩复榘把提前到的财政科长丁世恭叫到跟前，对他说："以后你就是县长了，好好干吧。"

韩复榘又到礼堂门外，将军警队伍前面几个巡官和中队长叫进去询问一番，选了两个代替公安局长和民团副大队长的职务。

韩复榘不仅在吏治方面独断专行，在司法方面的权力行使也是独具特色。在司法机构上，他基本执行了南京政府的一套制度，然而他却凌驾于司法之上，亲自审案，独出心裁。韩复榘年轻时喜爱《包公案》《施公案》《彭公案》等公案小说，主政山东期间，终于得到一展身手的机会，起初只是根据南京政府的《惩治盗匪暂行条例》审案，审案范围局限于盗匪，后来发展至自订法律，审案范围也扩大到各种刑事、民事案件，经常将法院正在按程序审理的案子打乱，提走当事人亲自审理，甚至法院结案的案子，他也会推翻重来。

1931 年，济南发生"朱淑德自杀案"，朱淑德是山东省教育厅第一科科长王延衡的表妹，同时是他的情妇。朱淑德长期寄居王延衡家中，因其他事自缢身亡，并留有遗书说明自杀原因。法院受理此案件后，认为朱淑德系自杀，与王延衡无关。但韩复榘的军法处却认为朱淑德是被王延衡逼死的，遗书系王假造，并将王延衡逮捕下狱。韩复榘亲自审问王延衡，又经其军法处逼供，将其判成死罪。

此案因韩复榘亲审被济南各大报纸竞相报道，很快在全国掀起轩然大波。王延衡是英国留学生，他在全国的许多同学、朋友都对此持有异议，司法界也对韩复榘干预司法独立纷纷表示抗议。在舆论压力下，韩复榘一面花钱收买报社不再报道此事，一面将王延衡送回法院，但仍要求法院将其判处死罪。

法院认为没有证据，不能判处死罪，但又不敢得罪韩复榘，便让王延衡家人上告南京最高法院。南京最高法院审理此案后，令山东法院将王延衡移交南京最高法院，王延衡被秘密送上开往南京的火车。韩复榘的军法处得此信息后立刻到车站夺人，最终迟到一步。王延衡移交南京后，被判无罪释放。

韩复榘跌了面子并不罢休，对插手司法依然热情不减，每逢周三、周六上午，依旧像往常一样在省政府西院礼堂升堂问案。韩复榘端坐在大堂正中的台子上，军法处长与司法科长怀抱犯人案卷站在台子两侧（因为凡属全省案件由军法处管理，凡属济南市的案件，则由公安局司法科管理），台下两边站着专门负责杀人的执法队，所有犯人都站在大堂前。

审问开始后，由军法处长与司法科长分别宣读案卷，指出堂下站着的案件当事人，介绍其个人情况及案情。其间，韩复榘会提出一些询问，或听完一个人的案情直接询问犯人，然后便将右手放在额头，闭目沉思。当他将手轻轻由额上撤去，向左一摆，执法队就会明白，这是释放案犯的意思，赶紧给犯人松绑，站到左边；当他的手用力而快速地从额头拂面而下然后向右一摆，执法队就会明白，这是枪决的意思，随即让案犯站到右边。审案结束后，站在左边的犯人被释放，站在右边的犯人被拉到刑场枪毙。

省府有个名叫小道的雇员，年仅 15 岁，有天省政府参议沙月波派小道去给韩复榘的秘书长张绍堂送信，正逢韩复榘审案，小道好奇，便站在礼堂右边看热闹。结果审理结束后，执法队竟将小道也捆起来，准备与其他犯人一起拖上门外的省政府八号大卡车，送去纬八路刑场枪决。小道大惊，赶紧冲着韩复榘叫道："我是送信的，我是送信的！"

由于韩复榘此次审理了一批土匪，小道这样一喊，以为是给土匪送信的，也不多问，直接说："送信的也该杀。"不再听小道说话，转身离去。一听"该杀"，小道吓得昏了过去，就这样，昏厥中的小道和土匪们一起送了性命。

事后，沙月波见小道迟迟不归，给张绍堂打电话询问，此时，军法处核对了处决犯人名单，发现多了一具尸体，经查明，确认是沙月波的听差小道。沙月波得知小道被误杀，一时惊得无法言语，随后将此事告诉了小道的母亲。小道的母亲哭得要死要活，不依不饶。沙月波去见韩复榘，陈明小道被误杀的情况，希望为小道讨个公道。

韩复榘却笑笑说："现在是'小盗'，将来就是大盗，我不为难你，给她500块钱过日子吧。"沙月波啼笑皆非，但只能如此。

1935年秋，韩复榘听说临沂县仇杀成风，决定狠狠治理一下，于是赴临沂升堂审案，审讯了一件两姓相互仇杀的案子。案情是：王姓在1925年杀死唐姓一家六口人，唐姓为复仇，1930年杀死王姓一家七口人。韩复榘询问案情后，问唐姓一家还有多少人，唐姓回答说，还有11口人，老的84岁，小的12岁。韩复榘不假思索道："将唐姓11口人全部拿到，一律枪毙。"

临沂县长疑惑道："王姓也杀了人，怎么不处置呢？"韩复榘说："民国十四年不是我任主席，所以我不管，民国十九年我做了主席，唐姓还敢乱杀人，我就要狠狠处置。"当时有人说，唐姓家的老人84岁了，应该赦免，韩复榘则说："留着他也会哭死的，还是一齐杀掉吧。"于是，唐姓一家11口被杀，韩复榘认为此举起到杀一儆百的作用，能够遏制临沂县仇杀之风。

韩复榘在审案办案过程中，还将冯玉祥的罚站罚跪变本加厉地应用到"犯人"身上。在鲁丰纱厂大罢工中，军警抓捕了一批罢工工人，韩复榘没有立刻审问这些工人，而是让他们脱光衣服，在严冬腊月的凛凛寒风中罚站两个钟头，冻得工人们全身通红，结结巴巴地不停求饶。夏天，韩复榘则让"犯人"脱光衣服在烈日下罚站，其中有人因此死亡。

尽管如此，韩复榘由于推行了一系列整治措施，山东表面上看起来官风严肃，井然有序，在缉毒、剿匪、普及教育等方面也都取得很大成效。但由其独裁统治所决定，官员贪污腐败、贿赂公行的现象依然严重。

联日抗蒋，夹缝里求生存

韩复榘主政山东期间，为了抵制国民党中央势力向山东的渗透，除了联合其他地方势力外，还利用蒋、日矛盾，联日抗蒋，力求在蒋、日夹缝中自保。

山东地处华北要冲，日本对山东的侵略野心由来已久。而韩复榘主鲁伊始，即下令解散反日会，取缔反日宣传，逮捕国民党党委，取消县党部，驱逐刘珍年部，拒绝中央军进驻山东等，以实际行动博得日本人的好感。然而，他既不愿受制于蒋介石，更不会给日本人当奴仆，因而在取悦日本人的同时，又处处与日本人大打"太极拳"，委婉抵制日本人对山东的野心。

1935年，日本驻济南领事馆领事西田宴请韩复榘，韩复榘知道西田肯定有事要说，一开始就不停地喝酒，很快就喝得半醉。其实他酒量甚好，半醉是装出来的。果然，西田说看中山东一处矿藏，想要得到开采权。韩复榘心里蓦然一惊，考虑开采矿藏事关重大，这个权利送给日本人，必然遭到国人反对，无论如何不能答应。西田说完，随即让一位在座的日本中将拿出一份文件，要韩复榘签字。

"可是，我，我不会写字啊。"韩复榘摇晃着身子，醉意朦胧地说。他本来口吃，再加上一些"醉意"，这个表演便有些惟妙惟肖了。

"不会写字如何能做了主席。"日本中将显然不信。

韩复榘呵呵一笑，随即举起双手，做出用机关枪扫射的姿势，口里还发出"哒哒哒"的声音，然后说："我会这个，凭，凭这个，足以当上主席。"

西田碰了个"软钉子"，只好将这个任务交给日本驻济南武官花谷正。花谷正从日本东京和青岛找来两名歌妓，在济南商埠升平街一家日本妓馆宴请韩复榘，想把韩复榘灌醉，让他在出让矿藏开采权的合同上签字。韩复榘到达妓馆门口后，只留下一名副官在身边，对其他人说："你们都走吧，我给你们打电话时再来接我，没打电话，就不要来。"

接着转身走进妓馆，花谷正携两名美貌歌妓立刻迎上，将韩复榘簇拥至一间布置讲究的房间里。席间，两名歌妓使出浑身解数，给韩复榘灌酒，韩复榘酒量颇佳，却也喝得迷迷糊糊了。两名歌妓将他连拉带推弄到桌边，一左一右给他按摩。花谷正乘机拿出合同，诱逼韩复榘签字。

被打发回去的随从见时至半夜韩复榘也没来电话，担心发生意外，便请省政府顾问同去妓馆，顾问对韩复榘说："主席，南京来了十万火急的电报，立等复电，不能喝酒了，快回去吧。"不等韩复榘回答，几名随从立刻上前，架起韩复榘就走，花谷正想阻拦，却没有理由。

此后，矿藏开采权一事搁浅，日本人没有继续为难韩复榘。其实韩复榘与花谷正早有默契。花谷正1933年被派到济南，专门负责拉拢收买韩复榘，两人过从甚密。韩复榘每次与花谷正会谈，身边只有日语翻译朱经古，谈话内容也只有朱经古一人知道，对其他人包括韩复榘的心腹部属也是绝对保密的。

由于两人在某种程度上达成一致，韩复榘对日本人不过于出格的要求，一般也会满足，因此日本人觉得韩复榘可以合作，可以利用。但日本人对韩的利用不在一时一事，而在于最后掌握整个山东省，因此在某些方面也能体谅韩复榘，并给予一定的宽容，如矿藏开采权的搁浅等。

当时山东境内住着许多日本人，十有八九开洋行、设妓馆，并雇用中国流氓看店，称之为洋奴。这些洋行大多从事走私贩毒业务，韩复榘明令禁毒，打击走私贩毒，逮捕的毒贩大多是这种洋奴。但每次逮捕洋奴后不久，就被日本领事馆保释，屡抓屡释，屡释屡犯，韩复榘火了，密令侦探队队长刘耀庭率队员乔装成土匪，夜间闯入洋行和妓馆，抓走几十名洋奴，就近押至山里活埋。此举果然起到杀一儆百的作用，从此很长一段时间里，洋行、妓馆里的洋奴不敢外出拉生意。

对此，西田曾找到韩复榘说："你要对山东境内的治安负责，必须立刻破案，保证不能再有类似情况发生。"韩复榘则笑眯眯地说："您放心，我们正准备大举清剿，待逮到巨匪刘桂堂，这案也就能破了。你们商店如果需要我负责保护，我有的是军警。"西田无话可说，只好离去，后来再没提及此事。

1935年，日本特务头子土肥原贤二极力鼓吹"华北明朗化"，企图搞"五省（冀、鲁、晋、绥、察）三市（平、津、青）自治"，花谷正因此加紧对"山东独立"的谋划，几乎每天跑到韩复榘处密谋。韩复榘一人做主，显然答应了他的要求。花谷正随后去天津向日本华北驻屯军司令部报功。

但如此一桩大事，韩复榘必须征求所辖五个师师长同意，如果他们不同意，自己就成了光杆司令，既没法"山东独立"，原来的地位也可能不保。11月上旬，韩复榘将孙桐萱、曹福林、谷良民、展书堂及李汉章五位师长召至省府办公室，向他们提出"山东独立"的主张。岂料韩复榘话音刚落，孙桐萱便首先表示反对，他说：

"如果主席这样做，第三路军恐怕走的比留的多。"

孙桐萱在五位师长中资历较老，韩复榘平日很听他的话，他一开口，不仅其他四位师长附和，韩复榘也心生动摇，很快放弃"山东独立"的想法。

花谷正没有料到韩复榘会变卦，屡次请韩复榘到北平协商事宜，韩复榘均委婉拒绝。但日本人仍对韩复榘抱有很大希望，此后更抓紧拉拢收买。1935年11月22日，日本松井大将携歌舞团至济南讨好韩复榘，希望他参加"华北五省自治"。1936年3月，土肥原特地到济南拜访韩复榘，请他同意"山东自治"。后来，日本驻华大使川越又到济南挑拨韩复榘同蒋介石的关系。但无论日本人如何努力，韩复榘就是不肯明确表态。

1936年5月，西田请韩复榘喝酒。韩复榘赴宴前，在联合办公处吩咐部下说："马上从辛庄兵营调几门迫击炮，装在卡车上运来。我要是两点钟不出来，你们就开炮，震慑他们一下。"交代完后，自己又带好手枪。

果然，西田在宴会上就"华北自治"逼韩复榘表态，韩复榘模棱两可，不做正面回答。西田说："只要您同意自治，我们的军队保证不进入山东，您继续安安稳稳地做您的主席，这样多好。"韩复榘则说："你们不打我，我不打你们，今天如果不让我出去，我的军队很多，还有迫击炮，会马上包围你们，大家的下场可想而知。"

西田的一位随从军官见韩复榘态度强硬，心中不悦，说道："我们日本有很多飞机，几个钟头即可把济南炸成平地。"韩复榘当即站起身，说："我有高射炮，能把飞机打下来。"此时参谋长刘书香已经将迫击炮运来，围着日本领事馆转了好几圈，给韩复榘助威。在此情况下，西田只好作罢，放韩复榘回去。

但随着局势的紧张，韩复榘感到同日本人摊牌的日子就要到了。1937年，日本要使"华北五省自治"具体化，花谷正对上司保证，一定会让韩复榘明确答应"山东独立"。然而，当花谷正满怀希望来到韩复榘的省府办公室，让韩复榘表态时，这次韩复榘不再含糊，而是一口回绝。花谷正感到无法向上司交代，颜面扫地，竟当场拔出战刀，欲剖腹自杀，幸亏朱经古及时阻拦，花谷正方自杀未成。

花谷正不肯善罢甘休，隔天晚上，他又喝得醉醺醺地来到韩复榘的办公室，一屁股坐在韩复榘对面，厉声道："我告诉你，你必须答应山东省自治！"韩复榘瞥了花谷正一眼，不予回答。花谷正火了，霍然站起，拔枪对准韩复榘的头："老子今天豁出去了！"

韩复榘见花谷正动了真格，忙敷衍说："别急别急，咱们慢慢商量。"随后趁花谷正不注意，一把夺过手枪，这才松了口气，虎起脸说："你说的什么华北五省自治，我不当家，做不了主。你到南京找我们政府交涉去，以后别来烦我。"接着又补充一句："我让你们日本自治行吗？"花谷正双目圆瞪，面红耳赤，拂袖而去。

为抵制日本入侵，韩复榘也采取了实际行动，他制定了"三年计划"，在全省范围内训练壮丁，同时大量宣传抗日思想，1936年6月25日，他对《山东民国日报》等九家报社社长发表谈话，说："比如有妄想压迫山东者，我山东亦绝不示弱。"对于日本人抗议山东中学课本中的反日言论，韩复榘鼓励教育厅长何思源说："不用理他，有我给你顶着。"对于参与"华北五省自治"的人，韩复榘公开与之决裂，天津市长萧振瀛为母亲祝寿，给韩复榘发来请帖，韩复榘却回了一副挽联，并对手下说："都快死了，还做什么寿！"

在韩复榘与日本人周旋期间，蒋介石不得不对韩复榘做出让步，但又担心韩复榘宣布"山东独立"。便于 1937 年春派人到济南，告诉韩复榘，只要他跟着蒋介石走，走到哪里，军政大权都一定是韩复榘的。韩复榘则表示，一定追随蒋介石，抗日到底。

随着韩复榘与日本人公开决裂，蒋介石向韩复榘正式发出邀请。3 月 29 日，韩复榘偕部下数人前往杭州觐见蒋介石。途经南京，受到军政部长何应钦、交通部长俞飞鹏等人的隆重欢迎和招待。3 月 31 日，韩复榘一行抵杭，他刚一下车，等候在车站的军乐队便奏起军乐，浙江省主席朱家骅、侍从室主任钱大钧及在杭党政要员纷纷前往车站迎接。当天中午，韩复榘觐见蒋介石，汇报山东军政情况。当晚，蒋介石设宴款待韩复榘，席间两人有说有笑，颇有尽释前嫌之感。4 月 1 日，蒋介石偕韩复榘赴沪，3 日又在家中设宴款待韩复榘，对韩复榘关心备至。

而韩复榘从此次离济，蒋介石不仅特派一大批军警沿途保护，还从上海调去 200 多名特务负责韩复榘的安全，以防日本特务行刺。对此，韩复榘颇为感动。

但这时谁也不会料到，四个月后，韩复榘竟不战而退，一路败逃，将大半个山东省让给了日本人，并为此丢了性命。

军法论处，一骑白马归西

全民族抗日战争爆发后，韩复榘的第三路军扩充为第三集团军，韩复榘升任总司令兼第五战区副司令长官，负责指挥山东对日作战，承担黄河防务。

1937 年 9 月，华北形势吃紧，蒋介石命令韩复榘拨两师兵力归冯玉祥指挥，韩复榘置若罔闻。当时冯玉祥是第六战区司令长官，负责津浦线北段对日作战。10 月，日军攻陷沧州，逼近山东，冯玉祥再次请求增援，蒋介石也电催韩复榘出兵，韩只得派出曹福林的第二十九师和展书堂的第八十一师增援，但态度始终是消极的。直至德州失守，韩复榘的两个师才开始反击。展书堂部自禹城一路北进，先后收复德州、桑园，直指沧州、马厂。此时已是11月，就在展书堂部连打胜仗之时，韩复榘突然下令撤军，令全师将士大为困惑。但军令如山，不得不撤。

一向把地盘看得重如生命的韩复榘，本应懂得唇亡齿寒的道理，值此关键时刻撤军，必然事出有因。原来，为了防止日军渡河，韩复榘早在9月向第五战区司令长官李宗仁要求，调30门重炮至黄河南岸，以便固守。李宗仁一口应允，将驻徐州的史文桂炮兵旅调到山东泰安。但蒋介石闻报后，对一旅炮兵调到山东听韩复榘指挥，心中不满，于11月初下令调走了该重炮旅。

听说重炮旅开拔，韩复榘气得破口大骂："蒋中正这哪里是抗日，明明是借机消灭异己！"相对于地盘来说，保存实力更为重要，于是下令将支援冯玉祥的两师兵力撤回。

韩复榘撤军后，日军很快反扑南犯，不久便逼近黄河北岸，济南危在旦夕。在全体官兵强烈要求出战的情况下，韩复榘于11月13日亲自出马，渡过黄河，与冯玉祥一起到前线督战。冯玉祥率韩军曹福林师与展书堂师在禹城阻击正面，韩复榘率手枪旅与李师从济阳阻敌左翼。

韩复榘到济阳后，立刻为日军所侦知，日军从临邑、商河派轻装甲车别动队袭击济阳，将韩复榘所率不到百人围困在济阳城关一个村镇，由装甲车数辆配合飞机数架，将该村镇团团围住。韩复榘经随从拼死相救，才骑摩托车冲出重围，逃回济南。

此次黄河北的抗战，其他战场战斗也十分激烈，日军出动几十架飞机轮番轰炸，韩军虽歼敌甚众，但损失惨重。韩复榘撤回济南后，认为此次失败在于武力悬殊太大，没有大炮根本无法对付日军的装甲车与飞机，失败势在必然。

日军很快进逼到黄河北岸，占据鹊山，向济南开炮。又调来远程炮弹，直接越过城区轰炸千佛山。韩复榘为躲避日军炮弹，此时已迁到千佛山寺院居住，其家眷已撤往豫西，同时令各机关及老幼妇孺撤出济南。

但日军并没有马上过河进攻济南，而是隔河与韩军对峙，每天除了打打炮，便是派飞机丢下几颗炸弹，或者空投通信筒，如此持续一个多月。对于日军来说，兵临城下而不攻城，是对韩复榘存有幻想，企图逼其就范，与日本合作。而韩复榘却在做着弃城逃跑的准备。

日本南路军在 12 月 13 日攻陷南京后，见等了一个多月不见韩复榘有投降之意，于 12 月 20 日开始进攻济南。21 日，日军千余人从济阳门台子偷渡黄河，驻守在此的第二十二师奋力抵抗，同时由师长谷良民向韩复榘报告："日军有千余人于昨夜偷偷渡河，我部正与日军激烈交战。"韩复榘回复说："日军过了黄河，没有大炮如何挡得住，既然挡不住就不要无谓牺牲了，你们撤去周村吧。"

日军渡过黄河，占领周村、博山后，沿胶济线直逼济南。洛口北岸的日军也向济南开炮，济南西面也受到日军炮击。韩复榘向第五战区司令长官李宗仁请求增援，被拒绝后，便决定放弃济南，他对蒋介石驻济总参议蒋伯诚说：

"现在济南三面受敌，我军没有重炮，难以固守，我决定撤退，等候中央增援，再行反攻。"

"先请示蒋委员长再决定吧。"蒋伯诚劝道。

"我已下令各军向泰安撤退，你不走我先走了。"

韩复榘在撤出济南之前，以"焦土抗战"为名，纵兵在济南各大银行、洋行、工厂、仓库大肆烧杀掠抢，并炸毁济南电灯公司、章丘及博山矿区，将省政府及各厅处、高等法院、兵工厂等建筑物付之一炬。

韩复榘撤退到泰安后，收到蒋介石发来的十万火急电报，命令他不得放弃济南，韩复榘嘀咕说："我都到泰安了，还提什么济南？"

李宗仁得知他已退到泰安，即电令固守泰安，即使最后泰安不守，也要节节抵抗，撤守兖州。总之务必控制津浦线，以防御守备徐州之北大门。

但韩复榘非但不守泰安，而且跨过兖州直接去了济宁。当火车停在济宁站时，蒋伯诚方从梦中醒来，急问："不是让我们最后撤守兖州吗？"韩复榘说："都到济宁了，还提什么兖州？"

由于韩军撤向津浦线侧翼，津浦线上泰安、兖州等地未留主力驻防，徐州北大门洞开。李宗仁当即发电责问韩复榘因何不守泰安，韩复榘回电说："南京不守，何以守泰安？"令李宗仁气愤至极。

随后韩复榘又从济宁退至巨野、曹县。他原准备退到豫西南及鄂北、陕南一带的山区，避开日军锋芒，割据地盘，保存实力。但河南驻有第一战区的部队，退路受阻，只好暂驻巨野、曹县，伺机而动。

韩复榘不服从命令，不战而逃，受到军法制裁已是理所当然，而促使蒋介石对他痛下杀手还有另外一个原因，那便是他与四川省政府主席刘湘的密谋倒蒋。

刘湘与蒋介石素有矛盾，曾多次密谋倒蒋。日军攻占南京后，蒋介石及国民政府迁驻武汉，并准备进入四川。刘湘不愿让蒋介石及国民政府进入他的地盘，遂生倒蒋之意。韩复榘与刘湘素有联系，认为蒋介石入川正是倒蒋的好机会，两人一拍即合，不仅频繁以电报联系，还派心腹互访。

但韩复榘没有想到，此事会被蒋介石探知。此时，刘湘正在汉口住院，韩复榘派代表去医院与刘湘商议倒蒋方案。由于韩复榘还拉拢了第一集团军总司令宋哲元，所以计划由刘湘封住蒋介石入川之路；韩复榘开赴南阳、襄樊、汉中一带，宋哲元退至潼关以西，两军从背后包围蒋介石，与刘湘对蒋介石形成夹击之势，再向全国通电联合倒蒋。

不幸的是，蒋介石对刘湘早有防备，刘湘住进汉口医院时，便令军统特务头子戴笠暗中监视刘湘。戴笠同刘湘的副军长、与刘湘素有矛盾的范绍增悄悄在刘湘病房隔壁的房间住下，监视刘湘的一举一动，韩复榘的代表来访自然没有逃过他们的监视。

为了得到韩复榘、刘湘的密谋内容，戴笠截获两人往来电报，令人破译电报密码，获得电报全部内容，报告给蒋介石。与此同时，宋哲元也不愿冒险倒蒋，与韩复榘表面周旋，暗地里却将此消息报告蒋介石，蒋介石为此下决心杀掉韩复榘。但诱捕韩复榘，蒋介石颇费了一番心思。

1938年1月7日，李宗仁按蒋介石指示，在徐州召开第五战区军事会议，电召韩复榘到会。但韩复榘因近期与李宗仁多有摩擦，不想前往，便派代表何思源前去。李宗仁见韩复榘没到会，十分失望，会后叮嘱何恩源："回去告诉你们主席，过几日蒋委员长召开会议，他必须亲赴！"

　　蒋介石遂定于 11 日在开封召开北方抗日将领会议。8 日，蒋介石亲自给韩复榘打电话，亲切地说："我决定召集华北各部队团长以上军官在开封开个会，向方兄，你可一定要到，我们好好研究研究下一步怎么打日本人，带上你的副军长、参谋长。一定要到啊！"

　　韩复榘接完电话便与部下商议，部下都劝他不要去，认为蒋介石居心叵测，他刚刚抗旨不遵，蒋介石不会善罢甘休。只有蒋伯诚主张韩复榘亲自赴会，因为此前他接到蒋介石密令，让他务必劝说韩复榘亲自参加会议。

　　韩复榘也认为值此全面抗战之际，蒋介石也不至于把他怎么样，他对部下说："就算违抗命令，济南没守，又如何？最多撤职，还能杀了我不成？再说南京不也一样，失守的多了，那些责任谁负？"

　　恰巧那天夜里韩复榘做了一个梦，梦见骑着一匹白马飞快地向西奔驰，当天就接到蒋介石令他赴开封开会的电话。韩复榘身边有一个隐藏的南京特务青天鉴，常为韩复榘占卜释梦。韩复榘在如此关键时刻得了这样一个梦，即请青天鉴解梦。青天鉴乘机说："主席梦见骑马向西飞，说明西方有好运在等着您。开封就在西边，主席应快马加鞭去开封，此去定会洪福齐天。"

　　韩复榘对青天鉴的话深信不疑，但他想的洪福齐天不仅仅是开封之行，更多的是不久他的队伍将西下，与刘湘共同倒蒋，到那时他的梦想将成为现实。于是，韩复榘毅然决定，赴开封开会，并信心十足地对左右亲信说："不入虎穴，焉得虎子。"岂不知此一去并非洪福齐天，而是命归西天。

　　1 月 9 日，韩复榘偕第十二军军长孙桐萱、参谋长刘书香、处长张国选、旅、团长数十人和一个营的卫队，抵达开封。

　　由于事先通知，为避免日军飞机干扰，会议定于夜晚召开。1 月 11 日下午 6 时许，韩复榘与孙桐萱等人坐汽车赴河南省政府参加会议。汽车抵达省政府时，即见大门口电灯旁赫然贴有一张通知，上面写着："参加会议的将领请在此下车"，并有军警宪兵指挥停放车辆。

　　韩复榘的汽车停好后，一行人下车，与其他参会将领一起往里走。走至第二道门口时，只见左边屋门上贴着几个大字："随员接待处"。跟随韩复榘的三个卫士和孙桐萱的一个卫士只好留在此处。

韩复榘和孙桐萱继续向前走，一路上和同时参加会议的将领们说说笑笑，又来到副官处，这里贴着一张通知："奉委座谕：今晚高级军事会议，为慎重起见，所有到会将领，不可携带武器进入会议厅，应将随身自卫武器，暂交副官处保管……"当时所有与会将领纷纷留下手枪，韩复榘也没多想，即交上随身携带的两只手枪，接过收据后进入会议厅。

韩复榘刚坐定，第一战区第二集团军总司令刘峙便在他身边坐下，两人相视一笑，算是打过招呼。会议 7 时开始，会场内约有数百人，蒋介石亲自主持会议，一上来就说：

"我们抗日是全国一致的，这个责任重大，是我们每一个将领义不容辞的。可是，竟有一个高级将领放弃山东黄河天险的阵地，违抗命令，不战而退，连失数大城市，使日寇顺利进入山东，影响巨大。我问韩主席，这是不是你的责任？"

"济南不守我负责，南京、上海不守谁负责？"韩复榘并不惧怕蒋介石，当即顶撞道。

"那自有人负责，不用你管！"蒋介石拍着桌子说，脸色变得铁青。

韩复榘还想反驳几句，身边的刘峙拍了拍他的手，示意他不要再顶撞蒋介石，韩复榘这才停住。散会后，韩复榘朝门外走去，刘峙跑过来拦住韩复榘说："向方兄，委员长发火的时候，你就少说两句嘛，有什么不满私下里说开就好，何必当面顶撞呢。委员长也觉得适才说得过分了，让你留一下。"

韩复榘此时仍不怀疑，点点头答应了。在刘峙的带领下，韩复榘从会议厅侧门走出，院子里停着一辆小汽车，刘峙热情地拉开车门边说："这是我的车，上去吧。"韩复榘上车后，刘峙却没上车，而是说："我就不去了，他们会带你见蒋委员长的。"话音未落，就把车门关上了。

这时，韩复榘突然意识到不对劲，但为时已晚，车子立时开动，前面副驾驶座上的人举着枪爬到后面，坐到韩复榘身边，小声对韩复榘说："你被捕了。"这时，韩复榘透过车窗向外望去，沿途竟布满宪兵岗哨。

汽车抵达火车站后，两名特务一左一右将韩复榘押上火车，车厢内也尽是宪兵和特务，韩复榘已是插翅难飞。列车中间不停，连夜直奔汉口，汉口下车后，又至码头渡江到武昌，最后，韩复榘被押进武昌平阅路 33 号内院一座二层小楼上，这座小楼曾是军统大本营。

蒋介石抓捕韩复榘后，为防止其部下生变，当天夜里便召见孙桐萱，对他宣布韩复榘的罪状，孙桐萱磨破嘴皮请求蒋介石对韩宽大处理，起码留他一条性命，蒋介石表示"考虑考虑"，随即拿出几张字条交给孙桐萱，对他说："你当第三集团军副总司令，曹福林当津浦路前敌总司令，于学忠任第三集团军总司令，你听于学忠的。你马上回曹县整顿队伍，继续抗战。"随后，蒋介石又召见韩复榘的其他重要部下，一一对他们进行安抚。

韩复榘被抓后，孙桐萱四处托人说情，均无济于事。孙也曾求救于李宗仁、白崇禧。但两人都说韩复榘违犯军纪，不好去说情。后来孙桐萱又派张钺携 6 万元巨款去汉口活动，多方托人营救韩复榘，最终未能奏效。韩复榘的妻子高艺珍也曾求见冯玉祥，希望韩复榘的这位老上司能帮韩复榘说句话，但冯玉祥拒绝接见。

韩复榘被抓捕后，1 月 19 日，蒋介石组织了高等军事法庭，由军政部长何应钦任审判长，第一战区副司令长官鹿钟麟、武汉行营主任何成浚为审判官，另有军法官二名，于 1 月 22 日下午对韩复榘进行审讯。除审问"不遵命令，擅自撤退"外，还问了"勒派烟土""搜缴民枪"等问题，但不过寥寥数语，然后草草收庭。

1 月 24 日晚 7 时左右，两名特务来到韩复榘被关押的房间，对韩复榘说："何部长请你去谈话，请跟我们走。"韩复榘信以为真，赶紧跟随特务下楼。在楼梯拐弯处，他透过窗子向外望去，忽然看见院子里站满荷枪实弹的军警，方知大难临头，当即说："我的鞋子不太合适，回去换一双。"

然而，韩复榘刚一转身，后面即响起枪声，韩复榘在枪声中倒地，头部中两枪，身中五枪，当场毙命，终年 48 岁。

韩复榘死后，《中央日报》刊登韩复榘五大罪状，并声称对其审问多次才判处极刑。

1 月 25 日早晨 6 时，韩复榘尸体入殓，暂厝于武昌长春观。不久，韩复榘的大姨太纪甘青与其亲信张钺等人前往武昌，将韩复榘安葬在湖北与河南交界的鸡公山公墓。墓前立有石碑，上刻"韩复榘之墓"五个大字。

一妻二妾，常见红杏出墙

韩复榘有一妻二妾，与其他军阀相比，数量虽不是很多，但各具特色，按次序分别为：管家夫人、外交夫人、娱乐夫人。

管家夫人即原配夫人高艺珍，字淑德，是韩复榘的同乡，也是当时北京师范大学古文字教授高步瀛的近族侄女，家境贫寒，与韩复榘算是门当户对。1901 年，在韩复榘家人的主张下，11 岁的韩复榘迎娶了比他大两岁的高艺珍。

高艺珍长得虽不算漂亮，但水灵可爱，加上受到家庭影响，认得一些字，大体读过《女儿经》之类的书，到韩家后，不仅手脚勤快，做事有条不紊，还显得颇识大体，待人宽容，深得韩复榘及其家人喜爱，所以婚后两人一度关系很好。

韩复榘到县衙任"帖写"后，因赌博负债累累，决定下关东投奔其长兄韩复森。高艺珍虽对韩复榘的嗜赌十分厌恶，经常因此类事情与他发生口角，但关键时刻，主动变卖了自己的嫁奁，帮韩复榘凑盘缠下关东。韩复榘下关东前，为了躲避债主，带着高艺珍找了一处没人的地方，过了几日隐居生活。这几日，成为高艺珍一生中最幸福也是最难忘的日子。1916年韩复榘被提拔为连长后，可以携带家属，便立刻将高艺珍迎接到军队驻地——河北廊坊，两人终于又生活在一起。

高艺珍 40 岁以后，年老色衰，韩复榘开始疏远她，并因高艺珍是小脚不能带到公开场合，心生纳妾的想法。但即便后来两房姨太进门，高艺珍在家中的地位也没有动摇过，韩家的财政大权和家务事始终由高艺珍掌管，高艺珍因此被称为韩复榘的"管家夫人"。

韩复榘的大姨太纪甘青，原名徐水仙，乃河南源河一带的名伶。1928年 10 月，韩复榘驻军河南，因屡屡做不成主席而抑郁寡欢，在一次堂会中，见到貌美多姿的徐水仙，顿时眼前一亮。徐水仙这年 28 岁，年纪虽已不小，但精致的五官，凹凸有致的身材，无不令韩复榘心驰神往，尤其是她因说坠子书练就一副好口才，又善察言观色，适合搞社交，让韩复榘觉得，她正是自己要找的能够陪同自己出入社交场合的人。为了追求徐水仙，韩复榘隔三差五请徐水仙到府邸唱堂会，尽管他并不爱好这个。

徐水仙很快坠入情网，心甘情愿地成为韩复榘的大姨太，韩复榘为她改名纪甘青。从此，纪甘青成为韩复榘的"外交夫人"。

高艺珍对于纪甘青的到来震怒不已，对纪甘青十分苛刻；纪甘青恃宠而骄，也不将高艺珍放在眼中。于是，省府内经常听到两位夫人的争吵声。高艺珍为避免见到纪甘青，索性搬到省府东大楼，纪甘青则住在省府后边的房屋内，从此，韩复榘在省府内便有了两处公馆。

韩复榘平日事务繁忙，不可能在女人身上花费太多心思，慢慢地冷落了纪甘青，纪甘青耐不住寂寞，便开始伺机红杏出墙。

那时，韩复榘已经出任山东省政府主席，纪甘青住在省府内，平日里能接触的男人，只有随从、勤务，其中一个叫杨光的勤务员，身强体壮，相貌不俗，被纪甘青看中。纪甘青有意与之接近，找借口与他单独相处。纪甘青虽已年过 30 岁，但拥有年轻女孩身上所没有的成熟女人的风韵，杨光很快拜倒在她的石榴裙下。

接下来，两人经常在白天秘密幽会，在房中行苟且之事。开始时纪甘青还小心谨慎，时间一久，见没出事情，便放松了警惕，经常在房中大声嬉笑，结果被人听了去，很快便传到韩复榘那里。

韩复榘得知此事后，心中大为震怒，但表面不动声色。一日下午，韩复榘突然闯入纪甘青的卧房，纪甘青一声惊呼，立刻拿衣服遮住自己赤裸裸的身体，杨光则吓得一动都不敢动。韩复榘将一切看在眼里，却装作什么也没看到，直奔厕所。当韩复榘从厕所中走出时，杨光早已穿上衣服跑了，纪甘青手足无措，紧张地审视韩复榘的脸色。韩复榘什么也没说，转身离去。

他之所以不将此事戳破，是不想家丑外扬。但他不会放过杨光，很快将杨光秘密处死。他虽没有惩罚纪甘青，但两人感情上已造成很深的隔阂，从此基本将纪甘青打入了"冷宫"。韩复榘的部下见他疏远了大姨太，便于 1932 年给他介绍了名妓李玉卿。

李玉卿是江苏人，因生活贫困被迫到山东济南做了妓女，艺名"红菊花"，因长得漂亮，身材丰满，又懂得讨客人欢心，在娱乐场中名噪一时。韩复榘很快被李玉卿迷得团团转，于是纳为二姨太。

韩复榘再次纳妾，尤其纳了一个妓女，没有胆量告知高艺珍，于是将李玉卿安排在经七路小纬二路韩复榘的私人招待处居住。韩复榘时常在此处招待客人，供客人娱乐，比如青岛市市长沈鸿烈、胶济铁路委员会委员长葛光庭、蒋介石驻济南的军事联络员蒋伯诚以及参议厅的参议员们，常到此处娱乐，李玉卿每每陪伴左右，因此被人们称为"娱乐夫人"。

韩复榘新纳二房姨太一事，很快便传到高艺珍耳中，高艺珍没想到韩复榘再次纳妾，而且是个妓女，气得与韩复榘大吵一通。但木已成舟，吵闹也无法改变现实。1933年，李玉卿诞下一子，韩复榘十分高兴，背着高艺珍在李玉卿的住处大宴宾客，大举庆祝，却不幸又被高艺珍获悉。高艺珍为韩复榘生下三个儿子，从没有庆祝过一次，难免心中怨恨，遂决定给李玉卿点颜色瞧瞧。

高艺珍让心腹找来20多个小伙子，装扮成土匪的模样，让他们携带武器深夜闯入李玉卿的住处，逼她拿出钱财。由于卫士事先已被捆绑起来，李玉卿呼救无门，惊吓之余乖乖献上所有值钱物品。恐吓李玉卿的目的达到后，"土匪"们拿了东西扬长而去。

韩复榘得知此事后大怒："这帮匪盗，竟敢打我的主意，这不是成心挑衅？抓不到他们我岂不是颜面全无！"立刻在全城展开追捕，并登报悬赏缉拿。高艺珍见韩复榘动了真格，只好向韩复榘坦白认错。韩复榘没料到此事竟是妻子主使，一时哭笑不得，赶紧勒令停止追捕，此事不了了之。后来韩复榘与高艺珍的长子结婚，韩复榘将婚礼办得格外隆重，其中也有安抚高艺珍之意。

韩复榘对李玉卿宠爱一时，便逐渐冷落起来。毕竟韩复榘身为一省之主席，平日公事繁忙，又有一妻二妾，每周在李玉卿处也就留宿一两次。李玉卿也不是安分守己之人，很快步纪甘青后尘，给韩复榘又戴一顶"绿帽子"。

李玉卿住处的厨师李海，北平人，厨艺甚佳。他迷恋李玉卿的姿色，每次见到李玉卿，眼神都不安分地在李玉卿身上游走。李玉卿很快发现李海对她的情意，寂寞难耐之时，便想到了李海。她将李海引到室内，故意穿着暴露，在李海面前走来走去，又以言语挑逗，弄得李海面红耳赤，最终按捺不住。

李玉卿对李海逐渐有了感情，两人如胶似漆，几乎所有的下人都看出两人关系非同一般。而李海狗仗人势，对下人态度蛮横，对年轻女仆动手动脚。有一女仆为报复李海，将李玉卿与李海的奸情偷偷报告了韩复榘。韩复榘没想到自己两个姨太都红杏出墙，一时悲愤不已。他重提不久前李玉卿住处被盗一事，声称“查明”李海为盗匪牵线人，令执法队将他乱棍打死。从此，李玉卿也开始了被冷落的生活。

韩复榘一共有四个儿子，对他们教育非常严格，为防止他们沾染烟酒恶习，从不许他们为自己斟酒或划火柴点烟。他偶尔会在客厅陪客人打牌，儿子们若是路过，必须目不斜视迅速走过，否则少不了一顿训斥。韩复榘平日里神情严肃，经常皱着眉头大口大口地吸烟，儿子们都十分怕他，但他从来没有打过他们，也没有痛斥过，心情好时还会和他们有说有笑，带他们去骑马、踢球。

韩复榘的生活十分简单，衣着无讲究，终年穿一身灰布军装，如遇大典，即在灰布军装外系一根皮带，打起绑腿。他很少穿礼服，仅就任国民政府委员时穿过一次。对儿子，他也有同样的要求，只许儿子们穿制服，踏布鞋。儿子们小时候，经常穿着带补丁的裤子和鞋子。

韩复榘不许下人称呼他“老爷”，称儿子们“少爷”。家中佣人都称呼他的儿子们为“大学生”“二学生”“三学生”“四学生”。

韩复榘死后，高艺珍顶着社会舆论的压力，带着自己三个儿子一个女儿，定居北平。1957 年，高艺珍在北京病故。她的三个儿子除了大儿子韩嗣燮得精神病而死，韩嗣燠、韩嗣烽均在政府事业单位任职。大姨太纪甘青在嫁给韩复榘之前，曾与军需处副处长田连仲相好。后来纪甘青虽然选择了韩复榘，但对田连仲仍念念不忘。纪甘青没有子女，在韩复榘死后，即与田连仲重修旧好，生活在一起。二姨太李玉卿改嫁他人，她的儿子韩嗣蟥曾留学奥地利，后来定居海外。

✏ 历史评说

　　说起韩复榘，人们最先想到的便是他主政山东时闹出的层出不穷的笑话，比如他开会时说"没来的请举手"，诸如此类，皆说明一个问题：韩复榘没文化。但实际上，韩复榘"熟读十三经，能诗，善属文，尤以书法见长"。他早期曾在县衙任"帖写"，相当于现在的文书，职务虽低，但需要相当的文化程度。曾经被国民政府派到山东工作的陆立之，后来在回忆韩复榘时说，第一次见到韩复榘时，"就感觉到世人是误解了他"。"凭我个人观察，根据其人待人接物的各种姿态、其谈吐表白、其心态流露，我认为韩是一个不平凡的人。""在当时国民党所谓'儒将'中，还很难找到第二人。"

　　很多人评价韩复榘，说他继承了老上司冯玉祥的倒戈传统。而他背叛冯玉祥，与冯家长式统治不无关系。冯玉祥把他的将官统统叫作"孩子"，以至韩复榘位居省主席，依旧被罚站、罚跪，觉得脸面全无。而韩复榘之背叛冯玉祥，与冯玉祥之背叛曹锟大不相同。冯玉祥趁直奉大战回师北京囚禁其上司曹锟，而韩复榘自认为没做对不起冯玉祥的事，因此与冯有矛盾无仇恨，两人一直保持联系，冯玉祥两次下野都选择避居泰山，便是明证。

　　主政山东期间，韩复榘主张"澄清吏治""严禁毒品""普及教育"等，收到一定成效，尤其设高级侦探队，对贪污受贿官员予以军法处置，对政府官员吸毒者予以轻则革职、重则枪毙的处置，无不起到震慑作用；韩复榘在山东杀人数量较多，但绝大部分是土匪、烟贩，对安定山东百姓生活做出了一定贡献。

　　在对日关系上，韩复榘先是联日抗蒋，对日本人的要求虚与委蛇，最后面对"华北自治"问题不得不表态时，则公开与日本人决裂，此点值得肯定。但全民族抗战爆发后，他为保存实力，消极抗战，一路撤退，为世人所不齿。值此抗战时刻又蓄意制造内战，被蒋介石诱杀当属罪有应得。